全国导游资格考试备考通关教材

政策与法律法规

吴洪亮 主编

廣東旅游出版社
GUANGDONG TRAVEL & TOURISM PRESS
悦读书·悦旅行·悦享人生

中国·广州

图书在版编目(CIP)数据

政策与法律法规 / 吴洪亮主编. — 广州 : 广东旅游出版社, 2024.3
全国导游资格考试备考通关教材
ISBN 978-7-5570-3160-2

Ⅰ. ①政… Ⅱ. ①吴… Ⅲ. ①旅游业—方针政策—中国—资格考试—教材②旅游业—法规—中国—资格考试—教材 Ⅳ. ①F592.0②D922.296

中国国家版本馆CIP数据核字(2023)第190489号

出 版 人：刘志松
策划编辑：官　顺
责任编辑：林保翠
装帧设计：谭敏仪
责任校对：李瑞苑
责任技编：冼志良

政策与法律法规
Zhengce Yu Falü Fagui

出版发行：广东旅游出版社
（广州市荔湾区沙面北街71号首层、二层）
邮　　编：510130
电　　话：020-87347732（总编室）　020-87348887（销售热线）
投稿邮箱：2026542779@qq.com
印　　刷：广州市岭美文化科技有限公司印刷
（广州市荔湾区花地大道南海南工商贸易区A幢）
开　　本：787毫米×1092毫米　16开
印　　张：19.75
字　　数：444千字
版　　次：2024年3月第1版
印　　次：2024年3月第1次
定　　价：45.00元

前言

101贝考教研团队根据文化和旅游部发布的《2023年全国导游资格考试大纲》，精细化详尽梳理历年真题，深挖历年高频考点，准确把握命题趋势，编写了本套全国导游资格证考试备考通关教材，助力考生科学备考，我们衷心希望这套教辅能切实满足广大考生的应考需求，助力考生顺利通过导游资格证考试。

一、考试方式及形式

全国导游资格考试科目包括：科目一“政策与法律法规”、科目二“导游业务”、科目三“全国导游基础知识”、科目四“地方导游基础知识”、科目五“导游服务能力”。

考试形式分闭卷考试与现场考试（面试）两种，科目一、科目二、科目三、科目四为闭卷考试，科目五为现场考试（面试）。

笔试实行全国统一的计算机考试。科目一、科目二合并为1张试卷进行测试，其中科目一、科目二分值所占比例各为50%；科目三、科目四合并为1张试卷进行测试。

考试题型包括判断题、单项选择题、多项选择题。

每张试卷考试时间为90分钟，含165题，共100分，其中判断题40题（每题0.5分，共20分）；单项选择题90题（每题0.5分，共45分）；多项选择题35题（每题1分，共35分）。

导游资格证考试（笔试）方式、题型及分值

考试形式	试卷	考试科目	考试时间	总分	题型					
					判断题（每题0.5分）		单选题（每题0.5分）		多选题（每题1分）	
					题量	分数	题量	分数	题量	分数
机考	卷一	政策与法律法规	90 分钟	50	40	20	90	45	35	35
		导游业务		50						
	卷二	全国导游基础知识	90 分钟	100	40	20	90	45	35	35
		地方导游基础知识								

科目五考试中文类考生每人不少于15分钟，备考旅游景区不少于12个；外语类考生每人不少于25分钟，备考旅游景区不少于5个。

现场考试成绩采用百分制。中文类分值比例为：礼貌礼仪占5%，语言表达占20%，景点讲解占45%，导游服务规范占10%，应变能力占10%，综合知识占10%。外语类分值比例为：礼貌礼仪占5%，语言表达占25%，景点讲解占30%，导游服务规范占10%，应变能力占5%，综合知识占5%，口译占20%。

科目五　现场考试（面试）				
考试类型	**考试内容**	**分值比例**	**时间**	**备考景区**
中文类面试	礼貌礼仪	5%	不少于 15 分钟	不少于 12 个
	语言表达	20%		
	景点讲解	45%		
	导游服务规范	10%		
	应变能力	10%		
	综合知识	10%		
外语类面试	礼貌礼仪	5%	不少于 25 分钟	不少于 5 个
	语言表达	25%		
	景点讲解	30%		
	导游服务规范	10%		
	应变能力	5%		
	综合知识	5%		
	口译	20%		

二、教材优势

全国导游资格备考通关教材具有以下优势：

贴合考试	考纲要求范围广、备考负担重，教材专为应试打造，帮助考生精准减负，删减考试无关内容，直击痛点，力求实用，简练，快速过关。
科学体系	严格依据最新考试大纲，构建条理清晰、要点全面的知识网络，让考生宏观把握重点，不做无用功。同时配有形式多样的思维导图、图表和顺口溜等多种方式，强化知识考点，便于理解记忆，帮助考生实现轻松备考。
重难点突出	大纲考点全覆盖，重难点各个突破。常考点、关键点、易错点用加粗、波浪线及双色印刷标注，圈定考点，使学生对高频考点了如指掌。注重基础知识与高频考点的理解与掌握，真正地夯实基础，筑稳根基。配备章节历年考试占比分值分析，方便考生抓住重点，突破难点，合理规划，提高效率。
思维导图	章节思维导图展示学习逻辑，罗列重点，归纳考点，提纲挈领，化繁为简，帮考生构建知识体系。
学练结合	超十亿次的后台答题数据分析，精选高频考点试题，提炼高频易丢分题目，圈题实战训练，熟知答题规则，掌握答题技巧，强化重难点理解和记忆，帮助考生提升做题正确率，从容应试。
彩色印刷，重点标注	波浪线及彩色印刷标注重点，清晰明了，一目了然。排版合理，不累眼睛，久看不倦。

三、备考攻略

1. 下划线、彩色印刷说明

2016 年全国统考以来历年真题的考点及题库高频知识点，教材运用下划线和彩色文字来标记，是学习的重点，复习时应着重记忆。

2. 历年分值统计说明

每个章节都有近 4 年该章节的考试分值分析，复习时应根据分值占比，分清主次，合理分配时间。

每章的分值占比统计公式：

该章的分值占比=该章当年的考试分值/当年该科目考试总分×100%

2022 年真题收集不完整，故不统计 2022 年各章分值情况。

2023 年真题科目一（政策与法律法规）、科目二（导游业务）小部分不完整，2023 年分值占比统计公式为：

2023年该章的分值占比=该章当年收集到的考试分值/当年该科目收集到的考试总分×100%

年份	政策与法律法规总分	导游业务总分	全国导基总分	地方导基总分
2018年	50	50	62.5	37.5
2019年	51	49	69.5	30.5
2020年	52	48	69	31
2023年	48.5	47	54	46

3. 图书二维码使用

扫描每章标题旁二维码，可以查看本章思维导图。思维导图支持下载。

每章易错考题小试牛刀题目的答案和解析，也可扫描本章二维码查看。

4. 笔试备考攻略

科目一 政策与法律法规	政策法规专业术语、法条较多，大部分考生认为是最难的科目。复习时要注重分类整理、归纳，加深理解，多刷题，做到考点心中有数。基础得分题较多，要认真审题，忌模棱两可。
科目二 导游业务	导游业务操作性、灵活性强，考试重点分布明确，理解与记忆并存，整个科目是笔试得分重点，务必加大复习。
科目三 全国导游基础知识	全国导基上至天文，下至地理，考点多，内容杂，对于有一定知识积累的考生来说比较有优势，知识薄弱的考生可通过多刷题加深记忆。记不住是因为重复的次数不够多！
科目四 地方导游基础知识	地方导基知识庞杂，不建议深入研究，建议刷题为主。考试往往考查一些具有关键字眼的点，例如“最大”“最长”“第一”“最早”“独有”等，重要考点教材也有用下划线描色标记，建议重点复习。

结合配套题库“101 贝考”APP 刷题，
效果更佳!

关注微信公众号“101 贝考导游”，
获取专业指导和最新考试动态。

目录
CONTENTS

第一章　宪法

【考试大纲】

- **了解：**《中华人民共和国宪法》序言的内容与效力，宪法确认的国家指导思想、发展道路、奋斗目标、根本任务，宪法的基本原则。
- **熟悉：**《中华人民共和国宪法》关于国家机构组织的构成、任期和权限划分的规定。
- **掌握：**《中华人民共和国宪法》关于国家制度、公民的基本权利和基本义务的规定。

【历年分值】

年份	判断（题）	单选（题）	多选（题）	分值（分）	分值占比（%）
2018	0	5	2	4.5	9.00
2019	1	5	3	6	11.76
2020	0	5	3	5.5	10.58
2023	1	3	1	3	6.19

第一节　宪法概述

一、宪法的概念和特征

（一）宪法的概念

宪法是规定国家根本制度和根本任务，集中体现各种政治力量对比关系、保障公民基本权利的国家根本法。

现行宪法：1982 年 12 月 4 日由五届全国人大五次会议通过。历经五次修改：

第一次，1988 年第七届全国人大一次会议；

第二次，1993 年第八届全国人大一次会议；

第三次，1999 年第九届全国人大二次会议；

第四次，2004 年第十届全国人大二次会议；

第五次，2018 年第十三届全国人大一次会议。

（二）宪法的特征

类别	特征
内容上	宪法规定国家生活中最根本、最重要的方面，是治国安邦的总章程。
程序上	宪法的制定和修改比其他法律更为严格。 ☆宪法的修改，由全国人民代表大会常委会或 1/5 以上全国人民代表大会代表提议，并由全国人民代表大会以全体代表的 2/3 以上的多数通过。 ☆法律和其他议案由全国人民代表大会以全体代表的过半数通过。
效力上	宪法在国家整个法律体系中处于最高地位，具有最高效力；是一切国家机关、武装力量、政党、社会团体以及公民的最高行为准则。《宪法》第 5 条第 3 款规定，一切法律、行政法规和地方性法规都不得同宪法相抵触。

（三）宪法序言的内容与效力

宪法序言是宪法的重要组成部分，除了阐述制宪的历史事实、宗旨和目的外，还以法律的形式确认了中国各族人民奋斗的成果，规定了国家的根本制度和根本任务，是国家的根本法，具有最高的法律效力。全国各族人民、一切国家机关和武装力量、各政党和各社会团体、各企业事业组织，都必须以宪法为根本的活动准则，并且负有维护宪法尊严、保证宪法实施的职责。

宪法序言同现行宪法各章节一样具有最高法律效力。宪法序言对宪法条文具有统领性和指导性，对宪法解释和宪法修改具有约束力，一般立法、执法、司法、释法都不得违反宪法序言的基本原则和立宪精神。

二、宪法确立的国家指导思想、发展道路

（一）国家指导思想

《宪法》序言规定，中国各族人民将继续在中国共产党领导下，坚持以马克思列宁主义、毛泽东思想、邓小平理论、“三个代表”重要思想、科学发展观、习近平新时代中国特色社会主义思想作为国家指导思想。

为了增强全社会的宪法意识，弘扬宪法精神，加强宪法实施，全面推进依法治国，第十二届全国人民代表大会常务委员会第十一次会议决定：将12月4日设立为国家“宪法日”。《宪法》第27条第3款：国家工作人员就职时应当依照法律规定公开进行宪法宣誓。

（二）国家发展道路

宪法确立的国家发展道路是坚持党的领导，坚持人民民主专政，坚持社会主义道路，坚持改革开放，不断完善社会主义的各项制度，发展社会主义市场经济，发展社会主义民主，健全社会主义法治。

《宪法》第1条规定，中华人民共和国是工人阶级领导的、以工农联盟为基础的人民民主专政的社会主义国家。

社会主义制度是中华人民共和国的根本制度。

中国共产党领导是中国特色社会主义最本质的特征。

三、国家确立的奋斗目标、根本任务

（一）奋斗目标

宪法确立的国家奋斗目标是，通过自力更生，艰苦奋斗，逐步实现工业、农业、国防和科学技术的现代化，推动物质文明、政治文明、精神文明、社会文明、生态文明协调发展，把我国建设成为富强民主文明和谐美丽的社会主义现代化强国，实现中华民族的伟大复兴。

（二）根本任务

《宪法》序言规定，我国将长期处于社会主义初级阶段。国家的根本任务是，沿着中国特色社会主义道路，集中力量进行社会主义现代化建设。

四、宪法的基本原则

原则	内容
人民主权原则	人民主权指国家中绝大多数人拥有国家的最高权力，人民是国家的主人。中华人民共和国的一切权力属于人民；人民行使国家权力的机关是全国人民代表大会和地方各级人民代表大会；人民依照法律规定，通过各种途径和形式，管理国家事务，管理经济和文化事业，管理社会事务。宪法还规定了选举制度的主要程序，确保人民能够当家作主。
基本人权原则	《宪法》第33条第3款：国家尊重和保障人权。2004年的《中华人民共和国宪法修正案》把“国家尊重和保障人权”写入宪法，基本人权原则成为国家基本价值观。宪法规定了公民参与国家政治生活的权利和自由、人身自由和宗教信仰自由、社会经济文化方面的权利等基本权利，还要求根据国家社会发展的实际情况，不断为基本权利的实现提供经济、社会与文化保障。

（续表）

原则	内容
法治原则	《宪法》第5条第1款：中华人民共和国实行依法治国，建设社会主义法治国家。在宪法上正式确立了法治原则。依法治国首先是依宪治国，坚持宪法的权威性。 《宪法》第5条第4款：一切国家机关和武装力量、各政党和社会团体、各企业事业组织都必须遵守宪法和法律。一切违反宪法和法律的行为，必须予以追究。
权力制约原则	权力制约原则指国家权力的各个组成部分之间相互监督、彼此牵制，从而保障公民权利的原则，既包括公民权利对国家权力的制约，也包括国家权力相互之间的制衡，在我国主要表现为监督。 监督的形式： ①规定公民对国家权力活动进行监督 《宪法》第41条第1款：中华人民共和国公民对于任何国家机关和国家工作人员，有提出批评和建议的权利；对于任何国家机关和国家工作人员的违法失职行为，有向有关国家机关提出申诉、控告或者检举的权利，但是不得捏造或者歪曲事实进行诬告陷害。 第77条：全国人民代表大会代表受原选举单位的监督。原选举单位有权依照法律规定的程序罢免本单位选出的代表。 ②规定不同国家机关之间、国家机关内部不同的监督形式 《宪法》第3条第3款：国家行政机关、监察机关、审判机关、检察机关都由人民代表大会产生，对它负责，受它监督。 第140条：人民法院、人民检察院和公安机关办理刑事案件，应当分工负责，互相配合，互相制约，以保证准确有效地执行法律。

第二节　国家制度

国家制度	《宪法》相关规定
社会主义制度	社会主义制度是中华人民共和国的根本制度。《宪法》第一条：中华人民共和国是工人阶级领导的、以工农联盟为基础的人民民主专政的社会主义国家。 中国共产党领导是中国特色社会主义最本质的特征。禁止任何组织或者个人破坏社会主义制度。
人民代表大会制度	《宪法》第2条第2款：人民行使国家权力的机关是全国人民代表大会和地方各级人民代表大会。 人民代表大会制度： ☆是我国的政权组织形式； ☆是我国的根本政治制度； ☆是我国的政体； ☆是人民当家作主的重要途径和最高实现形式； ☆是社会主义政治文明的重要制度载体。

（续表）

国家制度	《宪法》相关规定
中国共产党领导的多党合作和政治协商制度	《宪法》序言：中国共产党领导的多党合作和政治协商制度将长期存在和发展。 中国共产党领导的多党合作和政治协商制度是中华人民共和国的一项基本的政治制度，是具有中国特色的政党制度，这种政党制度是由中国人民民主专政的国家性质所决定的。
选举制度	选举制度，是一国统治阶级通过法律规定的关于选举国家代表机关的代表和国家公职人员的原则、程序与方法等各项制度的总称，包括选举的基本原则、选举权利的确定、组织选举的程序和方法，以及选民和代表之间的关系。 **选举制度的基本原则：** **①普遍性原则** 《宪法》第34条：中华人民共和国年满18周岁的公民，不分民族、种族、性别、职业、家庭出身、宗教信仰、教育程度、财产状况、居住期限，都有选举权和被选举权；但是依照法律被剥夺政治权利的人除外。 **②平等性原则** 《中华人民共和国全国人民代表大会和地方各级人民代表大会选举法》（以下简称《选举法》）详细规定了各级人大代表的选举要求，体现了人人平等、地区平等和民族平等的原则。 **③直接选举和间接选举并用原则** ☆直接选举指国家代表机关的代表或其他公职人员由选民直接投票选出； ☆间接选举指先由选民选出代表或选举人，再由代表或选举人选出上一级代表或国家公职人员。 《宪法》第97条第1款：省、直辖市、设区的市的人民代表大会代表由下一级的人民代表大会选举；县、不设区的市、市辖区、乡、民族乡、镇的人民代表大会代表由选民直接选举。 **④秘密投票原则** 又称无记名投票。《选举法》38条：全国和地方各级人民代表大会代表的选举，一律采用无记名投票的方法。
中央和地方关系	《宪法》第2条：人民行使国家权力的机关是全国人民代表大会和地方各级人民代表大会。 第3条：中央和地方的国家机构职权的划分，遵循在中央的统一领导下，充分发挥地方的主动性、积极性的原则。
民族区域自治制度	是我国为解决民族问题、处理民族关系、实现民族平等、团结各民族共同繁荣而建立的。 《宪法》第4条第3款：各少数民族聚居的地方实行区域自治，设立自治机关，行使自治权。各民族自治地方都是中华人民共和国不可分离的部分。
基层群众自治制度	**①概念** 基层群众自治制度，是在我国成立后的民主实践中逐步形成的。指人民依法组成基层自治组织，行使民主权利，管理基层公共事务和公益事业，实行自我管理、自我服务、自我教育、自我监督的制度。 ②基层群众性自治组织 《宪法》第111条：城市和农村按居民居住地区设立的居民委员会或者村民委员会是基层群众性自治组织。

（续表）

国家制度	《宪法》相关规定
“一国两制”与特别行政区制度	宪法是我们国家的根本大法，是治国安邦的总章程，也是我们国家所有法律的渊源。《中华人民共和国香港特别行政区基本法》《中华人民共和国澳门特别行政区基本法》（以下简称《香港基本法》《澳门基本法》）是根据宪法规定的“一国两制”精神和港澳实际情况对国家宪制的发展完善，是中国宪制特殊的组成部分。 ③特别行政区制度 是依据宪法和法律的规定而设立的具有特殊法律地位、实行特别社会政治经济制度的行政区域，特区政府对所辖区域依法享有高度自治权的制度。 《宪法》第 31 条：国家在必要时得设立特别行政区。在特别行政区内实行的制度按照具体情况由全国人民代表大会以法律规定。 ④特别行政区的自治权限 全国人民代表大会授权香港特别行政区依照香港基本法的规定实行高度自治，享有行政管理权、立法权、独立的司法权和终审权。 ⑤中央对特别行政区行使的权限 全国人大、全国人大常委会和中央人民政府对特区直接行使权力。全国人大决定特区设立及其制度；制定和修改特区基本法。全国人大常委会负责增减基本法附件中的全国性法律；监督立法会制定的法律；解释基本法；决定特区紧急状态。中央人民政府负责特区相关的外交事务、防务；任免特区政府行政长官、主要官员、澳门检察长；特殊情况下发布命令在特区实施全国性法律。

第三节　公民的基本权利和基本义务

一、相关概念及权利义务行使原则

公民，指具有一国国籍，根据该国宪法和法律享受权利、承担义务的自然人。

《宪法》第 33 条第 1 款：凡具有中华人民共和国国籍的人都是中华人民共和国公民。

公民的基本权利	公民的基本义务
由宪法规定的公民享有的主要的、必不可少的人身、政治、经济、文化等权利。	由宪法规定的公民必须遵守和应尽的根本责任；公民的基本义务是国家和社会对公民最起码、最基本的要求，是宪法规定的作为其他义务基础的最重要的义务。
意义：公民的基本权利与义务共同反映和决定着公民在国家中的政治与法律地位，并构成普通法律规定公民权利和义务的基础和原则。	
行使原则： ☆法律面前一律平等； ☆权利和义务相统一； ☆个人利益与国家利益相结合。	

二、公民的基本权利

（一）平等权

中华人民共和国公民在法律面前一律平等。

类别	内容
守法平等	任何公民享有宪法和法律规定的权利，同时必须履行宪法和法律规定的义务。
司法平等	主要指在法律的适用、执行及审判等方面的平等。
无法外特权	任何组织或者个人都不得有超越宪法和法律的特权。
法律地位平等	在法律面前公民的地位是平等的。中华人民共和国妇女在政治的、经济的、文化的、社会的和家庭的生活等各方面享有同男子平等的权利。国家保护妇女的权利和利益，实行男女同工同酬，培养和选拔妇女干部。国家保护华侨的正当权利和利益，保护归侨和侨眷的合法权利和利益。
允许合理差别	宪法禁止不合理的差别，合理的差别具有合宪性。中华人民共和国公民在年老、疾病或者丧失劳动能力的情况下，有从国家和社会获得物质帮助的权利。国家发展为公民享受这些权利所需要的社会保险、社会救济和医疗卫生事业。国家和社会保障残废军人的生活，抚恤烈士家属，优待军人家属。国家和社会帮助安排盲、聋、哑和其他有残疾的公民的劳动、生活和教育。婚姻、家庭、母亲和儿童受国家的保护。宪法中对于全国人大代表的言论免责权，对被剥夺政治权利者的选举权的限制，对少数民族在政治、经济、文化等方面的扶持政策等，都属于合理差别的情形。

（二）政治权利和自由权

1. 选举权和被选举权

《宪法》第 34 条：中华人民共和国年满 18 周岁的公民，不分民族、种族、性别、职业、家庭出身、宗教信仰、教育程度、财产状况、居住期限，都有选举权和被选举权；但是依照法律被剥夺政治权利的人除外。

2. 政治自由

《宪法》第 35 条：中华人民共和国公民有言论、出版、集会、结社、游行、示威的自由。

（三）宗教信仰自由权

1. 公民有宗教信仰自由

《宪法》第 36 条第 1 款：中华人民共和国公民有宗教信仰自由。

第 36 条第 2 款：任何国家机关、社会团体和个人不得强制公民信仰宗教或者不信仰宗教，不得歧视信仰宗教的公民和不信仰宗教的公民。

2. 国家保护正常的宗教活动

第 36 条第 3 款：国家保护正常的宗教活动。任何人不得利用宗教进行破坏社会秩序、损害公民身体健康、妨碍国家教育制度的活动。

第 36 条第 4 款：宗教团体和宗教事务不受外国势力的支配。

（四）人身自由权

权利	《宪法》相关规定
人身自由不受侵犯	任何公民，非经人民检察院批准或者决定或者人民法院决定，并由公安机关执行，不受逮捕。 禁止非法拘禁和以其他方法非法剥夺或者限制公民的人身自由，禁止非法搜查公民的身体。
人格尊严不受侵犯	禁止用任何方法对公民进行侮辱、诽谤和诬告陷害。
住宅不受侵犯	禁止非法搜查或者非法侵入公民的住宅。
通信自由和通信秘密受法律的保护	除因国家安全或者追查刑事犯罪的需要，由公安机关或者检察机关依照法律规定的程序对通信进行检查外，任何组织或者个人不得以任何理由侵犯公民的通信自由和通信秘密。

（五）社会经济权利

社会经济权利，指公民享有经济物质方面的权利，是公民实现其他权利的物质保证。

权利	《宪法》相关规定
财产权	第 13 条：公民的合法的私有财产不受侵犯。 国家依照法律规定保护公民的私有财产权和继承权。 国家为了公共利益的需要，可以依照法律规定对公民的私有财产实行征收或者征用并给予补偿。
劳动权	劳动权既是公民的基本权利，也是公民的基本义务。 第 42 条：中华人民共和国公民有劳动的权利和义务。 国家通过各种途径，创造劳动就业条件，加强劳动保护，改善劳动条件，并在发展生产的基础上，提高劳动报酬和福利待遇。
休息权	第 43 条：中华人民共和国劳动者有休息的权利。 国家发展劳动者休息和休养的设施，规定职工的工作时间和休假制度。
退休人员生活保障权利	第 44 条：国家依照法律规定实行企业事业组织的职工和国家机关工作人员的退休制度。退休人员的生活受到国家和社会的保障。
获得物质帮助的权利	第 45 条：中华人民共和国公民在年老、疾病或者丧失劳动能力的情况下，有从国家和社会获得物质帮助的权利。国家发展为公民享受这些权利所需要的社会保险、社会救济和医疗卫生事业。 国家和社会保障残废军人的生活，抚恤烈士家属，优待军人家属。 国家和社会帮助安排盲、聋、哑和其他有残疾的公民的劳动、生活和教育。
文化教育权利	第 46 条：中华人民共和国公民有受教育的权利和义务。 国家培养青年、少年、儿童在品德、智力、体质等方面全面发展。 第 47 条：中华人民共和国公民有进行科学研究、文学艺术创作和其他文化活动的自由。国家对于从事教育、科学、技术、文学、艺术和其他文化事业的公民的有益于人民的创造性工作，给以鼓励和帮助。

（续表）

权利	《宪法》相关规定
监督权和获得国家赔偿权	第 41 条：中华人民共和国公民对于任何国家机关和国家工作人员，有提出批评和建议的权利；对于任何国家机关和国家工作人员的违法失职行为，有向有关国家机关提出申诉、控告或者检举的权利，但是不得捏造或者歪曲事实进行诬告陷害。 对于公民的申诉、控告或者检举，有关国家机关必须查清事实，负责处理。任何人不得压制和打击报复。 由于国家机关和国家工作人员侵犯公民权利而受到损失的人，有依照法律规定取得赔偿的权利。

三、公民的基本义务

（一）维护国家统一和各民族团结

坚持一个中国原则，维护国家统一和全国各民族团结。

《宪法》第 52 条：中华人民共和国公民有维护国家统一和全国各民族团结的义务。

（二）遵纪守法和尊重社会公德

《宪法》第 52 条：中华人民共和国公民必须遵守宪法和法律，保守国家秘密，爱护公共财产，遵守劳动纪律，遵守公共秩序，尊重社会公德。

遵守宪法和法律是公民必须守法的总的原则规定。

《宪法》第 10 条有以下规定：

类别	规定
城市的土地	属于国家所有。
农村和城市郊区的土地	除由法律规定属于国家所有的以外，属于集体所有。
宅基地和自留地、自留山	属于集体所有。
国家为了公共利益的需要，可以依照法律规定对土地实行征收或者征用并给予补偿。 任何组织或者个人不得侵占、买卖或者以其他形式非法转让土地。土地的使用权可以依照法律的规定转让。一切使用土地的组织和个人必须合理地利用土地。	

（三）维护祖国安全、荣誉和利益

《宪法》第 54 条：中华人民共和国公民有维护祖国的安全、荣誉和利益的义务，不得有危害祖国的安全、荣誉和利益的行为。

（四）保卫祖国，依法服兵役和参加民兵组织

《宪法》第 55 条：保卫祖国、抵抗侵略是中华人民共和国每一个公民的神圣职责。依照法律服兵役和参加民兵组织是中华人民共和国公民的光荣义务。

（五）依法纳税

税收是国家机关依照法律的规定，向课税对象按一定比例所征收的税款。

《宪法》第 56 条：中华人民共和国公民有依照法律纳税的义务。

（六）其他基本义务

①第 42 条规定的劳动的义务；

②第 46 条规定的受教育的义务；

③第 49 条规定的夫妻双方有实行计划生育的义务，父母有抚养教育未成年子女的义务以及成年子女有赡养扶助父母的义务。

第四节　国家机构

一、国家机构及其组织活动原则

（一）国家机构及其构成

国家机构，是一定社会的统治阶级为实现其统治职能而建立起来的进行国家管理和执行统治职能的国家机关的总和。

国家机构实际上是掌握国家权力的阶级实现其阶级统治的工具。

《宪法》第三章规定，我国的国家机构包括：全国人民代表大会及其常务委员会，中华人民共和国主席，中华人民共和国国务院，中华人民共和国中央军事委员会，地方各级人民代表大会和地方各级人民政府，民族自治地方的自治机关，监察委员会，人民法院和人民检察院。

（二）国家机构组织的基本原则

原则	《宪法》相关规定
民主集中制原则	第 3 条第 1 款：中华人民共和国的国家机构实行民主集中制的原则。
密切联系群众、为人民服务原则	第 27 条第 2 款：一切国家机关和国家工作人员必须依靠人民的支持，经常保持同人民的密切联系，倾听人民的意见和建议，接受人民的监督，努力为人民服务。
社会主义法治原则	第 5 条第 1 款：中华人民共和国实行依法治国，建设社会主义法治国家。
责任制原则	依据宪法有关规定，各级人民代表大会及其常务委员会、人民法院和人民检察院等是实行集体负责制的机关；国务院及其各部、委，中央军委以及地方各级人民政府等都实行个人负责制。
精简和效率原则	第 27 条第 1 款：一切国家机关实行精简的原则，实行工作责任制，实行工作人员的培训和考核制度，不断提高工作质量和工作效率，反对官僚主义。

二、全国人民代表大会

（一）性质和地位

《宪法》第 57 条：中华人民共和国全国人民代表大会是最高国家权力机关。它的常设机关是全国人民代表大会常务委员会。

第 58 条：全国人民代表大会和全国人民代表大会常务委员会行使国家立法权。

（二）组成和任期

《宪法》第 59 条第 1 款：全国人民代表大会由省、自治区、直辖市、特别行政区和军队选出的代表组成。各少数民族都应当有适当名额的代表。

第 60 条第 1 款：全国人民代表大会每届任期五年。

（三）主要职权

职权	《宪法》相关规定
修宪与立法权	修改宪法，监督宪法实施；制定和修改刑事、民事、国家机构的和其他的基本法律。
选举权	第 62 条、第 65 条规定，全国人大有权选举产生全国人大常委会委员长、副委员长、秘书长和委员，国家主席、副主席，中央军委主席，国家监察委员会主任，最高人民法院院长和最高人民检察院检察长。
决定权	第 62 条规定，全国人大根据国家主席的提名，决定国务院总理的人选；根据国务院总理的提名，决定国务院副总理、国务委员、各部部长、各委员会主任、审计长和秘书长的人选；全国人大根据中央军事委员会主席的提名，决定中央军事委员会其他组成人员的人选。
罢免权	第 63 条规定，全国人民代表大会有权罢免中华人民共和国主席、副主席，国务院总理、副总理、国务委员、各部部长、各委员会主任、审计长、秘书长，中央军事委员会主席和中央军事委员会其他组成人员，国家监察委员会主任，最高人民法院院长，最高人民检察院检察长。 第 77 条：全国人民代表大会代表受原选举单位的监督。原选举单位有权依照法律规定的程序罢免本单位选出的代表。
重大事项决定权	审批国民经济和社会发展计划和计划执行情况的报告，以及预算和预算执行情况的报告；批准省、自治区、直辖市的建置；决定特别行政区的设立及其制度；决定战争与和平问题；应当由最高国家权力机关行使的其他职权。

三、中华人民共和国主席

中华人民共和国主席对内对外代表国家，依法行使宪法规定的国家主席职权，是我国国家机构的重要组成部分。

类别	《宪法》相关规定
宪法地位	中华人民共和国主席对内对外代表国家，依法行使《宪法》规定的国家主席职权，是我国国家机构的重要组成部分。 第 79 条：中华人民共和国主席、副主席由全国人民代表大会选举；有选举权和被选举权的年满四十五周岁的中华人民共和国公民可以被选为中华人民共和国主席、副主席；中华人民共和国主席、副主席每届任期同全国人民代表大会每届任期相同。
主要职权	第 80 条：中华人民共和国主席根据全国人民代表大会的决定和全国人民代表大会常务委员会的决定，公布法律，任免国务院总理、副总理、国务委员、各部部长、各委员会主任、审计长、秘书长，授予国家的勋章和荣誉称号，发布特赦令，宣布进入紧急状态，宣布战争状态，发布动员令。 第 81 条：中华人民共和国主席代表中华人民共和国，进行国事活动，接受外国使节；根据全国人民代表大会常务委员会的决定，派遣和召回驻外全权代表，批准和废除同外国缔结的条约和重要协定。 第 82 条：中华人民共和国副主席协助主席工作。 中华人民共和国副主席受主席的委托，可以代行主席的部分职权。

四、国务院

类别	《宪法》相关规定
产生性质	第85条规定，中华人民共和国国务院，即中央人民政府，是最高国家权力机关的执行机关，是最高国家行政机关；地方各级人民政府都要接受国务院的领导。
组成和任期	第86条规定，国务院组成人员包括总理、副总理、国务委员、各部部长、各委员会主任、审计长、秘书长。 第87条：国务院每届任期同全国人民代表大会每届任期相同；总理、副总理、国务委员连续任职不得超过两届。
工作机制和职权	第86条：国务院实行总理负责制。各部、各委员会实行部长、主任负责制。 第89条规定，国务院主要行使下列职权： ①制定行政措施； ②制定行政法规； ③提出议案权； ④批准省、自治区、直辖市的区域划分，批准自治州、县、自治县、市的建置和区域划分； ⑤依照法律决定省、自治区、直辖市的范围内部分地区进入紧急状态。

五、中央军事委员会

类别	相关规定
性质地位、组成任期	第93条：中华人民共和国中央军事委员会领导全国武装力量。 中央军事委员会由下列人员组成：主席，副主席若干人，委员若干人。 中央军事委员会实行主席负责制。 中央军事委员会每届任期同全国人民代表大会每届任期相同。
领导机制	第94条：中央军事委员会主席对全国人民代表大会和全国人民代表大会常务委员会负责。 第67条第6项规定，全国人大常委会监督中央军事委员会的工作。

六、地方各级人民代表大会和地方各级人民政府

（一）中央和地方国家机关关系及职权的划分

《宪法》第2条：人民行使国家权力的机关是全国人民代表大会和地方各级人民代表大会。

第3条：中央和地方的国家机构职权的划分，遵循在中央的统一领导下，充分发挥地方的主动性、积极性的原则。

（二）地方各级人民代表大会

1. 性质和地位

《宪法》第95条：省、直辖市、县、市、市辖区、乡、民族乡、镇设立人民代表大会

和人民政府。

地方各级人民代表大会和地方各级人民政府的组织由法律规定。

自治区、自治州、自治县设立自治机关。

第 96 条：地方各级人民代表大会是地方国家权力机关。

县级以上的地方各级人民代表大会设立常务委员会。

2. 组成和任期

《宪法》第 97 条：省、直辖市、设区的市的人民代表大会代表由下一级的人民代表大会选举；县、不设区的市、市辖区、乡、民族乡、镇的人民代表大会代表由选民直接选举。

地方各级人民代表大会代表名额和代表产生办法由法律规定。

第 98 条：地方各级人民代表大会每届任期五年。

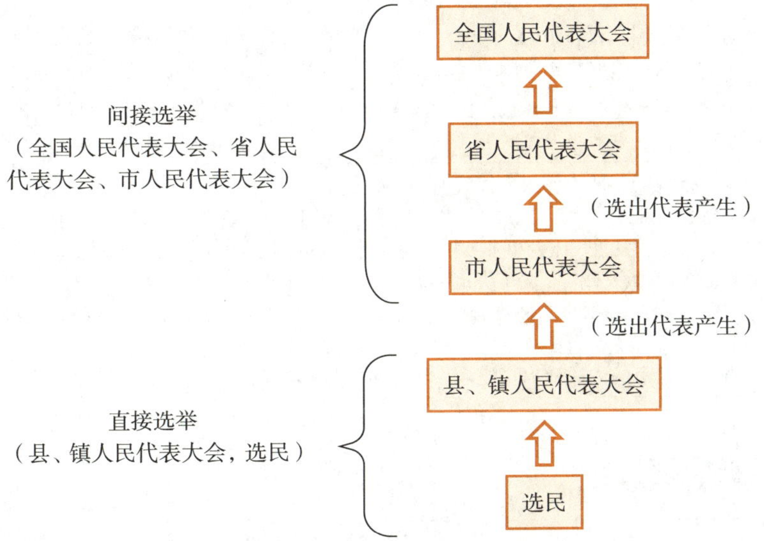

3. 主要职权

主要职权	《宪法》相关规定
立法权	第 100 条：省、直辖市的人民代表大会和它们的常务委员会，在不同宪法、法律、行政法规相抵触的前提下，可以制定地方性法规，报全国人民代表大会常务委员会备案。设区的市的人民代表大会和它们的常务委员会，在不同宪法、法律、行政法规和本省、自治区的地方性法规相抵触的前提下，可以依照法律规定制定地方性法规，报本省、自治区人民代表大会常务委员会批准后施行。
选举权和罢免权	第 101 条：地方各级人民代表大会分别选举并且有权罢免本级人民政府的省长和副省长、市长和副市长、县长和副县长、区长和副区长、乡长和副乡长、镇长和副镇长。县级以上的地方各级人民代表大会选举并且有权罢免本级监察委员会主任、本级人民法院院长和本级人民检察院检察长。选出或者罢免人民检察院检察长，须报上级人民检察院检察长提请该级人民代表大会常务委员会批准。

（续表）

主要职权	《宪法》相关规定
重大事项决定权	第 99 条：地方各级人民代表大会在本行政区域内，保证宪法、法律、行政法规的遵守和执行；依照法律规定的权限，通过和发布决议，审查和决定地方的经济建设、文化建设和公共事业建设的计划。 县级以上的地方各级人民代表大会审查和批准本行政区域内的国民经济和社会发展计划、预算以及它们的执行情况的报告；有权改变或者撤销本级人民代表大会常务委员会不适当的决定。 民族乡的人民代表大会可以依照法律规定的权限采取适合民族特点的具体措施。

（三）地方各级人民政府

类别	《宪法》相关规定
性质和地位	第 105 条第 1 款：地方各级人民政府是地方各级国家权力机关的执行机关，是地方各级国家行政机关。 从属于本级国家权力机关，由它产生，向它负责；此外，还要服从上级人民政府的领导，向上一级人民政府负责和报告工作，执行上级行政机关的决定和命令。
组成和任期	第 105 条第 2 款：地方各级人民政府实行省长、市长、县长、区长、乡长、镇长负责制。 第 106 条：地方各级人民政府每届任期同本级人民代表大会每届任期相同。
主要职权	第 107 条规定，地方各级人民政府主要行使下列职权： ①县级以上地方各级人民政府依照法律规定的权限，管理本行政区域内的经济、教育、科学、文化、卫生、体育事业、城乡建设事业和财政、民政、公安、民族事务、司法行政、计划生育等行政工作，发布决定和命令，任免、培训、考核和奖惩行政工作人员。 ②乡、民族乡、镇的人民政府执行本级人民代表大会的决议和上级国家行政机关的决定和命令，管理本行政区域内的行政工作。 ③省、直辖市的人民政府决定乡、民族乡、镇的建置和区域划分。

七、监察委员会

类别	《宪法》相关规定
产生和组成	第 123 条：中华人民共和国各级监察委员会是国家的监察机关。 第 124 条规定，中华人民共和国设立国家监察委员会和地方各级监察委员会。监察委员会由主任、副主任若干人、委员若干人组成。 监察委员会主任每届任期同本级人民代表大会每届任期相同。 国家监察委员会主任连续任职不得超过两届。 监察委员会的组织和职权由法律规定。
地位和职权	第 125 条：国家监察委员会是最高监察机关。 国家监察委员会领导地方各级监察委员会的工作，上级监察委员会领导下级监察委员会的工作。 第 126 条：国家监察委员会对全国人民代表大会和全国人民代表大会常务委员会负责。 地方各级监察委员会对产生它的国家权力机关和上一级监察委员会负责。 第 127 条：监察委员会依照法律规定独立行使监察权，不受行政机关、社会团体和个人的干涉。 监察机关办理职务违法和职务犯罪案件，应当与审判机关、检察机关、执法部门互相配合，互相制约。

八、人民法院和人民检察院

（一）组织、职权和工作机制

人民法院	人民检察院
国家的审判机关，国家设立最高人民法院、地方各级人民法院和军事法院等专门人民法院。	国家的法律监督机关，国家设立最高人民检察院、地方各级人民检察院和军事检察院等专门人民检察院。
最高人民法院院长、最高人民检察院检察长每届任期同全国人大每届任期相同，连续任职不得超过两届。人民法院、人民检察院的组织由法律规定。	
人民法院审理案件，除法律规定的特别情况外，一律公开进行。被告人有权获得辩护。	
人民法院依照法律规定独立行使审判权，人民检察院依照法律规定独立行使检察权，不受行政机关、社会团体和个人的干涉。	
最高人民法院是最高审判机关。 最高人民法院监督地方各级人民法院和专门人民法院的审判工作，上级人民法院监督下级人民法院的审判工作。	最高人民检察院是最高检察机关。 最高人民检察院领导地方各级人民检察院和专门人民检察院的工作，上级人民检察院领导下级人民检察院的工作。
最高人民法院对全国人大和全国人大常委会负责。地方各级人民法院对产生它的国家权力机关负责。	最高人民检察院对全国人大和全国人大常委会负责。地方各级人民检察院对产生它的国家权力机关和上级人民检察院负责。

（二）司法权、司法公信力与公益诉讼监督

类型	《宪法》相关规定
司法职权	即承担国家司法职能，行使国家司法权力的职责和权力。这种职权，对于司法主体而言，是一种权力；但对于国家而言，它又是司法主体的一项职责和义务。司法职权分为审判权和检察权及法律监督权，即由人民法院行使的国家审判权和由人民检察院行使的国家检察权和法律监督权。 第 71 条：全国人民代表大会和全国人民代表大会常务委员会认为必要的时候，可以组织关于特定问题的调查委员会，并且根据调查委员会的报告，作出相应的决议。 调查委员会进行调查的时候，一切有关的国家机关、社会团体和公民都有义务向它提供必要的材料。
司法公信力	是司法机关依法行使司法权的客观表现，是裁判过程和裁判结果得到民众充分信赖、尊重与认同的高度反映。司法公信力一方面体现为民众对司法的充分信任与尊重，包括对司法主体的充分信任与尊敬，对司法过程的充分信赖与认同，对司法裁判的自觉服从与执行；另一方面则体现为法律在整个社会的权威与尊严已经树立，广大民众对法律持有十足的信心。
人民检察院公益诉讼监督规则	应当遵守宪法、法律和相关法规，秉持客观公正立场，遵循相关诉讼制度的基本原则和程序规定，坚持司法公开；依照规定接受人民监督员监督等。 《人民检察院公益诉讼办案规则》第 3 条规定，人民检察院办理公益诉讼案件，应当遵守宪法、法律和相关法规，秉持客观公正立场，遵循相关诉讼制度的基本原则和程序规定，坚持司法公开。 第 4 条规定，人民检察院通过提出检察建议、提起诉讼和支持起诉等方式履行公益诉讼检察职责。 第 12 条规定，人民检察院办理公益诉讼案件，依照规定接受人民监督员监督。

易错考题小试牛刀

1.（判断题）宪法规定，中华人民共和国公民有受教育的权利和义务。（　）

2.（单选题）宪法规定，法律和其他议案由全国人民代表大会以全体代表的（　）通过。
A. 过半数　B.3/5 以上　C.2/3 以上　D.3/4 以上

3.（单选题）根据宪法规定，（　）是公民享有的监督权。
A. 罢免权　B. 集会、游行、示威的自由　C. 批评和建议的权利　D. 选举权

4.（单选题）（　）既是中国特色社会主义最本质的特征，也是社会主义法治最根本的保证。
A. 中国共产党的领导　B. 人民当家做主
C. 坚持依法治国、依法执政、依法行政共同推进
D. 坚持法治国家、法治政府、法治社会一体建设

5.（单选题）依我国现行宪法的规定，城市的土地属于（　）；农村和城市郊区的土地，除由法律规定属于国家所有的以外，属于（　）。
A. 国家所有；集体所有　B. 国家所有；国家所有
C. 集体所有；集体所有　D. 集体所有；国家所有

6.（单选题）宪法规定，最高人民法院是最高审判机关，最高人民法院（　）地方各级人民法院和专门人民法院的审判工作。
A. 领导　B. 指导　C. 监督　D. 引导

7.（多选题）下列选项中，属于公民政治权利和自由的是（　）。
A. 名誉权　B. 选举权和被选举权　C. 言论自由权
D. 出版自由权　E. 通信自由权

8.（多选题）根据宪法规定，（　）等领导人，连续任职不得超过两届。
A. 国务院总理　B. 国务院副总理　C. 国务委员
D. 国家主席　E. 中央军委主席

【答案】1. 对　2.A　3.C　4.A　5.A　6.C　7.BCD　8.ABC

第二章
宪法相关法律、法规

【考试大纲】

- **了解：**《中华人民共和国宪法》《中华人民共和国国旗法》《中华人民共和国国歌法》《中华人民共和国国徽法》关于首都、国旗、国歌、国徽的规定。《中华人民共和国香港特别行政区维护国家安全法》关于中央人民政府驻香港特别行政区维护国家安全机构及其职责的规定。
- **熟悉：**《中华人民共和国香港特别行政区维护国家安全法》总则的规定。《中华人民共和国英雄烈士保护法》关于烈士的历史功勋、人民英雄纪念碑的法律地位、纪念缅怀英雄烈士活动、弘扬传承英雄烈士精神、烈士褒扬和遗属抚恤的规定。《宗教事务条例》关于总则以及宗教活动场所、宗教活动的规定。
- **掌握：**《中华人民共和国香港特别行政区维护国家安全法》关于分裂国家罪、颠覆国家政权罪、恐怖活动罪罪行和处罚的规定。《中华人民共和国英雄烈士保护法》关于英雄烈士名誉荣誉法律保护及其相关法律责任的规定。

【历年分值】

年份	判断（题）	单选（题）	多选（题）	分值（分）	分值占比（%）
2020	1	3	1	3	5.77
2023	1	4	1	3.5	7.22

第一节　国旗、国歌、国徽、首都

根据我国宪法，全国人民代表大会常务委员会制定了《中华人民共和国国旗法》《中华人民共和国国徽法》《中华人民共和国国歌法》（以下简称《国旗法》《国徽法》《国歌法》）。

一、国旗

国旗是国家的象征和标志，代表国家的权威和尊严。

为了维护国家的形象和尊严，增强公民的国家观念和爱国意识，弘扬爱国主义精神，规范国旗的使用，1990 年 6 月 28 日第七届全国人大常委会第十四次会议通过《国旗法》，并于 2009 年、2020 年历经两次修订。

（一）国旗的构成

《国旗法》第 2 条：中华人民共和国国旗是五星红旗。

《国旗法》第 3 条第 2 款：国旗、旗杆的尺度比例应当适当，并与使用目的、周围建筑、周边环境相适应。

（二）国旗升挂的规定

类别	《国旗法》相关规定
应当每日升挂国旗的场合	①北京天安门广场、新华门； ②中国共产党中央委员会，全国人民代表大会常务委员会，国务院，中央军事委员会，中国共产党中央纪律检查委员会、国家监察委员会，最高人民法院，最高人民检察院； ③中国人民政治协商会议全国委员会； ④外交部； ⑤出境入境的机场、港口、火车站和其他边境口岸，边防海防哨所。 学校除寒假、暑假和休息日外，应当每日升挂国旗。有条件的幼儿园参照学校的规定升挂国旗。
应当工作日升挂国旗的场合	①中国共产党中央各部门和地方各级委员会； ②国务院各部门； ③地方各级人民代表大会常务委员会； ④地方各级人民政府； ⑤中国共产党地方各级纪律检查委员会、地方各级监察委员会； ⑥地方各级人民法院和专门人民法院； ⑦地方各级人民检察院和专门人民检察院； ⑧中国人民政治协商会议地方各级委员会； ⑨各民主党派、各人民团体； ⑩中央人民政府驻香港特别行政区有关机构、中央人民政府驻澳门特别行政区有关机构。

（续表）

类别	《国旗法》相关规定
应当开放日升挂、悬挂国旗的场合	图书馆、博物馆、文化馆、美术馆、科技馆、纪念馆、展览馆、体育馆、青少年宫等公共文化体育设施。
重要节日、纪念日应当升挂、悬挂国旗情形	国庆节、国际劳动节、元旦、春节和国家宪法日等重要节日、纪念日，各级国家机关、各人民团体以及大型广场、公园等公共活动场所应当升挂国旗；企业事业组织，村民委员会、居民委员会，居民院（楼、小区）有条件的应当升挂国旗。
其他应当升挂情形	民族自治地方在民族自治地方成立纪念日和主要传统民族节日应当升挂国旗。举行宪法宣誓仪式时，应当在宣誓场所悬挂国旗。
其他可以升挂情形	举行重大庆祝、纪念活动，大型文化、体育活动，大型展览会，可以升挂国旗。此外，为了鼓励公民升挂国旗，国家倡导公民和组织在适宜的场合使用国旗及其图案，表达爱国情感。
升降国旗的时间	一般情况下国旗应当早晨升起，傍晚降下。遇有恶劣天气，可以不升挂。

（三）升旗仪式的要求

《国旗法》第 14 条：升挂国旗时，可以举行升旗仪式。举行升旗仪式时，应当奏唱国歌。在国旗升起的过程中，在场人员应当面向国旗肃立，行注目礼或者按照规定要求敬礼，不得有损害国旗尊严的行为。

北京天安门广场每日举行升旗仪式。学校除假期外，每周举行一次升旗仪式。

（四）下半旗、覆盖国旗的规定

1. 下半旗的适用条件

《国旗法》第 15 条规定，下列人士逝世，下半旗志哀：

①中华人民共和国主席、全国人民代表大会常务委员会委员长、国务院总理、中央军事委员会主席；

②中国人民政治协商会议全国委员会主席；

③对中华人民共和国作出杰出贡献的人；

④对世界和平或者人类进步事业作出杰出贡献的人。

举行国家公祭仪式或者发生严重自然灾害、突发公共卫生事件以及其他不幸事件造成特别重大伤亡的，可以在全国范围内下半旗志哀，也可以在部分地区或者特定场所下半旗志哀。

依照本条第 1 款第 3 项、第 4 项和第 2 款的规定下半旗，由国务院有关部门或者省、自治区、直辖市人民政府报国务院决定。

依照本条规定下半旗的日期和场所，由国家成立的治丧机构或者国务院决定。

《国旗法》第 18 条：下半旗时，应当先将国旗升至杆顶，然后降至旗顶与杆顶之间的距离为旗杆全长的三分之一处；降下时，应当先将国旗升至杆顶，然后再降下。

2. 覆盖国旗的适用条件

《国旗法》第 16 条规定，下列人士逝世，举行哀悼仪式时，其遗体、灵柩或者骨灰盒可以覆盖国旗：

①中华人民共和国主席、全国人民代表大会常务委员会委员长、国务院总理、中央军事委员会主席；

②中国人民政治协商会议全国委员会主席；

③对中华人民共和国作出杰出贡献的人；

④烈士；

⑤国家规定的其他人士。

覆盖国旗时，国旗不得触及地面，仪式结束后应当将国旗收回保存。

（五）升挂国旗的规范

①《国旗法》第 17 条：升挂国旗，应当将国旗置于显著的位置。

列队举持国旗和其他旗帜行进时，国旗应当在其他旗帜之前。

国旗与其他旗帜同时升挂时，应当将国旗置于中心、较高或者突出的位置。

在外事活动中同时升挂两个以上国家的国旗时，应当按照外交部的规定或者国际惯例升挂。

②《国旗法》第 18 条：在直立的旗杆上升降国旗，应当徐徐升降。升起时，必须将国旗升至杆顶；降下时，不得使国旗落地。

③《国旗法》第 19 条：不得升挂或者使用破损、污损、褪色或者不合规格的国旗，不得倒挂、倒插或者以其他有损国旗尊严的方式升挂、使用国旗。

不得随意丢弃国旗。破损、污损、褪色或者不合规格的国旗应当按照国家有关规定收回、处置。大型群众性活动结束后，活动主办方应当收回或者妥善处置活动现场使用的国旗。

（六）法律责任

《国旗法》第 23 条：在公共场合故意以焚烧、毁损、涂划、玷污、践踏等方式侮辱中华人民共和国国旗的，依法追究刑事责任；情节较轻的，由公安机关处以 15 日以下拘留。

（七）监督管理

《国旗法》第 22 条：国务院办公厅统筹协调全国范围内国旗管理有关工作。地方各级人民政府统筹协调本行政区域内国旗管理有关工作。

各级人民政府市场监督管理部门对国旗的制作和销售实施监督管理。

县级人民政府确定的部门对本行政区域内国旗的升挂、使用和收回实施监督管理。

外交部、国务院交通主管部门、中央军事委员会有关部门对各自管辖范围内国旗的升挂、使用和收回实施监督管理。

二、国歌

国歌是国家的重要象征和标志，承载着爱国情怀和民族精神。

2017 年 9 月 1 日，第十二届全国人大常委会第二十九次会议表决通过《国歌法》。

（一）国歌的地位

《国歌法》第 2 条：中华人民共和国国歌是《义勇军进行曲》。

第 3 条：国歌是中华人民共和国的象征和标志。

一切公民和组织都应当尊重国歌，维护国歌的尊严。

（二）奏唱国歌的场合、形式和礼仪

类别	《国歌法》规定
场合	第 4 条规定，在下列场合，应当奏唱国歌： ①全国人民代表大会会议和地方各级人民代表大会会议的开幕、闭幕； ②中国人民政治协商会议全国委员会会议和地方各级委员会会议的开幕、闭幕； ③各政党、各人民团体的各级代表大会等； ④宪法宣誓仪式； ⑤升国旗仪式； ⑥各级机关举行或者组织的重大庆典、表彰、纪念仪式等； ⑦国家公祭仪式； ⑧重大外交活动； ⑨重大体育赛事； ⑩其他应当奏唱国歌的场合。
形式	第 6 条：奏唱国歌，应当按照本法附件所载国歌的歌词和曲谱，不得采取有损国歌尊严的奏唱形式。
礼仪	第 7 条：奏唱国歌时，在场人员应当肃立，举止庄重，不得有不尊重国歌的行为。

（三）国歌标准曲谱和官方录音版本

《国歌法》第 10 条：在本法第 4 条规定的场合奏唱国歌，应当使用国歌标准演奏曲谱或者国歌官方录音版本。

外交部及驻外外交机构应当向有关国家外交部门和有关国际组织提供国歌标准演奏曲谱和国歌官方录音版本，供外交活动中使用。

国务院体育行政部门应当向有关国际体育组织和赛会主办方提供国歌标准演奏曲谱和国歌官方录音版本，供国际体育赛会使用。

国歌标准演奏曲谱、国歌官方录音版本由国务院确定的部门组织审定、录制，并在中国人大网和中国政府网上发布。

（四）国歌使用规范

国家倡导公民和组织在适宜的场合奏唱国歌，表达爱国情感。

不得在私人丧事活动等不适宜的场合奏唱、播放国歌。国歌不得用于或者变相用于商标、广告、公共场所使用的背景音乐等。

（五）法律责任与监督管理

《国歌法》第 15 条：在公共场合，故意篡改国歌歌词、曲谱，以歪曲、贬损方式奏唱国歌，或者以其他方式侮辱国歌的，由公安机关处以警告或者 15 日以下拘留；构成犯罪的，依法追究刑事责任。

《国歌法》第 14 条：县级以上各级人民政府及其有关部门在各自职责范围内，对国歌的奏唱、播放和使用进行监督管理。

三、国徽

国徽是国家的象征和标志，代表着国家的权威与尊严。

1991 年 3 月 2 日，第七届全国人大常委会第十八次会议通过《国徽法》。

根据 2009 年 8 月 27 日第十一届全国人大常委会第十次会议《关于修改部分法律的决定》、2020 年 10 月 17 日第十三届全国人大常委会第二十二次会议《关于修改〈中华人民共和国国徽法〉的决定》，两次修正《国徽法》。

（一）国徽的构成

《国徽法》第 2 条：中华人民共和国国徽，中间是五星照耀下的天安门，周围是谷穗和齿轮。

象征中国人民自五四运动以来的新民主主义革命斗争和工人阶级领导的以工农联盟为基础的人民民主专政的新中国的诞生。

（二）国徽悬挂的规定

类别	《国徽法》相关规定
应当悬挂国徽的机构	①各级人民代表大会常务委员会； ②各级人民政府； ③中央军事委员会； ④各级监察委员会； ⑤各级人民法院和专门人民法院； ⑥各级人民检察院和专门人民检察院； ⑦外交部； ⑧国家驻外使馆、领馆和其他外交代表机构； ⑨中央人民政府驻香港特别行政区有关机构、中央人民政府驻澳门特别行政区有关机构。 国徽应当悬挂在机关正门上方正中处。
应当悬挂国徽的场所	①北京天安门城楼、人民大会堂； ②县级以上各级人民代表大会及其常务委员会会议厅，乡、民族乡、镇的人民代表大会会场； ③各级人民法院和专门人民法院的审判庭； ④宪法宣誓场所； ⑤出境入境口岸的适当场所。
印章应当刻有国徽图案的机构	①全国人民代表大会常务委员会，国务院，中央军事委员会，国家监察委员会，最高人民法院，最高人民检察院； ②全国人民代表大会各专门委员会和全国人民代表大会常务委员会办公厅、工作委员会，国务院各部、各委员会、各直属机构、国务院办公厅以及国务院规定应当使用刻有国徽图案印章的办事机构，中央军事委员会办公厅以及中央军事委员会规定应当使用刻有国徽图案印章的其他机构； ③县级以上地方各级人民代表大会常务委员会、人民政府、监察委员会、人民法院、人民检察院，专门人民法院，专门人民检察院； ④国家驻外使馆、领馆和其他外交代表机构。 以上机构应当在其网站首页显著位置使用国徽图案。网站使用的国徽图案标准版本在中国人大网和中国政府网上发布。

（续表）

类别	《国徽法》相关规定
应当印有国徽图案的文书、出版物等	①全国人民代表大会常务委员会、中华人民共和国主席和国务院颁发的荣誉证书、任命书、外交文书； ②中华人民共和国主席、副主席，全国人民代表大会常务委员会委员长、副委员长，国务院总理、副总理、国务委员，中央军事委员会主席、副主席，国家监察委员会主任，最高人民法院院长和最高人民检察院检察长以职务名义对外使用的信封、信笺、请柬等； ③全国人民代表大会常务委员会公报、国务院公报、最高人民法院公报和最高人民检察院公报的封面； ④国家出版的法律、法规正式版本的封面。
可以使用国徽图案的证件、证照	①国家机关工作人员的工作证件、执法证件等； ②国家机关颁发的营业执照、许可证书、批准证书、资格证书、权利证书等； ③居民身份证，中华人民共和国护照等法定出入境证件。 国家机关和武装力量的徽章可以将国徽图案作为核心图案。公民在庄重的场合可以佩戴国徽徽章，表达爱国情感。
可以使用国徽图案的其他情况	标示国界线的界桩、界碑和标示领海基点方位的标志碑以及其他用于显示国家主权的标志物可以使用国徽图案。 中国人民银行发行的法定货币可以使用国徽图案。

（三）国徽使用的规范

《国徽法》国徽及其图案不得用于：

①商标、授予专利权的外观设计、商业广告；

②日常用品、日常生活的陈设布置；

③私人庆吊活动；

④国务院办公厅规定不得使用国徽及其图案的其他场合。

（四）法律责任与监督管理

《国徽法》第 14 条：不得悬挂破损、污损或者不合规格的国徽。

《国徽法》第 18 条：在公共场合故意以焚烧、毁损、涂划、玷污、践踏等方式侮辱中华人民共和国国徽的，依法追究刑事责任；情节较轻的，由公安机关处以 15 日以下拘留。

《国徽法》第 17 条：国务院办公厅统筹协调全国范围内国徽管理有关工作。地方各级人民政府统筹协调本行政区域内国徽管理有关工作。

各级人民政府市场监督管理部门对国徽的制作和销售实施监督管理。

县级人民政府确定的部门对本行政区域内国徽的悬挂、使用和收回实施监督管理。

四、首都

《宪法》第 143 条：中华人民共和国首都是北京。

1949 年 9 月 27 日，中国人民政治协商会议第一届全体会议一致通过：中华人民共和国的首都定于北平，并决定自即日起，改北平为北京。北京是中国共产党中央委员会、全国人民代表大会、中华人民共和国政府和政协全国委员会的所在地，是中央四个直辖市之一，是全国政治、经济和科学文化的中心，也是国内国际交往的中心之一，是中国历史文化名城和古都之一。

第二节　维护国家安全法

一、立法目的及立法意义

（一）立法目的

2020 年 6 月 30 日，十三届全国人大常委会第二十次会议第二次全体会议经表决，全票通过《中华人民共和国香港特别行政区维护国家安全法》（以下简称《香港维护国家安全法》），同时决定将其列入《中华人民共和国香港特别行政区基本法》附件三，明确由香港特别行政区在当地公布实施。

《香港维护国家安全法》第 1 条：为坚定不移并全面准确贯彻“一国两制”、“港人治港”、高度自治的方针，维护国家安全，防范、制止和惩治与香港特别行政区有关的分裂国家、颠覆国家政权、组织实施恐怖活动和勾结外国或者境外势力危害国家安全等犯罪，保持香港特别行政区的繁荣和稳定，保障香港特别行政区居民的合法权益，根据中华人民共和国宪法、中华人民共和国香港特别行政区基本法和全国人民代表大会关于建立健全香港特别行政区维护国家安全的法律制度和执行机制的决定，制定本法。

由此可见，《香港维护国家安全法》的立法目有以下 4 点：

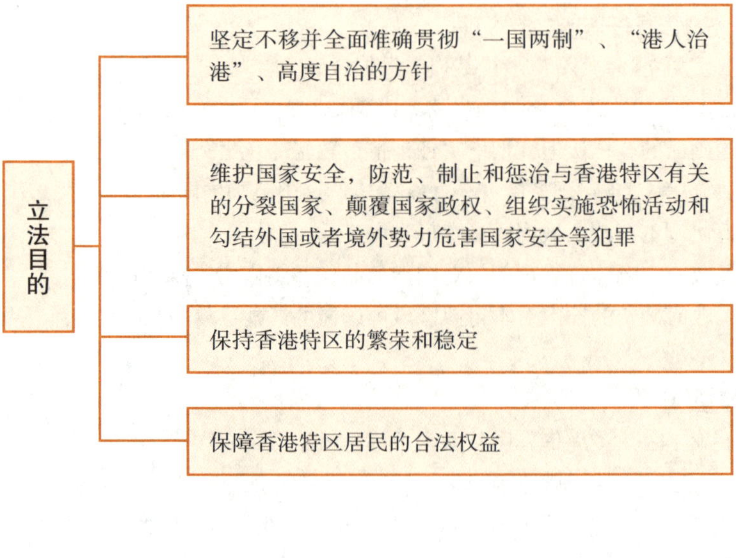

（二）立法意义

立法意义	说明
推进依法治港基本方略	从国家层面建立健全香港特别行政区维护国家安全的法律制度和执行机制，是依法治港、贯彻落实党的十九届四中全会精神和十三届全国人大三次会议精神的重要举措、关键步骤和重要的立法任务，是全面落实《全国人民代表大会关于建立健全香港特别行政区维护国家安全的法律制度和执行机制的决定》（以下简称《国安决定》）的重要工作，是推进国家治理体系和治理能力现代化的必然要求，是有效防控国家安全风险的当务之急。从法律规范的性质属性看，该法是一部兼具实体法、程序法、组织法三类法律规范内容的综合性法律，标志着中央更加注重治港制度的顶层设计，更加注重法治思维，更加注重标本兼治、刚柔相济，更加注重用好宪法和基本法赋予中央的权力，并且和香港特区的治理体系有机结合，从而牢牢地把握香港局势发展的大方向和主导权。
筑牢“一国两制”事业根基	《香港维护国家安全法》是继《香港基本法》之后，中央为香港专门制定的第二部重要法律。它体现了全面准确贯彻“一国两制”方针的总要求，把“一国两制”的原则和底线进一步法律化，筑牢了在香港特别行政区防控国家安全风险的制度屏障，是一部充分尊重“一国”原则、体现“两制”差异的法律，为“一国两制”行稳致远筑牢了制度根基，依法构筑起香港特别行政区维护国家安全的强大屏障，“一国”之本更加巩固，“两制”之利更加彰显，香港发展的前景必将更为广阔。新形势下，《香港维护国家安全法》对维护国家主权、安全、发展利益，维护香港长治久安和长期繁荣稳定，具有十分重要而深远的意义。
维护香港长期繁荣稳定	《香港维护国家安全法》的颁布实施，为香港特别行政区政府维护香港社会稳定提供法律依据，弥补了香港在维护国家安全法律制度和执行机制方面存在的漏洞，将有效地防范、制止和惩治与香港特别行政区有关的危害国家安全犯罪，惩治极少数严重危害国家安全的犯罪分子，对他们高悬利剑，对干预香港事务的外部势力形成震慑，充分保护绝大多数香港居民的生命财产安全和所享有的各种权利自由，也包括充分保障在香港的外国投资者的合法权益，所以它将发挥香港繁荣稳定的“定海神针”的作用，是一部符合香港市民根本利益、有利于香港发展长远利益的法律。

二、总则

（一）香港特区基本法的根本性条款

《香港维护国家安全法》第 2 条：香港特别行政区任何机构、组织和个人行使权利和自由，不得违背香港特别行政区基本法第 1 条和第 12 条的规定。

《香港基本法》第 1 条：香港特别行政区是中华人民共和国不可分离的部分。

《香港基本法》第 12 条：香港特别行政区是中华人民共和国的一个享有高度自治权的地方行政区域，直辖于中央人民政府。

（二）香港特区维护国家安全的职责

《香港维护国家安全法》第 3 条：中央人民政府对香港特别行政区有关的国家安全事务负有根本责任。香港特别行政区负有维护国家安全的宪制责任，应当履行维护国家安全的职责。香港特别行政区行政机关、立法机关、司法机关应当依据本法和其他有关法律规定有效防范、制止和惩治危害国家安全的行为和活动。

（三）香港特区维护国家安全应当尊重和保障人权

①与国际公约精神相符。保护特区居民根据《香港基本法》和相关国际公约适用于香港的有关规定享有的包括言论、新闻、出版的自由，结社、集会、游行、示威的自由在内的权利和自由。

《香港维护国家安全法》第 4 条：香港特别行政区维护国家安全应当尊重和保障人权，依法保护香港特别行政区居民根据香港特别行政区基本法和《公民权利和政治权利国际公约》、《经济、社会与文化权利的国际公约》适用于香港的有关规定享有的包括言论、新闻、出版的自由，结社、集会、游行、示威的自由在内的权利和自由。

②与国际通行法治原则一致。包括罪刑法定、法无明文规定不为罪、无罪推定、一事不再审、保障当事人诉讼权利和公平审讯等原则。

《香港维护国家安全法》第 5 条：防范、制止和惩治危害国家安全犯罪，应当坚持法治原则。法律规定为犯罪行为的，依照法律定罪处刑；法律没有规定为犯罪行为的，不得定罪处刑。

任何人未经司法机关判罪之前均假定无罪。保障犯罪嫌疑人、被告人和其他诉讼参与人依法享有的辩护权和其他诉讼权利。任何人已经司法程序被最终确定有罪或者宣告无罪的，不得就同一行为再予审判或者惩罚。

（四）香港特区机构、组织和个人维护国家安全的职责

《香港维护国家安全法》第 6 条：维护国家主权、统一和领土完整是包括香港同胞在内的全中国人民的共同义务。

在香港特别行政区的任何机构、组织和个人都应当遵守本法和香港特别行政区有关维护国家安全的其他法律，不得从事危害国家安全的行为和活动。

香港特别行政区居民在参选或者就任公职时应当依法签署文件确认或者宣誓拥护中华人民共和国香港特别行政区基本法，效忠中华人民共和国香港特别行政区。

三、关于罪行和处罚的规定

《香港维护国家安全法》第三章罪行和处罚规定了分裂国家罪、颠覆国家政权罪、恐怖活动罪、勾结外国或者境外势力危害国家安全罪罪行和处罚，本节主要介绍分裂国家罪、颠覆国家政权罪、恐怖活动罪罪行和处罚。

（一）分裂国家罪

1. 组织、策划、实施或者参与实施分裂国家

《香港维护国家安全法》第 20 条规定，任何人组织、策划、实施或者参与实施以下旨在分裂国家、破坏国家统一行为之一的，不论是否使用武力或者以武力相威胁，即属犯罪：

①将香港特别行政区或者中华人民共和国其他任何部分从中华人民共和国分离出去；

②非法改变香港特别行政区或者中华人民共和国其他任何部分的法律地位；

③将香港特别行政区或者中华人民共和国其他任何部分转归外国统治。

犯前款罪，对首要分子或者罪行重大的，处无期徒刑或者 10 年以上有期徒刑；对积极参加的，处 3 年以上 10 年以下有期徒刑；对其他参加的，处 3 年以下有期徒刑、拘役或者管制。

2. 煽动、协助、教唆、以金钱或者其他财物资助他人实施分裂国家

《香港维护国家安全法》第 21 条：任何人煽动、协助、教唆、以金钱或者其他财物资助他人实施本法第 20 条规定的犯罪的，即属犯罪。情节严重的，处 5 年以上 10 年以下有期徒刑；情节较轻的，处 5 年以下有期徒刑、拘役或者管制。

（二）颠覆国家政权罪

1. 组织、策划、实施或者参与实施颠覆国家政权

《香港维护国家安全法》第 22 条规定，任何人组织、策划、实施或者参与实施以下以武力、威胁使用武力或者其他非法手段旨在颠覆国家政权行为之一的，即属犯罪：

①推翻、破坏中华人民共和国宪法所确立的中华人民共和国根本制度；

②推翻中华人民共和国中央政权机关或者香港特别行政区政权机关；

③严重干扰、阻挠、破坏中华人民共和国中央政权机关或者香港特别行政区政权机关依法履行职能；

④攻击、破坏香港特别行政区政权机关履职场所及其设施，致使其无法正常履行职能。

犯前款罪，对首要分子或者罪行重大的，处无期徒刑或者 10 年以上有期徒刑；对积极参加的，处 3 年以上 10 年以下有期徒刑；对其他参加的，处 3 年以下有期徒刑、拘役或者管制。

2. 煽动、协助、教唆、以金钱或者其他财物资助他人实施颠覆国家政权

《香港维护国家安全法》第 23 条：任何人煽动、协助、教唆、以金钱或者其他财物资助他人实施本法第 22 条规定的犯罪的，即属犯罪。情节严重的，处 5 年以上 10 年以下有期徒刑；情节较轻的，处 5 年以下有期徒刑、拘役或者管制。

（三）恐怖活动罪

1. 组织、策划、实施、参与实施或者威胁实施恐怖活动

《香港维护国家安全法》第 24 条规定，为胁迫中央人民政府、香港特别行政区政府或者国际组织或者威吓公众以图实现政治主张，组织、策划、实施、参与实施或者威胁实施以下造成或者意图造成严重社会危害的恐怖活动之一的，即属犯罪：

①针对人的严重暴力；

②爆炸、纵火或者投放毒害性、放射性、传染病病原体等物质；

③破坏交通工具、交通设施、电力设备、燃气设备或者其他易燃易爆设备；

④严重干扰、破坏水、电、燃气、交通、通讯、网络等公共服务和管理的电子控制系统；

⑤以其他危险方法严重危害公众健康或者安全。

犯前款罪，致人重伤、死亡或者使公私财产遭受重大损失的，处无期徒刑或者 10 年以上有期徒刑；其他情形，处 3 年以上 10 年以下有期徒刑。

2. 组织、领导恐怖活动组织

《香港维护国家安全法》第 25 条：组织、领导恐怖活动组织的，即属犯罪，处无期徒刑或者 10 年以上有期徒刑，并处没收财产；积极参加的，处 3 年以上 10 年以下有期徒刑，并处罚金；其他参加的，处 3 年以下有期徒刑、拘役或者管制，可以并处罚金。

本法所指的恐怖活动组织，是指实施或者意图实施本法第 24 条规定的恐怖活动罪行或

者参与或者协助实施本法第 24 条规定的恐怖活动罪行的组织。

3. 为恐怖活动组织、恐怖活动人员、恐怖活动实施提供支持、协助、便利或者准备实施恐怖活动

《香港维护国家安全法》第 26 条：为恐怖活动组织、恐怖活动人员、恐怖活动实施提供培训、武器、信息、资金、物资、劳务、运输、技术或者场所等支持、协助、便利，或者制造、非法管有爆炸性、毒害性、放射性、传染病病原体等物质以及以其他形式准备实施恐怖活动的，即属犯罪。情节严重的，处 5 年以上 10 年以下有期徒刑，并处罚金或者没收财产；其他情形，处 5 年以下有期徒刑、拘役或者管制，并处罚金。

有前款行为，同时构成其他犯罪的，依照处罚较重的规定定罪处罚。

4. 宣扬恐怖主义、煽动实施恐怖活动

《香港维护国家安全法》第 27 条：宣扬恐怖主义、煽动实施恐怖活动的，即属犯罪。情节严重的，处 5 年以上 10 年以下有期徒刑，并处罚金或者没收财产；其他情形，处 5 年以下有期徒刑、拘役或者管制，并处罚金。

第 28 条规定，关于恐怖活动罪的规定不影响依据香港特别行政区法律对其他形式的恐怖活动犯罪追究刑事责任并采取冻结财产等措施。

四、中央人民政府驻香港特别行政区维护国家安全机构的规定

（一）维护国家安全公署职责

《香港维护国家安全法》第 49 条规定，驻香港特别行政区维护国家安全公署的职责为：

①分析研判香港特别行政区维护国家安全形势，就维护国家安全重大战略和重要政策提出意见和建议；

②监督、指导、协调、支持香港特别行政区履行维护国家安全的职责；

③收集分析国家安全情报信息；

④依法办理危害国家安全犯罪案件。

维护国家安全公署职责
- 分析研判香港特别行政区维护国家安全形势，就维护国家安全重大战略和重要政策提出意见和建议
- 监督、指导、协调、支持香港特别行政区履行维护国家安全的职责
- 收集分析国家安全情报信息
- 依法办理危害国家安全犯罪案

第 50 条：驻香港特别行政区维护国家安全公署应当严格依法履行职责，依法接受监督，不得侵害任何个人和组织的合法权益。

驻香港特别行政区维护国家安全公署人员除须遵守全国性法律外，还应当遵守香港特

别行政区法律。

驻香港特别行政区维护国家安全公署人员依法接受国家监察机关的监督。

第 51 条：驻香港特别行政区维护国家安全公署的经费由中央财政保障。

（二）维护国家安全公署工作机制

《香港维护国家安全法》第 52 条：驻香港特别行政区维护国家安全公署应当加强与中央人民政府驻香港特别行政区联络办公室、外交部驻香港特别行政区特派员公署、中国人民解放军驻香港部队的工作联系和工作协同。

第 53 条：驻香港特别行政区维护国家安全公署应当与香港特别行政区维护国家安全委员会建立协调机制，监督、指导香港特别行政区维护国家安全工作。

驻香港特别行政区维护国家安全公署的工作部门应当与香港特别行政区维护国家安全的有关机关建立协作机制，加强信息共享和行动配合。

第 54 条：驻香港特别行政区维护国家安全公署、外交部驻香港特别行政区特派员公署会同香港特别行政区政府采取必要措施，加强对外国和国际组织驻香港特别行政区机构、在香港特别行政区的外国和境外非政府组织和新闻机构的管理和服务。

（三）维护国家安全公署管辖范围

《香港维护国家安全法》第 55 条规定，有以下情形之一的，经香港特别行政区政府或者驻香港特别行政区维护国家安全公署提出，并报中央人民政府批准，由驻香港特别行政区维护国家安全公署对本法规定的危害国家安全犯罪案件行使管辖权：

①案件涉及外国或者境外势力介入的复杂情况，香港特别行政区管辖确有困难的；

②出现香港特别行政区政府无法有效执行本法的严重情况的；

③出现国家安全面临重大现实威胁的情况的。

第 56 条：根据本法第 55 条规定管辖有关危害国家安全犯罪案件时，由驻香港特别行政区维护国家安全公署负责立案侦查，最高人民检察院指定有关检察机关行使检察权，最高人民法院指定有关法院行使审判权。

第 57 条：根据本法第 55 条规定管辖案件的立案侦查、审查起诉、审判和刑罚的执行等诉讼程序事宜，适用《中华人民共和国刑事诉讼法》等相关法律的规定。

根据本法第 55 条规定管辖案件时，本法第 56 条规定的执法、司法机关依法行使相关权力，其为决定采取强制措施、侦查措施和司法裁判而签发的法律文书在香港特别行政区具有法律效力。对于驻香港特别行政区维护国家安全公署依法采取的措施，有关机构、组织和个人必须遵从。

第 58 条：根据本法第 55 条规定管辖案件时，犯罪嫌疑人自被驻香港特别行政区维护国家安全公署第一次讯问或者采取强制措施之日起，有权委托律师作为辩护人。辩护律师可以依法为犯罪嫌疑人、被告人提供法律帮助。

犯罪嫌疑人、被告人被合法拘捕后，享有尽早接受司法机关公正审判的权利。

第 59 条：根据本法第 55 条规定管辖案件时，任何人如果知道本法规定的危害国家安全犯罪案件情况，都有如实作证的义务。

（四）维护国家安全公署及其人员的权利

《香港维护国家安全法》第 60 条：驻香港特别行政区维护国家安全公署及其人员依据本法执行职务的行为，不受香港特别行政区管辖。

持有驻香港特别行政区维护国家安全公署制发的证件或者证明文件的人员和车辆等在执行职务时不受香港特别行政区执法人员检查、搜查和扣押。

驻香港特别行政区维护国家安全公署及其人员享有香港特别行政区法律规定的其他权利和豁免。

第 61 条：驻香港特别行政区维护国家安全公署依据本法规定履行职责时，香港特别行政区政府有关部门须提供必要的便利和配合，对妨碍有关执行职务的行为依法予以制止并追究责任。

第三节　英雄烈士保护法

一、立法背景

习近平总书记指出："实现我们的目标，需要英雄，需要英雄精神。我们要铭记一切为中华民族和中国人民作出贡献的英雄们，崇尚英雄，捍卫英雄，学习英雄，关爱英雄。"英雄烈士的事迹和精神是中华民族共同的历史记忆和宝贵的精神财富，是中国共产党领导中国各族人民不懈奋斗伟大历程、可歌可泣英雄史诗的缩影和代表，是实现中华民族伟大复兴的强大精神动力。

2017 年全国两会上，有 251 人次全国人大代表、全国政协委员和一些群众来信提出，建议通过立法加强英雄烈士保护。

2017 年 4 月，习近平总书记对英雄烈士保护立法作出重要批示。回应社会关切，回击丑化、诋毁英雄烈士的恶劣行为，加强英雄烈士保护立法十分必要。制定英雄烈士保护法是建设具有强大凝聚力和引领力的社会主义意识形态，巩固中国共产党执政地位和中国特色社会主义制度的内在要求，是弘扬社会主义核心价值观和爱国主义精神，崇尚捍卫英雄烈士，维护社会公共利益的必要措施。2018 年 4 月 27 日，十三届全国人大常委会第二次会议全票表决通过《英烈保护法》，自 2018 年 5 月 1 日起施行。

二、立法目的和立法意义

（一）立法目的

《中华人民共和国英雄烈士保护法》（以下简称《英烈保护法》）第 1 条：为了加强对英雄烈士的保护，维护社会公共利益，传承和弘扬英雄烈士精神、爱国主义精神，培育和践行社会主义核心价值观，激发实现中华民族伟大复兴中国梦的强大精神力量，根据宪法，制定本法。

立法目的
- 加强对英雄烈士的保护，维护社会公共利益
- 传承和弘扬英雄烈士精神、爱国主义精神
- 培育和践行社会主义核心价值观
- 激发实现中华民族伟大复兴中国梦的强大精神力量

（二）立法意义

《英烈保护法》是我国首部保护英雄烈士的专项法律，具有立凛然国法、弘英烈精神、扬民族正气的重大意义。

①彰显了国家和人民永远铭记、尊崇一切为国家和民族作出牺牲和贡献的英雄烈士，坚决捍卫英雄烈士的鲜明价值导向。

②表明了中国共产党始终高度重视继承和发扬革命道德传统，有利于发扬革命道德、传承红色基因，挖掘中国革命道德当代价值。

③对维护社会公共利益，传承弘扬英雄烈士精神，培育和践行社会主义核心价值观将发挥重要作用。

三、主要内容

（一）烈士的历史功勋

中华民族是英雄辈出的民族，特别是中国共产党、人民军队和人民共和国历史上涌现的无数英雄烈士，近代以来的英烈先驱和革命先行者，为国家和人民作出了重大牺牲和重大贡献。

《英烈保护法》第 2 条：国家和人民永远尊崇、铭记英雄烈士为国家、人民和民族作出的牺牲和贡献。

近代以来，为了争取民族独立和人民解放，实现国家富强和人民幸福，促进世界和平和人类进步而毕生奋斗、英勇献身的英雄烈士，功勋彪炳史册，精神永垂不朽。

因此，英雄烈士的保护范围，包括近代以来，为国家、为民族、为人民作出牺牲和贡献的英烈先驱和革命先行者，其中既包括个人也包括群体，既包括有名英烈也包括无数的无名英烈。

需要说明的是，《英烈保护法》保护的英雄烈士都是已经牺牲、去世的。健在的英雄模范人物与本法保护的英雄烈士的精神是一脉相承的，对他们的褒奖、保护，适用《中华人民共和国国家勋章和国家荣誉称号法》等相关法律法规，不适用本法。

（二）人民英雄纪念碑的法律地位

人民英雄纪念碑，展现了自鸦片战争以来中国人民浴血奋斗的艰辛历程，是我国近百年来人民革命伟大史实的生动写照，是国家和人民纪念缅怀为中国革命和国家建设而英勇献身的英雄烈士的标志性纪念设施，长期以来也是革命传统教育和爱国主义教育的重要场所。

《英烈保护法》第7条：国家建立并保护英雄烈士纪念设施，纪念、缅怀英雄烈士。

矗立在首都北京天安门广场的人民英雄纪念碑，是近代以来中国人民和中华民族争取民族独立解放、人民自由幸福和国家繁荣富强精神的象征，是国家和人民纪念、缅怀英雄烈士的永久性纪念设施。

人民英雄纪念碑及其名称、碑题、碑文、浮雕、图形、标志等受法律保护。

《英烈保护法》以国家立法确立了人民英雄纪念碑作为国家标志以及纪念缅怀英雄烈士永久性纪念设施的法律地位，就是为了让一代又一代的中华儿女能够始终牢记先烈先辈的英勇奋斗事迹和奉献牺牲精神，传承实现中华民族伟大复兴的坚强意志和奋斗精神。

（三）纪念缅怀英雄烈士活动

①国家专设烈士纪念日举行国家级的英雄烈士纪念缅怀仪式，并明确要求邀请英雄烈士遗属代表参加在清明节和重要纪念日举行的英雄烈士纪念活动。

自2014年全国人大常委会作出设立烈士纪念日的决定以来，每年9月30日都要在天安门广场举行向人民英雄纪念碑敬献花篮仪式。

《英烈保护法》第5条：每年9月30日为烈士纪念日，国家在首都北京天安门广场人民英雄纪念碑前举行纪念仪式，缅怀英雄烈士。

县级以上地方人民政府、军队有关部门应当在烈士纪念日举行纪念活动。

举行英雄烈士纪念活动，邀请英雄烈士遗属代表参加。

第6条：在清明节和重要纪念日，机关、团体、乡村、社区、学校、企业事业单位和军队有关单位根据实际情况，组织开展英雄烈士纪念活动。

②建立健全英雄烈士纪念设施的保护管理制度。

英雄烈士纪念设施包括为纪念英雄烈士专门修建的烈士陵园、纪念馆、纪念碑、纪念塑像等设施，为加强英雄烈士纪念设施的保护管理工作，发挥其革命传统教育和爱国主义教育基地的作用。

《英烈保护法》第8条：县级以上人民政府应当将英雄烈士纪念设施建设和保护纳入国民经济和社会发展规划、城乡规划，加强对英雄烈士纪念设施的保护和管理；对具有重要纪念意义、教育意义的英雄烈士纪念设施依照《中华人民共和国文物保护法》的规定，核定公布为文物保护单位。

中央财政对革命老区、民族地区、边疆地区、贫困地区英雄烈士纪念设施的修缮保护，应当按照国家规定予以补助。

第9条：英雄烈士纪念设施应当免费向社会开放，供公众瞻仰、悼念英雄烈士，开展纪念教育活动，告慰先烈英灵。

前款规定的纪念设施由军队有关单位管理的，按照军队有关规定实行开放。

第 10 条：英雄烈士纪念设施保护单位应当健全服务和管理工作规范，方便瞻仰、悼念英雄烈士，保持英雄烈士纪念设施庄严、肃穆、清净的环境和氛围。

任何组织和个人不得在英雄烈士纪念设施保护范围内从事有损纪念英雄烈士环境和氛围的活动，不得侵占英雄烈士纪念设施保护范围内的土地和设施，不得破坏、污损英雄烈士纪念设施。

③庄严、有序、有礼举行、参加英雄烈士的安葬仪式和纪念缅怀活动。

近些年国家为抗美援朝志愿军烈士遗骸、维和部队烈士灵柩举行了送迎、安葬仪式，为了进一步彰显举国全民敬仰英烈的民族正气，《英烈保护法》第 11 条规定：安葬英雄烈士时，县级以上人民政府、军队有关部门应当举行庄严、肃穆、文明、节俭的送迎、安葬仪式。

第 12 条：国家建立健全英雄烈士祭扫制度和礼仪规范，引导公民庄严有序地开展祭扫活动。

县级以上人民政府有关部门应当为英雄烈士遗属祭扫提供便利。

第 13 条：县级以上人民政府有关部门应当引导公民通过瞻仰英雄烈士纪念设施、集体宣誓、网上祭奠等形式，铭记英雄烈士的事迹，传承和弘扬英雄烈士的精神。

第 14 条：英雄烈士在国外安葬的，中华人民共和国驻该国外交、领事代表机构应当结合驻在国实际情况组织开展祭扫活动。

国家通过与有关国家的合作，查找、收集英雄烈士遗骸、遗物和史料，加强对位于国外的英雄烈士纪念设施的修缮保护工作。

（四）弘扬传承英雄烈士精神

为做好英雄烈士事迹和精神的宣传教育工作，《英烈保护法》对各级政府和教育、文化、新闻出版、广播电视等部门以及新闻媒体提出明确要求，表明国家高度重视对英雄烈士事迹和精神的宣传教育工作。

《英烈保护法》第 15 条：国家鼓励和支持开展对英雄烈士事迹和精神的研究，以辩证唯物主义和历史唯物主义为指导认识和记述历史。

第 16 条：各级人民政府、军队有关部门应当加强对英雄烈士遗物、史料的收集、保护和陈列展示工作，组织开展英雄烈士史料的研究、编纂和宣传工作。

国家鼓励和支持革命老区发挥当地资源优势，开展英雄烈士事迹和精神的研究、宣传和教育工作。

第 17 条：教育行政部门应当以青少年学生为重点，将英雄烈士事迹和精神的宣传教育纳入国民教育体系。

教育行政部门、各级各类学校应当将英雄烈士事迹和精神纳入教育内容，组织开展纪念教育活动，加强对学生的爱国主义、集体主义、社会主义教育。

第 18 条：文化、新闻出版、广播电视、电影、网信等部门应当鼓励和支持以英雄烈士事迹为题材、弘扬英雄烈士精神的优秀文学艺术作品、广播电视节目以及出版物的创作生产和宣传推广。

第 19 条：广播电台、电视台、报刊出版单位、互联网信息服务提供者，应当通过播放或者刊登英雄烈士题材作品、发布公益广告、开设专栏等方式，广泛宣传英雄烈士事迹和精神。

（五）烈士褒扬和遗属抚恤优待

1. 英雄烈士的褒扬

国家、各级人民政府、军队有关部门应依法履行英雄烈士保护工作职责，崇尚、学习、捍卫英雄烈士是全民都应共同履行的社会责任。

《英烈保护法》第 3 条：英雄烈士事迹和精神是中华民族的共同历史记忆和社会主义核心价值观的重要体现。

国家保护英雄烈士，对英雄烈士予以褒扬、纪念，加强对英雄烈士事迹和精神的宣传、教育，维护英雄烈士尊严和合法权益。

全社会都应当崇尚、学习、捍卫英雄烈士。

第 4 条：各级人民政府应当加强对英雄烈士的保护，将宣传、弘扬英雄烈士事迹和精神作为社会主义精神文明建设的重要内容。

县级以上人民政府负责英雄烈士保护工作的部门和其他有关部门应当依法履行职责，做好英雄烈士保护工作。

军队有关部门按照国务院、中央军事委员会的规定，做好英雄烈士保护工作。

县级以上人民政府应当将英雄烈士保护工作经费列入本级预算。

2. 英雄烈士遗属抚恤优待制度

《英烈保护法》与我国宪法、国防法、兵役法和烈士褒扬条例、军人抚恤优待条例等法律、行政法规规定相衔接，对英雄烈士遗属的抚恤优待的主要内容作了原则规定，明确对英雄烈士的抚恤优待要与国民经济和社会发展相适应并逐步提高，同时鼓励社会参与帮扶英雄烈士遗属等公益活动。

《英烈保护法》第 20 条：国家鼓励和支持自然人、法人和非法人组织以捐赠财产、义务宣讲英雄烈士事迹和精神、帮扶英雄烈士遗属等公益活动的方式，参与英雄烈士保护工作。

自然人、法人和非法人组织捐赠财产用于英雄烈士保护的，依法享受税收优惠。

第 21 条：国家实行英雄烈士抚恤优待制度。英雄烈士遗属按照国家规定享受教育、就业、养老、住房、医疗等方面的优待。抚恤优待水平应当与国民经济和社会发展相适应并逐步提高。

国务院有关部门、军队有关部门和地方人民政府应当关心英雄烈士遗属的生活情况，每年定期走访慰问英雄烈士遗属。

（六）英雄烈士名誉荣誉法律保护

1. 国家从行政、民事、刑事等方面全面加强对英雄烈士的姓名、肖像、名誉和荣誉保护。英雄烈士的事迹所凝聚的国家意志和民族精神，是全体中国人民和中华儿女的民族情感，这种家国情怀是社会公共利益，决不允许任何组织和个人亵渎。

《英烈保护法》第 22 条：禁止歪曲、丑化、亵渎、否定英雄烈士事迹和精神。

英雄烈士的姓名、肖像、名誉、荣誉受法律保护。任何组织和个人不得在公共场所、互联网或者利用广播电视、电影、出版物等，以侮辱、诽谤或者其他方式侵害英雄烈士的姓名、肖像、名誉、荣誉。任何组织和个人不得将英雄烈士的姓名、肖像用于或者变相用于商标、商业广告，损害英雄烈士的名誉、荣誉。

公安、文化、新闻出版、广播电视、电影、网信、市场监督管理、负责英雄烈士保护工作的部门发现前款规定行为的，应当依法及时处理。

第 23 条：网信和电信、公安等有关部门在对网络信息进行依法监督管理工作中，发现发布或者传输以侮辱、诽谤或者其他方式侵害英雄烈士的姓名、肖像、名誉、荣誉的信息的，应当要求网络运营者停止传输，采取消除等处置措施和其他必要措施；对来源于中华人民共和国境外的上述信息，应当通知有关机构采取技术措施和其他必要措施阻断传播。

网络运营者发现其用户发布前款规定的信息的，应当立即停止传输该信息，采取消除等处置措施，防止信息扩散，保存有关记录，并向有关主管部门报告。网络运营者未采取停止传输、消除等处置措施的，依照《中华人民共和国网络安全法》的规定处罚。

第 24 条：任何组织和个人有权对侵害英雄烈士合法权益和其他违反本法规定的行为，向负责英雄烈士保护工作的部门、网信、公安等有关部门举报，接到举报的部门应当依法及时处理。

2. 国家建立侵害英雄烈士名誉荣誉的公益诉讼制度。

《英烈保护法》第 25 条：对侵害英雄烈士的姓名、肖像、名誉、荣誉的行为，英雄烈士的近亲属可以依法向人民法院提起诉讼。

英雄烈士没有近亲属或者近亲属不提起诉讼的，检察机关依法对侵害英雄烈士的姓名、肖像、名誉、荣誉，损害社会公共利益的行为向人民法院提起诉讼。

负责英雄烈士保护工作的部门和其他有关部门在履行职责过程中发现第 1 款规定的行为，需要检察机关提起诉讼的，应当向检察机关报告。

英雄烈士近亲属依照第 1 款规定提起诉讼的，法律援助机构应当依法提供法律援助服务。

（七）相关法律责任

违法情形	《英烈保护法》规定
侵害英雄烈士名誉荣誉	第 26 条：以侮辱、诽谤或者其他方式侵害英雄烈士的姓名、肖像、名誉、荣誉，损害社会公共利益的，依法承担民事责任；构成违反治安管理行为的，由公安机关依法给予治安管理处罚；构成犯罪的，依法追究刑事责任。
从事有损纪念英雄烈士环境和氛围的活动	第 27 条：在英雄烈士纪念设施保护范围内从事有损纪念英雄烈士环境和氛围的活动的，纪念设施保护单位应当及时劝阻；不听劝阻的，由县级以上地方人民政府负责英雄烈士保护工作的部门、文物主管部门按照职责规定给予批评教育，责令改正；构成违反治安管理行为的，由公安机关依法给予治安管理处罚。 亵渎、否定英雄烈士事迹和精神，宣扬、美化侵略战争和侵略行为，寻衅滋事，扰乱公共秩序，构成违反治安管理行为的，由公安机关依法给予治安管理处罚；构成犯罪的，依法追究刑事责任。

（续表）

违法情形	《英烈保护法》规定
侵占、破坏、污损英雄烈士纪念设施	第 28 条：侵占、破坏、污损英雄烈士纪念设施的，由县级以上人民政府负责英雄烈士保护工作的部门责令改正；造成损失的，依法承担民事责任；被侵占、破坏、污损的纪念设施属于文物保护单位的，依照《中华人民共和国文物保护法》的规定处罚；构成违反治安管理行为的，由公安机关依法给予治安管理处罚；构成犯罪的，依法追究刑事责任。
有关部门及其工作人员的法律责任	第 29 条：县级以上人民政府有关部门及其工作人员在英雄烈士保护工作中滥用职权、玩忽职守、徇私舞弊的，对直接负责的主管人员和其他直接责任人员，依法给予处分；构成犯罪的，依法追究刑事责任。

第四节　宗教事务条例

一、立法目的、立法意义

（一）立法目的

《宗教事务条例》第 1 条：为了保障公民宗教信仰自由，维护宗教和睦与社会和谐，规范宗教事务管理，提高宗教工作法治化水平，根据宪法和有关法律，制定本条例。

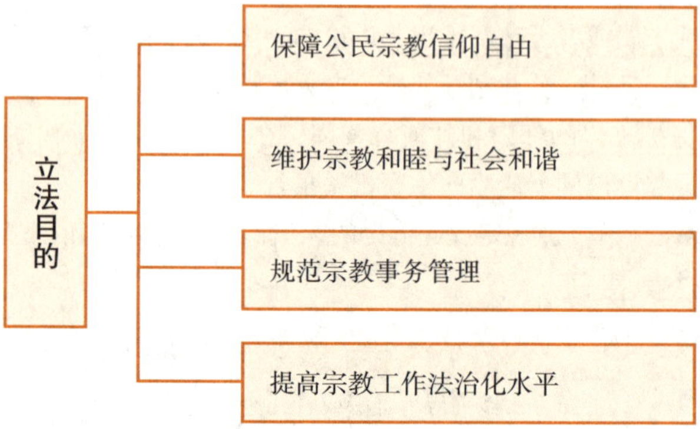

（二）立法意义

意义	说明
宗教工作实践的迫切需要	十多年来，我国宗教领域发生很大变化，一些新的矛盾和问题日益凸显，而提高宗教工作法制化水平，是正确处理宗教领域各种矛盾和问题的根本途径。因此，要从全面依法治国的高度，把宗教事务管理纳入国家治理体系，从立法层面做出必要调整，修订《宗教事务条例》是宗教工作当务之急。
贯彻中央关于宗教工作决策部署的重要举措	习近平总书记关于宗教工作的重要讲话精神丰富和发展了马克思主义宗教观，为做好新形势下宗教工作提供了根本遵循。通过修订《宗教事务条例》，把以习近平同志为核心的党中央关于宗教工作决策部署法定化、制度化，对于提高新形势下宗教工作水平具有十分重要的意义。

（续表）

意义	说明
提高宗教工作法治化水平的必然要求	改革开放以来，我国宗教事务的立法工作取得重要进展，宗教事务法律制度框架初步确立，但法律法规还不健全，针对性和操作性还不强。习近平总书记强调指出，要提高宗教工作法治化水平，用法律规范政府管理宗教事务的行为，用法律调节涉及宗教的各种社会关系。《宗教事务条例》作为调整宗教事务的专门行政法规，需要抓紧修订，使宗教事务管理的相关制度更加完善。

二、总则

类别	《宗教事务条例》相关规定
公民宗教信仰自由	《宪法》第51条规定，中华人民共和国公民在行使自由和权利的时候，不得损害国家的、社会的、集体的利益和其他公民的合法的自由和权利。因此，公民在行使宗教信仰自由的同时，要自觉履行法律规定的义务，做到权利和义务相统一。当宗教活动与国家法律相抵触时，必须依法予以处置。 《宗教事务条例》第2条：任何组织或者个人不得强制公民信仰宗教或者不信仰宗教，不得歧视信仰宗教的公民（以下称信教公民）或者不信仰宗教的公民（以下称不信教公民）。 信教公民和不信教公民、信仰不同宗教的公民应当相互尊重、和睦相处。
宗教事务管理原则	第3条：宗教事务管理坚持保护合法、制止非法、遏制极端、抵御渗透、打击犯罪的原则。
国家依法保障宗教信仰自由的责任	第4条：国家依法保护正常的宗教活动，积极引导宗教与社会主义社会相适应，维护宗教团体、宗教院校、宗教活动场所和信教公民的合法权益。 宗教团体、宗教院校、宗教活动场所和信教公民应当遵守宪法、法律、法规和规章，践行社会主义核心价值观，维护国家统一、民族团结、宗教和睦与社会稳定。 任何组织或者个人不得利用宗教进行危害国家安全、破坏社会秩序、损害公民身体健康、妨碍国家教育制度，以及其他损害国家利益、社会公共利益和公民合法权益等违法活动。 任何组织或者个人不得在不同宗教之间、同一宗教内部以及信教公民与不信教公民之间制造矛盾与冲突，不得宣扬、支持、资助宗教极端主义，不得利用宗教破坏民族团结、分裂国家和进行恐怖活动。
宗教方面对外交往的原则	第5条：各宗教坚持独立自主自办的原则，宗教团体、宗教院校、宗教活动场所和宗教事务不受外国势力的支配。 宗教团体、宗教院校、宗教活动场所、宗教教职人员在相互尊重、平等、友好的基础上开展对外交往；其他组织或者个人在对外经济、文化等合作、交流活动中不得接受附加的宗教条件。
宗教事务的行政管理体制	第6条：各级人民政府应当加强宗教工作，建立健全宗教工作机制，保障工作力量和必要的工作条件。 县级以上人民政府宗教事务部门依法对涉及国家利益和社会公共利益的宗教事务进行行政管理，县级以上人民政府其他有关部门在各自职责范围内依法负责有关的行政管理工作。 乡级人民政府应当做好本行政区域的宗教事务管理工作。村民委员会、居民委员会应当依法协助人民政府管理宗教事务。 各级人民政府应当听取宗教团体、宗教院校、宗教活动场所和信教公民的意见，协调宗教事务管理工作，为宗教团体、宗教院校和宗教活动场所提供公共服务。

三、宗教活动场所

（一）宗教活动场所的类型

《宗教事务条例》第 19 条：宗教活动场所包括寺观教堂和其他固定宗教活动处所。

寺观教堂和其他固定宗教活动处所的区分标准由省、自治区、直辖市人民政府宗教事务部门制定，报国务院宗教事务部门备案。

（二）宗教活动场所的设立条件

《宗教事务条例》第 20 条规定，设立宗教活动场所，应当具备下列条件：

①设立宗旨不违背本条例第 4 条、第 5 条的规定；

②当地信教公民有经常进行集体宗教活动的需要；

③有拟主持宗教活动的宗教教职人员或者符合本宗教规定的其他人员；

④有必要的资金，资金来源渠道合法；

⑤布局合理，符合城乡规划要求，不妨碍周围单位和居民的正常生产、生活。

（三）宗教活动场所的设立程序

程序	《宗教事务条例》规定
宗教活动场所筹备设立的审批程序	第 21 条：筹备设立宗教活动场所，由宗教团体向拟设立的宗教活动场所所在地的县级人民政府宗教事务部门提出申请。县级人民政府宗教事务部门应当自收到申请之日起 30 日内提出审核意见，报设区的市级人民政府宗教事务部门。 设区的市级人民政府宗教事务部门应当自收到县级人民政府宗教事务部门报送的材料之日起 30 日内，对申请设立其他固定宗教活动处所的，作出批准或者不予批准的决定；对申请设立寺观教堂的，提出审核意见，报省、自治区、直辖市人民政府宗教事务部门审批。 省、自治区、直辖市人民政府宗教事务部门应当自收到设区的市级人民政府宗教事务部门报送的材料之日起 30 日内，作出批准或者不予批准的决定。 宗教活动场所的设立申请获批准后，方可办理该宗教活动场所的筹建事项。
宗教活动场所的登记	第 22 条：宗教活动场所经批准筹备并建设完工后，应当向所在地的县级人民政府宗教事务部门申请登记。县级人民政府宗教事务部门应当自收到申请之日起 30 日内对该宗教活动场所的管理组织、规章制度建设等情况进行审核，对符合条件的予以登记，发给《宗教活动场所登记证》。 第 23 条：宗教活动场所符合法人条件的，经所在地宗教团体同意，并报县级人民政府宗教事务部门审查同意后，可以到民政部门办理法人登记。
宗教活动场所的终止和变更登记	第 24 条：宗教活动场所终止或者变更登记内容的，应当到原登记管理机关办理相应的注销或者变更登记手续。

（四）宗教活动场所组织管理制度

《宗教事务条例》第 25 条：宗教活动场所应当成立管理组织，实行民主管理。宗教活动场所管理组织的成员，经民主协商推选，并报该场所的登记管理机关备案。

第 26 条：宗教活动场所应当加强内部管理，依照有关法律、法规、规章的规定，建立健全人员、财务、资产、会计、治安、消防、文物保护、卫生防疫等管理制度，接受当地人民政府有关部门的指导、监督、检查。

（五）宗教活动场所行政管理制度

类别	《宗教事务条例》相关规定
宗教事务部门的职责	第 27 条：宗教事务部门应当对宗教活动场所遵守法律、法规、规章情况，建立和执行场所管理制度情况，登记项目变更情况，以及宗教活动和涉外活动情况进行监督检查。宗教活动场所应当接受宗教事务部门的监督检查。
宗教活动场所经销宗教物品和从事宗教活动以外其他活动的规定	第 28 条：宗教活动场所内可以经销宗教用品、宗教艺术品和宗教出版物。 第 31 条：有关单位和个人在宗教活动场所内设立商业服务网点、举办陈列展览、拍摄电影电视片和开展其他活动，应当事先征得该宗教活动场所同意。
宗教活动场所防范重大事故或者事件的规定	第 29 条：宗教活动场所应当防范本场所内发生重大事故或者发生违犯宗教禁忌等伤害信教公民宗教感情、破坏民族团结、影响社会稳定的事件。 发生前款所列事故或者事件时，宗教活动场所应当立即报告所在地的县级人民政府宗教事务部门。
修建大型露天宗教造像的规定	第 30 条：宗教团体、寺观教堂拟在寺观教堂内修建大型露天宗教造像，应当由省、自治区、直辖市宗教团体向省、自治区、直辖市人民政府宗教事务部门提出申请。省、自治区、直辖市人民政府宗教事务部门应当自收到申请之日起 30 日内提出意见，报国务院宗教事务部门审批。 国务院宗教事务部门应当自收到修建大型露天宗教造像报告之日起 60 日内，作出批准或者不予批准的决定。 宗教团体、寺观教堂以外的组织以及个人不得修建大型露天宗教造像。 禁止在寺观教堂外修建大型露天宗教造像。
宗教活动场所建设及改建、新建、扩建、异地重建的规定	第 32 条：地方各级人民政府应当根据实际需要，将宗教活动场所建设纳入土地利用总体规划和城乡规划。 宗教活动场所、大型露天宗教造像的建设应当符合土地利用总体规划、城乡规划和工程建设、文物保护等有关法律、法规。 第 33 条：在宗教活动场所内改建或者新建建筑物，应当经所在地县级以上地方人民政府宗教事务部门批准后，依法办理规划、建设等手续。 宗教活动场所扩建、异地重建的，应当按照本条例第 21 条规定的程序办理。
处理宗教活动场所与景区关系的规定	第 34 条：景区内有宗教活动场所的，其所在地的县级以上地方人民政府应当协调、处理宗教活动场所与景区管理组织及园林、林业、文物、旅游等方面的利益关系，维护宗教活动场所、宗教教职人员和信教公民的合法权益，保护正常的宗教活动。 以宗教活动场所为主要游览内容的景区的规划建设，应当与宗教活动场所的风格、环境相协调。
临时活动地点的规定	第 35 条：信教公民有进行经常性集体宗教活动需要，尚不具备条件申请设立宗教活动场所的，由信教公民代表向县级人民政府宗教事务部门提出申请，县级人民政府宗教事务部门征求所在地宗教团体和乡级人民政府意见后，可以为其指定临时活动地点。 在县级人民政府宗教事务部门指导下，所在地乡级人民政府对临时活动地点的活动进行监管。具备设立宗教活动场所条件后，办理宗教活动场所设立审批和登记手续。 临时活动地点的宗教活动应当符合本条例的相关规定。

四、宗教活动

类别	规定
信教公民进行集体宗教活动的原则	第 40 条：信教公民的集体宗教活动，一般应当在宗教活动场所内举行，由宗教活动场所、宗教团体或者宗教院校组织，由宗教教职人员或者符合本宗教规定的其他人员主持，按照教义教规进行。
宗教活动的禁止行为	第 41 条：非宗教团体、非宗教院校、非宗教活动场所、非指定的临时活动地点不得组织、举行宗教活动，不得接受宗教性的捐赠。 非宗教团体、非宗教院校、非宗教活动场所不得开展宗教教育培训，不得组织公民出境参加宗教方面的培训、会议、活动等。
大型宗教活动的审批和管理	第 42 条：跨省、自治区、直辖市举行超过宗教活动场所容纳规模的大型宗教活动，或者在宗教活动场所外举行大型宗教活动，应当由主办的宗教团体、寺观教堂在拟举行日的 30 日前，向大型宗教活动举办地的设区的市级人民政府宗教事务部门提出申请。设区的市级人民政府宗教事务部门应当自受理之日起 15 日内，在征求本级人民政府公安机关意见后，作出批准或者不予批准的决定。作出批准决定的，由批准机关向省级人民政府宗教事务部门备案。 大型宗教活动应当按照批准通知书载明的要求依宗教仪轨进行，不得违反本条例第 4 条、第 5 条的有关规定。主办的宗教团体、寺观教堂应当采取有效措施防止意外事故的发生，保证大型宗教活动安全、有序进行。大型宗教活动举办地的乡级人民政府和县级以上地方人民政府有关部门应当依据各自职责实施必要的管理和指导。
教育与宗教相分离原则的适用	第 44 条：禁止在宗教院校以外的学校及其他教育机构传教、举行宗教活动、成立宗教组织、设立宗教活动场所。
宗教出版物及印刷品的管理	第 45 条规定，宗教团体、宗教院校和寺观教堂按照国家有关规定可以编印、发送宗教内部资料性出版物。出版公开发行的宗教出版物，按照国家出版管理的规定办理。涉及宗教内容的出版物，应当符合国家出版管理的规定，并不得含有下列内容： ①破坏信教公民与不信教公民和睦相处的； ②破坏不同宗教之间和睦以及宗教内部和睦的； ③歧视、侮辱信教公民或者不信教公民的； ④宣扬宗教极端主义的； ⑤违背宗教的独立自主自办原则的。 第 46 条：超出个人自用、合理数量的宗教类出版物及印刷品进境，或者以其他方式进口宗教类出版物及印刷品，应当按照国家有关规定办理。
互联网宗教信息服务及内容的管理	第 47 条：从事互联网宗教信息服务，应当经省级以上人民政府宗教事务部门审核同意后，按照国家互联网信息服务管理有关规定办理。 第 48 条：互联网宗教信息服务的内容应当符合有关法律、法规、规章和宗教事务管理的相关规定。 互联网宗教信息服务的内容，不得违反本条例第 45 条第 2 款的规定。

易错考题小试牛刀

1.（判断题）学校应当每日升挂国旗，有条件的幼儿园参照学校的规定升挂国旗。（ ）

2.（单选题）《香港维护国家安全法》规定，对分裂国家、破坏国家统一行为，不论是否使用武力或者以武力相威胁，对首要分子或者罪行重大的，处无期徒刑或者（ ）以上有期徒刑。

A.5 年　　B.10 年　　C.15 年　　D.20 年

3.（单选题）《英烈保护法》规定，每年（ ）为烈士纪念日，国家在首都北京天安门广场人民英雄纪念碑前举行纪念仪式，缅怀英雄烈士。

A.7 月 1 日　　B.8 月 1 日　　C.9 月 30 日　　D.10 月 1 日

4.（多选题）依据《宗教事务条例》，本法的立法宗旨是（ ）。

A. 规范宗教事务管理　　B. 保障公民宗教信仰自由　　C. 维护宗教和睦与社会和谐

D. 保护宗教活动正常开展　　E. 提高宗教工作法治化水平

5.（多选题）下列可以对侵害英雄烈士的姓名、肖像、名誉、荣誉的行为提起诉讼的是（ ）。

A. 负责英雄烈士保护工作的部门　　B. 英雄烈士生前所属单位

C. 英雄烈士的近亲属　　D. 法律援助志愿者　　E. 检察机关

6.（多选题）《国歌法》规定，奏唱国歌时，在场人员应当（ ）。

A. 肃立　　B. 举止庄重　　C. 立正站好　　D. 跟唱　　E. 自行立正

7.（多选题）《香港维护国家安全法》规定，下列（ ）行为犯了恐怖活动罪。

A. 针对人的严重暴力　　B. 以其他危险方法严重危害公众健康或者安全

C. 爆炸、纵火或者投放毒害性、放射性、传染病病原体等物质

D. 破坏交通工具、交通设施、电力设备、燃气设备或者其他易燃易爆设备

E. 严重干扰、破坏水、电、燃气、交通、通讯、网络等公共服务和管理的电子控制系统

【答案】1. 错　2.B　3.C　4.ABCE　5.CE　6.AB　7.ABCDE

第三章
旅游法基本知识

【考试大纲】

- **了解：**《中华人民共和国旅游法》的框架及其附则关于本法用语含义的规定。
- **熟悉：**《中华人民共和国旅游法》关于总则、旅游规划和促进、旅游监督管理及主要法律制度的规定。
- **掌握：**《中华人民共和国旅游法》关于旅游服务合同制度及其相关法律责任的规定。

【历年分值】

年份	判断（题）	单选（题）	多选（题）	分值（分）	分值占比（%）
2018	0	9	4	8.5	17.00
2019	1	6	4	7.5	14.71
2020	1	4	4	6.5	12.50
2023	1	2	0	1.5	3.09

第一节　旅游法概述

一、立法框架、修正历程及特点

（一）立法框架、修正历程

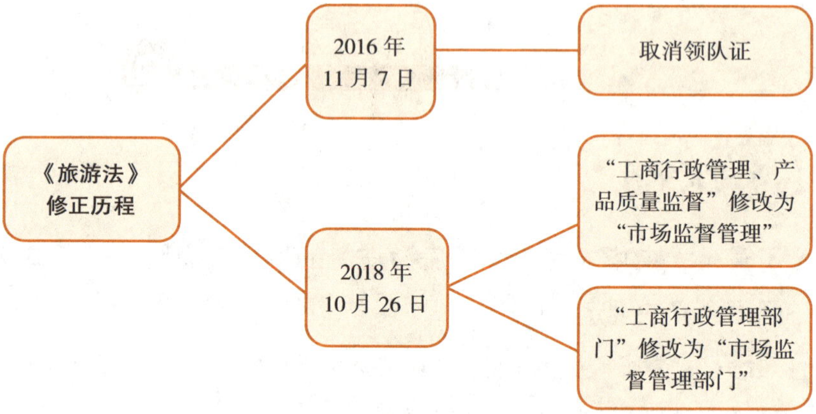

《中华人民共和国旅游法》（以下简称《旅游法》）是一部跨界的、融合的、无特定法律关系的法律，涵盖了行政法、经济法、民法等众多法律的内容。《旅游法》共设10章112条，分为：1. 总则；2. 旅游者；3. 旅游规划和促进；4. 旅游经营；5. 旅游服务合同；6. 旅游安全；7. 旅游监督管理；8. 旅游纠纷处理；9. 法律责任；10. 附则。自2013年10月1日起施行。

（二）旅游法的特点

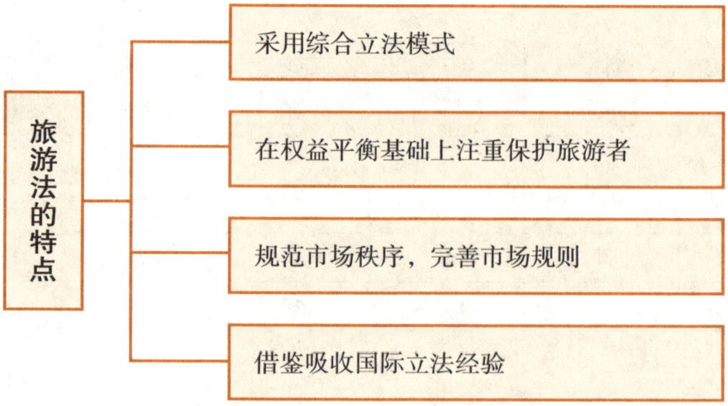

二、立法目的、适用范围、基本原则和主要制度

类别	《旅游法》相关规定
立法目的	第 1 条：为保障旅游者和旅游经营者的合法权益，规范旅游市场秩序，保护和合理利用旅游资源，促进旅游业持续健康发展，制定本法。 ①保障旅游者和旅游经营者的合法权益； ②规范旅游市场秩序； ③保护和合理利用旅游资源； ④促进旅游业持续健康发展。
适用范围	第 2 条：在中华人民共和国境内的和在中华人民共和国境内组织到境外的游览、度假、休闲等形式的旅游活动以及为旅游活动提供相关服务的经营活动，适用本法。
基本原则	①发展旅游事业、完善旅游公共服务的原则 第 3 条：国家发展旅游事业，完善旅游公共服务，依法保护旅游者在旅游活动中的权利。 ②依法保护旅游者在旅游活动中权利的原则 第 3 条：国家发展旅游事业，依法保护旅游者在旅游活动中的权利。 ③社会、经济、生态效益相统一的原则 第 4 条：旅游业发展应当遵循社会效益、经济效益和生态效益相统一的原则。国家鼓励各类市场主体在有效保护旅游资源的前提下，依法合理利用旅游资源。利用公共资源建设的游览场所应当体现公益性质。 ④国家鼓励全社会参与旅游业发展的原则 第 5 条：国家倡导健康、文明、环保的旅游方式，支持和鼓励各类社会机构开展旅游公益宣传，对促进旅游业发展作出贡献的单位和个人给予奖励。
主要制度	①旅游综合管理制度 第 7 条：国务院建立健全旅游综合协调机制，对旅游业发展进行综合协调。 县级以上地方人民政府应当加强对旅游工作的组织和领导，明确相关部门或者机构，对本行政区域的旅游业发展和监督管理进行统筹协调。 ②旅游者权益保护制度 《旅游法》以保护旅游者为主线设立了旅游者权益保护制度。 ③旅游促进和公共服务制度 对各级政府安排资金提出要求，并明确了资金用途；规定政府将旅游业发展纳入国民经济和社会发展规划，制定有利于旅游业持续健康发展的产业扶持政策；完善旅游基础设施建设；政府无偿向旅游者提供旅游景区、线路、交通、气象、住宿等必要的信息和咨询服务；建立统一的旅游形象宣传推广；鼓励和支持发展旅游职业教育与培训。 ④资源保护和旅游利用制度 ⑤旅游服务合同制度 ⑥规范旅游市场、提高服务质量制度 ⑦旅游安全保障制度

第二节　旅游者

一、旅游者的权利

权利	《旅游法》相关规定
自主选择权	第 9 条第 1 款：旅游者有权自主选择旅游产品和服务，有权拒绝旅游经营者的强制交易行为。 这表明：旅游者在购买旅游产品和服务时，享有与旅游经营者进行公平交易的权利。该权利的主要内容为： ①能够自主选择价格合理的旅游产品和服务。 旅游者可以对旅游产品进行比较、鉴别和挑选，可以自主选择提供旅游产品和提供服务的经营者，可以自主选择旅游产品的品种和服务的方式，可以自主决定是否购买、是否接受任何一种产品和服务。即使是在旅游经营者已经事先拟定好的旅游产品和服务的格式合同中，也应当允许、尊重和保护旅游者按照自己的意志选择消费。 ②有权拒绝旅游经营者的强制交易行为。 实践中，有的旅游经营者擅自将旅游者转给其他经营者接待；有的违背市场交易原则，擅自在行程中增加购物或者自费项目等行为，损害了旅游者的自主选择权。
知悉真情权	第 9 条第 2 款：旅游者有权知悉其购买的旅游产品和服务的真实情况。 该权利的主要内容： ①有权要求宣传信息真实； ②有权要求旅游经营者作为合同一方主体的情况真实； ③有权获得旅游产品和服务的真实详情。
要求履约权	第 9 条第 3 款：旅游者有权要求旅游经营者按照约定提供产品和服务。 当事人应当按照合同约定全面履行合同义务，否则应当承担赔偿或者违约责任。
被尊重权	第 10 条：旅游者的人格尊严、民族风俗习惯和宗教信仰应当得到尊重。 第 52 条：旅游经营者对其在经营活动中知悉的旅游者个人信息，应当予以保密。
特殊群体的便利和优惠权	第 11 条：残疾人、老年人、未成年人等旅游者在旅游活动中依照法律、法规和有关规定享受便利和优惠。
救助请求权	第 12 条：旅游者在人身、财产安全遇有危险时，有请求救助和保护的权利。 旅游者人身、财产受到侵害的，有依法获得赔偿的权利。
其他权利	《旅游法》还在相关章节规定了旅游者的安全保障权、合同的任意解除权、合同的替换权、协助返程权、投诉举报权等权利。

二、旅游者的义务

义务	《旅游法》相关规定
遵纪守法、文明旅游的义务	第13条：旅游者在旅游活动中应当遵守公共秩序和社会公德，尊重当地风俗习惯、文化传统和宗教信仰，爱护旅游资源，保护生态环境，遵守旅游文明行为规范。
不得损害他人合法权益	第14条：旅游者在旅游活动中或者在解决旅游纠纷时，不得损害当地居民的合法权益，不得干扰他人的旅游活动，不得损害旅游经营者和旅游从业人员的合法权益。 违规处罚： 《旅游法》第66条规定，旅游者从事严重影响其他旅游者权益的活动，且不听劝阻、不能制止的，旅行社可以解除合同；给旅行社造成损失的，旅游者应当依法承担赔偿责任。 第72条规定，旅游者在旅游活动中或者在解决纠纷时，损害旅行社、履行辅助人、旅游从业人员或者其他旅游者的合法权益的，依法承担赔偿责任。
安全配合义务	第15条：旅游者购买、接受旅游服务时，应当向旅游经营者如实告知与旅游活动相关的个人健康信息，遵守旅游活动中的安全警示规定。 旅游者对国家应对重大突发事件暂时限制旅游活动的措施以及有关部门、机构或者旅游经营者采取的安全防范和应急处置措施，应当予以配合。 旅游者违反安全警示规定，或者对国家应对重大突发事件暂时限制旅游活动的措施、安全防范和应急处置措施不配合的，依法承担相应责任。
不得非法滞留、擅自分团或脱团	第16条：出境旅游者不得在境外非法滞留，随团出境的旅游者不得擅自分团、脱团。入境旅游者不得在境内非法滞留，随团入境的旅游者不得擅自分团、脱团。 第55条：旅游经营者组织、接待出入境旅游，发现旅游者从事违法活动或者有违反本法第16条规定情形的，应当及时向公安机关、旅游主管部门或者我国驻外机构报告。 第99条：旅行社未履行本法第55条规定的报告义务的，由旅游主管部门处5000元以上5万元以下罚款；情节严重的，责令停业整顿或者吊销旅行社业务经营许可证；对直接负责的主管人员和其他直接责任人员，处2000元以上2万元以下罚款，并暂扣或者吊销导游证。

第三节 旅游规划和促进

一、旅游规划

类别	《旅游法》相关规定
旅游规划的编制主体	第17条：国务院和县级以上地方人民政府应当将旅游业发展纳入国民经济和社会发展规划。 国务院和省、自治区、直辖市人民政府以及旅游资源丰富的设区的市和县，应当按照国民经济和社会发展规划的要求，组织编制旅游发展规划。对跨行政区域且适宜进行整体利用的旅游资源进行利用时，应当由上级人民政府组织编制或由相关地方政府协商编制统一的旅游发展规划。

（续表）

类别	《旅游法》相关规定
旅游规划的内容	第 18 条：旅游发展规划应当包括旅游业发展的总体要求和发展目标，旅游资源保护和利用的要求和措施，以及旅游产品开发、旅游服务质量提升、旅游文化建设、旅游形象推广、旅游基础设施和公共服务设施建设的要求和促进措施等内容。 根据旅游发展规划，县级以上地方人民政府可以编制重点旅游资源开发利用的专项规划，对特定区域内的旅游项目、设施和服务功能配套提出专门要求。
旅游规划与相关规划的关系	①旅游规划与其他规划相衔接 第 19 条：旅游发展规划应当与土地利用总体规划、城乡规划、环境保护规划以及其他自然资源和文物等人文资源的保护和利用规划相衔接。 ②政府编制其他规划支持旅游业发展 第 20 条：各级人民政府编制土地利用总体规划、城乡规划，应当充分考虑相关旅游项目、设施的空间布局和建设用地要求。规划和建设交通、通信、供水、供电、环保等基础设施和公共服务设施，应当兼顾旅游业发展的需要。
旅游规划的评估	第 22 条：各级人民政府应当组织对本级政府编制的旅游发展规划的执行情况进行评估，并向社会公布。 由此可见，政府是旅游发展规划评估的组织主体。

二、旅游促进

类别	《旅游法》相关规定
旅游产业的政策扶持	第 23 条：国务院和县级以上地方人民政府应当制定并组织实施有利于旅游业持续健康发展的产业政策，推进旅游休闲体系建设，采取措施推动区域旅游合作，鼓励跨区域旅游线路和产品开发，促进旅游与工业、农业、商业、文化、卫生、体育、科教等领域的融合，扶持少数民族地区、革命老区、边远地区和贫困地区旅游业发展。
提供资金保障	第 24 条：国务院和县级以上地方人民政府应当根据实际情况安排资金，加强旅游基础设施建设、旅游公共服务和旅游形象推广。
旅游形象推广	第 25 条：国家制定并实施旅游形象推广战略。国务院旅游主管部门统筹组织国家旅游形象的境外推广工作，建立旅游形象推广机构和网络，开展旅游国际合作与交流。 县级以上地方人民政府统筹组织本地的旅游形象推广工作。
构建旅游公共服务体系	第 26 条：国务院旅游主管部门和县级以上地方人民政府应当根据需要建立旅游公共信息和咨询平台，无偿向旅游者提供旅游景区、线路、交通、气象、住宿、安全、医疗急救等必要信息和咨询服务。设区的市和县级人民政府有关部门应当根据需要在交通枢纽、商业中心和旅游者集中场所设置旅游咨询中心，在景区和通往主要景区的道路设置旅游指示标识。 旅游资源丰富的设区的市和县级人民政府可以根据本地的实际情况，建立旅游客运专线或者游客中转站，为旅游者在城市及周边旅游提供服务。
旅游职业教育和培训	第 27 条：国家鼓励和支持发展旅游职业教育和培训，提高旅游从业人员素质。

第四节　旅游经营

一、概述

（一）旅游经营者

《旅游法》第111条第1项：旅游经营者是指旅行社、景区以及为旅游者提供交通、住宿、餐饮、购物、娱乐等服务的经营者。

1. 旅游经营者的义务

义务	《旅游法》相关规定
履行旅游合同	第49条：为旅游者提供交通、住宿、餐饮、娱乐等服务的经营者，应当符合法律、法规规定的要求，按照合同约定履行义务。
提供合格产品	第50条：旅游经营者应当保证其提供的商品和服务符合保障人身、财产安全的要求。旅游经营者取得相关质量标准等级的，其设施和服务不得低于相应标准；未取得质量标准等级的，不得使用相关质量等级的称谓和标识。
不得进行商业贿赂	第51条：旅游经营者销售、购买商品或者服务，不得给予或者收受贿赂。
保护旅游者个人信息	第52条：旅游经营者对其在经营活动中知悉的旅游者个人信息，应当予以保密。
承担连带责任	第54条：景区、住宿经营者将其部分经营项目或者场地交由他人从事住宿、餐饮、购物、游览、娱乐、旅游交通等经营的，应当对实际经营者的经营行为给旅游者造成的损害承担连带责任。
履行报告义务	第55条：旅游经营者组织、接待出入境旅游，发现旅游者从事违法活动或者有违反本法第16条规定情形的，应当及时向公安机关、旅游主管部门或者我国驻外机构报告。
投保责任险	第56条：国家根据旅游活动的风险程度，对旅行社、住宿、旅游交通以及本法第47条规定的高风险旅游项目等经营者实施责任保险制度。

2. 旅游经营者的责任承担

违法情形	《旅游法》相关规定
进行商业贿赂	第104条：旅游经营者违反本法规定，给予或者收受贿赂的，由市场监督管理部门依照有关法律、法规的规定处罚；情节严重的，并由旅游主管部门吊销旅行社业务经营许可证。
违反有关安全生产管理和消防安全管理	第107条：旅游经营者违反有关安全生产管理和消防安全管理的法律、法规或者国家标准、行业标准的，由有关主管部门依照有关法律、法规的规定处罚。
记入信用档案并公布	第108条：对违反本法规定的旅游经营者及其从业人员，旅游主管部门和有关部门应当记入信用档案，向社会公布。

（二）旅游市场规则

《旅游法》第 6 条：国家建立健全旅游服务标准和市场规则，禁止行业垄断和地区垄断。旅游经营者应当诚信经营，公平竞争，承担社会责任，为旅游者提供安全、健康、卫生、方便的旅游服务。

二、旅行社经营规则

<table>
<tr><th colspan="2">类别</th><th>《旅游法》相关规定</th></tr>
<tr><td rowspan="3">旅行社及其经营业务范围</td><td>设立条件</td><td>《旅游法》第 28 条规定，设立旅行社，招徕、组织、接待旅游者，为其提供旅游服务，应当具备下列条件，取得旅游主管部门的许可，依法办理工商登记：
①有固定的经营场所；
②有必要的营业设施；
③有符合规定的注册资本；
④有必要的经营管理人员和导游；
⑤法律、行政法规规定的其他条件。</td></tr>
<tr><td>经营业务范围</td><td>第 29 条规定，旅行社可以经营下列业务：
①境内旅游；
②出境旅游；
③边境旅游；
④入境旅游；
⑤其他旅游业务。
旅行社经营前款第 2 项和第 3 项业务，应当取得相应的业务经营许可，具体条件由国务院规定</td></tr>
<tr><td>法律责任</td><td>开设旅行社，经营旅行社业务，应当具备法律、法规规定的条件，否则，由旅游主管部门或者市场监督管理部门依据《旅游法》第 95 条追究违法经营者的法律责任。
第 95 条：违反本法规定，未经许可经营旅行社业务的，由旅游主管部门或者市场监督管理部门责令改正，没收违法所得，并处 1 万元以上 10 万元以下罚款；违法所得 10 万元以上的，并处违法所得 1 倍以上 5 倍以下罚款；对有关责任人员，处 2000 元以上 2 万元以下罚款。
旅行社违反本法规定，未经许可经营本法第 29 条第 1 款第 2 项、第 3 项业务，或者出租、出借旅行社业务经营许可证，或者以其他方式非法转让旅行社业务经营许可的，除依照前款规定处罚外，并责令停业整顿；情节严重的，吊销旅行社业务经营许可证；对直接负责的主管人员，处 2000 元以上 2 万元以下罚款。</td></tr>
<tr><td colspan="2">交纳旅游服务质量保证金</td><td>第 31 条：旅行社应当按照规定交纳旅游服务质量保证金，用于旅游者权益损害赔偿和垫付旅游者人身安全遇有危险时紧急救助的费用。</td></tr>
<tr><td colspan="2">经营行为规范</td><td>《旅游法》第 31—41 条，规范了旅行社、导游与领队的行为规范，并规定了违反上述行为规范应当承担的法律责任，为矫正不规范的旅游市场，为旅游者提供优质服务，为旅游业持续、健康发展提供了法律保障。</td></tr>
</table>

三、景区经营规则

类别	《旅游法》规定及违规法律责任	
开放条件	第 42 条规定，景区开放应当具备下列条件，并听取旅游主管部门的意见： ①有必要的旅游配套服务和辅助设施； ②有必要的安全设施及制度，经过安全风险评估，满足安全条件； ③有必要的环境保护设施和生态保护措施； ④法律、行政法规规定的其他条件。	第 105 条第 1 款：景区不符合本法规定的开放条件而接待旅游者的，由景区主管部门责令停业整顿直至符合开放条件，并处 2 万元以上 20 万元以下罚款。
门票管理	第 43 条：利用公共资源建设的景区的门票以及景区内的游览场所、交通工具等另行收费项目，实行政府定价或者政府指导价，严格控制价格上涨。拟收费或者提高价格的，应当举行听证会，征求旅游者、经营者和有关方面的意见，论证其必要性、可行性。 利用公共资源建设的景区，不得通过增加另行收费项目等方式变相涨价；另行收费项目已收回投资成本的，应当相应降低价格或者取消收费。 公益性的城市公园、博物馆、纪念馆等，除重点文物保护单位和珍贵文物收藏单位外，应当逐步免费开放。 第 44 条：景区应当在醒目位置公示门票价格、另行收费项目的价格及团体收费价格。景区提高门票价格应当提前 6 个月公布。 将不同景区的门票或者同一景区内不同游览场所的门票合并出售的，合并后的价格不得高于各单项门票的价格之和，且旅游者有权选择购买其中的单项票。 景区内的核心游览项目因故暂停向旅游者开放或者停止提供服务的，应当公示并相应减少收费。	第 106 条：景区违反本法规定，擅自提高门票或者另行收费项目的价格，或者有其他价格违法行为的，由有关主管部门依照有关法律、法规的规定处罚。
承载量	第 45 条：景区接待旅游者不得超过景区主管部门核定的最大承载量。景区应当公布景区主管部门核定的最大承载量，制定和实施旅游者流量控制方案，并可以采取门票预约等方式，对景区接待旅游者的数量进行控制。 旅游者数量可能达到最大承载量时，景区应当提前公告并同时向当地人民政府报告，景区和当地人民政府应当及时采取疏导、分流等措施。	第 105 条：景区在旅游者数量可能达到最大承载量时，未依照本法规定公告或者未向当地人民政府报告，未及时采取疏导、分流等措施，或者超过最大承载量接待旅游者的，由景区主管部门责令改正，情节严重的，责令停业整顿 1 个月至 6 个月。

四、道路旅游客运经营规则

《旅游法》第 53 条：从事道路旅游客运的经营者应当遵守道路客运安全管理的各项制度，并在车辆显著位置明示道路旅游客运专用标识，在车厢内显著位置公示经营者和驾驶人信息、道路运输管理机构监督电话等事项。

五、城镇和乡村居民旅游经营规则

《旅游法》第 46 条：城镇和乡村居民利用自有住宅或其他条件依法从事旅游经营，其管理办法由省、自治区、直辖市制定。

第五节　旅游服务合同

一、旅游服务合同的订立

合同的订立	《旅游法》相关规定
包价旅游合同的一般规定	第 57 条：旅行社组织和安排旅游活动，应当与旅游者订立合同。 第 111 条：包价旅游合同，是指旅行社预先安排行程，提供或者通过履行辅助人提供交通、住宿、餐饮、游览、导游或者领队等两项以上旅游服务，旅游者以总价支付旅游费用的合同。 履行辅助人，是指与旅行社存在合同关系，协助其履行包价旅游合同义务，实际提供相关服务的法人或者自然人。
包价旅游合同的特征	①内容预先安排 合同内容中的旅游行程及相关服务是由旅行社预先安排的。 ②服务的数量符合法律规定 旅行社所提供的服务应当包括两项或两项以上。交通、住宿、餐饮、游览、导游或者领队服务中任意两项或以上服务的组合，是包价旅游合同服务要素的构成要件。 ③价款以总价方式一揽子支付 即旅游者以总价支付购买一个完整的旅游线路产品。
包价旅游合同的形式及内容	第 58 条规定，包价旅游合同应当采用书面形式，包括下列内容： ①旅行社、旅游者的基本信息； ②旅游行程安排； ③旅游团成团的最低人数； ④交通、住宿、餐饮等旅游服务安排和标准； ⑤游览、娱乐等项目的具体内容和时间； ⑥自由活动时间安排； ⑦旅游费用及其交纳的期限和方式； ⑧违约责任和解决纠纷的方式； ⑨法律、法规规定和双方约定的其他事项。 订立包价旅游合同时，旅行社应当向旅游者详细说明前款第 2 项至第 8 项所载内容。
提供旅游行程单	第 59 条：旅行社应当在旅游行程开始前向旅游者提供旅游行程单。旅游行程单是包价旅游合同的组成部分。
包价旅游合同应当载明的信息	第 60 条：旅行社委托其他旅行社代理销售包价旅游产品并与旅游者订立包价旅游合同的，应当在包价旅游合同中载明委托社和代理社的基本信息。 旅行社依照本法规定将包价旅游合同中的接待业务委托给地接社履行的，应当在包价旅游合同中载明地接社的基本信息。 安排导游为旅游者提供服务的，应当在包价旅游合同中载明导游服务费用。
提示投保人身意外伤害保险	第 61 条：旅行社应当提示参加团队旅游的旅游者按照规定投保人身意外伤害保险。

（续表）

合同的订立	《旅游法》相关规定
旅行社应该告知的事项	第 62 条规定，订立包价旅游合同时，旅行社应当向旅游者告知下列事项： ①旅游者不适合参加旅游活动的情形； ②旅游活动中的安全注意事项； ③旅行社依法可以减免责任的信息； ④旅游者应当注意的旅游目的地相关法律、法规和风俗习惯、宗教禁忌，依照中国法律不宜参加的活动等； ⑤法律、法规规定的其他应当告知的事项。 在包价旅游合同履行中，遇有前款规定事项的，旅行社也应当告知旅游者。

二、包价旅游合同的履行

类别	《旅游法》相关规定
履行原则	《旅游法》第 69 条：旅行社应当按照包价旅游合同的约定履行义务，不得擅自变更旅游行程安排。 经旅游者同意，旅行社将包价旅游合同中的接待业务委托给其他具有相应资质的地接社履行的，应当与地接社订立书面委托合同，约定双方的权利和义务，向地接社提供与旅游者订立的包价旅游合同的副本，并向地接社支付不低于接待和服务成本的费用。地接社应当按照包价旅游合同和委托合同提供服务。
履行规则	①组团社必须根据合同约定的内容、标准提供服务。 ②组团社将接待业务必须委托给有相应资质的地接社履行。 组团社将接待业务委托地接社履行时应当遵守： ☆缔约对象应当选择具有相应资质的旅行社； ☆应当采取书面形式约定双方的权利和义务； ☆应当向地接社提供与旅游者订立的包价旅游合同的副本； ☆应当向地接社支付不低于接待和服务成本的费用。 ③地接社必须按包价旅游合同履行义务。 地接社应当按照组团社与旅游者签订的包价旅游合同和组团社与地接社签订的委托合同提供服务。

三、包价旅游合同的转让、解除及法律后果

（一）旅游者转让、解除合同权的行使及法律后果

情形	《旅游法》相关规定
转让	第 64 条：旅游行程开始前，旅游者可以将包价旅游合同中自身的权利义务转让给第三人，旅行社没有正当理由的不得拒绝，因此增加的费用由旅游者和第三人承担。 需要注意的是，旅游者行使包价旅游合同的转让权并不是绝对的，旅行社如有正当、合理的理由，有权拒绝转让请求。 旅游者转让合同中自身权利义务的，应当符合两个要求： ①向旅行社提出转让的请求； ②在旅游行程开始前提出。 由于旅游者发生了替换，可能会发生旅游费用增加的情形，对于增加的部分，旅游者与第三人应当向旅游经营者补交。

（续表）

情形	《旅游法》相关规定
解除	第 65 条：旅游行程结束前，旅游者解除合同的，组团社应当在扣除必要的费用后，将余款退还旅游者。 包价旅游合同因旅游者行使合同解除权而终止，合同规定的旅游服务已经提供的、旅游者已经享受其利益的，旅游者应当依据解除前的包价旅游合同支付相应的费用；对于尚未提供的旅游服务，旅游经营者无须继续提供，旅游者也无须就未提供的服务向旅游经营者给付报酬。实践中，由于旅游行程开始前，旅游者已预交全部旅游费用，因此，旅游经营者应当向旅游者退还相关费用。 依照法律规定，组团社应当在扣除必要的费用后，将余款退还旅游者。必要费用包括两个部分： ①组团社已向地接社或者履行辅助人支付且不可退还的费用； ②旅游行程中已实际发生的费用。

（二）旅行社转让、解除合同权的行使及法律后果

情形	《旅游法》相关规定
未达到约定成团人数不能出团	第 63 条：旅行社招徕旅游者组团旅游，因未达到约定人数不能出团的，组团社可以解除合同。但是，境内旅游应当至少提前 7 日通知旅游者，出境旅游应当至少提前 30 日通知旅游者。 因未达到约定人数不能出团的，组团社经征得旅游者书面同意，可以委托其他旅行社履行合同。组团社对旅游者承担责任，受委托的旅行社对组团社承担责任。旅游者不同意的，可以解除合同。 因未达到约定的成团人数解除合同的，组团社应当向旅游者退还已收取的全部费用。
旅游者原因	第 66 条：旅游者有下列情形之一的，旅行社可以解除合同： ①患有传染病等疾病，可能危害其他旅游者健康和安全的； ②携带危害公共安全的物品且不同意交有关部门处理的； ③从事违法或者违反社会公德的活动的； ④从事严重影响其他旅游者权益的活动，且不听劝阻、不能制止的； ⑤法律规定的其他情形。 因前款规定情形解除合同的，组团社应当在扣除必要的费用后，将余款退还旅游者；给旅行社造成损失的，旅游者应当依法承担赔偿责任。

（三）包价旅游合同解除后旅行社的协助义务及费用承担

情形	《旅游法》相关规定
旅行社协助旅游者返回的义务	《旅游法》第 68 条：旅游行程中解除合同的，旅行社应当协助旅游者返回出发地或者旅游者指定的合理地点。由于旅行社或者履行辅助人的原因导致合同解除的，返程费用由旅行社承担。 旅游者的返回地，应不限于旅游出发地，也可由旅游者指定合理的地点以方便旅游者。应当指出，不论何种情形导致行程中合同解除、旅游者需要返程的，旅行社都必须协助其返程。
旅游者返程费用的承担	返程费用的负担，需要根据不同情形分别处理： ①旅游者因个人原因主动解除合同或者旅行社根据《旅游法》第 66 条规定行使解除权的，返程费用由旅游者自己承担。

（续表）

情形	《旅游法》相关规定
	②因不可抗力或者旅行社、履行辅助人已尽合理注意义务仍不能避免的事件，导致合同不能继续履行，或者旅游者不同意调整行程而解除合同的，应根据《旅游法》第67条，返程费用由旅行社与旅游者合理分担。 ③由于旅行社或履行辅助人的原因导致合同解除的，返程费用由旅行社承担。

四、包价旅游合同的违约责任

违约责任	《旅游法》相关规定
旅行社的违约责任	第70条：旅行社不履行包价旅游合同义务或者履行合同义务不符合约定的，应当依法承担继续履行、采取补救措施或者赔偿损失等违约责任；造成旅游者人身损害、财产损失的，应当依法承担赔偿责任。旅行社具备履行条件，经旅游者要求仍拒绝履行合同，造成旅游者人身损害、滞留等严重后果的，旅游者还可以要求旅行社支付旅游费用1倍以上3倍以下的赔偿金。 由于旅游者自身原因导致包价旅游合同不能履行或者不能按照约定履行，或者造成旅游者人身损害、财产损失的，旅行社不承担责任。 在旅游者自行安排活动期间，旅行社未尽到安全提示、救助义务的，应当对旅游者的人身损害、财产损失承担相应责任。
旅游者的违约责任	旅游者在旅游活动中或者在解决纠纷时，享有法定的权利，同时也应承担相应的义务。违反相关义务，给他人造成损害的，应承担相应责任。 第72条：旅游者在旅游活动中或者在解决纠纷时，损害旅行社、履行辅助人、旅游从业人员或者其他旅游者的合法权益的，依法承担赔偿责任。
地接社、履行辅助人的违约责任	第71条：由于地接社、履行辅助人的原因导致违约的，由组团社承担责任；组团社承担责任后可以向地接社、履行辅助人追偿。 由于地接社、履行辅助人的原因造成旅游者人身损害、财产损失的，旅游者可以要求地接社、履行辅助人承担赔偿责任，也可以要求组团社承担赔偿责任；组团社承担责任后可以向地接社、履行辅助人追偿。 但是，由于公共交通经营者的原因造成旅游者人身损害、财产损失的，由公共交通经营者依法承担赔偿责任，旅行社应当协助旅游者向公共交通经营者索赔。
因不可抗力或者其他原因导致合同解除、变更的法律责任	《民法典》第563条规定，因不可抗力致使不能实现合同目的，当事人可以解除合同。 《民法典》第590条规定，当事人因不可抗力不能履行合同的，根据不可抗力的影响，部分或者全部免除责任，但是法律另有规定的除外。 《旅游法》第67条规定，因不可抗力或者旅行社、履行辅助人已尽合理注意义务仍不能避免的事件，影响旅游行程的，按照下列情形处理： ①合同不能继续履行的，旅行社和旅游者均可以解除合同。合同不能完全履行的，旅行社经向旅游者作出说明，可以在合理范围内变更合同；旅游者不同意变更的，可以解除合同。 ②合同解除的，组团社应当在扣除已向地接社或者履行辅助人支付且不可退还的费用后，将余款退还旅游者；合同变更的，因此增加的费用由旅游者承担，减少的费用退还旅游者。 ③危及旅游者人身、财产安全的，旅行社应当采取相应的安全措施，因此支出的费用，由旅行社与旅游者分担。 ④造成旅游者滞留的，旅行社应当采取相应的安置措施。因此增加的食宿费用，由旅游者承担；增加的返程费用，由旅行社与旅游者分担。

（续表）

违约责任	《旅游法》相关规定
根据旅游者的具体要求安排旅游行程	第 73 条：旅行社根据旅游者的具体要求安排旅游行程，与旅游者订立包价旅游合同的，旅游者请求变更旅游行程安排，因此增加的费用由旅游者承担，减少的费用退还旅游者。
关于旅游代办合同的规定	第 74 条：旅行社接受旅游者的委托，为其代订交通、住宿、餐饮、游览、娱乐等旅游服务，收取代办费用的，应当亲自处理委托事务。因旅行社的过错给旅游者造成损失的，旅行社应当承担赔偿责任。 旅行社接受旅游者的委托，为其提供旅游行程设计、旅游信息咨询等服务的，应当保证设计合理、可行，信息及时、准确。
住宿经营者提供住宿服务义务的规定	第 75 条：住宿经营者应当按照旅游服务合同的约定为团队旅游者提供住宿服务。住宿经营者未能按照旅游服务合同提供服务的，应当为旅游者提供不低于原定标准的住宿服务，因此增加的费用由住宿经营者承担；但由于不可抗力、政府因公共利益需要采取措施造成不能提供服务的，住宿经营者应当协助安排旅游者住宿。

第六节　旅游监督管理

一、监督管理与监督检查

类别	《旅游法》相关规定
监督管理的主体	第 83 条第 1 款：县级以上人民政府旅游主管部门和有关部门依照本法和有关法律、法规的规定，在各自职责范围内对旅游市场实施监督管理。 这表明，对旅游市场实施监督管理的主体，为“县级以上人民政府旅游主管部门和有关部门”。
监督检查的主体	《旅游法》第 83 条第 2 款：县级以上人民政府应当组织旅游主管部门、有关主管部门和市场监督管理、交通等执法部门对相关旅游经营行为实施监督检查。 这表明：旅游主管部门、有关主管部门和市场监督管理、交通等执法部门是实施相关监督检查的主体。
监督对象	《旅游法》第 83 条规定的监督检查的对象是“相关旅游经营行为”。根据《旅游法》的相关规定，相关旅游经营行为，主要包括旅行社及其从业人员、景区以及为旅游者提供交通、住宿、餐饮、娱乐等服务的经营者的经营行为。
监督检查事项	第 85 条规定，县级以上人民政府旅游主管部门有权对下列事项实施监督检查： ①经营旅行社业务以及从事导游、领队服务是否取得经营、执业许可； ②旅行社的经营行为； ③导游和领队等旅游从业人员的服务行为； ④法律、法规规定的其他事项。
监督检查的措施	第 85 条：旅游主管部门实施监督检查时可以对涉嫌违法的合同、票据、账簿及其他资料进行查阅、复制。

（续表）

类别	《旅游法》相关规定
监督检查主体的行为限制	①不得违法收费及参与旅游经营活动 第 84 条：旅游主管部门履行监督管理职责，不得违反法律、行政法规的规定向监督管理对象收取费用。 旅游主管部门及其工作人员不得参与任何形式的旅游经营活动。 ②规范实施监督检查职责 第 86 条：旅游主管部门和有关部门依法实施监督检查，其监督检查人员不得少于二人，并应当出示合法证件。监督检查人员少于二人或者未出示合法证件的，被检查单位和个人有权拒绝。 可见，“两人以上”和“出示合法证件”必须同时具备。 ③履行保密义务 第 86 条：监督检查人员对在监督检查中知悉的被检查单位的商业秘密和个人信息应当依法保密。 ④法律责任 第 109 条：旅游主管部门和有关部门工作人员在履行监督管理职责中，滥用职权、玩忽职守、徇私舞弊，尚不构成犯罪的，依法给予处分。

二、行业协会自律管理

《旅游法》第 8 条：依法成立的旅游行业组织，实行自律管理。

《旅游法》第 90 条：依法成立的旅游行业组织依照法律、行政法规和章程的规定，制定行业经营规范和服务标准，对其会员的经营行为和服务质量进行自律管理，组织开展职业道德教育和业务培训，提高从业人员素质。

易错考题小试牛刀

1.（判断题）旅行社具备履行条件，经旅游者要求仍拒绝履行合同，造成旅游者人身损害、滞留等严重后果的，旅游者还可以要求旅行社支付尚未发生的旅游费用一倍以上三倍以下的赔偿金。（　）

2.（单选题）组团社委托其他旅行社履行合同的，（　）对旅游者承担责任。

A. 组团社　B. 受委托的旅行社

C. 组团社或者受委托的旅行社　D. 组团社和受委托的旅行社

3.（单选题）住宿经营者将其部分经营项目或者场地交由他人从事住宿、餐饮等经营的，则对实际经营者的经营行为给旅游者造成的损害（　）。

A. 不承担责任　B. 承担部分责任　C. 承担连带责任　D. 承担全部责任

4.（单选题）旅游主管部门和有关部门依法实施监督检查，其监督检查人员不得少于 2 人，并应当出示（　）。

A. 身份证件　B. 工作证件　C. 执法证件　D. 合法证件

5.（单选题）《旅游法》规定依法成立的旅游行业组织，实行（　）。

A. 民主管理　B. 自我管理　C. 共同管理　D. 自律管理

6.（单选题）旅行社应当在（　）向旅游者提供旅游行程单。

A. 旅游行程开始前　B. 旅游合同签订时　C. 旅游费用交纳时　D. 旅游行程结束前

7.（多选题）《旅游法》第 43 条规定，公益性（　）等，除重点文物保护单位和珍贵文物收藏单位外，应当逐步免费开放。

A. 城市公园　B. 博物馆　C. 纪念馆　D. 展览馆　E. 历史文物

8.（多选题）我国《旅游法》规定，景区在旅游者数量可能达到最大承载量时，（　）的，由景区主管部门责令改正，情节严重的，责令停业整顿 1 个月至 6 个月。

A. 未依照《旅游法》公告　B. 未向当地人民政府报告

C. 未向省级旅游行政管理部门报告　D. 未及时采取疏导、分流等措施

E. 超过最大承载量接待旅游者

【答案】1. 错　2.A　3.C　4.D　5.D　6.A　7.ABC　8.ABDE

第四章 民法典

【考试大纲】

1. 民法基本常识

- **了解**：《中华人民共和国民法典》关于民事主体法律地位，从事民事活动、处理民事纠纷应当遵循的原则，法人的一般规定，在中国领域内从事民事活动适用法律的规定。
- **熟悉**：《中华人民共和国民法典》关于民事行为能力、民事法律行为一般规定、意思表示和委托代理、代理的终止的规定。
- **掌握**：《中华人民共和国民法典》关于民事法律行为效力的规定，自然人人格权的一般规定以及生命权、身体权和健康权，肖像权、隐私权和个人信息保护的规定。

2. 合同法制度

- **了解**：《中华人民共和国民法典》关于合同的法律效力、解释，订立合同的形式与内容，格式条款的规定。
- **熟悉**：《中华人民共和国民法典》关于合同的履行原则、合同内容约定不明确的履行规定，合同的变更和转让、合同的解除，违约责任、客运合同和委托合同的规定。
- **掌握**：《中华人民共和国民法典》关于不可抗力、不可抗力的责任、防止损失扩大义务、双方违约和过失相抵规则、第三人造成违约的责任承担的规定。

3. 侵权责任法律制度

- **了解：**《中华人民共和国民法典》关于侵权责任一般规定的内容，人身损害、财产损失、精神损害的责任承担的规定。
- **熟悉：**《中华人民共和国民法典》关于监护人、用人单位、教育机构责任，机动车交通事故责任，高度危险活动损害责任的规定。
- **掌握：**《中华人民共和国民法典》关于宾馆等经营场所、公共场所的经营者、管理者或者群众性活动的组织者责任，参加具有一定风险文体活动责任，饲养动物损害责任、建筑物和物件损害责任的规定。

【历年分值】

年份	判断（题）	单选（题）	多选（题）	分值（分）	分值占比（%）
2018	3	4	0	3.5	7.00
2019	2	5	2	5.5	10.78
2020	3	5	2	6	11.54
2023	3	5	4	8	16.49

第一节　民法基本常识

一、民法的概念、基本原则、适用

类别		《中华人民共和国民法典》相关规定
民法概念		第 2 条：民法调整平等主体的自然人、法人和非法人组织之间的人身关系和财产关系。 具体而言： ①平等主体之间的人身关系。包括两大类：一类是基于自然人、法人和非法人组织的人格产生的人身关系；另一类是基于自然人、法人和非法人组织的一定身份产生的人身关系。 ②平等主体之间的财产关系，包括财产归属关系和财产流转关系。民法调整的社会关系最本质的特点在于平等性，这是民法与其他部门法之间的根本区别。
民事主体法律地位		第 3 条：民事主体的人身权利、财产权利以及其他合法权益受法律保护，任何组织或者个人不得侵犯。 第 4 条：民事主体在民事活动中的法律地位一律平等。
从事民事活动遵循的基本原则	平等原则	第 4 条：民事主体在民事活动中的法律地位一律平等。 平等原则，亦称法律地位平等原则，强调民事主体在民事活动中的法律地位一律平等，任何一方不得把自己的意志强加给对方，这是民法的基础原则，构成了自愿原则的逻辑前提。
	自愿原则	第 5 条：民事主体从事民事活动，应当遵循自愿原则，按照自己的意思设立、变更、终止民事法律关系。 自愿原则，亦称意思自治原则，是指法律确认民事主体自由地基于其意志去进行民事活动的基本准则。
	公平原则	第 6 条：民事主体从事民事活动，应当遵循公平原则，合理确定各方的权利和义务。 公平原则是进步和正义的道德观在法律上的体现，对于弥补法律规定的不足和在交易领域保证意思自治原则的实现具有重要意义，是自愿原则的有益补充。
	诚实信用原则	第 7 条：民事主体从事民事活动，应当遵循诚信原则，秉持诚实，恪守承诺。 诚实信用原则，意指民事主体应当忠诚、守信，做到谨慎维护对方的利益、满足对方的正当期待，这是最低限度的道德要求在法律上的体现。
	公序良俗原则	第 8 条：民事主体从事民事活动，不得违反法律，不得违背公序良俗。 公序良俗原则是公共秩序和善良风俗的合称，公共秩序一般指经由法律、行政法规的强制性规定建构的秩序。良俗一般指社会、国家的存在和发展所必要的一般道德，是特定社会所尊重的伦理要求底线。
	绿色原则	第 9 条：民事主体从事民事活动，应当有利于节约资源、保护生态环境。 绿色原则要求必须践行绿水青山就是金山银山的理念，坚持节约资源和保护环境的基本国策，坚持节约优先、保护优先、自然恢复为主的方针，坚定走生产发展、生活富裕、生态良好的文明发展道路，同时这也是对自愿原则的必要限制，意在谋求人与自然的共生关系。

（续表）

类别	《中华人民共和国民法典》相关规定
处理民事纠纷依据	第 10 条：处理民事纠纷，应当依照法律；法律没有规定的，可以适用习惯，但是不得违背公序良俗。 这表明，应当优先适用具体的法律规则，只有不存在具体的法律规则时，才能考虑适用习惯。当然，习惯要成为民法渊源，并成为裁判的依据，必须经过“合法性”判断，即不得违反法律的强制性规定和公序良俗。
在中国领域内从事民事活动适用法律	第 11 条：其他法律对民事关系有特别规定的，依照其规定。 该规定明确了民事特别法优于民事普通法的原则，“其他法律”是指《中华人民共和国民法典》之外的各个单行法律。可见，《中华人民共和国民法典》虽然在民事立法中具有基础性地位，但是不可能调整到所有的民事法律关系，仍然需要单行法予以配套和补充。 第 12 条：中华人民共和国领域内的民事活动，适用中华人民共和国法律。法律另有规定的，依照其规定。 该规定对我国民事法律在空间上的适用范围作出了规定，即适用于中华人民共和国的领土、领空、领海，以及根据国际法、国际惯例应当视为我国领域的一切领域，如我国驻外使馆，我国航行或停泊于境外的船舶、飞机等。此外，在我国领域范围内从事民事活动，原则上需要适用我国的法律，但在法律另有规定时，则可能需要适用其他法律，如在我国领域内发生的涉外民事关系，适用《中华人民共和国涉外民事关系法律适用法》。

*《中华人民共和国民法典》以下简称《民法典》。

二、自然人与法人

（一）自然人和法人的概念

自然人即生物学意义上的人，是基于出生而取得民事主体资格的人，其外延包括本国公民、外国公民和无国籍人。自然人与公民不同，公民仅指具有一国国籍的人。

除自然人外，现代社会进行各类社会活动的主体还包括以团体名义进行活动的各类组织。其中，最为重要的就是法人。《民法典》第 57 条规定，法人是具有民事权利能力和民事行为能力，依法独立享有民事权利和承担民事义务的组织。法人的本质是其能够与自然人同样具有民事权利能力，成为享有权利、负担义务的民事主体。

（二）自然人和法人的民事行为能力

1. 自然人的民事行为能力

自然人的民事行为能力，是指自然人能够独立通过意思表示，进行民事行为的能力。自然人要有民事行为能力，一方面要达到一定的年龄，从而具备一定的社会活动经验，另一方面还要有正常的精神状态，能够理智地进行民事活动。

《民法典》根据我国自然人的具体情况，按照年龄阶段的不同和理智是否正常，将自然人的民事行为能力划分为完全民事行为能力、限制民事行为能力和无民事行为能力三种。

其中，无民事行为能力人、限制民事行为能力人的监护人是其法定代理人。

自然人民事行为能力	《民法典》相关规定
完全民事行为能力	是指自然人具有的通过自己独立的意思表示进行民事法律行为的能力。 第 17 条：18 周岁以上的自然人为成年人。不满 18 周岁的自然人为未成年人。 第 18 条：成年人为完全民事行为能力人，可以独立实施民事法律行为。 16 周岁以上的未成年人，以自己的劳动收入为主要生活来源的，视为完全民事行为能力人。
限制民事行为能力	是指自然人独立通过意思表示进行民事法律行为的能力受到一定的限制。 第 19 条：8 周岁以上的未成年人为限制民事行为能力人，实施民事法律行为由其法定代理人代理或者经其法定代理人同意、追认；但是，可以独立实施纯获利益的民事法律行为或者与其年龄、智力相适应的民事法律行为。 第 22 条：不能完全辨认自己行为的成年人为限制民事行为能力人，实施民事法律行为由其法定代理人代理或者经其法定代理人同意、追认；但是，可以独立实施纯获利益的民事法律行为或者与其智力、精神健康状况相适应的民事法律行为。
无民事行为能力	是指自然人不具有以自己独立的意思表示进行民事法律行为的能力。 第 20 条：不满 8 周岁的未成年人为无民事行为能力人，由其法定代理人代理实施民事法律行为。 第 21 条：不能辨认自己行为的成年人为无民事行为能力人，由其法定代理人代理实施民事法律行为。 8 周岁以上的未成年人不能辨认自己行为的，适用前款规定。

2. 法人的民事行为能力

法人的民事行为能力，是指法人以自己的独立意志实施民事法律行为的能力。依据《民法典》第 57 条，法人是具有民事权利能力和民事行为能力，依法独立享有民事权利和承担民事义务的组织。与自然人相比，法人的民事行为能力主要具有以下特点：

①《民法典》第 59 条规定，法人的民事权利能力和民事行为能力，从法人成立时产生，到法人终止时消灭。因此，法人的民事行为能力和民事权利能力同时产生、同时终止，而自然人从出生之日起即享有权利能力，但是行为能力则需要达到一定年龄并且智力精神健康状况正常方可完全具备；权利能力死亡时终止，但行为能力却有可能在此之前由于精神健康状况失常而暂时中止。

②自然人的行为能力通常自己来实现，但是法人的行为能力通常是由法人机关或者法人机关委托的代理人来实现，法人机关的行为视为法人的行为。依据《民法典》第 61 条第 1 款规定，依照法律或者法人章程的规定，代表法人从事民事活动的负责人，为法人的法定代表人。

（三）法人的一般规定

1. 法人的成立

依据《民法典》第 58 条规定，设立中的法人应当具备以下条件：

①依法成立，设立目的和宗旨要符合国家利益和社会公共利益的要求；

②有自己的名称、组织机构和住所，其中住所应当是法人主要办事机构所在地，因此依法需要办理法人登记的，应当将主要办事机构所在地登记为住所；

③有必要的财产或者经费，这是享有民事权利和承担民事义务的物质基础，也是独立承担民事责任的财产保障；

④满足法律、行政法规规定的其他条件，设立法人，法律、行政法规规定须经有关机关批准的，依照其规定。

符合以上条件，进入设立程序，符合法人设立的相应原则，即可成为法人。应当注意的是，设立中的法人尽管经由设立程序取得法人资格，但是其本身并非法人。《民法典》第 75 条规定，设立人为设立法人以自己的名义从事民事活动产生的民事责任，第三人有权选择请求法人或者设立人承担，设立人为设立法人从事的民事活动，其法律后果由法人承受；法人未成立的，其法律后果由设立人承受。

2. 法人的民事责任能力

法人的民事责任能力，是指法人据以独立承担过错侵权损害赔偿责任的资格。《民法典》第 60 条规定，法人以其全部财产独立承担民事责任。可见，法律赋予了法人的民事责任能力。鉴于法人的主要负责人是法人的法定代表人，因此《民法典》第 61—62 条对法定代表人从事民事活动及执行职务活动的民事责任进行了规定。第 61 条：依照法律或者法人章程的规定，代表法人从事民事活动的负责人，为法人的法定代表人。法定代表人以法人名义从事的民事活动，其法律后果由法人承受。法人章程或者法人权力机构对法定代表人代表权的限制，不得对抗善意相对人。第 62 条：法定代表人因执行职务造成他人损害的，由法人承担民事责任。法人承担民事责任后，依照法律或者法人章程的规定，可以向有过错的法定代表人追偿。

3. 法人的分支机构

法人可以依法设立分支机构。法人的分支机构是法人的组成部分，它是法人在某一区域设置的完成法人部分职能的业务活动机构。依据《民法典》第 74 条规定，法律、行政法规规定分支机构应当登记的，依照其规定。当法人的分支机构经法人授权并依法办理登记后，可以成为独立的民事主体，可以以自己的名义在银行开立结算账户，对外进行各项民事活动。在责任承担上，法人的分支机构以自己的名义从事民事活动，产生的民事责任由法人承担；也可以先以该分支机构管理的财产承担，不足以承担的，由法人承担。当然，法人的分支机构还可以在法人的授权范围内以自己的名义参与民事诉讼活动。

4. 法人的变更和终止

（1）法人的变更，是指在法人的存续期间内，法人在组织机构、性质、活动范围、财产或者名称、住所、隶属关系等重要事项上发生的变动。依据《民法典》第 64—66 条规定，法人存续期间登记事项发生变化的，应当依法向登记机关申请变更登记，如果法人的实际情况与登记的事项不一致的，不得对抗善意相对人。同时，登记机关应当依法及时公示法人登记的有关信息，包括设立登记和变更登记。

其中，法人组织机构的变更分为法人的合并和分立两大类。

变更类型	说明
法人的合并	法人的合并是指两个以上的法人合并成为一个新的法人，分为新设合并和吸收合并。新设合并是两个以上法人合并为一个新法人；吸收合并是一个法人归并到现存的另一个法人中。
法人的分立	法人的分立是指一个法人分为两个以上的法人，分为新设分立和派生分立。新设分立是解散原法人，分立为两个以上新法人；派生分立是原法人继续存续，从中分出新的法人。依据《民法典》第 67 条规定，法人合并的，其权利和义务由合并后的法人享有和承担。法人分立的，其权利和义务由分立后的法人享有连带债权，承担连带债务，但是债权人和债务人另有约定的除外。

（2）法人的终止，是指从法律上消灭法人的民事主体资格。法人解散、被宣告破产或者存在法律规定的其他原因，依法完成清算、注销登记的，法人终止。法人终止，法律、行政法规规定须经有关机关批准的，依照其规定。

依据《民法典》第 69 条规定，有下列情形之一的，法人解散：

①法人章程规定的存续期间届满或者法人章程规定的其他解散事由出现；

②法人的权力机构决议解散；

③因法人合并或者分立需要解散；

④法人依法被吊销营业执照、登记证书，被责令关闭或者被撤销；

⑤法律规定的其他情形。

《民法典》第 70 条规定，法人解散的，除合并或者分立的情形外，清算义务人应当及时组成清算组进行清算。法人的董事、理事等执行机构或者决策机构的成员为清算义务人。法律、行政法规另有规定的，依照其规定。清算义务人未及时履行清算义务，造成损害的，应当承担民事责任；主管机关或者利害关系人可以申请人民法院指定有关人员组成清算组进行清算。

除了法人解散，《民法典》第 73 条规定，法人被宣告破产的，依法进行破产清算并完成法人注销登记时，法人终止。

在法人解散或者被宣告破产后，法人的清算程序和清算组职权，依照有关法律的规定；没有规定的，参照适用公司法律的有关规定。依据《民法典》第 72 条规定，清算期间法人存续，但是不得从事与清算无关的活动。可见，清算为法人终止的必经程序，清算组织的主要任务是了结现存事务、收取债权、清偿债务、移交剩余财产。法人清算后的剩余财产，按照法人章程的规定或者法人权力机构的决议处理。法律另有规定的，依照其规定。清算结束并完成法人注销登记时，法人终止；依法不需要办理法人登记的，清算结束时，法人终止。关于注销登记，通常是指登记主管机关根据法人的申请，对符合终止条件的法人依照法定程序消灭其法人资格的一种具体行政行为，如果法人没有申请注销登记，法人登记主管机关可以依照职权注销法人登记。

三、民事法律行为与代理

（一）概念

《民法典》第133条：民事法律行为是民事主体通过意思表示设立、变更、终止民事法律关系的行为。可见，民事法律行为属于表示行为的一种，是指以意思表示为核心要素的表示行为。

《民法典》第162条：代理人在代理权限内，以被代理人名义实施的民事法律行为，对被代理人发生效力。可见，代理是指代理人在代理权限范围内，以被代理人的名义与第三人实施的法律效果直接或间接归属于被代理人的行为及相应的法律制度。

《民法典》第163条：代理包括委托代理和法定代理。委托代理人按照被代理人的委托行使代理权。法定代理人依照法律的规定行使代理权。应当注意的是，职务代理在本质上属于委托代理。

《民法典》第170条：执行法人或者非法人组织工作任务的人员，就其职权范围内的事项，以法人或者非法人组织的名义实施的民事法律行为，对法人或者非法人组织发生效力。

法人或者非法人组织对执行其工作任务的人员职权范围的限制，不得对抗善意相对人。

（二）民事法律行为的分类

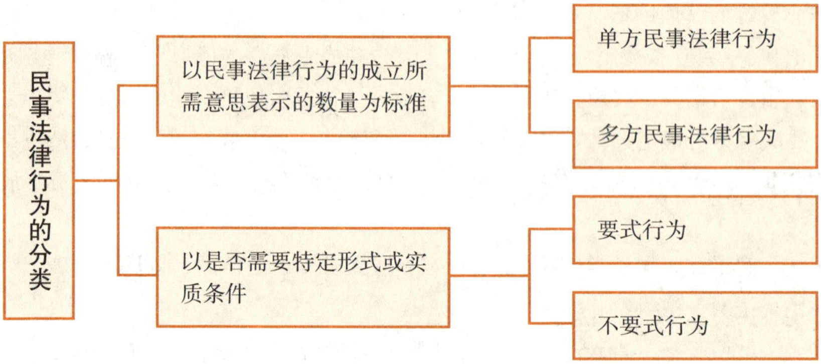

1. 单方民事法律行为和多方民事法律行为

《民法典》第134条：民事法律行为可以基于双方或者多方的意思表示一致成立，也可以基于单方的意思表示成立。

以民事法律行为的成立所需意思表示的数量为标准，可以把民事法律行为区分为单方民事法律行为和多方民事法律行为。

民事法律行为	定义
单方民事法律行为	指根据一项意思表示就可成立的民事行为，既可以是须向特定人进行的单方民事行为，也可以是无须向特定人进行的单方民事行为。
多方民事法律行为	指通常需要两项以上意思表示才可成立的民事行为，包括双方民事行为、共同行为和决议。此外《民法典》第134条第2款规定，法人、非法人组织依照法律或者章程规定的议事方式和表决程序作出决议的，该决议行为成立。

2. 要式行为和不要式行为

《民法典》第 135 条：民事法律行为可以采用书面形式、口头形式或者其他形式；法律、行政法规规定或者当事人约定采用特定形式的，应当采用特定形式。

因此，以民事法律行为是否需要特定形式或实质条件，可以把民事法律行为区分为要式行为和不要式行为。

民事法律行为	定义
要式行为	指依法律或行政法规的规定，应当或者必须采用特定形式的民事法律行为。
不要式行为	指法律或行政法规对其形式并无特别要求的民事法律行为。

3. 民事法律行为的生效

《民法典》第 136 条规定，民事法律行为自成立时生效，但是法律另有规定或者当事人另有约定的除外。行为人非依法律规定或者未经对方同意，不得擅自变更或者解除民事法律行为。可见，在一般情况下，民事法律行为的生效是与成立一致的，但是如果法律另有规定或者当事人另有约定，那么生效将会取决于其他法律的规定或者当事人约定的生效条件。

（三）意思表示

意思表示指表意人将其期望发生某种法律效果的内心意思以一定方式表现于外部的行为，在形式上主要包括口头形式、书面形式、推定形式和沉默方式四种。

意思表示生效即意思表示效力的发生，与民事法律行为的生效不同。民事法律行为发生效力意味着该民事法律行为符合价值的法律取向，可以依照民事主体的预期产生相应的法律效果。意思表示生效仅仅指符合特定的形式要件，即可发生效力，只产生形式上的拘束力。

形式	《民法典》相关规定
有相对人的意思表示	第 137 条：以对话方式作出的意思表示，相对人知道其内容时生效。 以非对话方式作出的意思表示，到达相对人时生效。以非对话方式作出的采用数据电文形式的意思表示，相对人指定特定系统接收数据电文的，该数据电文进入该特定系统时生效；未指定特定系统的，相对人知道或者应当知道该数据电文进入其系统时生效。当事人对采用数据电文形式的意思表示的生效时间另有约定的，按照其约定。 此外，有相对人的意思表示的解释，应当按照所使用的词句，结合相关条款、行为的性质和目的、习惯以及诚信原则，确定意思表示的含义。
无相对人的意思表示	第 138 条：无相对人的意思表示，表示完成时生效。法律另有规定的，依照其规定。 此外，无相对人的意思表示的解释，不能完全拘泥于所使用的词句，而应当结合相关条款、行为的性质和目的、习惯以及诚信原则，确定行为人的真实意思。
以公告方式作出的意思表示	第 139 条：以公告方式作出的意思表示，公告发布时生效。
沉默	第 140 条：行为人可以明示或者默示作出意思表示。 沉默只有在有法律规定、当事人约定或者符合当事人之间的交易习惯时，才可以视为意思表示。
撤回	行为人可以撤回意思表示，撤回后原意思表示不再发生效力。 第 141 条：行为人可以撤回意思表示。撤回意思表示的通知应当在意思表示到达相对人前或者与意思表示同时到达相对人。

（四）民事法律行为的效力

1. 民事法律行为的生效条件

《民法典》第 136 条：民事法律行为自成立时生效，但是法律另有规定或者当事人另有约定的除外。

行为人非依法律规定或者未经对方同意，不得擅自变更或者解除民事法律行为。

《民法典》第 143 条规定，具备下列条件的民事法律行为有效：

①行为人具有相应的民事行为能力；

②意思表示真实；

③不违反法律、行政法规的强制性规定，不违背公序良俗。

具备条件	《民法典》相关规定
行为人具有相应的行为能力	行为人具有相应的行为能力是对自然人提出的要求，法人和非法人组织不存在不具备相应行为能力的问题。 第 144 条：无民事行为能力人实施的民事法律行为无效。 第 145 条：限制民事行为能力人实施的纯获利益的民事法律行为或者与其年龄、智力、精神健康状况相适应的民事法律行为有效；实施的其他民事法律行为经法定代理人同意或者追认后有效。 相对人可以催告法定代理人自收到通知之日起 30 日内予以追认。法定代理人未作表示的，视为拒绝追认。民事法律行为被追认前，善意相对人有撤销的权利。撤销应当以通知的方式作出。
当事人的意思表示真实	意思表示真实一般包括两个方面含义，一是指行为人的内心意思与外部的标识行为相一致的状态，二是指行为人是在意志自由的前提下，进行意思表示的状态。与此相对应，行为人意思表示不真实有两种情形，一是行为人意思与表示不一致，二是行为人意思表示不自由。 ①行为人意思与表示不一致 ☆虚伪表示。第 146 条：行为人与相对人以虚假的意思表示实施的民事法律行为无效。 以虚假的意思表示隐藏的民事法律行为的效力，依照有关法律规定处理。 ☆错误。第 147 条：基于重大误解实施的民事法律行为，行为人有权请求人民法院或者仲裁机构予以撤销。 ②意思表示不自由 ☆欺诈。第 148 条：一方以欺诈手段，使对方在违背真实意思的情况下实施的民事法律行为，受欺诈方有权请求人民法院或者仲裁机构予以撤销。第 149 条：第三人实施欺诈行为，使一方在违背真实意思的情况下实施的民事法律行为，对方知道或者应当知道该欺诈行为的，受欺诈方有权请求人民法院或者仲裁机构予以撤销。 ☆胁迫。第 150 条：一方或者第三人以胁迫手段，使对方在违背真实意思的情况下实施的民事法律行为，受胁迫方有权请求人民法院或者仲裁机构予以撤销。 ☆利用对方处于困困状态、缺乏判断能力等。第 151 条：一方利用对方处于危困状态、缺乏判断能力等情形，致使民事法律行为成立时显失公平的，受损害方有权请求人民法院或者仲裁机构予以撤销。
不违反法律或行政法规的强制性规定	第 153 条第 1 款：违反法律、行政法规的强制性规定的民事法律行为无效。但是，该强制性规定不导致该民事法律行为无效的除外。

（续表）

具备条件	《民法典》相关规定
不违背公序良俗	第 153 条第 2 款：违背公序良俗的民事法律行为无效。

2. 效力存在欠缺的民事法律行为

类别	《民法典》相关规定
绝对无效的民事法律行为	绝对无效的民事法律行为是指已经成立的民事法律行为，严重欠缺民事法律行为的生效条件，因而自始、绝对、确定、当然、永久不按照行为人设立、变更和终止民事法律关系的意思表示发生法律效力的民事法律行为。依据《民法典》第 153、第 154 条规定，绝对无效的民事法律行为包括： ①违反法律、行政法规的强制性规定的民事法律行为； ②违背公序良俗的民事法律行为； ③行为人与相对人恶意串通，损害他人合法权益的民事法律行为。 《民法典》第 155 条：无效的或者被撤销的民事法律行为自始没有法律约束力。
可撤销的民事法律行为	可撤销的民事法律行为是指民事法律行为虽已成立并生效，但因意思表示不真实，可以因行为人撤销权的行使，使其自始不发生效力的民事法律行为。 依据《民法典》第 147—151 条规定，可撤销的民事法律行为包括： ①基于重大误解实施的民事法律行为； ②因一方或者第三人的欺诈、胁迫，当事人在违背真实意思的情况下实施的民事法律行为； ③一方利用对方处于危困状态、缺乏判断能力等情形，致使成立时显失公平的民事法律行为。 《民法典》第 152 条规定，有下列情形之一的，撤销权消灭： ①当事人自知道或者应当知道撤销事由之日起 1 年内、重大误解的当事人自知道或者应当知道撤销事由之日起 90 日内没有行使撤销权； ②当事人受胁迫，自胁迫行为终止之日起 1 年内没有行使撤销权； ③当事人知道撤销事由后明确表示或者以自己的行为表明放弃撤销权。 当事人自民事法律行为发生之日起 5 年内没有行使撤销权的，撤销权消灭。 第 155 条：被撤销的民事法律行为自始没有法律约束力。
效力待定的民事法律行为	效力待定的民事法律行为是指民事法律行为虽已成立，但是否生效尚不确定，只有经由特定当事人的行为，才能确定生效或不生效的民事法律行为，主要是指限制民事行为能力人所实施的依法不能独立实施的民事法律行为。 第 145 条：限制民事行为能力人实施的纯获利益的民事法律行为或者与其年龄、智力、精神健康状况相适应的民事法律行为有效；实施的其他民事法律行为经法定代理人同意或者追认后有效。 相对人可以催告法定代理人自收到通知之日起 30 日内予以追认。法定代理人未作表示的，视为拒绝追认。民事法律行为被追认前，善意相对人有撤销的权利。撤销应当以通知的方式作出。
民事法律行为被确认绝对无效、被撤销或确定不发生效力的法律后果	第 157 条：民事法律行为无效、被撤销或者确定不发生效力后，行为人因该行为取得的财产，应当予以返还；不能返还或者没有必要返还的，应当折价补偿。有过错的一方应当赔偿对方由此所受到的损失；各方都有过错的，应当各自承担相应的责任。法律另有规定的，依照其规定。 第 156 条：民事法律行为部分无效，不影响其他部分效力的，其他部分仍然有效。

（五）委托代理和代理的终止

1. 委托代理

（1）授权委托书

在委托代理中，代理人取得代理权是基于被代理人的授权行为。《民法典》第 165 条：委托代理授权采用书面形式的，授权委托书应当载明代理人的姓名或者名称、代理事项、权限和期限，并由被代理人签名或者盖章。因此，授权行为的书面形式称为授权委托书，又称代理证书，具有单独的证明力。同时，该授权行为属于单方民事法律行为，无须取得代理人或者第三人的同意，即可发生授予代理权的效力。授予代理权的行为可以向代理人为之，也可以向特定的第三人为之，还可以采用公告的方式向不特定的第三人为之。

（2）代理的分类

①单独代理和共同代理。在有数个代理人时，以代理权的行使方式为标准，可以分为单独代理和共同代理。单独代理是指各代理人单独行使代理权，共同代理是指数个代理人共同行使代理权。依据《民法典》第 166 条规定， 数人为同一代理事项的代理人的，应当共同行使代理权，但是当事人另有约定的除外。因此，在委托代理中，代理人有数人的，也应共同行使代理权，如果仅有其中一人行使代理权的为无权代理，非经本人或者其他共同代理人承认，通常不发生法律效力。

②本代理和复代理。根据代理人代理权来源的不同，代理可以分为本代理和复代理。代理人的代理权来源于被代理人直接授予代理权的行为或者来源于法律的规定，这种代理称为本代理。复代理又称再代理，是代理人为了实施代理权限内的全部或部分行为，以自己的名义选定他人担任被代理人的代理人，该代理行为产生的法律效果直接归属于被代理人。在委托代理中，代理人原则上应当亲自行使代理权，不得转委托他人处理代理事务，但是在事先得到被代理人同意或者事后追认的情况下，以及在发生紧急情况下使代理人不能亲自处理代理事务，在这种状况持续将会进一步损害被代理人利益时，法律允许产生复代理，以更好地保护被代理人的利益。依据《民法典》第 169 条规定，在转委托代理经被代理人同意或者追认后，被代理人可以就代理事务直接指示转委托的第三人，代理人仅就第三人的选任以及对第三人的指示承担责任；转委托代理未经被代理人同意或者追认的，代理人应当对转委托的第三人的行为承担责任。

（3）代理权行使的限制

被代理人之所以委托特定的代理人为自己服务，是基于对该代理人的知识、技能、信用的信赖。因此，代理人应当亲自实施代理行为，并谨慎、勤勉、忠实地行使代理权，不得突破代理权行使的限制。

类型	《民法典》相关规定
自己代理	自己代理是指代理人在代理权限内与自己为民事法律行为。在这种情况下，代理人同时为代理关系中的代理人和第三人，交易双方的交易行为实际上只有一个人实施，容易牺牲被代理的利益。 第 168 条第 1 款：代理人不得以被代理人的名义与自己实施民事法律行为，但是被代理人同意或者追认的除外。

（续表）

类型	《民法典》相关规定
双方代理	双方代理又称同时代理，是指一个代理人同时代理双方当事人为民事法律行为的情况。在交易中，当事人双方的利益总是互相冲突的，如果由一个人同时代表两种利益，难免顾此失彼。 第 168 条第 2 款：代理人不得以被代理人的名义与自己同时代理的其他人实施民事法律行为，但是被代理的双方同意或者追认的除外。
损害被代理人合法权益的代理行为	代理人应当谨慎、勤勉、忠实地行使代理权，不得损害被代理人的合法权益。 第164条：代理人不履行或者不完全履行职责，造成被代理人损害的，应当承担民事责任。代理人和相对人恶意串通，损害被代理人合法权益的，代理人和相对人应当承担连带责任。

（4）代理违法的民事责任

通常而言，被代理人、代理人利用委托关系从事的违法行为可分为两类：①代理事项本身违法；②代理事项不违法，但代理人实施的代理行为违法。代理违法应当承担相应的民事责任。《民法典》第 167 条：代理人知道或者应当知道代理事项违法仍然实施代理行为，或者被代理人知道或者应当知道代理人的代理行为违法未作反对表示的，被代理人和代理人应当承担连带责任。

（5）无权代理

依据《民法典》第 171 条第 1 款规定，无权代理主要包括以下三种情况：①行为人没有代理权；②超越代理权；③代理权终止后的代理。

无权代理行为的法律效果有两种情形：①发生与有权代理同样的法律效果；②不发生与有权代理同样的法律效果。

第一，发生与有权代理同样的法律效果。

类型	《民法典》相关规定
被代理人行使追认权	通过被代理人行使追认权，可以使无权代理行为中所欠缺的代理权得到补足，转化为有权代理，发生与有权代理同样的法律效果。但是，被代理人追认权的行使，受到了交易相对人催告权的限制。《民法典》第 171 条第 2 款规定，相对人可以催告被代理人自收到通知之日起 30 日内予以追认。被代理人未作表示的，视为拒绝追认。当然，无权代理行为未经被代理人追认的，对被代理人不发生效力。
表见代理	表见代理是指行为人虽然没有代理权，但是交易相对人有理由相信行为人有代理权的无权代理，此时无权代理可以发生与有权代理同样的法律效果。《民法典》第 172 条规定，行为人没有代理权、超越代理权或者代理权终止后，仍然实施代理行为，相对人有理由相信行为人有代理权的，代理行为有效。法律确认表见代理制度，意在保护动态的交易安全。

第二，不发生与有权代理同样的法律效果。

类型	《民法典》相关规定
交易相对人行使撤销权	为平衡当事人之间的利益，与被代理人享有追认权相对应，善意的交易相对人享有撤销权。此处的“善意”是指交易相对人不知道且不应当知道行为人为无权代理，而且该交易相对人也未通过举证证明其有理由相信行为人有代理权。该善意交易相对人一旦行使撤销权，基于无权代理所为的民事法律行为就确定为不生效法律效力的行为。《民法典》第 171 条第 2 款规定，行为人实施的行为被追认前，善意相对人有撤销的权利。撤销应当以通知的方式作出。
被代理人拒绝行使追认权	无权代理发生后，被代理人享有追认或者拒绝追认的选择权，代理行为处于效力未定状态，若被代理人明确表示拒绝追认或者在交易相对人确定的催告期内不作出追认的意思表示，代理行为则不发生法律效力。应当注意的是，无权代理不发生与有权代理同样的法律效果，并非不发生任何法律效果。《民法典》第 171 条第 3 款规定，行为人实施的行为未被追认的，善意相对人有权请求行为人履行债务或者就其受到的损害请求行为人赔偿。但是，赔偿的范围不得超过被代理人追认时相对人所能获得的利益。第 4 款还规定，相对人知道或者应当知道行为人无权代理的，相对人和行为人按照各自的过错承担责任。

2. 代理的终止

类型	《民法典》相关规定
委托代理的终止	第 173 条规定，有下列情形之一的，委托代理终止： ①代理期限届满或者代理事务完成； ②被代理人取消委托或者代理人辞去委托； ③代理人丧失民事行为能力； ④代理人或者被代理人死亡； ⑤作为代理人或者被代理人的法人、非法人组织终止。 关于代理人死亡或者被代理人死亡，需要区别对待。 代理人死亡，致使代理关系一方失去了主体，而且这一特定的社会关系不再存在，代理权便终止。 被代理人死亡后，依据《民法典》第 174 条规定，委托代理人实施的代理行为在下列情形时有效： ①代理人不知道且不应当知道被代理人死亡； ②被代理人的继承人予以承认； ③授权中明确代理权在代理事务完成时终止； ④被代理人死亡前已经实施，为了被代理人的继承人的利益继续代理。 作为被代理人的法人、非法人组织终止的，参照适用前款规定。
法定代理的终止	第 175 条规定，法定代理关系在下列四种情形下终止： ①被代理人取得或者恢复完全民事行为能力； ②代理人丧失民事行为能力； ③代理人或者被代理人死亡； ④法律规定的其他情形。

四、人格权

（一）人格权的一般规定

人格权，是指以主体固有的人格利益为载体，以维护和实现人身自由、人格尊严为目标的权利。《民法典》第 990 条规定，人格权是民事主体享有的生命权、身体权、健康权、姓名权、名称权、肖像权、名誉权、荣誉权、隐私权等权利。除前款规定的人格权外，自然人享有基于人身自由、人格尊严产生的其他人格权益。

1. 人格权的特征

特征	《民法典》相关规定
人格权是民事主体依法所固有的基本权利	所谓固有，是指自然人从出生、非自然人自成立之日起就享有人格权。该权利的取得无须民事主体积极的作为，而是由法律直接赋予。对于自然人而言，自然人在死亡后就不再具有民事权利能力，也就不再享有人格权，但是在死者的人格遭受侵害的情形下，其人格利益仍然受到保护。 第 994 条：死者的姓名、肖像、名誉、荣誉、隐私、遗体等受到侵害的，其配偶、子女、父母有权依法请求行为人承担民事责任；死者没有配偶、子女且父母已经死亡的，其他近亲属有权依法请求行为人承担民事责任。
人格权是民事主体专属享有的民事权利	一方面，人格权是民事主体资格得以维持的前提；另一方面，任何一项人格权皆以具体的民事主体为依托。在具体法律效果上，人格权的专属性集中体现在对权利的放弃、转让和继承的限制中。 第 992 条：人格权不得放弃、转让或者继承。
人格权以民事主体的人格利益为其客体	第 991 条：民事主体的人格权受法律保护，任何组织或者个人不得侵害。 作为人格权客体的人格利益，是应受到法律保护的利益，同时基于人格平等的思想，各民事主体的人格利益基本一致。与其相对应的是，身份权的客体身份利益具有多元性，不同的身份权指向的身份利益具有明显差别，夫妻之间、父母子女之间都有各自特点。 《民法典》第 1001 条：对自然人因婚姻家庭关系等产生的身份权利的保护，适用本法第一编、第五编和其他法律的相关规定；没有规定的，可以根据其性质参照适用本编人格权保护的有关规定。

2. 人格权的权能

类型	说明
控制权	人格权是民事主体以自己的意思表示对自身的人格利益进行控制的权利，权利人仅凭自己的意志即可直接保有或者支配其人格利益。
利用权	民事主体可以依法通过自己的意志去实现人格利益，即通过各种活动，体现个人存在的价值，并满足自身的需要。
处分权	人格权在法律上的处分主要体现为民事主体通过法律行为的方式将其对部分人格利益的利用转让给他人，典型的处分方式如姓名（名称）、肖像的许可使用等。依据《民法典》第 993 条规定，民事主体可以将自己的姓名、名称、肖像等许可他人使用，但是依照法律规定或者根据其性质不得许可的除外。

3. 侵害人格权的民事责任

《民法典》第 995 条规定，人格权受到侵害的，受害人有权依照本法和其他法律的规定请求行为人承担民事责任。受害人的停止侵害、排除妨碍、消除危险、消除影响、恢复名誉、赔礼道歉请求权，不适用诉讼时效的规定。第 996 条还规定了因违约行为造成严重精神损害的民事责任，即因当事人一方的违约行为，损害对方人格权并造成严重精神损害的，受损害方选择请求其承担违约责任的，不影响受损害方请求精神损害赔偿。在认定行为人侵害人格权民事责任时，除侵害生命权、身体权和健康权外，应当考虑行为人和受害人的职业、影响范围、过错程度，以及行为的目的、方式、后果等因素。

在权利救济上，《民法典》第 997 条规定，民事主体有证据证明行为人正在实施或者即将实施侵害其人格权的违法行为，不及时制止将使其合法权益受到难以弥补的损害的，有权依法向人民法院申请采取责令行为人停止有关行为的措施。

此外，为公共利益实施新闻报道、舆论监督等行为的，依据《民法典》第 999 条规定，可以合理使用自然人的姓名、名称、肖像、个人信息等；使用不合理侵害民事主体人格权的，应当依法承担民事责任。当然，行为人因侵害人格权承担消除影响、恢复名誉、赔礼道歉等民事责任的，依据《民法典》第 1000 条规定，应当与行为的具体方式和造成的影响范围相当。行为人拒不承担前款规定的民事责任的，人民法院可以采取在报刊、网络等媒体上发布公告或者公布生效裁判文书等方式执行，产生的费用由行为人负担。

（二）生命权、身体权和健康权

依据《民法典》第 110 条规定，自然人享有生命权、身体权、健康权、姓名权、肖像权、名誉权、荣誉权、隐私权、婚姻自主权等权利。法人、非法人组织享有名称权、名誉权和荣誉权。因此，生命权、身体权和健康权是自然人享有的专属权利。

权利	《民法典》相关规定
生命权	是以自然人的生命安全利益为内容的权利。 第 1002 条：自然人享有生命权。自然人的生命安全和生命尊严受法律保护。任何组织或者个人不得侵害他人的生命权。
身体权	是指自然人保持其身体组织完整并支配其肢体、器官和其他身体组织，行动自由受保护的权利。 第 1003 条：自然人享有身体权。自然人的身体完整和行动自由受法律保护。任何组织或者个人不得侵害他人的身体权。 身体权与生命权、健康权息息相关，侵害自然人的身体往往导致对自然人健康的损害，甚至剥夺自然人的生命，但是生命权以保护自然人生命的延续为内容，健康权保护身体各组织及整体功能正常，身体权所保护的则是身体组织的完整及对身体组织的支配。 第 1011 条：以非法拘禁等方式剥夺、限制他人的行动自由，或者非法搜查他人身体的，受害人有权依法请求行为人承担民事责任。 此外，身体权区别于其他人格权的主要特征在于其以身体及其利益为客体。《民法典》第 1006—1009 条对自然人支配身体组织的权利及保护进行了相应规定： ①捐赠权 完全民事行为能力人有权依法自主决定无偿捐献其人体细胞、人体组织、人体器官、遗体。任何组织或者个人不得强迫、欺骗、利诱其捐献。完全民事行为能力人依据前款规定同意捐献的，应当采用书面形式，也可以订立遗嘱。自然人生前未表示不同意捐献的，该自然人死亡后，其配偶、成年子女、父母可以共同决定捐献，决定捐献应当采用书面形式。 ②保护性规定 第一，禁止以任何形式买卖人体细胞、人体组织、人体器官、遗体，违反该规定的买卖行为无效。

（续表）

权利	《民法典》相关规定
	第二，为研制新药、医疗器械或者发展新的预防和治疗方法，需要进行临床试验的，应当依法经相关主管部门批准并经伦理委员会审查同意，向受试者或者受试者的监护人告知试验目的、用途和可能产生的风险等详细情况，并经其书面同意。进行临床试验的，不得向受试者收取试验费用。 第三，从事与人体基因、人体胚胎等有关的医学和科研活动，应当遵守法律、行政法规和国家有关规定，不得危害人体健康，不得违背伦理道德，不得损害公共利益。
健康权	是指人体各器官系统良好发育及保持正常功能的状态，包括肉体组织和生理及心理机能三个方面。 第 1004 条：自然人享有健康权。自然人的身心健康受法律保护。任何组织或者个人不得侵害他人的健康权。

需要注意的是，一项行为可能同时侵害自然人的身体权和健康权。《民法典》第 1010 条第 1 款：违背他人意愿，以言语、文字、图像、肢体行为等方式对他人实施性骚扰的，受害人有权依法请求行为人承担民事责任。

性骚扰行为可能采取触碰受害人身体私密部位的行为方式，这会涉及对身体权的侵害；也可能采取言语、文字、图像等方式，这将影响受害人的心理和身体健康，进而会涉及对健康权的侵害。

《民法典》第 1010 条第 2 款：机关、企业、学校等单位应当采取合理的预防、受理投诉、调查处置等措施，防止和制止利用职权、从属关系等实施性骚扰。

《民法典》第 1005 条：自然人的生命权、身体权、健康权受到侵害或者处于其他危难情形的，负有法定救助义务的组织或者个人应当及时施救。

（三）肖像权

《民法典》第 1018 条规定，自然人享有肖像权，有权依法制作、使用、公开或者许可他人使用自己的肖像。肖像是通过影像、雕塑、绘画等方式在一定载体上所反映的特定自然人可以被识别的外部形象。肖像权作为人格权的一种，除了具备人格权所共同具有的绝对性和专属性特点，还具有两个重要特征：①肖像权的主体只能是特定的自然人；②与其他人格权相比，肖像权具备更多的财产利益。在肖像权保护上，可以从需经肖像权人同意的民事行为和可以不经肖像权人同意的民事行为两方面来认识。

1. 需经肖像权人同意的民事行为

依据《民法典》第 1019 条规定，须经肖像权人同意的民事行为包括两种：①制作、使用、公开肖像权人的肖像，但是法律另有规定的除外；②肖像作品权利人以发表、复制、发行、出租、展览等方式使用或者公开肖像权人的肖像。此外，任何组织或者个人不得以丑化、污损，或者利用信息技术手段伪造等方式侵害他人的肖像权。

2. 可以不经肖像权人同意的民事行为

依据《民法典》第 1020 条规定，合理实施下列行为的，可以不经肖像权人同意：①为个人学习、艺术欣赏、课堂教学或者科学研究，在必要范围内使用肖像权人已经公开的肖像；②为实施新闻报道，不可避免地制作、使用、公开肖像权人的肖像；③为依法履行职责，国家机关在必要范围内制作、使用、公开肖像权人的肖像；④为展示特定公共环境，不可避免地制作、使用、公开肖像权人的肖像；⑤为维护公共利益或者肖像权人合法权益，制作、使用、公开肖像权人的肖像的其他行为。

在肖像许可使用上，当出现理解争议或者约定瑕疵时，《民法典》第1021—1022条规定了解决的方法：①理解争议。当事人对肖像许可使用合同中关于肖像使用条款的理解有争议的，应当作出有利于肖像权人的解释。②约定瑕疵。当事人对肖像许可使用期限没有约定或者约定不明确的，任何一方当事人可以随时解除肖像许可使用合同，但是应当在合理期限之前通知对方。当事人对肖像许可使用期限有明确约定，肖像权人有正当理由的，可以解除肖像许可使用合同，但是应当在合理期限之前通知对方。因解除合同造成对方损失的，除不可归责于肖像权人的事由外，应当赔偿损失。

此外，依据《民法典》第1023条规定，对姓名等的许可使用，参照适用肖像许可使用的有关规定；对自然人声音的保护，参照适用肖像权保护的有关规定。

（四）隐私权和个人信息保护

1. 隐私权

《民法典》第1032条：自然人享有隐私权。任何组织或者个人不得以刺探、侵扰、泄露、公开等方式侵害他人的隐私权。

隐私是自然人的私人生活安宁和不愿为他人知晓的私密空间、私密活动、私密信息。

因此，隐私权是自然人享有的对其个人的、与公共利益无关的个人信息，私人活动和私有领域进行支配的一种人格权。

《民法典》第1033条：除法律另有规定或者权利人明确同意外，任何组织或者个人不得实施下列行为：

①以电话、短信、即时通讯工具、电子邮件、传单等方式侵扰他人的私人生活安宁；

②进入、拍摄、窥视他人的住宅、宾馆房间等私密空间；

③拍摄、窥视、窃听、公开他人的私密活动；

④拍摄、窥视他人身体的私密部位；

⑤处理他人的私密信息；

⑥以其他方式侵害他人的隐私权。

2. 个人信息保护

《民法典》第111条：自然人的个人信息受法律保护。任何组织或者个人需要获取他人个人信息的，应当依法取得并确保信息安全，不得非法收集、使用、加工、传输他人个人信息，不得非法买卖、提供或者公开他人个人信息。

第1034条：自然人的个人信息受法律保护。

个人信息是以电子或者其他方式记录的能够单独或者与其他信息结合识别特定自然人的各种信息，包括自然人的姓名、出生日期、身份证件号码、生物识别信息、住址、电话号码、电子邮箱、健康信息、行踪信息等。

个人信息中的私密信息，适用有关隐私权的规定；没有规定的，适用有关个人信息保护的规定。

类别	《民法典》相关规定
处理个人信息的原则	第 1035 条规定，处理个人信息的，应当遵循合法、正当、必要原则，不得过度处理，并符合下列条件： ①征得该自然人或者其监护人同意，但是法律、行政法规另有规定的除外； ②公开处理信息的规则； ③明示处理信息的目的、方式和范围； ④不违反法律、行政法规的规定和双方的约定。 个人信息的处理包括个人信息的收集、存储、使用、加工、传输、提供、公开等。
处理个人信息不承担民事责任的情形	第 1036 条规定，处理个人信息，有下列情形之一的，行为人不承担民事责任： ①在该自然人或者其监护人同意的范围内合理实施的行为； ②合理处理该自然人自行公开的或者其他已经合法公开的信息，但是该自然人明确拒绝或者处理该信息侵害其重大利益的除外； ③为维护公共利益或者该自然人合法权益，合理实施的其他行为。 当然，自然人可以依法向信息处理者查阅或者复制其个人信息；发现信息有错误的，有权提出异议并请求及时采取更正等必要措施。自然人发现信息处理者违反法律、行政法规的规定或者双方的约定处理其个人信息的，有权请求信息处理者及时删除。
信息处理者的义务	第 1038 条：信息处理者不得泄露或者篡改其收集、存储的个人信息；未经自然人同意，不得向他人非法提供其个人信息，但是经过加工无法识别特定个人且不能复原的除外。 信息处理者应当采取技术措施和其他必要措施，确保其收集、存储的个人信息安全，防止信息泄露、篡改、丢失；发生或者可能发生个人信息泄露、篡改、丢失的，应当及时采取补救措施，按照规定告知自然人并向有关主管部门报告。 此外，《民法典》第 1039 条要求国家机关、承担行政职能的法定机构及其工作人员对于履行职责过程中知悉的自然人的隐私和个人信息，应当予以保密，不得泄露或者向他人非法提供。

第二节　合同法律制度

一、合同的定义和法律效力、解释规则

类别	《民法典》相关规定
合同的定义	第 464 条：合同是民事主体之间设立、变更、终止民事法律关系的协议。
合同的法律效力	第 465 条：依法成立的合同，受法律保护。 依法成立的合同，仅对当事人具有法律约束力，但是法律另有规定的除外。
合同的解释规则	①关于合同争议条款 第 466 条第 1 款：当事人对合同条款的理解有争议的，应当依据本法第 142 条第 1 款的规定，确定争议条款的含义。 第 142 条第 1 款：有相对人的意思表示的解释，应当按照所使用的词句，结合相关条款、行为的性质和目的、习惯以及诚信原则，确定意思表示的含义。

（续表）

类别	《民法典》相关规定
	②关于不同文字文本 第 466 条第 2 款：合同文本采用两种以上文字订立并约定具有同等效力的，对各文本使用的词句推定具有相同含义。各文本使用的词句不一致的，应当根据合同的相关条款、性质、目的以及诚信原则等予以解释。

二、合同的订立和效力

（一）订立合同的形式与内容

1. 合同的形式

合同形式，指民事主体之间达成设立、变更、终止民事法律关系合意的外在表现形式，是合同内容的载体。《民法典》第 469 条：当事人订立合同，可以采用书面形式、口头形式或者其他形式。

合同形式	《民法典》相关规定
书面形式	第 469 条：书面形式是合同书、信件、电报、电传、传真等可以有形地表现所载内容的形式。 以电子数据交换、电子邮件等方式能够有形地表现所载内容，并可以随时调取查用的数据电文，视为书面形式。 第 490 条：当事人采用合同书形式订立合同的，自当事人均签名、盖章或者按指印时合同成立。在签名、盖章或者按指印之前，当事人一方已经履行主要义务，对方接受时，该合同成立。 法律、行政法规规定或者当事人约定合同应当采用书面形式订立，当事人未采用书面形式但是一方已经履行主要义务，对方接受时，该合同成立。
口头形式	面对面的谈话或者以电话交流等方式而不用文字表现合同主要内容的形式。
其他形式	除了书面形式、口头形式之外，合同还可以采取其他形式订立。

2. 合同的内容

《民法典》第 470 条规定，合同的内容由当事人约定，一般包括下列条款：

①当事人的姓名或者名称和住所；②标的；③数量；④质量；⑤价款或者报酬；⑥履行期限、地点和方式；⑦违约责任；⑧解决争议的方法。

当事人可以参照各类合同的示范文本订立合同。

（二）合同的格式条款

1. 格式条款的含义

《民法典》第 496 条第 1 款：格式条款是指当事人为了重复使用而预先拟定，并在合同订立时未与对方协商的条款。

2. 格式条款提供方的提示、说明义务

《民法典》第 496 条第 2 款：采用格式条款订立合同的，提供格式条款的一方应当遵循公平原则确定当事人之间的权利和义务，并采取合理的方式提示对方注意免除或者减轻其责任等与对方有重大利害关系的条款，按照对方的要求，对该条款予以说明。提供格式

条款的一方未履行提示或者说明义务，致使对方没有注意或者理解与其有重大利害关系的条款的，对方可以主张该条款不成为合同的内容。

3. 格式条款的无效

格式条款无效，指格式条款不具有法律效力。

《民法典》第 497 条规定，有下列情形之一的，该格式条款无效：

①具有本法第 1 编第 6 章第 3 节和本法第 506 条规定的无效情形；

②提供格式条款一方不合理地免除或者减轻其责任、加重对方责任、限制对方主要权利；

③提供格式条款一方排除对方主要权利。

（1）格式条款具有《民法典》第 1 编第 6 章第 3 节规定的与其他民事法律行为通用的无效情形，包括无民事行为能力人实施的民事法律行为，限制民事行为人超出其年龄、智力、精神健康状况实施的民事法律行为，以虚假意思表示实施的民事法律行为，违反法律、行政法规的强制性规定的民事法律行为，违反公序良俗的民事法律行为等无效情形，该格式条款无效。

根据《民法典》第 156 条的规定，格式条款无效，并不意味着含有格式合同条款整体无效，格式条款无效不影响合同其他部分效力，其他部分仍然有效。

（2）《民法典》第 506 条规定，合同中的下列免责条款无效：

①造成对方人身损害的；

②因故意或者重大过失造成对方财产损失的。

（3）《民法典》第 497 条第 2、第 3 项规定的“提供格式条款一方不合理地免除或者减轻其责任、加重对方责任、限制对方主要权利；提供格式条款一方排除对方主要权利”，属于格式条款特有的无效情形，均属于违反公平原则的情形。

4. 格式条款的解释

《民法典》第 498 条：对格式条款的理解发生争议的，应当按照通常理解予以解释。对格式条款有两种以上解释的，应当作出不利于提供格式条款一方的解释。格式条款和非格式条款不一致的，应当采用非格式条款。

情形	《民法典》相关规定
对格式条款的理解发生争议	应当按照通常理解予以解释
对格式条款有两种以上解释	应当作出不利于提供格式条款一方的解释
格式条款和非格式条款不一致	应当采用非格式条款

（三）合同的效力

合同的效力问题，是指合同是否有效。有效合同对当事人有约束力，受法律保护。

类别	《民法典》相关规定
合同的生效时间	第 502 条第 1 款：依法成立的合同，自成立时生效，但是法律另有规定或者当事人另有约定的除外。

（续表）

类别	《民法典》相关规定
未办理批准手续的处理规则	第502条第2款：依照法律、行政法规的规定，合同应当办理批准等手续的，依照其规定。未办理批准等手续影响合同生效的，不影响合同中履行报批等义务条款以及相关条款的效力。应当办理申请批准等手续的当事人未履行义务的，对方可以请求其承担违反该义务的责任。
无权代理所订合同的法律后果	第503条：无权代理人以被代理人的名义订立合同，被代理人已经开始履行合同义务或者接受相对人履行的，视为对合同的追认。
超越权限所订合同的效力	第504条：法人的法定代表人或者非法人组织的负责人超越权限订立的合同，除相对人知道或者应当知道其超越权限外，该代表行为有效，订立的合同对法人或者非法人组织发生效力。
超越经营范围所订合同的效力	第506条：当事人超越经营范围订立的合同的效力，应当依照本法第1编第6章第3节和本编的有关规定确定，不得仅以超越经营范围确认合同无效。
免责条款效力	第506条规定，合同中的下列免责条款无效： ①造成对方人身损害的； ②因故意或者重大过失造成对方财产损失的。
争议解决条款效力	第507条：合同不生效、无效、被撤销或者终止的，不影响合同中有关解决争议方法的条款的效力。

三、合同的变更、转让、解除和终止

（一）合同的变更

类别	《民法典》相关规定
合同变更的含义	合同的变更是指合同内容的变化，在合同订立以后至未履行或者未完全履行之前，当事人经过协议对合同的内容进行修改或补充，不包括合同当事人或者合同主体的改变。 依法成立的合同，对双方当事人都有法律约束力，双方必须严格按照合同约定履行自己的义务，任何一方都不得擅自变更依法成立的合同。不过，当事人并非绝对不能变更合同。
合同变更的限制	第543条：当事人协商一致，可以变更合同。 这表明，已成立的有效合同，当事人就变更事项协商一致可以对合同的内容进行变更。 此外第502条第3款规定，法律、行政法规规定合同的变更等情形需要办理批准等手续的，应当依照其规定。 第544条：当事人对合同变更的内容约定不明确的，推定为未变更。

（二）合同的转让

1. 合同转让的含义

合同的转让是指合同主体的变更，即在不变更合同内容的前提下，一方当事人将合同的全部或者部分权利义务转让给第三人，由受让方承担合同的权利义务。

合同的转让包括合同权利（债权）的转让、合同义务（债务）的转移、合同权利义务的概括转让。

2. 合同权利（债权）的转让

合同权利（债权）的转让是指合同中享有权利的一方当事人转让自己全部或者部分的债权给第三人的行为，由受让方承担合同的权利义务。

类别	《民法典》相关规定
合同权利（债权）转让的条件及其程序	第 545 条规定，债权人可以将债权的全部或者部分转让给第三人，但是有下列情形之一的除外： ①根据债权性质不得转让； ②按照当事人约定不得转让； ③依照法律规定不得转让。 第 546 条：债权人转让债权，未通知债务人的，该转让对债务人不发生效力。债权转让的通知不得撤销，但经受让人同意的除外。
合同权利（债权）转让的效力	第 547 条：债权人转让债权的，受让人取得与债权有关的从权利，但是该从权利专属于债权人自身的除外。 受让人取得从权利不因该从权利未办理转移登记手续或者未转移占有而受到影响。 第 548 条：债务人接到债权转让通知后，债务人对让与人的抗辩，可以向受让人主张。 第 549 条规定，有下列情形之一的，债务人可以向受让人主张抵销： ①债务人接到债权转让通知时，债务人对让与人享有债权，且债务人的债权先于转让的债权到期或者同时到期； ②债务人的债权与转让的债权是基于同一合同产生。
合同权利（债权）转让增加费用的负担	第 550 条：因债权转让增加的履行费用，由让与人负担。

3. 合同义务（债务）的转移

合同义务（债务）的转移是指债务人经债权人同意转让自己全部或者部分的债务给第三人。

类别	《民法典》相关规定
合同义务（债务）转让的条件及其程序	第 551 条：债务人将债务的全部或者部分转移给第三人的，应当经债权人同意。 债务人或者第三人可以催告债权人在合理期限内予以同意，债权人未作表示的，视为不同意。 可见，未经债权人同意的债务转移，不具有法律效力。
合同义务（债务）转移的效力	第 552 条：第三人与债务人约定加入债务并通知债权人，或者第三人向债权人表示愿意加入债务，债权人未在合理期限内明确拒绝的，债权人可以请求第三人在其愿意承担的债务范围内和债务人承担连带债务。 第 553 条：债务人转移债务的，新债务人可以主张原债务人对债权人的抗辩；原债务人对债权人享有债权的，新债务人不得向债权人主张抵销。 第 554 条：债务人转移债务的，新债务人应当承担与主债务有关的从债务，但是该从债务专属于原债务人自身的除外。

4. 合同权利义务的概括转让

类别	《民法典》相关规定
概括转让的含义	债权债务的概括转让也称合同权利义务的一并转让，不同于债权转让、债务转移，指合同一方当事人将其合同权利义务一并转移给第三人，由第三人全部承受这些权利义务。 概括转让是一方当事人对其当事人地位的转让，其转让的内容不仅包括债权、债务，而且第三人成为新的当事人。
概括转让的程序	第 555 条：当事人一方经对方同意，可以将自己在合同中的权利和义务一并转让给第三人。 这表明债权债务概括转让必须经对方当事人同意，否则不对对方当事人产生法律效力。 此外，还应当依据《民法典》第 502 条的规定，办理批准等手续。
概括转让的法律适用	第 556 条：合同的权利和义务一并转让的，适用债权转让、债务转移的有关规定。

（三）合同的权利义务终止

合同的终止是指依法生效的合同，因具备法定情形或当事人约定的情形，使确立的权利义务关系消灭。

1. 债权债务终止的情形

《民法典》第 557 条规定，有下列情形之一的，债权债务终止：

①债务已经履行；

②债务相互抵销；

③债务人依法将标的物提存；

④债权人免除债务；

⑤债权债务同归于一人；

⑥法律规定或者当事人约定终止的其他情形。

合同解除的，该合同的权利义务关系终止。

2. 合同的约定解除和法定解除

合同的解除，指合同有效成立后，当具备合同解除条件后，因当事人一方的意思表示或者由当事人双方协商，使合同关系归于消灭。

合同解除的条件包括约定解除和法定解除。

条件	含义	《民法典》相关规定
约定解除	根据民事活动自愿原则，合同当事人在不违背法律和社会利益的条件下，可以在合同订立之前或订立之后，通过约定或协议使合同解除。	第 562 条：当事人协商一致，可以解除合同。 当事人可以约定一方解除合同的事由。解除合同的事由发生时，解除权人可以解除合同。

（续表）

条件	含义	《民法典》相关规定
法定解除	合同生效后，没有履行或未履行完毕前，当事人在法律规定的解除事由出现时，行使解除权而使合同关系消灭。	第 563 条规定，有下列情形之一的，当事人可以解除合同： ①因不可抗力致使不能实现合同目的； ②在履行期限届满前，当事人一方明确表示或者以自己的行为表明不履行主要债务； ③当事人一方迟延履行主要债务，经催告后在合理期限内仍未履行； ④当事人一方迟延履行债务或者有其他违约行为致使不能实现合同目的； ⑤法律规定的其他情形。 以持续履行的债务为内容的不定期合同，当事人可以随时解除合同，但是应当在合理期限之前通知对方。

3. 合同解除的法律后果

《民法典》第 566 条：合同解除后，尚未履行的，终止履行；已经履行的，根据履行情况和合同性质，当事人可以请求恢复原状或者采取其他补救措施，并有权请求赔偿损失。

合同因违约解除的，解除权人可以请求违约方承担违约责任，当事人另有约定的除外。

主合同解除后，担保人对债务人应当承担的民事责任仍应当承担担保责任，但是担保合同另有约定的除外。

四、合同的履行和违约责任

（一）合同的履行

1. 合同履行的定义

合同履行是指合同生效以后，债务人通过完成合同规定的义务，使债权人的合同权利得以实现的行为。

合同的履行既是订立合同的出发点，也是订立合同的最终目的，是整个合同制度的核心，对于保护合同当事人的合法权益、维护经济秩序有着重要的意义。

2. 合同履行的原则

原则	《民法典》相关规定
全面履行原则	第 509 条第 1 款：当事人应当按照约定全面履行自己的义务。
诚实信用原则	第 509 条第 2 款：当事人应当遵循诚信原则，根据合同的性质、目的和交易习惯履行通知、协助、保密等义务。
绿色原则	第 509 条第 3 款：当事人在履行合同过程中，应当避免浪费资源、污染环境和破坏生态。

3. 合同约定不明的补救和其他处理规则

（1）合同没有约定或者约定不明的补救

《民法典》第 510 条：合同生效后，当事人就质量、价款或者报酬、履行地点等内容没有约定或者约定不明确的，可以协议补充；不能达成补充协议的，按照合同相关条款或者交易习惯确定。

（2）合同约定不明的处理

《民法典》第 511 条规定，当事人就有关合同内容约定不明确，依据前条（第 510 条）仍然不能确定的，适用下列规定：

情形	《民法典》相关规定
质量要求不明确的	按照强制性国家标准履行； 没有强制性国家标准的，按照推荐性国家标准履行； 没有推荐性国家标准的，按照行业标准履行； 没有国家标准、行业标准的，按照通常标准或者符合合同目的的特定标准履行。
价款或者报酬不明确的	按照订立合同时履行地的市场价格履行； 依法应当执行政府定价或者政府指导价的，依照规定履行。
履行地点不明确的	给付货币的，在接受货币一方所在地履行； 交付不动产的，在不动产所在地履行； 其他标的，在履行义务一方所在地履行。
履行期限不明确的	债务人可以随时履行，债权人也可以随时请求履行，但是应当给对方必要的准备时间。
履行方式不明确的	按照有利于实现合同目的的方式履行。
履行费用的负担不明确的	由履行义务一方负担； 因债权人原因增加的履行费用，由债权人负担。

（3）执行政府定价、指导价价格调整的处理

《民法典》第 513 条：

执行政府定价或者政府指导价的，在合同约定的交付期限内政府价格调整时，按照交付时的价格计价。

逾期交付标的物的，遇价格上涨时，按照原价格执行；价格下降时，按照新价格执行。

逾期提取标的物或者逾期付款的，遇价格上涨时，按照新价格执行；价格下降时，按照原价格执行。

（4）合同履行金钱债务的处理

《民法典》第 514 条：以支付金钱为内容的债，除法律另有规定或者当事人另有约定外，债权人可以请求债务人以实际履行地的法定货币履行。

4. 电子合同履行规则

《民法典》第 512 条：通过互联网等信息网络订立的电子合同的标的为交付商品并采用快递物流方式交付的，收货人的签收时间为交付时间。

电子合同的标的为提供服务的，生成的电子凭证或者实物凭证中载明的时间为提供服务时间；前述凭证没有载明时间或者载明时间与实际提供服务时间不一致的，以实际提供服务的时间为准。

电子合同的标的物为采用在线传输方式交付的，合同标的物进入对方当事人指定的特定系统且能够检索识别的时间为交付时间。

电子合同当事人对交付商品或者提供服务的方式、时间另有约定的，按照其约定。

5. 合同履行中的几种情况处理

情况	《民法典》相关规定
债权人分立、合并、变更住所	第 529 条：债权人分立、合并或者变更住所没有通知债务人，致使履行债务发生困难的，债务人可以中止履行或者将标的物提存。
提前履行债务	第 530 条：债权人可以拒绝债务人提前履行债务，但是提前履行不损害债权人利益的除外。 债务人提前履行债务给债权人增加的费用，由债务人负担。
部分履行债务	第 531 条：债权人可以拒绝债务人部分履行债务，但是部分履行不损害债权人利益的除外。 债务人部分履行债务给债权人增加的费用，由债务人负担。
当事人名称变更、经办人变动	第 532 条：合同生效后，当事人不得因姓名、名称的变更或者法定代表人、负责人、承办人的变动而不履行合同义务。
利用合同实施危害国家、社会利益的	第 534 条：对当事人利用合同实施危害国家利益、社会公共利益行为的，市场监督管理和其他有关行政主管部门依照法律、行政法规的规定负责监督处理。

6. 情势变更

类别	《民法典》相关规定
情势变更含义	情势变更，指合同依法成立后，客观情况发生了无法预见的重大变化，致使原来订立合同的基础丧失或者动摇，如继续履行合同则对一方当事人明显不公平，因此允许合同变更或者解除以维护当事人之间的公平。
情势变更制度	《民法典》第 533 条：合同成立后，合同的基础条件发生了当事人在订立合同时无法预见的、不属于商业风险的重大变化，继续履行合同对于当事人一方明显不公平的，受不利影响的当事人可以与对方重新协商；在合理期限内协商不成的，当事人可以请求人民法院或者仲裁机构变更或者解除合同。 人民法院或者仲裁机构应当结合案件的实际情况，根据公平原则变更或者解除合同。
情势变更与不可抗力相同之处	均不属商业风险，且当事人事先无法预见的情形；发生及影响均不可归责于当事人；均可能对合同的履行和责任承担造成影响，并产生相应法律后果；对合同的影响均出现于合同订立之后履行完毕之前。
情势变更与不可抗力区别	**①制度价值不同** 不可抗力是免责事由，情势变更是合同变更或者解除。 **②适用范围不同** 除法律有特别规定外，不可抗力是民事责任的一般免责事由，情势变更是合同领域的特殊制度。 **③对合同的影响方式和程度不同** 不可抗力的适用前提是造成当事人不能履行合同的后果，情势变更合同基础条件发生了变化。 **④法律效果不同** 不可抗力体现为免责，情势变更体现为合同变更或者解除。 **⑤当事人行使方式和程度不同** 不可抗力在合同不能履行时，受影响方要发出通知、提供证明，情势变更通过协商、协商不成请求法院或仲裁机构变更或解除合同。

（二）违约责任

1. 违约责任的概念和特征

违约责任，指合同当事人因违反合同义务所应承担的责任。法律对于违约责任的规定具有双重性和补偿性。特点包括：

①违约责任以合同的有效存在为前提；

②是合同当事人不履行合同义务所产生的责任；

③具有相对性，即违约责任只能在合同关系的当事人之间发生；

④可以由当事人约定。

《民法典》第578条：当事人一方明确表示或者以自己的行为表明不履行合同义务的，对方可以在履行期限届满前请求其承担违约责任。

预期违约降低了另一方享有的合同权利的价值，构成对债权人的侵害和对合同关系的破坏，并影响交易的正常进行。

2. 违约责任的承担方式

承担方式	《民法典》相关规定
继续履行	**①金钱债务** 第579条：当事人一方未支付价款、报酬、租金、利息，或者不履行其他金钱债务的，对方可以请求其支付。 **②非金钱债务** 第580条规定，当事人一方不履行非金钱债务或者履行非金钱债务不符合约定的，对方可以请求履行，但是有下列情形之一的除外： ☆法律上或者事实上不能履行； ☆债务的标的不适于强制履行或者履行费用过高； ☆债权人在合理期限内未请求履行。 有前款规定的除外情形之一，致使不能实现合同目的的，人民法院或者仲裁机构可以根据当事人的请求终止合同权利义务关系，但是不影响违约责任的承担。 第581条：当事人一方不履行债务或者履行债务不符合约定，根据债务的性质不得强制履行的，对方可以请求其负担由第三人替代履行的费用。
采取补救措施	第582条：履行不符合约定的，应当按照当事人的约定承担违约责任。对违约责任没有约定或者约定不明确，依据本法第510条的规定仍不能确定的，受损害方根据标的的性质以及损失的大小，可以合理选择请求对方承担修理、重作、更换、退货、减少价款或者报酬等违约责任。
赔偿损失	**①采取措施后还有损失的赔偿** 第583条：当事人一方不履行合同义务或者履行合同义务不符合约定的，在履行义务或者采取补救措施后，对方还有其他损失的，应当赔偿损失。 **②法定的违约赔偿损失** 第584条：当事人一方不履行合同义务或者履行合同义务不符合约定，造成对方损失的，损失赔偿额应当相当于因违约所造成的损失，包括合同履行后可以获得的利益；但是，不得超过违约一方订立合同时预见到或者应当预见到的因违约可能造成的损失。 **③债权人受领迟延** 第589条：债务人按照约定履行债务，债权人无正当理由拒绝受领的，债务人可以请求债权人赔偿增加的费用。 在债权人受领迟延期间，债务人无须支付利息。

3. 违约金与定金

类别	《民法典》相关规定
违约金与定金的含义	违约金，指当事人在合同中约定的或者由法律直接规定的一方违反合同时应向对方支付一定数额的金钱，是违反合同可以采用的承担民事责任的方式，存在于当事人有违约金约定或者法律规定违反合同应支付违约金的情形。 定金，指当事人约定的，为保证债权的实现，由一方在履行前预先向对方给付的一定数量的货币或者其他替代物。
违约金的约定及调整	第 585 条：当事人可以约定一方违约时应当根据违约情况向对方支付一定数额的违约金，也可以约定因违约产生的损失赔偿额的计算方法。 约定的违约金低于造成的损失的，人民法院或者仲裁机构可以根据当事人的请求予以增加；约定的违约金过分高于造成的损失的，人民法院或者仲裁机构可以根据当事人的请求予以适当减少。 当事人就迟延履行约定违约金的，违约方支付违约金后，还应当履行债务。
定金	**①定金数额的确定** 第 586 条：当事人可以约定一方向对方给付定金作为债权的担保。定金合同自实际交付定金时成立。 定金的数额由当事人约定；但是，不得超过主合同标的额的 20%，超过部分不产生定金的效力。实际交付的定金数额多于或者少于约定数额的，视为变更约定的定金数额。 **②定金罚则** 第 587 条：债务人履行债务的，定金应当抵作价款或者收回。给付定金的一方不履行债务或者履行债务不符合约定，致使不能实现合同目的的，无权请求返还定金；收受定金的一方不履行债务或者履行债务不符合约定，致使不能实现合同目的的，应当双倍返还定金。
违约金与定金竞合选择权	第 588 条：当事人既约定违约金，又约定定金的，一方违约时，对方可以选择适用违约金或者定金条款。 定金不足以弥补一方违约造成的损失的，对方可以请求赔偿超过定金数额的损失。

4. 不可抗力、防止损失扩大、双方违约和过错相抵、第三方造成的违约

违约原因	《民法典》相关规定
不可抗力	第 180 条：不可抗力是不能预见、不能避免且不能克服的客观情况。 第 590 条：当事人一方因不可抗力不能履行合同的，根据不可抗力的影响，部分或者全部免除责任，但是法律另有规定的除外。因不可抗力不能履行合同的，应当及时通知对方，以减轻可能给对方造成的损失，并应当在合理期限内提供证明。 当事人迟延履行后发生不可抗力的，不免除其违约责任。
防止损失扩大义务	如果可以采取适当措施防止和减轻损失却不采取，致损失扩大，再让违约方按照实际损失赔偿，则显失公平，于国家、社会公共利益都是不利的。 第 591 条：当事人一方违约后，对方应当采取适当措施防止损失的扩大；没有采取适当措施致使损失扩大的，不得就扩大的损失请求赔偿。 当事人因防止损失扩大而支出的合理费用，由违约方负担。
双方违约和违约过错相抵规则	**①双方违约** 违约可以分为单方违约和双方违约，双方当事人都违约的，称为双方违约。 第 592 条第 1 款：当事人都违反合同的，应当各自承担相应的责任。

（续表）

违约原因	《民法典》相关规定
	②过错相抵 指受损害一方对于损害结果的发生存在过错的，在计算损失赔偿时应当予以相应减少。 第 592 条第 2 款：当事人一方违约造成对方损失，对方对损失的发生有过错的，可以减少相应的损失赔偿额。
第三方原因造成的违约	第 593 条：当事人一方因第三人的原因造成违约的，应当依法向对方承担违约责任。当事人一方和第三人之间的纠纷，依照法律规定或者按照约定处理。

五、客运合同和委托合同

（一）客运合同

1. 客运合同的概念

《民法典》第 809 条规定，运输合同是承运人将旅客或者货物从起运地点运输到约定地点，旅客、托运人或者收货人支付票款或者运输费用的合同。以运输合同的标的划分，运输合同分为客运合同和货运合同。客运合同是指将旅客送达目的地，旅客支付票款的合同。运输合同的一般规定适用于客运合同。

可见，客运合同的主体是承运人和旅客；合同的客体是承运人的运送行为，即将旅客运输到约定地点的行为；客运合同的权利义务双方相对应，承运人履行运送义务获取的权利是收取票款，旅客则有权要求承运人将其运送到约定地点，并履行向承运人支付票款的义务。

2. 客运合同成立时间

客运合同的成立时间和地点涉及合同当事人受合同约束的开始时间和案件管辖问题。客运合同的成立时间与普通民事合同不同。《民法典》第 814 条规定，客运合同自承运人向旅客出具客票时成立，但是当事人另有约定或者另有交易习惯的除外。

3. 承运人的义务

（1）一般规定

类型	《民法典》相关规定
公共运输承运人的强制缔约	第 810 条：从事公共运输的承运人不得拒绝旅客、托运人通常、合理的运输要求。
及时安全运输	第 811 条：承运人应当在约定期限或者合理期限内将旅客、货物安全运输到约定地点。 按照约定时间进行安全运输是承运人的一项主要义务，未履行义务的，应当承担违约责任。
按照约定或者通常运输路线运输	第 812 条：承运人应当按照约定的或者通常的运输路线将旅客、货物运输到约定地点。 约定的运输路线，指运输合同当事人在运输合同中明确约定的运输路线，即便是舍近求远的约定运输路线，承运人也应当按照合同约定运送，否则应当承担违约责任。
不得收取不合理费用	第 815 条：实名制客运合同的旅客丢失客票的，可以请求承运人挂失补办，承运人不得再次收取票款和其他不合理费用。

（2）承运人在承运旅客中的义务规定

义务规定	《民法典》相关规定
告知和协助配合	第 819 条：承运人应当严格履行安全运输义务，及时告知旅客安全运输应当注意的事项。旅客对承运人为安全运输所作的合理安排应当积极协助和配合。
按照约定运输	第 820 条：承运人应当按照有效客票记载的时间、班次和座位号运输旅客。承运人迟延运输或者有其他不能正常运输情形的，应当及时告知和提醒旅客，采取必要的安置措施，并根据旅客的要求安排改乘其他班次或者退票；由此造成旅客损失的，承运人应当承担赔偿责任，但是不可归责于承运人的除外。
不得变更服务标准	第 821 条：承运人擅自降低服务标准的，应当根据旅客的请求退票或者减收票款；提高服务标准的，不得加收票款。
尽力救助	第 822 条：承运人在运输过程中，应当尽力救助患有急病、分娩、遇险的旅客。

4. 旅客的义务

义务	《民法典》相关规定
持有效客票乘坐	第 815 条：旅客应当按照有效客票记载的时间、班次和座位号乘坐。旅客无票乘坐、超程乘坐、越级乘坐或者持不符合减价条件的优惠客票乘坐的，应当补交票款，承运人可以按照规定加收票款；旅客不支付票款的，承运人可以拒绝运输。
支付票款	这是旅客的主要义务，也是承运人的权利。 第 813 条：旅客、托运人或者收货人应当支付票款或者运输费用。承运人未按照约定路线或者通常路线运输增加票款或者运输费用的，旅客、托运人或者收货人可以拒绝支付增加部分的票款或者运输费用。
依约办理退票和变更手续	客票是旅客运输合同的凭证，旅客应当按照客票记载的时间、客位的等级等进行乘坐。同时，一般都允许其在一定时间退票或者变更客票。 第 816 条：旅客因自己的原因不能按照客票记载的时间乘坐的，应当在约定的期限内办理退票或者变更手续；逾期办理的，承运人可以不退票款，并不再承担运输义务。
按照规定携带行李，不得违反禁止性规定	为了旅客旅途中的方便，承运人或者有关部门一般允许旅客随身携带一定品种、数量、质量和重量的行李。 第 817 条：旅客随身携带行李应当符合约定的限量和品类要求；超过限量或者违反品类要求携带行李的，应当办理托运手续。客运过程中，承运人对于旅客的生命财产安全负有义务，同时，旅客在旅行过程中亦负有安全注意义务。 第 818 条：旅客不得随身携带或者在行李中夹带易燃、易爆、有毒、有腐蚀性、有放射性以及可能危及运输工具上人身和财产安全的危险物品或者违禁物品。 旅客违反前款规定的，承运人可以将危险物品或者违禁物品卸下、销毁或者送交有关部门。旅客坚持携带或者夹带危险物品或者违禁物品的，承运人应当拒绝运输。

5. 承运人的赔偿责任

责任	《民法典》相关规定
旅客伤亡	运输行为的需求在于高速和安全，速度和安全是对立统一的，任何一种现代的交通工具都存在一定的风险，保障旅客运输途中的安全成为承运人的最大义务。承运人未尽到安全运输义务的，应当承担责任。 第 823 条：承运人应当对运输过程中旅客伤亡承担赔偿责任；但是，伤亡是旅客自身原因造成或者承运人证明伤亡是旅客故意、重大过失造成的除外。 该规定同时适用于按照规定免票、持优待票或者经承运人许可搭乘的无票旅客。

（续表）

责任	《民法典》相关规定
携带物品和托运行李毁损、灭失	旅客出行，其行李一般分为随身携带和托运行李两类。对于这些行李承运人都负有妥善保管、注意其安全的义务；行李毁损、灭失的，承运人依法负有赔偿责任。 第824条：在运输过程中旅客随身携带物品毁损、灭失，承运人有过错的，应当承担赔偿责任。旅客托运的行李毁损、灭失的，适用货物运输的有关规定。 这表明，对随身携带的物品，因为处于直接控制下，旅客负有一定的保管责任，对承运人实行的是过错责任原则。对托运的行李物品，适用无过错原则，第832条：承运人对运输过程中货物的毁损、灭失承担赔偿责任。但是承运人证明货物的毁损、灭失是因不可抗力、货物自身的自然性质或者合理损耗以及托运人、收货人的过错造成的，不承担赔偿责任。

（二）委托合同

1. 委托合同的概念、特征和委托权限

（1）概念。《民法典》第919条：委托合同是委托人和受托人约定，由受托人处理委托人事务的合同。在委托合同关系中，委托他人为自己处理事务的人称委托人，接受委托的人称受托人。

（2）特征。委托合同的客体是受托人处理委托事务的行为。委托合同具有以下特征：①委托合同的标的是劳务，范围广泛，除依法不得委托他人处理的外，与人们生活有关的事务都可以委托；②是诺成、非要式合同，承诺与否决定着委托合同的成立，口头、书面等方式均可以；③可以是有偿的也可以是无偿的；④可以是双务合同，也可以是单务合同。

（3）委托权限。《民法典》第920条：委托人可以特别委托受托人处理一项或者数项事务，也可以概括委托受托人处理一切事务。

受托人处理委托事务应以委托人指示的委托事项范围为准。以受托人处理委托事务的范围为标准，委托分为特别委托和概括委托。特别委托，即双方当事人约定受托人为委托人处理一项或者数项事务的委托，通常包括不动产出售、出租或者就不动产设定抵押权，赠与，和解，诉讼，仲裁；概括委托，即双方当事人约定受托人为委托人处理某个方面或者范围内的一切事务的委托，例如委托人委托受托人处理其租赁业务。

（4）共同委托。《民法典》第932条：两个以上的受托人共同处理委托事务的，对委托人承担连带责任。共同委托是委托人委托两个以上的受托人共同行使代理权处理事务。具有以下特点：①共同委托的代理权必须是由数个受托人共同行使；②受托人承担连带责任。

2. 委托人的主要权利、义务

权利义务	《民法典》相关规定
请求赔偿损失的权利	第929条：有偿的委托合同，因受托人的过错造成委托人损失的，委托人可以请求赔偿损失。无偿的委托合同，因受托人的故意或者重大过失造成委托人损失的，委托人可以请求赔偿损失。受托人超越权限造成委托人损失的，应当赔偿损失。 受托人在处理委托事务的过程中要尽到必要的注意义务，否则可能承担相应的责任。委托合同是无偿的，受托人仅负有一般的注意义务；在有偿合同中，由于受托人可以获得委托人支付的报酬，所负有的注意义务比一般注意义务高。

（续表）

权利义务	《民法典》相关规定
预付、偿还费用、支付利息义务	第 921 条：委托人应当预付处理委托事务的费用。受托人为处理委托事务垫付的必要费用，委托人应当偿还该费用并支付利息。 受托人在处理事务中往往需要花费一定的费用，诸如交通费、通信费等。无论委托合同是有偿的还是无偿的，委托人都有义务事先提供处理委托事务的费用和补偿受托人为处理委托事务所垫付的必要费用。委托人可以采取预付费用，或者在受托人垫付费用后再予以返还费用并支付利息的方式。 第 928 条：受托人完成委托事务的，委托人应当按照约定向其支付报酬。 因不可归责于受托人的事由，委托合同解除或者委托事务不能完成的，委托人应当向受托人支付相应的报酬。当事人另有约定的，按照其约定。

3. 受托人的主要权利、义务

（1）主要权利。①接受委托人支付报酬是受托人的主要权利。②受托人还有不可归责于自己的事由受到损失的，请求委托人赔偿损失的权利。《民法典》第 930 条：受托人处理委托事务时，因不可归责于自己的事由受到损失的，可以向委托人请求赔偿损失。③另行委托的赔偿权利。相互信任是委托合同订立的基础，具有严格的人身属性，委托合同订立后，受托人开始处理委托事务，并为此付出人力、物力、财力，如果委托人擅自另行委托，可能增加受托人的成本甚至造成损失。《民法典》第 931 条：委托人经受托人同意，可以在受托人之外委托第三人处理委托事务。因此造成受托人损失的，受托人可以向委托人请求赔偿损失。

（2）按照指示处理委托事务。《民法典》第 922 条规定，受托人应当按照委托人的指示处理委托事务。需要变更委托人指示的，应当经委托人同意；因情况紧急，难以和委托人取得联系的，受托人应当妥善处理委托事务，但是事后应当将该情况及时报告委托人。

按照委托人的指示处理委托事务是受托人的首要义务，只有在情况紧急，需要采取新措施；由于客观上的原因，难以和委托人取得联系；为了委托人的利益必须改变的情形下才可以不按照委托人指示处理委托事务。

（3）亲自处理委托事务。《民法典》第 923 条：受托人应当亲自处理委托事务。经委托人同意，受托人可以转委托。转委托经同意或者追认的，委托人可以就委托事务直接指示转委托的第三人，受托人仅就第三人的选任及其对第三人的指示承担责任。转委托未经同意或者追认的，受托人应当对转委托的第三人的行为承担责任；但是，在紧急情况下受托人为了维护委托人的利益需要转委托第三人的除外。

委托合同的订立和履行是基于当事人之间的相互信任，委托人也是根据受托人的业务能力、专业水平和信誉、信赖为前提的，同时也表明受托人了解委托人和愿意为其办理委托事务的意愿。这种彼此信任是委托合同赖以订立和存续的基础。

（4）报告。受托人应当按照委托人的要求，报告委托事务的处理情况。委托合同终止时，受托人应当报告委托事务的结果。

受托人接受委托人委托处理委托事务是为了委托人的利益，委托人有权了解事务的处理进展、存在的问题和应对措施等情况，并根据新出现的问题和进展调整原来的指示，作出新指示。委托合同终止，无论委托事务是否完成、目的是否实现，受托人都应报告诸如委托事务的始末、各种账目、收支情况等，并提供必要的书证和其他证明材料。

（5）转移利益。《民法典》第 927 条：受托人处理委托事务取得的财产，应当转交给委托人。所谓取得的财产，包括取得的金钱、实物、金钱与实物所生的孳息，以及其他财产权利。

（6）继续处理委托。《民法典》第 935 条：因委托人死亡或者被宣告破产、解散，致使委托合同终止将损害委托人利益的，在委托人的继承人、遗产管理人或者清算人承受委托事务之前，受托人应当继续处理委托事务。

（7）受托人的继承人的义务。《民法典》第 936 条：因受托人死亡、丧失民事行为能力或者被宣告破产、解散，致使委托合同终止的，受托人的继承人、遗产管理人、法定代理人或者清算人应当及时通知委托人。因委托合同终止将损害委托人利益的，在委托人作出善后处理之前，受托人的继承人、遗产管理人、法定代理人或者清算人应当采取必要措施。

4. 受托人和第三人签订合同、介入权、第三人的选择权

类型	《民法典》相关规定
受托人以自己的名义和第三人签订合同	第 925 条：受托人以自己的名义，在委托人的授权范围内与第三人订立的合同，第三人在订立合同时知道受托人与委托人之间的代理关系的，该合同直接约束委托人和第三人；但是，有确切证据证明该合同只约束受托人和第三人的除外。这表明，受托人以自己的名义和第三人订立合同，第三人知道代理关系的，合同直接约束委托人和第三人。
介入权	委托人的介入权，是指在受托人与第三人的合同关系中，委托人取代受托人的地位，介入原来是受托人与第三人的合同关系中。 第 926 条第 1 款：受托人以自己的名义与第三人订立合同时，第三人不知道受托人与委托人之间的代理关系的，受托人因第三人的原因对委托人不履行义务，受托人应当向委托人披露第三人，委托人因此可以行使受托人对第三人的权利。但是，第三人与受托人订立合同时如果知道该委托人就不会订立合同的除外。
第三人的选择权	第三人的选择权，是指在受托人与第三人的合同关系中，因委托人的原因造成受托人不履行义务，受托人应当向第三人披露委托人，第三人因此可以选择受托人或者委托人作为相对人主张其权利，即第三人可以选择请求委托人承担违约责任，也可以请求仍然由受托人承担违约责任。但第三人只能选择其一，选择后不能变更。 第 926 条第 2 款：受托人因委托人的原因对第三人不履行义务，受托人应当向第三人披露委托人，第三人因此可以选择受托人或者委托人作为相对人主张其权利，但是第三人不得变更选定的相对人。
委托人行使介入权、第三人行使选择权的相应法律效果	第 926 条第 3 款：委托人行使受托人对第三人的权利的，第三人可以向委托人主张其对受托人的抗辩。第三人选定委托人作为其相对人的，委托人可以向第三人主张其对受托人的抗辩以及受托人对第三人的抗辩。 委托人行使介入权或者第三人行使选择权后，权利义务的相对人发生变化，也就会产生相应的法律效果。例如委托人行使介入权的，委托人取代受托人的地位，成为第三人的相对人。

5. 委托合同的解除和终止

类型	《民法典》相关规定
解除	第 933 条：委托人或者受托人可以随时解除委托合同。因解除合同造成对方损失的，除不可归责于该当事人的事由外，无偿委托合同的解除方应当赔偿因解除时间不当造成的直接损失，有偿委托合同的解除方应当赔偿对方的直接损失和合同履行后可以获得的利益。 该条规定了委托人和受托人对委托合同的任意解除的权利，以及因解除合同给对方造成损失的责任承担。委托合同基于双方信任而订立，一方不守信用失信于另一方，则继续履行合同已无必要，为此，法律赋予双方解除合同的权利，即只要一方当事人想终止合同就可以随时终止，而且无须任何理由。委托合同的一方当事人在不利于对方当事人的时期解除合同而给对方造成损失的，应当承担赔偿责任，这是对任意解除合同权利的限制，体现了公平原则。
终止	根据《民法典》合同编第 934 条规定，委托人死亡、终止或者受托人死亡、丧失民事行为能力、终止的，委托合同终止；但是，当事人另有约定或者根据委托事务的性质不宜终止的除外。

第三节　侵权责任法律制度

一、侵权损害赔偿的归责原则

归责原则是确认和追究行为人侵权责任的基本规则。归责是指行为人因其行为或者物件致使他人损害的事实发生以后，应依何种根据使之负责，从而体现出法律的价值判断。

归责原则	《民法典》相关规定
过错责任原则	指以行为人在主观上是否存在过错作为判断侵权行为是否成立的必要条件，并以此确定行为人是否承担侵权责任。 第 1165 条第 1 款：行为人因过错侵害他人民事权益，应当承担侵权责任。
过错推定责任	指在法律有特别规定的情形下，行为人的行为造成他人民事权益损害的，推定行为人具有过错，并据此判断行为人承担侵权责任。 第 1165 条第 2 款：依照法律规定推定行为人有过错，其不能证明自己没有过错的，应当承担侵权责任。
无过错责任原则	也称严格责任，指不管行为人在主观上有无过错，只要其行为损害了他人的民事权益，都必须依照法律规定承担侵权责任。 第 1166 条：行为人造成他人民事权益损害，不论行为人有无过错，法律规定应当承担侵权责任的，依照其规定。
公平责任原则	指在法律规定的情形下，根据当事人双方的财产状况等因素，由双方公平合理地分担损失。 第 1186 条：受害人和行为人对损害的发生都没有过错的，依照法律的规定由双方分担损失。

二、一般侵权责任

一般侵权责任，指行为人因过错侵害他人民事权益，并适用过错责任原则而依法应当承担的民事责任。

（一）构成要件

构成要件	说明
加害行为	加害行为是行为人实施的加害于受害人民事权益的不法行为，其不具有意思表示的要素，属于一种事实行为。
损害	损害也称损害后果，指受害人一方因他人的侵害行为或者准侵害行为而遭受的人身、精神或财产方面的不利后果。 损害可以分为人身损害、财产损失和精神损害。
因果关系	法律上的因果关系指损害结果和造成损害的原因之间的关联性，它是各种法律责任中确定责任归属的基础。侵权责任中的因果关系，指行为或物件与损害事实之间的前因后果的联系。
过错	过错，指行为人的一种可归责的心理状况，表现为故意和过失两种形态。 故意是指行为人预见到损害结果的发生并希望或放任该结果发生的心理状态，分为直接故意和间接故意。 过失指行为人因疏忽或轻信而未达到应有的注意程度的一种不正常或不良的心理状态，分为疏忽大意的过失和过于自信的过失。

（二）免除和减轻责任的事由

免责事由指减轻或免除行为人责任的事由，也称抗辩事由。免责事由在广义上既包括免除行为人责任的事由，也包括减轻行为人责任的事由。

事由	《民法典》相关规定
受害人故意	指受害人明知自己的行为会发生损害后果，仍然追求损害后果的发生，或者放任损害后果的发生。 第 1174 条：损害是因受害人故意造成的，行为人不承担责任。
受害人过失	指受害人疏忽大意或者盲目自信，实施某种积极作为行为或者消极不作为行为，该行为对损害的发生具有原因力的情况。 第 1173 条：被侵权人对同一损害的发生或者扩大有过错的，可以减轻侵权人的责任。
第三人的原因	指除原告和被告之外的第三人对原告的损害的发生或扩大具有过错，此种过错包括故意和过失。 第 1175 条：损害是因第三人造成的，第三人应当承担侵权责任。
不可抗力	在法律没有特别规定的情况下，原则上不可抗力可以作为免责事由。 第 180 条：因不可抗力不能履行民事义务的，不承担民事责任。法律另有规定的，依照其规定。 不可抗力是不能预见、不能避免且不能克服的客观情况。
正当防卫	指公共利益、他人或本人的人身或其他利益受到不法侵害时，行为人所采取的一种防卫措施。 第 181 条：因正当防卫造成损害的，不承担民事责任。 正当防卫超过必要的限度，造成不应有损害的，正当防卫人应当承担适当的民事责任。

（续表）

事由	《民法典》相关规定
紧急避险	指为了使公共利益、本人或他人的合法权益免受正在发生的损害为限，不得已而采取的致公共利益、他人或本人损害的行为。 第 182 条：因紧急避险造成损害的，由引起险情发生的人承担民事责任。 危险由自然原因引起的，紧急避险人不承担民事责任，可以给予适当补偿。 紧急避险采取措施不当或者超过必要的限度，造成不应有的损害的，紧急避险人应当承担适当的民事责任。
受害人自甘风险	民法典规定的自甘风险作为侵权责任的抗辩事由，仅适用于“具有一定风险的文体活动”，这种活动应当是合法的文体活动，至少是不为法律、行政法规和管理性规定禁止的活动。 第 1176 条：自愿参加具有一定风险的文体活动，因其他参加者的行为受到损害的，受害人不得请求其他参加者承担侵权责任；但是，其他参加者对损害的发生有故意或者重大过失的除外。 活动组织者的责任适用《民法典》第 1198—1201 条的规定，此处是指自甘风险的具有一定风险的文体活动的组织者，对于造成受害人损害是否承担侵权责任，应当适用违反安全保障义务侵权责任和教育机构损害责任的规定。
自助行为	是我国民法典新规定的抗辩事由，自助行为具有正当性，造成他人损害时，行为人不承担侵权责任。 第 1177 条：合法权益受到侵害，情况紧迫且不能及时获得国家机关保护，不立即采取措施将使其合法权益受到难以弥补的损害的，受害人可以在保护自己合法权益的必要范围内采取扣留侵权人的财物等合理措施；但是，应当立即请求有关国家机关处理。 受害人采取的措施不当造成他人损害的，应当承担侵权责任。

（三）数人侵权责任

数人侵权是与单独侵权相对应的，它是指行为人是两个或两个以上的人。

数人侵权包括三种类型：

①共同侵权行为，其中包括共同加害、教唆帮助侵权；

②共同危险行为；

③无意思联络的数人侵权行为。

侵权类型	《民法典》相关规定
共同侵权行为	指数人基于共同过错而侵害他人的合法权益，依法应当承担连带赔偿责任的侵权行为。 第 1168 条：二人以上共同实施侵权行为，造成他人损害的，应当承担连带责任。 第 1169 条：教唆、帮助他人实施侵权行为的，应当与行为人承担连带责任。 教唆、帮助无民事行为能力人、限制民事行为能力人实施侵权行为的，应当承担侵权责任；该无民事行为能力人、限制民事行为能力人的监护人未尽到监护职责的，应当承担相应的责任。
共同危险行为	指数人实施的危险行为都有造成他人损害的可能，其中一人或数人的行为造成他人损害，但是不知造成实际损害的人。 第 1170 条：二人以上实施危及他人人身、财产安全的行为，其中一人或者数人的行为造成他人损害，能够确定具体侵权人的，由侵权人承担责任；不能确定具体侵权人的，行为人承担连带责任。

（续表）

侵权类型	《民法典》相关规定
无意思联络的数人侵权行为	指数个行为人并无共同的过错，而因为偶然结合的行为致受害人遭受同一损害。 第 1171 条：二人以上分别实施侵权行为造成同一损害，每个人的侵权行为都足以造成全部损害的，行为人承担连带责任。 第 1172 条：二人以上分别实施侵权行为造成同一损害，能够确定责任大小的，各自承担相应的责任；难以确定责任大小的，平均承担责任。 在法律规定承担连带责任情况下，第 178 条第 1 款：二人以上依法承担连带责任的，权利人有权请求部分或者全部连带责任人承担责任。 同时，在连带责任人内部责任上，第 178 条第 2 款规定，连带责任人的责任份额根据各自责任大小确定；难以确定责任大小的，平均承担责任。实际承担责任超过自己责任份额的连带责任人，有权向其他连带责任人追偿。

（四）侵权责任的承担

1. 侵权责任承担的方式

侵权责任承担的方式，指侵权人承担侵权责任的具体方法。《民法典》第 179 条规定，承担侵权责任的方式主要有：①停止侵害；②排除妨碍；③消除危险；④返还财产；⑤恢复原状；⑥赔偿损失；⑦赔礼道歉；⑧消除影响、恢复名誉。法律规定惩罚性赔偿的，依照其规定。以上承担侵权责任的方式，可以单独适用，也可以合并适用。

第 187 条：民事主体因同一行为应当承担民事责任、行政责任和刑事责任的，承担行政责任或者刑事责任不影响承担民事责任；民事主体的财产不足以支付的，优先用于承担民事责任。

2. 侵权损害赔偿

侵权损害赔偿，指因侵权人侵害他人民事权益造成他人财产损害和精神损害而应承担的损害赔偿责任，通过损害赔偿责任的承担，使受害人遭受的损害得以恢复。

赔偿类型	《民法典》相关规定
人身损害赔偿	第 1179 条：侵害他人造成人身损害的，应当赔偿医疗费、护理费、交通费、营养费、住院伙食补助费等为治疗和康复支出的合理费用，以及因误工减少的收入。造成残疾的，还应当赔偿辅助器具费和残疾赔偿金；造成死亡的，还应当赔偿丧葬费和死亡赔偿金。 第 1180 条：因同一侵权行为造成多人死亡的，可以以相同数额确定死亡赔偿金。 第 1181 条：被侵权人死亡的，其近亲属有权请求侵权人承担侵权责任。被侵权人为组织，该组织分立、合并的，承继权利的组织有权请求侵权人承担侵权责任。 被侵权人死亡的，支付被侵权人医疗费、丧葬费等合理费用的人有权请求侵权人赔偿费用，但是侵权人已经支付该费用的除外。
财产损害赔偿	第 1182 条：侵害他人人身权益造成财产损失的，按照被侵权人因此受到的损失或者侵权人因此获得的利益赔偿；被侵权人因此受到的损失以及侵权人因此获得的利益难以确定，被侵权人和侵权人就赔偿数额协商不一致，向人民法院提起诉讼的，由人民法院根据实际情况确定赔偿数额。 第 1184 条：侵害他人财产的，财产损失按照损失发生时的市场价格或者其他合理方式计算。

（续表）

赔偿类型	《民法典》相关规定
精神损害赔偿	指自然人因人身权益受到不法侵害而导致严重精神痛苦，受害人因此可以就其精神痛苦要求金钱上的赔偿，以对受害人予以抚慰并制裁不法行为人。第 1183 条：侵害自然人人身权益造成严重精神损害的，被侵权人有权请求精神损害赔偿。 因故意或者重大过失侵害自然人具有人身意义的特定物造成严重精神损害的，被侵权人有权请求精神损害赔偿。

三、特殊侵权责任

特殊侵权责任，指行为人因侵害或者损害他人民事权益，依照法律规定采取过错推定方式，或者无论行为人是否有过错，都应当依法承担的民事责任。

（一）监护人责任

监护人责任指监护人就无民事行为能力人或限制民事行为能力人造成他人的损害，依法所应承担的责任。

《民法典》第 1188 条第 1 款：无民事行为能力人、限制民事行为能力人造成他人损害的，由监护人承担侵权责任。监护人尽到监护责任的，可以减轻其侵权责任。

类别	《民法典》相关规定
构成要件	①加害人是无民事行为能力人、限制民事行为能力人。 ②只有在无民事行为能力人或限制民事行为能力人造成他人损害的时候，监护人才承担侵权责任。 ③第 1188 条第 2 款：有财产的无民事行为能力人、限制民事行为能力人造成他人损害的，从本人财产中支付赔偿费用。不足部分，由监护人赔偿。据此，如果被监护人有自己的独立财产，则不能要求监护人承担完全责任。
监护人责任的承担	根据第 1188 条第 2 款，监护人的责任范围是以被监护人能否承担责任、承担多大的责任为前提。而且，第 1 款规定，监护人尽到监护责任的，可以减轻其侵权责任。该规则将公平理念引入无过错责任中，缓解了监护人责任的严格性。 第 1169 条第 2 款：教唆、帮助无民事行为能力人、限制民事行为能力人实施侵权行为的，应当承担侵权责任；该无民事行为能力人、限制民事行为能力人的监护人未尽到监护责任的，应当承担相应的责任。 第 1189 条：无民事行为能力人、限制民事行为能力人造成他人损害，监护人将监护职责委托给他人的，监护人应当承担侵权责任；受托人有过错的，承担相应的责任。

（二）用人责任

用人责任，指被用工者因执行工作任务或劳务造成他人损害，用工者所应承担的侵权责任。《民法典》第 1191 条：用人单位的工作人员因执行工作任务造成他人损害的，由用人单位承担侵权责任。用人单位承担侵权责任后，可以向有故意或者重大过失的工作人员追偿。

劳务派遣期间，被派遣的工作人员因执行工作任务造成他人损害的，由接受劳务派遣的用工单位承担侵权责任；劳务派遣单位有过错的，承担相应的责任。

第 1192 条：个人之间形成劳务关系，提供劳务一方因劳务造成他人损害的，由接受劳务一方承担侵权责任。接受劳务一方承担侵权责任后，可以向有故意或者重大过失的提供劳务一方追偿。提供劳务一方因劳务受到损害的，根据双方各自的过错承担相应的责任。

提供劳务期间，因第三人的行为造成提供劳务一方损害的，提供劳务一方有权请求第三人承担侵权责任，也有权请求接受劳务一方给予补偿。接受劳务一方补偿后，可以向第三人追偿。

1. 构成要件

构成要件	《民法典》相关规定
被用工者实施了侵权行为	用人责任成立的前提是被用工者实施了侵权行为，如果被用工者没有实施侵权行为，则无法成立用工责任。 “被用工者”是指为他人提供劳务或工作，并受他人指挥或监督的人。如果被用工者的行为虽然造成了损害，但是存在法定的免责事由，自然也不构成用人责任。
存在用工关系	指用工者和被用工者之间因用工而形成的关系，用工关系的存在并不一定以劳动合同的存在为前提，即使在临时用工中，当事人没有签订劳动合同，也可以形成用工关系。因此《民法典》中的用工关系比《劳动法》中的劳动关系的范围更宽泛。
被用工者因执行工作任务或劳务造成他人损害	在单位用工关系中，用人责任必须是单位的工作人员执行职务造成他人损害； 在个人劳务关系中，被用工者因提供劳务而造成他人损害，用工者也要承担责任。

2. 劳务派遣相关的责任承担

劳务派遣，指由劳务派遣机构与被派遣劳动者签订劳动合同，由劳动者向接受劳务派遣的实际用工单位给付劳动的特殊劳动关系。

《民法典》第 1191 条第 2 款：劳务派遣期间，被派遣的工作人员因执行工作任务造成他人损害的，由接受劳务派遣的用工单位承担侵权责任；劳务派遣单位有过错的，承担相应的责任。

（三）违反安全保障义务的责任

违反安全保障义务的责任，指侵权人未尽到法律、合同、习惯等产生的对他人的安全保障义务，造成他人损害时应承担的赔偿责任。

1. 构成要件

构成要件	《民法典》相关规定
经营场所、公共场所的经营者、管理者或者群众性活动的组织者	负有安全保障义务之人是特定的主体，即第 1198 条所规定的“宾馆、商场、银行、车站、机场、体育场馆、娱乐场所等经营场所、公共场所的经营者、管理者或者群众性活动的组织者”。
未尽到安全保障义务	《民法典》并没有对此作出明确规定，从我国司法实践来看，在判断行为人是否违反安全保障义务时，应当考虑行为人安全保障义务的范围、损害的来源、侵害的强度以及损害预防的能力等多种因素，综合加以判断。

（续表）

构成要件	《民法典》相关规定
他人遭受了损害	“他人”指安全保障义务人及其工作人员之外的人，这些人可能与安全保障义务人有某种合同关系，也可能曾经有合同关系但已经消灭，也可能完全没有任何合同关系。 此外，无论受害人是因安全保障义务人的行为直接遭受侵害，还是因第三人的侵权行为遭受损害，该损害都必须与安全保障义务人未尽安全保障义务的行为之间存在因果关系。

2. 违反安全保障义务责任的承担

《民法典》第 1198 条第 1 款：宾馆、商场、银行、车站、机场、体育场馆、娱乐场所等经营场所、公共场所的经营者、管理者或者群众性活动的组织者，未尽到安全保障义务，造成他人损害的，应当承担侵权责任。

据此，在没有直接侵权人时，安全保障义务人违反了安全保障义务，就要承担全部侵权责任。

第 1198 条第 2 款：因第三人的行为造成他人损害的，由第三人承担侵权责任；经营者、管理者或组织者未尽到安全保障义务的，承担相应的补充责任。经营者、管理者或者组织者承担补充责任后，可以向第三人追偿。

据此，实施行为的第三人所承担的责任为第一顺序的责任，且是独立的责任。只有在受害人无法从第三人那里获得救济的情况下，才应当要求违反安全保障义务的人承担责任，即所谓的补充责任，而且在承担以后可以向第三人追偿。

（四）机动车交通事故责任

机动车交通事故责任，指因机动车在道路上运行造成交通事故，导致他人人身或财产的损害，机动车一方所应承担的侵权责任。

“机动车”包括汽车、摩托车、非农用拖拉机、各种专用机械车、特种车等用于载人、载物和从事某种作业的轮式车辆。

1. 构成要件

构成要件	《民法典》相关规定
机动车因交通事故造成损害	第 1208 条：机动车发生交通事故造成损害的，依照道路交通安全法律和本法的有关规定承担赔偿责任。 依据《中华人民共和国道路交通安全法》规定，“交通事故”是指车辆在道路上因过错或者意外造成的人身伤亡或者财产损失的事件。
机动车运行与损害之间具有因果联系	在机动车一方与非机动车、行人之间发生交通事故的情况下，需要强调机动车运行造成了损害。实践中，机动车交通事故责任在因果关系判断上往往需要借助于公安交通机关对交通事故的认定。
机动车一方不能证明自己没有过错	在机动车与非机动车或行人之间发生事故时，机动车致人损害的责任主要是过错推定责任，机动车一方必须在事故发生之后证明自己没有过错，才能在法定的范围内减轻其责任。

2. 机动车一方侵权责任主体的确定

机动车一方包括机动车所有人、驾驶人、承租人、借用人、买受人、盗窃者等主体。

侵权责任主体的确定	《民法典》相关规定
租赁、借用机动车情况下侵权责任主体的确定	第 1209 条：因租赁、借用等情形机动车所有人、管理人与使用人不是同一人时，发生交通事故造成损害，属于该机动车一方责任的，由机动车使用人承担赔偿责任；机动车所有人、管理人对损害的发生有过错的，承担相应的赔偿责任。
转让而未过户情况下侵权责任主体的确定	第 1210 条：当事人之间已经以买卖或者其他方式转让并交付机动车但是未办理登记，发生交通事故造成损害，属于该机动车一方责任的，由受让人承担赔偿责任。
挂靠营运情况下侵权责任主体的确定	第 1211 条：以挂靠形式从事道路运输经营活动的机动车，发生交通事故造成损害，属于该机动车一方责任的，由挂靠人和被挂靠人承担连带责任。
转让拼装车、报废车造成损害情形下侵权责任主体的确定	第 1214 条：以买卖或者其他方式转让拼装或者已经达到报废标准的机动车，发生交通事故造成损害的，由转让人和受让人承担连带责任。
机动车被盗窃、抢劫或者抢夺，以及盗开他人机动车情况下侵权责任主体的确定	第 1215 条：盗窃、抢劫或者抢夺的机动车发生交通事故造成损害的，由盗窃人、抢劫人或者抢夺人承担赔偿责任。盗窃人、抢劫人或者抢夺人与机动车使用人不是同一人，发生交通事故造成损害，属于该机动车一方责任的，由盗窃人、抢劫人或者抢夺人与机动车使用人承担连带责任。 保险人在机动车强制保险责任限额范围内垫付抢救费用的，有权向交通事故责任人追偿。 第 1212 条规定，未经允许驾驶他人机动车，发生交通事故造成损害，属于该机动车一方责任的，由机动车使用人承担赔偿责任；机动车所有人、管理人对损害的发生有过错的，承担相应的赔偿责任，但是本章另有规定的除外。
肇事后逃逸责任及受害人救济	第 1216 条：机动车驾驶人发生交通事故后逃逸，该机动车参加强制保险的，由保险人在机动车强制保险责任限额范围内予以赔偿；机动车不明、该机动车未参加强制保险或者抢救费用超过机动车强制保险责任限额，需要支付被侵权人人身伤亡的抢救、丧葬等费用的，由道路交通事故社会救助基金垫付。道路交通事故社会救助基金垫付后，其管理机构有权向交通事故责任人追偿。
好意同乘的责任承担	第 1217 条：非营运机动车发生交通事故造成无偿搭乘人损害，属于该机动车一方责任的，应当减轻其赔偿责任，但是机动车使用人有故意或者重大过失的除外。

3. 责任保险与赔付顺序

《民法典》第 1213 条：机动车发生交通事故造成损害，属于该机动车一方责任的，先由承保机动车强制保险的保险人在强制保险责任限额范围内予以赔偿；不足部分，由承保机动车商业保险的保险人按照保险合同的约定予以赔偿；仍然不足或者没有投保机动车商业保险的，由侵权人赔偿。

（五）高度危险活动损害责任

高度危险活动损害责任，指从事法律明确规定的高度危险活动（包括高空、高压、地下挖掘活动或者使用高速轨道运输工具），经营者应当承担的严格责任。高度危险活动损害责任适用无过错责任原则。

1. 构成要件

构成要件	说明
必须是从事高空、高压、地下挖掘活动或者使用高速轨道运输工具	从事高度危险活动是高度危险活动致害责任的基础和前提。依据《民法典》第 1240 条，高度危险活动是法律具体列举的活动，包括高空作业、高压活动、地下挖掘活动和使用高速轨道运输工具。从规定来看，属于封闭性列举，没有兜底规定。
因高度危险活动造成他人损害	损害既包括财产损害，也包括人身损害。
高度危险活动与损害后果之间存在因果关系	高度危险活动责任无须证明责任人的主观过错，但是仍然要以高度危险活动与受害人的损害之间具有因果关系为前提。如果完全是因为受害人的故意行为、不可抗力造成了损害，将导致因果关系中断，行为人不承担侵权责任。

2. 高度危险活动责任

《民法典》第 1240 条：从事高空、高压、地下挖掘活动或者使用高速轨道运输工具造成他人损害的，经营者应当承担侵权责任；但是，能够证明损害是因受害人故意或者不可抗力造成的，不承担责任。被侵权人对损害的发生有重大过失的，可以减轻经营者的责任。

第 1244 条：承担高度危险责任，法律规定赔偿限额的，依照其规定，但是行为人有故意或者重大过失的除外。这是对最高赔偿限额的确认，主要考虑到高度危险责任的特殊性，因为这种活动是对社会有益的活动，法律要给予其特殊的保护。

《民法典》第 1243 条：未经许可进入高度危险活动区域受到损害，管理人能够证明已经采取足够安全措施并尽到充分警示义务的，可以减轻或者不承担责任。

（六）饲养动物损害责任

饲养动物致人损害责任，指饲养的动物造成他人人身或财产损害。

《民法典》侵权责任编规定的饲养动物还包括了遗弃、逃逸的动物致害。

1. 构成要件

构成要件	说明
必须是饲养的动物造成损害	侵权责任编中动物的概念有其特定的含义，其主要限定于饲养的动物。野生动物致人损害，不属于饲养动物致人损害的范围。
必须是基于动物固有危险的实现而造成的损害	动物的固有危险是指基于动物的固有本性，脱离于具体的人的指使和控制而造成对他人的损害。
造成了受害人的损害	《民法典》第 1245 条：饲养的动物造成他人损害的，动物饲养人或者管理人应当承担侵权责任；但是，能够证明损害是因被侵权人故意或者重大过失造成的，可以不承担或者减轻责任。
饲养的动物与损害之间存在因果关系	在饲养动物致人损害的情况下，因果关系是指动物致害与损害之间引起与被引起的关系。按照举证责任的一般规则，原告应当举证证明被告饲养的动物造成其损害。

2. 饲养动物致人损害责任的特殊规则

特殊规则	《民法典》的相关说明
违反管理规定饲养动物致人损害	第 1246 条：违反管理规定，未对动物采取安全措施造成他人损害的，动物饲养人或者管理人应当承担侵权责任；但是，能够证明损害是因被侵权人故意造成的，可以减轻责任。
禁止饲养的危险动物致人损害	第 1247 条：禁止饲养的烈性犬等危险动物造成他人损害的，动物饲养人或者管理人应当承担侵权责任。
动物园的动物致人损害的责任	第 1248 条：动物园的动物造成他人损害的，动物园应当承担侵权责任；但是，能够证明尽到管理职责的，不承担侵权责任。 这条规定采用的是过错推定责任原则，动物园可以通过证明尽到管理职责而免除责任。 此外，依据《民法典》第 1173、第 1174、第 1250 条规定，如果动物园能够证明被侵权人或者被害人对于损害的发生也有过错的，可以减轻动物园的责任；能够证明损害是受害人故意造成的，动物园不承担责任；如果是第三人过错致使动物造成他人损害的，被侵权人可以选择向动物园请求赔偿，也可以向第三人请求赔偿，在选择向动物园请求赔偿时，动物园不能以第三人的过错提出抗辩。
遗弃或逃逸的动物致人损害的责任	第 1249 条：遗弃、逃逸的动物在遗弃、逃逸期间造成他人损害的，由动物原饲养人或者管理人承担侵权责任。 本条规定采用的是无过错责任原则。
因第三人过错致使动物致害的责任	第 1250 条：因第三人的过错致使动物造成他人损害的，被侵权人可以向动物饲养人或者管理人请求赔偿，也可以向第三人请求赔偿。动物饲养人或者管理人赔偿后，有权向第三人追偿。

（七）建筑物和物件损害责任

建筑物和物件损害责任，指建筑物或物件的所有人、管理人或者其他主体对其所管领的建筑物或物件致人损害承担的侵权责任。建筑物和物件损害责任适用过错责任或过错推定责任。

1. 建筑物、构筑物或者其他设施及其搁置物、悬挂物致人损害

构成要件	责任的承担
①必须是物件； ②受害人遭受损害； ③建筑物、构筑物或者其他设施及其搁置物、悬挂物倒塌、塌陷、脱落、坠落与受害人遭受损失之间存在因果关系； ④所有人、管理人或者使用人存在推定的过失。	第 1252 条：建筑物、构筑物或者其他设施倒塌、塌陷造成他人损害的，由建设单位与施工单位承担连带责任，但是建设单位与施工单位能够证明不存在质量缺陷的除外。建设单位、施工单位赔偿后，有其他责任人的，有权向其他责任人追偿。 因所有人、管理人、使用人或者第三人的原因，建筑物、构筑物或者其他设施倒塌、塌陷造成他人损害的，由所有人、管理人、使用人或者第三人承担侵权责任。 第 1253 条：建筑物、构筑物或者其他设施及其搁置物、悬挂物发生脱落、坠落造成他人损害，所有人、管理人或者使用人不能证明自己没有过错的，应当承担侵权责任。所有人、管理人或者使用人赔偿后，有其他责任人的，有权向其他责任人追偿。

2. 抛掷物或坠物致人损害

构成要件	责任的承担
①发生高楼抛掷物或坠物的情形； ②受害人遭受损害； ③从建筑物抛掷物品或坠物与受害人损害之间具有因果关系； ④难以确定具体侵权人。	第 1254 条：禁止从建筑物中抛掷物品。从建筑物中抛掷物品或者从建筑物上坠落的物品造成他人损害的，由侵权人依法承担侵权责任；经调查难以确定具体侵权人的，除能够证明自己不是侵权人的外，由可能加害的建筑物使用人给予补偿。可能加害的建筑物使用人补偿后，有权向侵权人追偿。 物业服务企业等建筑物管理人应当采取必要的安全保障措施防止前款规定情形的发生；未采取必要的安全保障措施的，应当依法承担未履行安全保障义务的侵权责任。 发生本条第 1 款规定的情形的，公安等机关应当依法及时调查，查清责任人。

3. 堆放物致人损害

构成要件	责任的承担
①堆放物倒塌、滚落或者滑落； ②受害人遭受损害； ③堆放物倒塌、滚落或者滑落与受害人遭受损害之间存在因果关系； ④堆放人有过错。	第 1255 条：堆放物倒塌、滚落或者滑落造成他人损害，堆放人不能证明自己没有过错的，应当承担侵权责任。

4. 妨碍通行物致人损害

构成要件	责任的承担
①在公共道路上堆放、倾倒、遗撒妨碍通行的物品； ②受害人遭受损害； ③妨碍通行的物品与受害人遭受损害之间存在因果关系； ④堆放人、倾倒人、遗撒人有过错。	第 1256 条：在公共道路上堆放、倾倒、遗撒妨碍通行的物品造成他人损害的，由行为人承担侵权责任。公共道路管理人不能证明已经尽到清理、防护、警示等义务的，应当承担相应的责任。

5. 林木致人损害

构成要件	责任的承担
①林木发生折断、倾倒或者果实坠落； ②受害人遭受损害； ③折断、倾倒的林木或者坠落的果实与受害人遭受损害之间存在因果关系； ④林木的所有人或者管理人存在推定的过失。	第 1257 条：因林木折断、倾倒或者果实坠落等造成他人损害，林木的所有人或者管理人不能证明自己没有过错的，应当承担侵权责任。

6. 地面施工致人损害

构成要件	责任的承担
①行为人是在公共场所或者道路上从事挖掘、修缮安装地下设施等作业的施工人； ②行为人违反设置明显标志和采取安全措施的注意义务； ③受害人遭受损害； ④行为人违反注意义务之不作为与受害人所受损害之间有因果关系。	第 1258 条：在公共场所或者道路上挖掘、修缮安装地下设施等造成他人损害，施工人不能证明已经设置明显标志和采取安全措施的，应当承担侵权责任。

7. 窨井等地下设施致人损害

构成要件	责任的承担
①窨井等地下设施欠缺覆盖物或者覆盖物有缺陷； ②受害人遭受损失； ③窨井等地下设施欠缺覆盖物或者覆盖物有缺陷与受害人遭受损失之间存在因果关系； ④管理人存在推定的过失。	第 1258 条：窨井等地下设施造成他人损害，管理人不能证明尽到管理职责的，应当承担侵权责任。

（八）幼儿园、学校等教育机构责任

1. 概念

幼儿园、学校等教育机构责任主要是指幼儿园、学校等教育机构的侵权责任，指幼儿园、学校等教育机构对无民事行为能力人或者限制民事行为能力人在幼儿园、学校等教育机构学习、生活期间受到的人身损害承担的侵权责任。侵权责任编第 1199—1201 条分别规定了幼儿园、学校等教育机构对自己过错的侵权责任，幼儿园、学校等教育机构对第三人造成损害的侵权责任以及第三人的侵权责任。

2. 构成要件

（1）幼儿园、学校等教育机构对自己过错的侵权责任

①幼儿、学生在幼儿园、学校等教育机构学习、生活期间受到人身损害。如果是财产损害，则不属于此处的幼儿园、学校等教育机构的侵权责任；

②幼儿园、学校等教育机构没有尽到教育、管理职责，没有尽到保护义务，存在不作为的消极侵害行为或者作为的积极侵害行为；

③幼儿园、学校等教育机构的过错行为与损害之间存在因果关系。如果幼儿、学生受到人身损害与幼儿园、学校等教育机构的过错行为之间不存在因果关系，自然不存在赔偿责任，比如幼儿、学生因为自身的特殊体质遭受损害，幼儿园、学校等教育机构就不承担赔偿责任。

（2）学校等教育机构对第三人造成损害的侵权责任以及第三人的侵权责任

①第三人侵害在园幼儿、在校学生造成幼儿、学生的人身损害；

②幼儿园、学校等教育机构未尽到教育管理职责、保护义务。幼儿园、学校等教育机构有采取安全保障措施防止机构外人员伤害幼儿、学生的义务，未尽到教育管理职责、保障义务则会构成侵权；

③幼儿园、学校等教育机构的过错与在园幼儿、学校学生受到人身损害之间存在因果关系。此处因果关系有两个方面的要求：一是幼儿园、学校等教育机构的过错导致没能避免第三人的侵害行为之发生，二是第三人的侵害行为造成了在园幼儿、在校学生等的人身损害。

3. 幼儿园、学校等教育机构的责任承担

（1）幼儿园、学校等教育机构对自己过错的侵权责任

依据侵权责任编第 1199— 1200 条规定，幼儿园、学校等教育机构的侵权责任依据民事

行为能力的不同分为两种类型：

①无民事行为能力人。无民事行为能力人在幼儿园、学校或者其他教育机构学习、生活期间受到人身损害的，幼儿园、学校或者其他教育机构应当承担侵权责任；但是，能够证明尽到教育、管理职责的，不承担侵权责任。

②限制民事行为能力人。限制民事行为能力人在学校或者其他教育机构学习、生活期间受到人身损害，学校或者其他教育机构未尽到教育、管理职责的，应当承担侵权责任。

（2）第三人的侵害行为造成了在园幼儿、在校学生等的人身损害

无民事行为能力人或者限制民事行为能力人在幼儿园、学校或者其他教育机构学习、生活期间，受到幼儿园、学校或者其他教育机构以外的第三人人身损害的，由第三人承担侵权责任，这里体现的是自己责任原则；幼儿园、学校或者其他教育机构未尽到管理职责的，承担相应的补充责任。当幼儿园、学校或者其他教育机构承担补充责任后，可以向第三人追偿，这一规定与侵权责任编第 1198 条第 2 款规定的追偿权大致相同，体现了立法上的衡平考虑。

易错考题小试牛刀

1.（判断题）格式条款与非格式条款不一致的，应当采用格式条款。（　）

2.（判断题）侵害他人财产的，财产损失按照损失发生时的政府指导价格计算。（　）

3.（判断题）提供劳务期间，因第三人的行为造成提供劳务一方损害的，提供劳务一方有权请求第三人承担侵权责任，也有权请求接受劳务一方给予补偿。（　）

4.（判断题）客运合同中，承运人擅自降低服务标准的，应当根据旅客的请求退票或者减收票款；提高服务标准的，不得加收票款。（　）

5.（单选题）法人以其（　）财产独立承担民事责任。

A. 全部　　B. 有限　　C. 股东　　D. 部分

6.（单选题）下列有关执行政府定价指导价的选项，价格调整的处理说法不正确的是（　）。

A. 逾期付款的，遇价格上涨时，按照原价格执行

B. 逾期提取标的物的，遇价格上涨时，按照新价格执行

C. 逾期交付标的物的，遇价格上涨时，按照原价格执行

D. 在合同约定的交付期限内政府价格调整时，按照交付时的价格计价

7.（单选题）《民法典》规定采用格式条款订立合同时提供格式条款的一方应当遵循（　）确定当事人之间的权利和义务。

A. 公平原则　　B. 平等原则　　C. 自愿原则　　D. 诚实信用原则

8.（单选题）某酒店大堂处有醒目提示语：贵重物品，请放前台保管。游客王某在大堂卫生间洗手时因地滑摔倒，并摔碎了手上价值百万的定情玉镯。经查明，因该酒店雇用的清洁人员李某清洁不彻底，地面湿滑导致王某摔倒，下列说法正确的是（　）。

A. 王某应自行承担玉镯损失　　B. 李某应承担玉镯的全部损失

C. 酒店应承担赔偿责任　　D. 酒店和李某对王某的损害承担连带责任

9.（单选题）下列关于饲养动物致人损害责任说法错误的是（　）。

A. 某游客 8 周岁的儿子王某在民宿翻墙进入隔壁居民家玩耍，被院内藏獒咬伤，邻居应承担侵权责任

B. 某游客 8 周岁的儿子王某在路上故意逗老李饲养的狗，造成同行的游客孙某被咬伤，只能由王某的监护人承担侵权责任

C. 游客王某驾车在野生动物园游览时，不听工作人员劝阻，强行下车被老虎咬伤，动物园不承担侵权责任

D. 游客王某带女儿到动物园游览时，动物园饲养的老虎从破损的虎笼里蹿出将其女儿咬伤，动物园应承担侵权责任

10.（多选题）《民法典》规定，处理自然人个人信息的，应当遵循（　　）原则。

A. 合法　B. 默认　C. 正当　D. 必要　E. 合理

11.（多选题）下列属于绝对无效的民事法律行为的是（　　）。

A. 违背公序良俗的民事法律行为

B. 违反法律的强制性规定的民事法律行为

C. 违反行政法规的强制性规定的民事法律行为

D. 行为人与相对人恶意串通，损害他人合法权益的民事法律行为

E. 行为人以欺诈手段，使对方在违背真实意思的情况下实施的民事法律行为

12.（多选题）有下列（　　）情形之一的，当事人可以解除合同。

A. 发生不可抗力　B. 债权债务同归于一人

C. 当事人一方迟延履行主要债务　D. 当事人一方有其他违约行为致使不能实现合同目的

E. 在履行期限届满前，当事人以自己的行为表明不履行主要债务

【答案】1. 错　2. 错　3. 对　4. 对　5.A　6.A　7.A　8.C　9.B　10.ACD　11.ABCD　12.DE

第五章
旅行社法律制度

【考试大纲】

- **了解：**《旅行社条例》和《旅行社条例实施细则》关于总则的规定。《文化和旅游市场信用管理规定》关于总则的规定。《在线旅游经营服务管理暂行规定》关于总则、监督检查的规定。
- **熟悉：**《中华人民共和国旅游法》《旅行社条例》《旅行社条例实施细则》关于旅行社及其分支机构的设立与变更的规定。《文化和旅游市场信用管理规定》关于文化和旅游市场信用信息采集与归集，失信主体的分类以及旅游市场主体和从业人员认定，信用管理激励措施原则，对旅游市场主体实施的管理措施、信用信息公开与共享的规定。
- **掌握：**《中华人民共和国旅游法》《旅行社条例实施细则》《旅游服务质量保证金存取管理办法》关于旅行社经营范围、经营原则、经营规范、旅游服务质量保证金制度的规定，旅行社权利和义务等法律制度及其相关法律责任的规定。《文化和旅游市场信用管理规定》关于文化和旅游市场信用修复、信用评价与信用承诺的规定。《在线旅游经营服务管理暂行规定》关于在线旅游经营者运营、法律责任的规定。《旅行社服务质量赔偿标准》关于旅游主管部门调解旅游纠纷时执行的赔偿依据的规定。

【历年分值】

年份	判断（题）	单选（题）	多选（题）	分值（分）	分值占比（%）
2018	1	3	3	5	10.00
2019	2	5	2	5.5	10.78
2020	2	5	1	4.5	8.65
2023	2	5	2	5.5	11.34

第一节 概述

一、旅行社的概念及《旅行社条例》适用范围

类别	说明
旅行社概念	旅行社是指从事招徕、组织、接待旅游者等活动，为旅游者提供相关旅游服务，开展境内旅游业务、入境旅游业务或者出境旅游业务、边境旅游业务和其他旅游业务的企业法人。 招徕、组织、接待旅游者提供的相关旅游服务主要包括： ①安排交通服务；②安排住宿服务；③安排餐饮服务；④安排观光游览、休闲度假等服务；⑤导游、领队服务；⑥旅游咨询、旅游活动设计服务。 旅行社还可以接受委托提供的旅游服务包括： ①接受旅游者的委托，代订交通客票、代订住宿和代办出境、入境、签证手续等（出境、签证手续等服务，应当由具备出境旅游业务经营权的旅行社代办）； ②接受机关、事业单位和社会团体的委托，为其差旅、考察、会议、展览等公务活动，代办交通、住宿、餐饮、会务等事务； ③接受企业委托，为其各类商务活动、奖励旅游等，代办交通、住宿、餐饮、会务、观光游览、休闲度假等事务； ④其他旅游服务。
适用范围	《旅行社条例》第 2 条：本条例适用于中国境内旅行社的设立及经营活动。 第 67 条：香港特别行政区、澳门特别行政区和台湾地区的投资者在内地投资设立旅行社，参照适用《旅行社条例》。
旅行社管理	旅行社的主管部门主要包含国务院旅游行政主管部门、县级以上地方人民政府旅游管理部门及工商、价格、商务、外汇等有关部门。 《旅行社条例》第 3 条：国务院旅游行政主管部门负责全国旅行社的监督管理工作。县级以上地方人民政府管理旅游工作的部门按照职责负责本行政区域内旅行社的监督管理工作。县级以上各级人民政府工商、价格、商务、外汇等有关部门，应当按照职责分工，依法对旅行社进行监督管理。 行业组织在宣传贯彻政策法规、维护行业市场秩序、加强交流合作等方面发挥了重要作用。 第 5 条：旅行社行业组织应当按照章程为旅行社提供服务，发挥协调和自律作用，引导旅行社合法、公平竞争和诚信经营。

二、旅行社的经营范围和经营原则

类别	相关规定
旅行社的经营范围	《旅游法》第 29 条规定，旅行社可以经营下列业务： ①境内旅游；②出境旅游；③边境旅游；④入境旅游；⑤其他旅游业务。 旅行社经营出境与边境旅游业务，应当取得相应的业务经营许可，具体条件由国务院规定。 《旅行社条例实施细则》第 3 条：国内旅游业务，指旅行社招徕、组织和接待中国内地居民在境内旅游的业务。 入境旅游业务，指旅行社招徕、组织、接待外国旅游者来我国旅游，香港特别行政区、澳门特别行政区旅游者来内地旅游，台湾地区居民来大陆旅游，以及招徕、组织、接待在中国内地的外国人，在内地的香港特别行政区、澳门特别行政区居民和在大陆的台湾地区居民在境内旅游的业务。 出境旅游业务，指旅行社招徕、组织、接待中国内地居民出国旅游，赴香港特别行政区、澳门特别行政区和台湾地区旅游，以及招徕、组织、接待在中国内地的外国人、在内地的香港特别行政区、澳门特别行政区居民和在大陆的台湾地区居民出境旅游的业务。
旅行社的经营原则	《旅行社条例》第 4 条：旅行社在经营活动中应当遵循自愿、平等、公平、诚信的原则，提高服务质量，维护旅游者的合法权益。 ①自愿原则。指旅游者有权自主自愿选择旅游产品，旅行社不得违背旅游者的意愿，强迫或者变相强迫旅游者与自己签订旅游合同，或者干涉旅游者与其他旅行社订立旅游合同。 ②平等原则。指旅行社和旅游者具有平等的法律地位，在权利义务对等的基础上，双方就旅游合同相关条款充分协商达成一致，旅行社不得将自己的意志强加给旅游者。 ③公平原则。指在设立权利义务、承担民事责任等方面应当公平、平等，合情合理，保证公平交易和公平竞争。 ④诚信原则。也称诚实信用原则，诚实是指旅行社在招徕、组织、接待旅游者时，不得对旅游者进行隐瞒、欺骗；信用是指旅行社应当善意地、全面地履行旅游合同，按照约定的旅游项目、标准或者档次提供服务。

三、旅行社的设立与变更

（一）旅行社的设立

1. 设立条件

《旅游法》第 28 条规定，设立旅行社，招徕、组织、接待旅游者，为其提供旅游服务，应当具备下列条件，取得旅游主管部门的许可，依法办理工商登记：

①有固定的经营场所；

②有必要的营业设施；

③有符合规定的注册资本；

④有必要的经营管理人员和导游；

⑤法律、行政法规规定的其他条件。

应具备条件	相关规定
有固定的经营场所	《旅行社条例实施细则》第 6 条规定，旅行社的经营场所应当符合下列要求： ①申请者拥有产权的营业用房，或者申请者租用的、租期不少于 1 年的营业用房； ②营业用房应当满足申请者业务经营的需要。
有必要的营业设施	《旅行社条例实施细则》第 7 条规定，旅行社的营业设施应当至少包括下列设施、设备： ① 2 部以上的直线固定电话； ②传真机、复印机； ③具备与旅游行政管理部门及其他旅游经营者联网条件的计算机。
有符合规定的注册资本	《旅行社条例》第 6 条：申请经营国内旅游业务和入境旅游业务的，应当取得企业法人资格，并且注册资本不少于 30 万元。
有必要的经营管理人员和导游	必要的经营管理人员指具有旅行社从业经历或者相关专业经历的经理人员和计调人员；必要的导游指有不低于旅行社在职员工总数 20% 且不少于 3 名、与旅行社签订固定期限或者无固定期限劳动合同的持有导游证的导游。
其他	法律、行政法规规定的其他条件。

2. 提交的文件

《旅行社条例实施细则》第 8 条规定，申请设立旅行社，经营国内旅游业务和入境旅游业务的，应当向省、自治区、直辖市旅游行政管理部门（以下简称“省级旅游行政管理部门”）提交下列文件：

①设立申请书，内容包括申请设立的旅行社的中英文名称及英文缩写，设立地址，企业形式、出资人、出资额和出资方式，申请人、受理申请部门的全称、申请书名称和申请的时间；

②法定代表人履历表及身份证明；

③企业章程；

④经营场所的证明；

⑤营业设施、设备的证明或者说明；

⑥工商行政管理部门出具的企业法人营业执照。

（二）旅行社的许可

许可类型	相关规定
申请经营国内旅游业务和入境旅游业务	《旅行社条例》第 7 条：申请经营国内旅游业务和入境旅游业务的，应当向所在地省、自治区、直辖市旅游行政管理部门或者其委托的设区的市级旅游行政管理部门提出申请，并提交符合本条例第 6 条规定的相关证明文件。受理申请的旅游行政管理部门应当自受理申请之日起 20 个工作日内作出许可或者不予许可的决定。予以许可的，向申请人颁发旅行社业务经营许可证；不予许可的，书面通知申请人并说明理由。

（续表）

许可类型	相关规定
申请经营出境旅游业务的特别规定	《旅行社条例》第 8 条：旅行社取得经营许可满 2 年，且未因侵害旅游者合法权益受到行政机关罚款以上处罚的，可以申请经营出境旅游业务。 《旅行社条例实施细则》第 10 条：旅行社申请出境旅游业务的，应当向国务院旅游行政主管部门提交经营旅行社业务满 2 年、且连续 2 年未因侵害旅游者合法权益受到行政机关罚款以上处罚的承诺书和经工商行政管理部门变更经营范围的《企业法人营业执照》。 《旅行社条例》第 9 条：申请经营出境旅游业务的，应当向国务院旅游行政主管部门或者其委托的省、自治区、直辖市旅游行政管理部门提出申请，受理申请的旅游行政管理部门应当自受理申请之日起 20 个工作日内作出许可或者不予许可的决定。予以许可的，向申请人换发旅行社业务经营许可证；不予许可的，书面通知申请人并说明理由。 《旅行社条例实施细则》第 10 条：旅行社取得出境旅游经营业务许可的，由国务院旅游行政主管部门换发旅行社业务经营许可证。
通过网络经营旅行社业务的规定	通过网络经营旅行社业务属于在线旅游。 《旅游法》第 48 条：通过网络经营旅行社业务的，应当依法取得旅行社业务经营许可，并在其网站主页的显著位置标明其业务经营许可证信息。 发布旅游经营信息的网站，应当保证其信息真实、准确。 《旅行社条例实施细则》第 29 条：旅行社以互联网形式经营旅行社业务的，除符合法律、法规规定外，其网站首页应当载明旅行社的名称、法定代表人、许可证编号和业务经营范围，以及原许可的旅游行政管理部门的投诉电话。

（三）登记事项变更及注销登记

《旅行社条例》第 12 条：旅行社变更名称、经营场所、法定代表人等登记事项或者终止经营的，应当到工商行政管理部门办理相应的变更登记或者注销登记，并在登记办理完毕之日起 10 个工作日内，向原许可的旅游主管部门备案，换领或者交回旅行社业务经营许可证。

四、旅行社的分支机构

旅行社的分支机构包括分社和服务网点。

《旅行社条例实施细则》第 18 条：旅行社分社（简称分社）及旅行社服务网点（简称服务网点），不具有法人资格，以设立分社、服务网点的旅行社（简称设立社）的名义从事《旅行社条例》规定的经营活动，其经营活动的责任和后果，由设立社承担。

（一）分社

类别	《旅行社条例实施细则》相关规定
设立条件	分社的设立应符合下列条件： ①固定的经营场所：申请者拥有产权的营业用房，或者申请者租用的、租期不少于 1 年的营业用房；营业用房应当满足申请者业务经营的需要。 ②必要的营业设施：2 部以上的直线固定电话；传真机、复印机；具备与旅游主管部门及其他旅游经营者联网条件的计算机。 ③分社的名称中应当包含设立社名称、分社所在地地名和“分社”或者“分公司”字样。

（续表）

类别	《旅行社条例实施细则》相关规定
备案登记	第 19 条规定，设立社向分社所在地工商行政管理部门办理分社设立登记后，应当持下列文件向分社所在地与工商登记同级的旅游行政管理部门备案： ①分社的《营业执照》； ②分社经理的履历表和身份证明； ③增存质量保证金的证明文件。 没有同级的旅游行政管理部门的，向上一级旅游行政管理部门备案。
备案后	第 24 条：分社备案后，受理备案的旅游行政管理部门应当向旅行社颁发《旅行社分社备案登记证明》。
地域限制	不受地域限制。
经营范围	不得超出设立社的经营范围，不得设立服务网点。
管理	第 25 条：对分社实行统一的人事、财务、招徕、接待制度规范。

（二）服务网点

类别	《旅行社条例实施细则》相关规定
设立条件	第 21 条：服务网点是指旅行社设立的，为旅行社招徕旅游者，并以旅行社的名义与旅游者签订旅游合同的门市部等机构。 第 22 条：服务网点应当设在方便旅游者认识和出入的公众场所。 服务网点的名称、标牌应当包括设立社名称、服务网点所在地地名等，不得含有使消费者误解为是旅行社或者分社的内容，也不得作易使消费者误解的简称。 服务网点应当在设立社的经营范围内，招徕旅游者、提供旅游咨询服务。
备案登记	第 23 条：设立社向服务网点所在地工商行政管理部门办理服务网点设立登记后，应当在 3 个工作日内，持下列文件向服务网点所在地与工商登记同级的旅游行政管理部门备案： ①服务网点的《营业执照》； ②服务网点经理的履历表和身份证明。 没有同级的旅游行政管理部门的，向上一级旅游行政管理部门备案。
备案后	第 24 条：服务网点备案后，受理备案的旅游行政管理部门应当向旅行社颁发《旅行社服务网点备案登记证明》。
地域限制	第 21 条：设立社可以在其所在地的省、自治区、直辖市行政区划内设立服务网点；设立社在其所在地的省、自治区、直辖市行政区划外设立分社的，可以在该分社所在地设区的市的行政区划内设立服务网点。分社不得设立服务网点。 设立社不得在前款规定的区域范围外，设立服务网点。
经营范围	不得从事招徕、咨询以外的活动。
管理	第 25 条：对服务网点实行统一管理、统一财务、统一招徕和统一咨询服务规范。

第二节　旅行社管理法律制度

一、旅行社经营许可证定义及管理

《旅游法》第 28 条规定，设立旅行社，应当具备规定的条件，取得旅游主管部门许可，依法办理工商登记。这表明，在我国旅行社业为许可经营行业。

（一）旅行社业务经营许可证的定义

旅行社业务经营许可证（以下简称“许可证”），指有许可权的旅游主管部门颁发的，证明持证人具有从事旅游业务经营资格的凭证。为保证许可证的权威性、严肃性和统一性，许可证和副本由国务院旅游主管部门制定统一样式，国家旅游主管部门和省级旅游主管部门分别印制。未取得旅行社业务经营许可证的，不得从事旅行社业务经营活动。

（二）旅行社业务经营许可证的管理

类别	相关规定
明示	《旅行社条例实施细则》第 26 条：旅行社及其分社、服务网点，应当将《旅行社业务经营许可证》《旅行社分社备案登记证明》或者《旅行社服务网点备案登记证明》，与营业执照一起，悬挂在经营场所的显要位置。 《旅游法》第 95 条：旅行社违反本法规定，未经许可经营旅行社业务的，由旅游主管部门或者市场监督管理部门责令改正，没收违法所得，并处 1 万元以上 10 万元以下罚款；违法所得 10 万元以上的，并处违法所得 1 倍以上 5 倍以下罚款；对有关责任人员，处 2000 元以上 2 万元以下罚款。 未经许可经营出境旅游、边境旅游业务的，除依照以上规定处罚外，并责令停业整顿；情节严重的，吊销旅行社业务经营许可证；对直接负责的主管人员，处 2000 元以上 2 万元以下罚款。 《旅行社条例实施细则》第 57 条：旅行社及其分社、服务网点未悬挂旅行社业务经营许可证、备案登记证明的，由县级以上旅游行政管理部门责令改正，可以处 1 万元以下的罚款。
不得非法转让、出租或者出借	非法转让是指旅行社没有通过法律、法规允许的转让方式、程序等要求转让业务经营许可的非法行为。 出租是指将旅行社业务经营许可证件租赁给他人使用并收取租金的非法行为。 出借是指无偿将旅行社业务经营许可证借给他人使用的非法行为。 《旅游法》第 30 条：旅行社不得出租、出借旅行社业务经营许可证，或者以其他形式非法转让旅行社业务经营许可。 《旅游法》第 95 条：旅行社违反本法规定，出租、出借旅行社业务经营许可证，或者以其他方式非法转让旅行社业务经营许可证的，由旅游主管部门或者市场监督管理部门责令改正、停业整顿，没收违法所得，并处 1 万元以上 10 万元以下罚款；违法所得 10 万元以上的，并处违法所得 1 倍以上 5 倍以下罚款；对有关责任人员，处 2000 元以上 2 万元以下罚款；情节严重的，吊销旅行社业务经营许可证；对直接负责的主管人员，处 2000 元以上 2 万元以下罚款。

（续表）

类别	相关规定
	违反《旅游法》《旅行社条例》及《旅行社条例实施细则》关于许可证规定的旅行社，被吊销旅行社业务经营许可证的，由做出处理决定的旅游主管部门通知市场监督管理部门吊销其营业执照。 《旅游法》第103条：旅行社违反本法规定受到吊销旅行社业务经营许可证处罚的旅行社的有关管理人员，自处罚之日起未逾3年的，不得重新从事旅行社业务。

二、旅游服务质量保证金制度

为加强对旅行社服务质量的监督和管理，保护旅游者的合法权益，《旅游法》第31条规定，旅行社应当按照规定交纳旅游服务质量保证金（以下简称“保证金”），用于旅游者权益损害赔偿和垫付旅游者人身安全遇有危险时紧急救助的费用。

（一）保证金的使用

类别	相关规定
含义	《旅游服务质量保证金存取管理办法》第2条：旅游服务质量保证金（简称“保证金”）是指根据《中华人民共和国旅游法》及《旅行社条例》的规定，由旅行社在指定银行缴存或由银行担保提供的一定数额用于旅游服务质量赔偿支付和团队旅游者人身安全遇有危险时紧急救助费用垫付的资金。
使用范围	《旅游法》第31条：旅行社应当按照规定交纳旅游服务质量保证金，用于旅游者权益损害赔偿和垫付旅游者人身安全遇有危险时紧急救助的费用。

（二）保证金的交纳

类别	《旅行社条例》相关规定
交纳期限	第13条第1款：旅行社应当自取得旅行社业务经营许可证之日起3个工作日内，在国务院旅游行政主管部门指定的银行开设专门的质量保证金账户，存入质量保证金，或者向作出许可的旅游行政管理部门提交依法取得的担保额度不低于相应质量保证金数额的银行担保。
交纳标准	第13条：经营国内旅游业务和入境旅游业务的旅行社，应当存入质量保证金20万元；经营出境旅游业务的旅行社，应当增存质量保证金120万元。 经营国内旅游业务、入境旅游业务和出境旅游业务的旅行社，应当存入保证金140万元。 第14条：旅行社每设立一个经营国内旅游业务和入境旅游业务的分社，应当向其质量保证金账户增存5万元；每设立一个经营出境旅游业务的分社，应当向其质量保证金账户增存30万元。
交纳方法	旅行社可从规定的两种交纳方法中自行选择。 ①将现金存入指定银行的专门账户。国务院旅游主管部门本着公开、公平、公正的原则，指定符合法律、法规规定并提出申请的中国国内商业银行作为保证金的存储银行。接受存储的银行应当为旅行社开设保证金专用账户。 ②提交银行担保。由旅行社向做出许可的旅游主管部门提交担保数额不低于保证金交纳标准的银行担保。规定该交纳方法的目的，是降低旅行社的经营成本、避免资金闲置而允许的一种信用支持。
存期	《旅行社条例实施细则》第14条：旅行社在银行存入质量保证金的，应当设立独立账户，存期由旅行社确定，但不得少于1年。账户存期届满1个月前，旅行社应当办理续存手续或者提交银行担保。

（三）保证金的管理

类别	相关规定
所有权归属	保证金属于交纳的旅行社所有。质量保证金的利息属于旅行社所有。
取款	《旅游服务质量保证金存取管理办法》第 11 条：旅行社因解散或破产清算、业务变更或撤减分社减交、3 年内未因侵害旅游者合法权益受到行政机关罚款以上处罚而降低保证金数额 50% 等原因，需要支取保证金时，须向许可的旅游行政主管部门提出，许可的旅游行政主管部门审核出具《旅游服务质量保证金取款通知书》。银行根据《旅游服务质量保证金取款通知书》，将相应数额的保证金退还给旅行社。
动态管理	为激励旅行社合法经营，形成有序的市场环境，促进旅游业健康发展，我国对保证金实行动态管理。具体方式包括降低交纳标准、退还已交纳的保证金和补足保证金两方面。

保证金动态管理	相关规定
标准降低和退还	《旅行社条例》第 17 条：旅行社自交纳或者补足质量保证金之日起 3 年内未因侵害旅游者合法权益受到行政机关罚款以上处罚的，旅游行政管理部门应当将旅游服务质量保证金的缴存数额降低 50%，并向社会公告。旅行社可凭省级旅游行政管理部门出具的凭证减少其质量保证金。
补足规定	《旅行社条例》第 18 条：旅行社在旅游行政管理部门使用质量保证金赔偿旅游者的损失，或者依法减少质量保证金后，因侵害旅游者合法权益受到行政机关罚款以上处罚的，应当在收到旅游行政管理部门补交质量保证金的通知之日起 5 个工作日内补足质量保证金。
存入、续存、增存规定	《旅行社条例实施细则》第 15 条：旅行社存入、续存、增存保证金后 7 个工作日内，应当向做出许可的旅游行政管理部门提交存入、续存、增存保证金的证明文件，以及与银行达成的使用保证金的协议。 《旅行社条例实施细则》第 16 条：旅行社符合《旅行社条例》第 17 条降低质量保证金数额规定条件的，原许可的旅游行政管理部门应当根据旅行社的要求，在 10 个工作日内向其出具降低质量保证金数额的文件。 《旅行社条例》第 48 条：违反本条例的规定，旅行社未在规定期限内向其质量保证金账户存入、增存、补足质量保证金或者提交相应的银行担保的，由旅游行政管理部门责令改正；拒不改正的，吊销旅行社业务经营许可证。

三、旅行社公告制度

旅行社公告制度，是指相关行政管理部门对其具体行政行为，通过报刊、网络或者其他形式向社会公开发布告知的管理制度。

《旅行社条例》第 42 条：旅游、工商、价格等行政管理部门应当及时向社会公告监督检查的情况。公告的内容包括旅行社业务经营许可证的颁发、变更、吊销、注销情况，旅行社的违法经营行为以及旅行社的诚信记录、旅游者投诉信息等。

类别	《旅行社条例实施细则》相关规定
公告的部门	第 54 条：《旅行社条例》第 17 条、第 42 条规定的各项公告，县级以上旅游行政管理部门应当通过本部门或者上级旅游行政管理部门的政府网站向社会发布。
具体内容和期限	第 54 条：质量保证金存缴数额降低、旅行社业务经营许可证的颁发、变更和注销的，国务院旅游行政主管部门或者省级旅游行政管理部门应当在作出许可决定或者备案后 20 个工作日内向社会公告。 旅行社违法经营或者被吊销旅行社业务经营许可证的，由作出行政处罚决定的旅游行政管理部门，在处罚生效后 10 个工作日内向社会公告。 旅游者对旅行社的投诉信息，由处理投诉的旅游行政管理部门每季度向社会公告。

四、旅行社市场监督管理制度

（一）旅行社的监管部门及其职责

旅行社市场监督管理制度是指对旅行社及旅行社业务经营活动进行监督管理。实行以旅游管理部门为主管部门的分级管理、相关行政部门与旅游主管部门共同负责监管，在各自的权限范围内依法对旅行社行使监管权，对违法行为做出处理的制度。

1. 职责

国务院旅游主管部门负责全国旅行社的监督管理工作。按照属地管理的原则，地方各级旅游主管部门负责本行政辖区内旅行社的监管工作。

①国务院旅游主管部门的主要监管职责是：贯彻执行相关旅行社的法律、法规；制定有关旅行社监管的部门规章、政策、标准；审批旅行社经营出境旅游业务；依法对旅行社及其业务经营活动行使监管权；负责查处违反条例并在全国范围内有重大影响的违法行为。

②县级以上地方人民政府旅游主管部门的主要监管职责是：贯彻执行相关旅行社的法律、法规和规章；依法对旅行社及其业务经营活动行使监管权；负责查处本行政区域内违反条例的违法行为。其中，对在全省或全市范围内有重大影响的，由省级或者市级旅游局负责查处。

2. 相关行政管理部门及其职责

市场监督、价格、商务、外汇等相关部门应按职责分工，依法对旅行社进行监管。例如，市场监督管理机关作为企业登记的主管部门，有权对旅行社相关登记事宜实施监管；企业低于成本经营的违法行为，价格部门依法有权监管。

（二）旅行社的监管部门的权利与义务

1. 监管部门的权利

《旅游法》第 85 条：县级以上人民政府旅游主管部门有权对下列事项实施监督检查：

①经营旅行社业务以及从事导游、领队服务是否取得经营、执业许可；

②旅行社的经营行为；

③导游和领队等旅游从业人员的服务行为；

④法律、法规规定的其他事项。

旅游主管部门依照前款规定实施监督检查，可以对涉嫌违法的合同、票据、账簿以及其他资料进行查阅、复制。

第 87 条：对依法实施的监督检查，有关单位和个人应当配合，如实说明情况并提供文件、资料，不得拒绝、阻碍和隐瞒。

《旅行社条例》第 44 条：旅行社及其分社应当接受旅游行政管理部门对其旅游合同、服务质量、旅游安全、财务账簿等情况的监督检查，并按照国家有关规定向旅游行政管理部门报送经营和财务信息等统计资料。

2. 监管部门的义务

义务	《旅游法》相关规定
及时公告的义务	第 89 条：旅游主管部门和有关部门应当按照各自职责，及时向社会公布监督检查的情况。
持证监管的义务	第 86 条：旅游主管部门和有关部门依法实施监督检查，其监督检查人员不得少于二人，并应当出示合法证件。监督检查人员少于二人或者未出示合法证件的，被检查单位和个人有权拒绝。
秉公执法的义务	第 84 条：旅游主管部门履行监督管理职责，不得违反法律、行政法规的规定向监督管理对象收取费用。 旅游主管部门及其工作人员不得参与任何形式的旅游经营活动
依法保密的义务	第 86 条：监督检查人员对在监督检查中知悉的被检查单位的商业秘密和个人信息应当依法保密。

3. 旅行社行业组织的监督管理

旅行社行业组织，指旅行社为实现本行业的共同利益和共同目标，在自愿加入的基础上组成的民间组织。

《旅游法》第 90 条：依法成立的旅游行业组织依照法律、行政法规和章程的规定，制定行业经营规范和服务标准，对其会员的经营行为和服务质量进行自律管理，组织开展职业道德教育和业务培训，提高从业人员素质。

第三节　旅行社经营规则

一、旅行社的权利

旅行社的权利	说明
自主签订旅游合同的权利	旅行社有权自主地与任何团体和个人（旅游者）签订旅游服务合同。在此类合同关系中，旅行社与合同另一方当事人法律地位平等，应按平等、自愿、等价有偿的原则履行合同。
收取合理旅游费用的权利	旅游费用是旅行社提供服务的报酬。旅行社有权向因未按旅游合同约定参加旅游活动的旅游者收取违约金，也有权向因旅游者自身行为造成旅行社损失的旅游者提出索赔要求。

（续表）

旅行社的权利	说明
要求旅游者正确履行旅游合同的权利	旅行社有权要求旅游者按照包价旅游合同规定的时间、路线、方式进行旅游，有权要求旅游者遵守法律、法规的相关规定。具体包括： ①要求旅游者如实提供旅游所必需的个人信息，按时提交相关证明文件； ②要求旅游者遵守旅游合同约定的旅游行程安排，妥善保管随身物品； ③出现突发公共事件或者其他危急情形，以及旅行社因违反旅游合同约定采取补救措施时，要求旅游者配合处理防止扩大损失，以将损失降到最低限度； ④拒绝旅游者提出的超出旅游合同约定的不合理要求； ⑤制止旅游者违背旅游目的地的法律、风俗习惯的言行； ⑥对于损害其合法权益的旅游者，有权要求赔偿其合理损失。

二、旅行社的义务

旅行社的义务	相关规定
警示、告知义务	《旅行社条例》第 39 条：旅行社对可能危及旅游者人身、财产安全的事项，应当向旅游者作出真实的说明和明确的警示，并采取防止危害发生的必要措施。 发生危及旅游者人身安全的情形的，旅行社及其委派的导游人员、领队人员应当采取必要的处置措施并及时报告旅游行政管理部门；在境外发生的，还应当及时报告中华人民共和国驻该国使领馆、相关驻外机构、当地警方。
报告及协助义务	《旅游法》第 55 条：旅游经营者组织、接待出入境旅游，发现旅游者从事违法活动；出境旅游者在境外非法滞留，随团出境的旅游者擅自分团、脱团；入境旅游者在境内非法滞留，随团入境的旅游者擅自分团、脱团的，应当及时向公安机关、旅游主管部门或者我国驻外机构报告。 《旅行社条例》第 40 条：旅游者在境外滞留不归的，旅行社委派的领队人员应当及时向旅行社和中华人民共和国驻该国使领馆、相关驻外机构报告。旅行社接到报告后应当及时向旅游行政管理部门和公安机关报告，并协助提供非法滞留者的信息。 旅行社接待入境旅游发生旅游者非法滞留我国境内的，应当及时向旅游行政管理部门、公安机关和外事部门报告，并协助提供非法滞留者的信息。 《旅游法》第 99 条规定，旅行社未履行报告义务的，由旅游主管部门处 5000 元以上 5 万元以下罚款；情节严重的，责令停业整顿或者吊销旅行社业务经营许可证；对直接负责的主管人员和其他直接责任人员，处 2000 元以上 2 万元以下罚款，并暂扣或者吊销导游证。 《旅行社条例》第 64 条：因妨害国（边）境管理受到刑事处罚的，在刑罚执行完毕之日起 5 年内不得从事旅行社业务经营活动；旅行社被吊销旅行社业务经营许可的，其主要负责人在旅行社业务经营许可被吊销之日起 5 年内不得担任任何旅行社的主要负责人。
提示义务	①提示旅游意外险 《旅游法》第 61 条：旅行社应当提示参加团队旅游的旅游者按照规定投保人身意外伤害保险。 《旅行社条例实施细则》第 46 条：为减少自然灾害等意外风险给旅游者带来的损害，旅行社在招徕、接待旅游者时，可以提示旅游者购买旅游意外保险。 鼓励旅行社依法取得保险代理资格，并接受保险公司的委托，为旅游者提供购买人身意外伤害保险的服务。 ②提示文明旅游 《旅行社条例实施细则》第 48 条：在旅游行程中，旅行社及其委派的导游人员、领队人员应当提示旅游者遵守文明旅游公约和礼仪。

三、旅行社的经营规范

（一）依法从事旅游经营活动

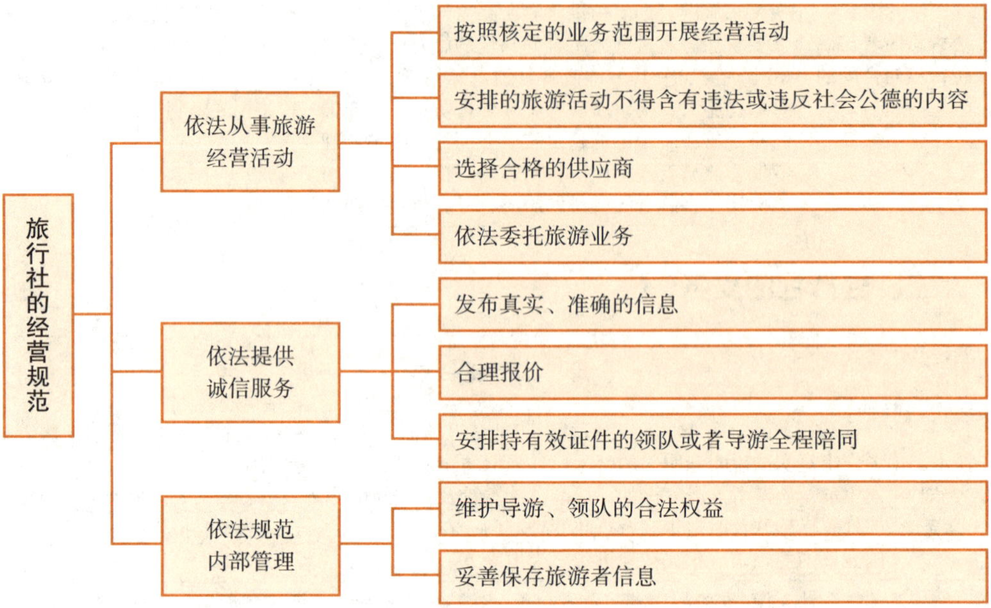

要求	相关规定
按照核定的业务范围开展经营活动	旅行社应当按照核定的业务范围开展经营活动，严禁超范围经营。 超范围经营包括： ①未取得相应的旅行社业务经营许可，经营境内旅游、出境旅游、边境旅游、入境旅游、其他旅游业务； ②分社超出设立分社的旅行社的经营范围经营旅游业务的； ③旅行社服务网点从事招徕、咨询以外的旅行社业务经营活动的； ④外商投资旅行社违规经营中国内地居民出境、边境旅游业务及赴港、澳、台旅游业务； ⑤经营出境、边境旅游业务的旅行社组织旅游者到国务院旅游主管部门公布的中国公民出境、边境旅游目的地之外的国家和地区旅游。 《旅游法》第 95 条：未经许可经营旅行社业务的，由旅游主管部门或者市场监督管理部门责令改正，没收违法所得，并处 1 万元以上 10 万元以下罚款；违法所得 10 万元以上的，并处违法所得 1 倍以上 5 倍以下罚款；对有关责任人员，处 2000 元以上 2 万元以下罚款。 旅行社未经许可经营出境旅游、边境旅游业务的，除依照前款规定处罚外，并责令停业整顿；情节严重的，吊销旅行社业务经营许可证；对直接负责的主管人员，处 2000 元以上 2 万元以下罚款。
安排的旅游活动不得含有违法或违反社会公德的内容	《旅游法》第 33 条：旅行社及其从业人员组织、接待旅游者，不得安排参观或者参与违反我国法律、法规和社会公德的项目或者活动。 《旅行社条例》第 26 条：旅行社为旅游者安排或者介绍的旅游活动不得含有违反有关法律、法规规定的内容。

（续表）

要求	相关规定
	《旅游法》第101条：旅行社违反本法规定，安排旅游者参观或者参与违反我国法律、法规和社会公德的项目或者活动的，由旅游主管部门责令改正，没收违法所得，责令停业整顿，并处2万元以上20万元以下罚款；情节严重的，吊销旅行社业务经营许可证；对直接负责的主管人员和其他直接责任人员，处2000元以上2万元以下罚款，并暂扣或者吊销导游证。
选择合格的供应商	《旅游法》第34条：旅行社组织旅游活动应当向合格的供应商订购产品和服务。 《旅游法》第97条：旅行社向不合格的供应商订购产品和服务的，由旅游主管部门或者有关部门责令改正，没收违法所得，并处5000元以上5万元以下的罚款；违法所得5万元以上的，并处违法所得1倍以上5倍以下罚款；情节严重的，责令停业整顿或者吊销旅行社业务经营许可证；对直接负责的主管人员和其他直接责任人员，处2000元以上2万元以下罚款。
依法委托旅游业务	《旅行社条例》第36条：旅行社需要对旅游业务作出委托的，应当委托给具有相应资质的旅行社，征得旅游者的同意，并与接受委托的旅行社就接待旅游者的事宜签订委托合同，确定接待旅游者的各项服务安排及其标准，约定双方的权利、义务。 《旅行社条例》第55条：旅行社将旅游业务委托给不具有相应资质的旅行社，由旅游主管部门责令改正，处2万元以上10万元以下罚款；情节严重的，责令停业整顿1个月至3个月。 《旅行社条例》第37条：旅行社将旅游业务委托给其他旅行社的，应当向接受委托的旅行社支付不低于接待和服务成本的费用；接受委托的旅行社不得接待不支付或者不足额支付接待和服务费用的旅游团队。 接受委托的旅行社违约，造成旅游者合法权益受到损害的，作出委托的旅行社应当承担相应的赔偿责任。作出委托的旅行社赔偿后，可以向接受委托的旅行社追偿。 接受委托的旅行社故意或者重大过失造成旅游者合法权益损害的，应当承担连带责任。 《旅行社条例》第62条规定，违反本条例的规定，有下列情形之一的，由旅游行政管理部门责令改正，停业整顿1个月至3个月；情节严重的，吊销旅行社业务经营许可证： ①旅行社不向接受委托的旅行社支付接待和服务费用的； ②旅行社向接受委托的旅行社支付的费用低于接待和服务成本的； ③接受委托的旅行社接待不支付或者不足额支付接待和服务费用的旅游团队的。

（二）依法提供诚信服务

要求	相关规定
发布真实、准确的信息	《旅游法》第32条：旅行社为招徕、组织旅游者发布信息，必须真实、准确，不得进行虚假宣传，误导旅游者。 《旅游法》第48条第2款：发布旅游经营信息的网站，应当保证其信息真实、准确。 《旅行社条例》第24条：旅行社向旅游者提供的旅游服务信息必须真实可靠，不得作虚假宣传。 《旅游法》的规定既适用于通过网络经营旅行社业务的旅行社，也适用于不经营旅行社业务，仅为旅行社提供平台，代为发布线路、产品信息的互联网。此外，实体旅行社在其网站发布相关旅游经营信息也应当遵守该规定。 《旅游法》第97条：旅行社进行虚假宣传，误导旅游者的，由旅游主管部门或者有关部门责令改正，没收违法所得，并处5000元以上5万元以下罚款；违法所得5万元以上的，并处违法所得1倍以上5倍以下罚款；情节严重的，责令停业整顿或者吊销旅行社业务经营许可证；对直接负责的主管人员和其他直接责任人员，处2000元以上2万元以下罚款。

（续表）

要求	相关规定
合理报价	《旅游法》第 35 条：旅行社不得以不合理的低价组织旅游活动，诱骗旅游者，并通过安排购物或者另行付费旅游项目获取回扣等不正当利益。 旅行社组织、接待旅游者，不得指定具体购物场所，不得安排另行付费旅游项目。但是，经双方协商一致或者旅游者要求，且不影响其他旅游者行程安排的除外。 发生违反前两款规定情形的，旅游者有权在旅游行程结束后 30 日内，要求旅行社为其办理退货并先行垫付退货货款，或者退还另行付费旅游项目的费用。 《旅行社条例》第 27 条：旅行社不得以低于旅游成本的报价招徕旅游者。未经旅游者同意，旅行社不得在旅游合同约定之外提供其他有偿服务。 《旅游法》第 98 条：旅行社违反本法第 35 条规定的，由旅游主管部门责令改正，没收违法所得，责令停业整顿，并处 3 万元以上 30 万元以下罚款；违法所得 30 万元以上的，并处违法所得 1 倍以上 5 倍以下罚款；情节严重的，吊销旅行社业务经营许可证；对直接负责的主管人员和其他直接责任人员，没收违法所得，处 2000 元以上 2 万以下罚款，并暂扣或者吊销导游证。
安排持有效证件的领队或者导游全程陪同	《旅游法》第 36 条：旅行社组织团队出境旅游或者组织、接待团队入境旅游，应当按照规定安排领队或者导游全程陪同。 《旅行社条例》第 31 条：旅行社为接待旅游者委派的导游人员，应当持有国家规定的导游证。取得出境旅游业务经营许可的旅行社为组织旅游者出境旅游委派的领队，应当取得导游证，具有相应的学历、语言能力和旅游从业经历，并与委派其从事领队业务的旅行社订立劳动合同。旅行社应当将本单位领队名单报所在地设区的市级旅游行政管理部门备案。 《旅游法》第 96 条规定，旅行社违反本法规定，有下列行为之一的，由旅游主管部门责令改正，没收违法所得，并处 5000 元以上 5 万元以下罚款；情节严重的，责令停业整顿或者吊销旅行社业务经营许可证；对直接负责的主管人员和其他直接责任人员，处 2000 元以上 2 万元以下罚款： ①未按照规定为出境或者入境团队旅游安排领队或者导游全程陪同的； ②安排未取得导游证的人员提供导游服务或者安排不具备领队条件的人员提供领队服务的； ③未向临时聘用的导游支付导游服务费用的； ④要求导游垫付或者向导游收取费用的。

（三）依法规范内部管理

要求	相关规定
维护导游、领队的合法权益	《旅游法》第 38 条：旅行社应当与其聘用的导游依法订立劳动合同，支付劳动报酬，缴纳社会保险费用。 旅行社临时聘用导游为旅游者提供服务的，应当全额向导游支付本法第 60 条第 3 款规定的导游服务费用。 旅行社安排导游为团队旅游提供服务的，不得要求导游垫付或者向导游收取任何费用。 《旅行社条例》第 32 条：旅行社聘用导游人员、领队人员应当依法签订劳动合同，并向其支付不低于当地最低工资标准的报酬。 《旅游法》第 96 条规定，旅行社违反本法规定，有下列行为之一的，由旅游主管部门责令改正，没收违法所得，并处 5000 元以上 5 万元以下罚款；情节严重的，责令停业整顿或者吊销旅行社业务经营许可证；对直接负责的主管人员和其他直接责任人员，处 2000 元以上 2 万元以下罚款： ①未按照规定为出境或者入境团队旅游安排领队或者导游全程陪同的； ②安排未取得导游证的人员提供导游服务或者安排不具备领队条件的人员提供领队服务的； ③未向临时聘用的导游支付导游服务费用的； ④要求导游垫付或者向导游收取费用的。

（续表）

要求	相关规定
妥善保存旅游者信息	《旅行社条例实施细则》第 50 条：旅行社应当妥善保存《旅行社条例》规定的招徕、组织、接待旅游者的各类合同及相关文件、资料，以备县级以上旅游行政管理部门核查。 前款所称的合同及文件、资料的保存期，应当不少于 2 年。 旅行社不得向其他经营者或者个人，泄露旅游者因签订旅游合同提供的个人信息；超过保存期限的旅游者个人信息资料，应当妥善销毁。 《旅行社条例实施细则》第 65 条：违反本实施细则第 50 条的规定，未妥善保存各类旅游合同及相关文件、资料，保存期不够 2 年，或者泄露旅游者个人信息的，由县级以上旅游行政管理部门责令改正，没收违法所得，处违法所得 3 倍以下但最高不超过 3 万元的罚款；没有违法所得的，处 1 万元以下的罚款。

四、旅行社服务质量赔偿标准

为了提高旅游服务质量，规范旅行社经营，保护旅游者合法权益，2011 年 4 月 12 日，国务院旅游主管部门印发《旅行社服务质量赔偿标准》（旅办发〔2011〕44 号）。旅行社不履行合同或者履行合同不符合约定的服务质量标准，旅游者和旅行社对赔偿标准未做出合同约定的，旅游主管部门或者旅游质监执法机构在处理相关旅游投诉时，参照适用赔偿标准。

因旅行社原因不能成行的	时间规定	支付旅游费用总额违约金比例
境内旅游应提前 7 日（不含 7 日）通知旅游者，否则应向旅游者全额退还预付旅游费用，并按规定向旅游者支付违约金。	出发前 7 日（含 7 日）至 4 日	10%
	出发前 3 日至 1 日	15%
	出发当日	20%
出境旅游（含赴台游）应提前 30 日（不含 30 日）通知旅游者，否则应向旅游者全额退还预付旅游费用，并按规定向旅游者支付违约金。	出发前 30 日至 15 日	2%
	出发前 14 日至 7 日	5%
	出发前 6 日至 4 日	10%
	出发前 3 日至 1 日	15%
	出发当日	20%
旅行社与旅游者订立合同或收取旅游者预付旅游费用后，因旅行社原因不能成行的，旅行社应在合理期限内通知旅游者，否则按上列标准承担赔偿责任。		

类别	《旅行社服务质量赔偿标准》规定的违约金
旅行社擅自转团、拼团的	第 5 条：旅行社未经旅游者同意，擅自将旅游者转团、拼团的，旅行社应向旅游者支付旅游费用总额 25% 的违约金。解除合同的，还应向未随团出行的旅游者全额退还预付旅游费用，向已随团出行的旅游者退还未实际发生的旅游费用。
歧视性收费的	第 6 条：在同一旅游行程中，旅行社提供相同服务，因旅游者的年龄、职业等差异增收费用的，旅行社应返还增收的费用。
因旅行社的原因未乘坐交通工具的	第 7 条：因旅行社原因造成旅游者未能乘坐预定的公共交通工具的，旅行社应赔偿旅游者的直接经济损失，并支付直接经济损失 20% 的违约金。

（续表）

类别	《旅行社服务质量赔偿标准》规定的违约金
安排的旅游活动和服务不符合约定的	第 8 条：旅行社安排的旅游活动及服务档次与合同不符，造成旅游者经济损失的，旅行社应退还旅游者合同金额与实际花费的差额，并支付同额违约金。
提供的服务不符合标准的	第 9 条：导游或领队未按照国家或旅游行业对旅游者服务标准提供导游或者领队服务，影响旅游服务质量的，旅行社应向旅游者支付旅游费用总额 1% 至 5% 的违约金，本赔偿标准另有规定的除外。
违反合同约定的	第 10 条规定，旅行社及导游或领队违反旅行社与旅游者的合同约定，损害旅游者合法权益的，旅行社按下述标准承担赔偿责任： ①擅自缩短游览时间、遗漏旅游景点、减少旅游服务项目的，旅行社应赔偿未完成约定旅游服务项目等合理费用，并支付同额违约金。遗漏无门票景点的，每遗漏一处旅行社向旅游者支付旅游费用总额 5% 的违约金。 ②未经旅游者签字确认，擅自安排合同约定以外的用餐、娱乐、医疗保健、参观等另行付费项目的，旅行社应承担另行付费项目的费用。 ③未经旅游者签字确认，擅自违反合同约定增加购物次数、延长停留时间的，每次向旅游者支付旅游费用总额 10% 的违约金。 ④强迫或者变相强迫旅游者购物的，每次向旅游者支付旅游费用总额 20% 的违约金。 ⑤旅游者在合同约定的购物场所所购物品系假冒伪劣商品的，旅行社应负责挽回或赔偿旅游者的直接经济损失。 ⑥私自兜售商品，旅行社应全额退还旅游者购物价款。
中止提供旅游服务的	第 10 条：旅行社违反合同约定，中止对旅游者提供住宿、用餐、交通等旅游服务的，应当负担旅游者在被中止旅游服务期间所订的同等级别的住宿、用餐、交通等必要费用，并向旅游者支付旅游费用总额 30% 的违约金。

第四节　在线旅游经营服务管理暂行规定

《在线旅游经营服务管理暂行规定》已经 2020 年 7 月 20 日文化和旅游部部务会议审议通过，自 2020 年 10 月 1 日起施行。

《在线旅游经营服务管理暂行规定》第 1 条：为保障旅游者合法权益，规范在线旅游市场秩序，促进在线旅游行业可持续发展，依据《中华人民共和国旅游法》《中华人民共和国消费者权益保护法》《中华人民共和国网络安全法》《中华人民共和国电子商务法》《旅行社条例》等相关法律、行政法规，制定本规定。

一、在线旅游经营者的概念

第 3 条：本规定所称在线旅游经营者，是指从事在线旅游经营服务的自然人、法人和非法人组织，包括在线旅游平台经营者、平台内经营者以及通过自建网站、其他网络服务提供旅游服务的经营者。

本规定所称平台经营者，是指为在线旅游经营服务交易双方或者多方提供网络经营场所、交易撮合、信息发布等服务的法人或者非法人组织。

本规定所称平台内经营者，是指通过平台经营者提供旅游服务的在线旅游经营者。

二、适用范围、经营原则及政策支持

类别	《在线旅游经营服务管理暂行规定》相关规定
适用范围	第 2 条：在中华人民共和国境内提供在线旅游经营服务，适用本规定。 本规定所称在线旅游经营服务，是指通过互联网等信息网络为旅游者提供包价旅游服务或者交通、住宿、餐饮、游览、娱乐等单项旅游服务的经营活动。
经营原则	第 4 条：在线旅游经营者提供在线旅游经营服务，应当遵守社会主义核心价值观的要求，坚守人身财产安全、信息内容安全、网络安全等底线，诚信经营、公平竞争，承担产品和服务质量责任，接受政府和社会的监督。
监管	在线旅游经营服务的监管主体为文化和旅游部、县级以上地方文化和旅游主管部门。 第 5 条：文化和旅游部按照职责依法负责全国在线旅游经营服务的指导、协调、监管工作。县级以上地方文化和旅游主管部门按照职责分工负责本辖区内在线旅游经营服务的监督管理工作。

三、在线旅游经营者运营、法律责任的规定

（一）信息采集、核验与信息监管管理

类别	《在线旅游经营服务管理暂行规定》相关规定
游客信息采集	第 14 条：在线旅游经营者应当保护旅游者个人信息等数据安全，在收集旅游者信息时事先明示收集旅游者个人信息的目的、方式和范围，并经旅游者同意。 在线旅游经营者在签订包价旅游合同或者出境旅游产品代订合同时，应当提示旅游者提供紧急联络人信息。
在线旅游经营者信息管理	第 8 条：在线旅游经营者发现法律、行政法规禁止发布或者传输的信息，应当立即停止传输该信息，采取消除等处置措施防止信息扩散，保存有关记录并向主管部门报告。 平台经营者应当对上传至平台的文字、图片、音视频等信息内容加强审核，确保平台信息内容安全。 《中华人民共和国网络安全法》（以下简称《网络安全法》）第 68 条有关规定，在线旅游经营者对法律、行政法规禁止发布或者传输的信息未停止传输、采取消除等处置措施、保存有关记录的，由有关主管部门责令改正，给予警告，没收违法所得；拒不改正或者情节严重的，处 10 万元以上 50 万元以下罚款，并可以责令暂停相关业务、停业整顿、关闭网站、吊销相关业务许可证或者吊销营业执照，对直接负责的主管人员和其他直接责任人员处 1 万元以上 10 万元以下罚款。
平台经营者信息核验与监管	第 11 条：平台经营者应当对平台内经营者的身份、地址、联系方式、行政许可、质量标准等级、信用等级等信息进行真实性核验、登记，建立登记档案，并定期核验更新。 平台经营者应当督促平台内经营者对其旅游辅助服务者的相关信息进行真实性核验、登记。 第 28 条第 2 款：平台经营者未对平台内经营者资质进行审核，或者未对旅游者尽到安全提示或保障义务，造成旅游者合法权益损害的，依法承担相应责任。 《中华人民共和国电子商务法》（以下简称《电子商务法》）第 80 条规定，平台经营者不依法履行核验、登记义务的，由县级以上文化和旅游主管部门责令限期改正；逾期不改正的，处 2 万元以上 10 万元以下的罚款；情节严重的，责令停业整顿，并处 10 万元以上 50 万元以下的罚款。

（二）安全保护、网络安全等级保护、保险投保等安全管理

类别	《在线旅游经营服务管理暂行规定》相关规定
安全保护义务	第 7 条：在线旅游经营者应当依法建立旅游者安全保护制度，制定应急预案，结合有关政府部门发布的安全风险提示等信息进行风险监测和安全评估，及时排查安全隐患，做好旅游安全宣传与引导、风险提示与防范、应急救助与处置等工作。 第 28 条第 2 款：平台经营者未对平台内经营者资质进行审核，或者未对旅游者尽到安全提示或保障义务，造成旅游者合法权益损害的，依法承担相应责任。 第 30 条：因不可抗力或者第三人造成旅游者损害的，在线旅游经营者应当及时进行救助。在线旅游经营者未及时进行救助造成旅游者损害的，依法承担相应责任。旅游者接受救助后，依法支付应当由个人承担的费用。
网络安全等级保护制度	第 9 条：在线旅游经营者应当按照《网络安全法》等相关法律规定，贯彻网络安全等级保护制度，落实网络安全管理和技术措施，制定网络安全应急预案，并定期组织开展演练，确保在线旅游经营服务正常开展。
保险制度	第 17 条：经营旅行社业务的在线旅游经营者应当投保旅行社责任险。 在线旅游经营者应当提示旅游者投保人身意外伤害保险。销售出境旅游产品时，应当为有购买境外旅游目的地保险需求的旅游者提供必要协助。 在线旅游经营者未依法投保旅行社责任保险的，《旅游法》第 97 条规定，由县级以上文化和旅游主管部门责令改正，没收违法所得，并处 5000 元以上 5 万元以下罚款；违法所得 5 万元以上的，并处违法所得 1 倍以上 5 倍以下罚款；情节严重的，责令停业整顿或者吊销旅行社业务经营许可证；对直接负责的主管人员和其他直接责任人员，处 2000 元以上 2 万元以下罚款。

（三）打击虚假宣传、不合理低价游、价格歧视（大数据杀熟）等管理制度

类别	《在线旅游经营服务管理暂行规定》相关规定
虚假宣传	第 12 条：在线旅游经营者应当提供真实、准确的旅游服务信息，不得进行虚假宣传；未取得质量标准、信用等级的，不得使用相关称谓和标识。平台经营者应当以显著方式区分标记自营业务和平台内经营者开展的业务。 在线旅游经营者为旅游者提供交通、住宿、游览等预订服务的，应当建立公开、透明、可查询的预订渠道，促成相关预订服务依约履行。 第 34 条：在线旅游经营者违反本规定第 12 条第 1 款有关规定，未取得质量标准、信用等级使用相关称谓和标识的，由县级以上文化和旅游主管部门责令改正，给予警告，可并处 3 万元以下罚款。
不合理低价游	第 18 条：在线旅游经营者应当协助文化和旅游主管部门对不合理低价游进行管理，不得为其提供交易机会。 第 36 条：在线旅游经营者违反本规定第 18 条规定，为以不合理低价组织的旅游活动提供交易机会的，由县级以上文化和旅游主管部门责令改正，给予警告，可并处 3 万元以下罚款。
价格歧视	第 15 条：在线旅游经营者不得滥用大数据分析等技术手段，基于旅游者消费记录、旅游偏好等设置不公平的交易条件，侵犯旅游者合法权益。

（四）处理措施规定

《在线旅游经营服务管理暂行规定》第 20 条：社交网络平台、移动应用商店等信息网

络提供者知道或者应当知道他人利用其服务从事违法违规在线旅游经营服务，或者侵害旅游者合法权益的，应当采取删除、屏蔽、断开链接等必要措施。

第 28 条第 1 款：平台经营者知道或者应当知道平台内经营者不符合保障旅游者人身、财产安全要求或者有其他侵害旅游者合法权益行为，未及时采取必要措施的，依法与该平台内经营者承担连带责任。

第 22 条规定，平台经营者发现以下情况，应当立即采取必要的救助和处置措施，并依法及时向县级以上文化和旅游主管部门报告：

①提供的旅游产品或者服务存在缺陷，危及旅游者人身、财产安全的；

②经营服务过程中发生突发事件或者旅游安全事故的；

③平台内经营者未经许可经营旅行社业务的；

④出现法律、法规禁止交易的产品或者服务的；

⑤其他应当报告的事项。

第 33 条规定，平台经营者有下列情形之一的，由县级以上文化和旅游主管部门依照《中华人民共和国电子商务法》第 80 条的规定处理：

①违反本规定第 11 条第 1 款规定，不依法履行核验、登记义务的；

②违反本规定第 22 条规定，不依法对违法情形采取必要处置措施或者未报告的；

③违反本规定第 19 条规定，不依法履行商品和服务信息、交易信息保存义务的。

（五）其他规定

类别	《在线旅游经营服务管理暂行规定》相关规定
保障旅游者的评价权	第 13 条：在线旅游经营者应当保障旅游者的正当评价权，不得擅自屏蔽、删除旅游者对其产品和服务的评价，不得误导、引诱、替代或者强制旅游者做出评价，对旅游者做出的评价应当保存并向社会公开。在线旅游经营者删除法律、法规禁止发布或者传输的评价信息的，应当在后台记录和保存。
信用监管	第 19 条：平台经营者应当对平台内经营者服务情况、旅游合同履行情况以及投诉处理情况等产品和服务信息、交易信息依法进行记录、保存，进行动态管理。 第 33 条规定，平台经营者有下列情形之一的，由县级以上文化和旅游主管部门依照《电子商务法》第 80 条的规定处理： ①违反本规定第 11 条第 1 款规定，不依法履行核验、登记义务的； ②违反本规定第 22 条规定，不依法对违法情形采取必要处置措施或者未报告的； ③违反本规定第 19 条规定，不依法履行商品和服务信息、交易信息保存义务的。
资质审核	第 10 条：在线旅游经营者经营旅行社业务的，应当依法取得旅行社业务经营许可。 第 32 条：在线旅游经营者违反本规定第 10 条规定，未依法取得旅行社业务经营许可开展相关业务的，由县级以上文化和旅游主管部门依照《旅游法》第 95 条的规定处理。 《旅游法》第 95 条：违反本法规定，未经许可经营旅行社业务的，由旅游主管部门或者市场监督管理部门责令改正，没收违法所得，并处 1 万元以上 10 万元以下罚款；违法所得 10 万元以上的，并处违法所得 1 倍以上 5 倍以下罚款；对有关责任人员，处 2000 元以上 2 万元以下罚款。

（续表）

类别	《在线旅游经营服务管理暂行规定》相关规定
纠纷解决	第 21 条：平台经营者应当在首页显著位置公示全国旅游投诉渠道。 平台内经营者与旅游者发生旅游纠纷的，平台经营者应当积极协助旅游者维护合法权益。鼓励平台经营者先行赔付。
合同签订	第 16 条：在线旅游经营者为旅游者提供包价旅游服务的，应当依法与旅游者签订合同，并在全国旅游监管服务平台填报合同有关信息。 第 35 条：违反本规定第 16 条规定，未在全国旅游监管服务平台填报包价旅游合同有关信息的，由县级以上文化和旅游主管部门责令改正，给予警告；拒不改正的，处 1 万元以下罚款。

四、监督检查

在线旅游经营服务的监督检查主体主要有县级以上文化和旅游主管部门、在线旅游经营行业组织。

（一）文化和旅游主管部门

类别	《在线旅游经营服务管理暂行规定》相关规定
执法检查及权利、义务	第 23 条：各级文化和旅游主管部门应当建立日常检查、定期检查以及与相关部门联合检查的监督管理制度，依法对在线旅游经营服务实施监督检查，查处违法违规行为。 在监督检查过程中，县级以上文化和旅游主管部门要求在线旅游经营者提供相关数据信息的，在线旅游经营者应当予以配合。县级以上文化和旅游主管部门应当采取必要措施保护数据信息的安全。
监督执法及惩罚	第 24 条：县级以上文化和旅游主管部门对有不诚信经营、侵害旅游者评价权、滥用技术手段设置不公平交易条件等违法违规经营行为的在线旅游经营者，可以通过约谈等行政指导方式予以提醒、警示、制止，并责令其限期整改。
管辖范围	第 25 条：在线旅游经营服务违法行为由实施违法行为的经营者住所地县级以上文化和旅游主管部门管辖。不能确定经营者住所地的，由经营者注册登记地或者备案地、旅游合同履行地县级以上文化和旅游主管部门管辖。 受理在线旅游经营服务相关投诉，参照前款处理。
信用监管	第 26 条：县级以上文化和旅游主管部门依法建立在线旅游行业信用档案，将在线旅游经营者市场主体登记、行政许可、抽查检查、列入经营异常名录或者严重违法失信企业名单、行政处罚等信息依法列入信用记录，适时通过全国旅游监管服务平台或者本部门官方网站公示，并与相关部门建立信用档案信息共享机制，依法对严重违法失信者实施联合惩戒措施。

（二）行业组织管理

《在线旅游经营服务管理暂行规定》第 27 条：支持在线旅游经营者成立行业组织，并按照本组织章程依法制定行业经营规范和服务标准，加强行业自律，推动行业诚信建设和服务质量评价，监督、引导本行业经营者公平参与市场竞争。

第五节　文化和旅游市场信用管理规定

《文化和旅游市场信用管理规定》已经2021年10月25日文化和旅游部部务会议审议通过，现予发布，自2022年1月1日起施行。

《文化和旅游市场信用管理规定》第1条：为规范和加强文化和旅游市场信用管理，保护各类市场主体、从业人员和消费者合法权益，维护文化和旅游市场秩序，促进文化和旅游市场高质量发展，根据《中华人民共和国旅游法》《中华人民共和国未成年人保护法》《营业性演出管理条例》《娱乐场所管理条例》《互联网上网服务营业场所管理条例》《旅行社条例》等相关法律法规，制定本规定。

一、实施原则、适用范围及管理主体

（一）实施原则及适用范围

类别	《文化和旅游市场信用管理规定》相关规定
实施原则	第2条：文化和旅游主管部门实施信用管理，应当坚持依法行政、合理关联、保护权益、审慎适度原则，确保奖惩措施与守信失信行为相当。
适用范围	第3条：本规定适用于文化和旅游市场主体和从业人员的信用信息的采集、归集、公开和共享，守信激励和失信惩戒，信用修复，信用承诺和信用评价等活动。 文化市场主体包括从事营业性演出、娱乐场所、艺术品、互联网上网服务、网络文化、社会艺术水平考级等经营活动的法人或者其他组织；从业人员包括上述市场主体的法定代表人、主要负责人、实际控制人等有关人员。 旅游市场主体包括从事旅行社经营服务、A级旅游景区经营服务、旅游住宿经营服务、在线旅游经营服务的法人或者其他组织；从业人员包括上述市场主体的法定代表人、主要负责人、实际控制人以及导游等有关人员。

（二）管理主体及职责

管理主体	《文化和旅游市场信用管理规定》具体职责
国家主管部门	第4条规定，文化和旅游部信用管理部门负责指导协调和监督管理全国文化和旅游市场信用管理工作。具体职责包括： ①承担文化和旅游行业信用体系建设工作，拟定行业信用体系建设规划并组织实施，实施行业信用监管，统筹推进信用联合奖惩； ②组织起草文化和旅游市场信用管理规章制度、标准规范等，开展信用监督检查； ③承担社会信用体系建设部际联席会议相关工作，开展文化和旅游市场失信主体认定工作； ④负责管理文化和旅游市场信用信息采集、归集、公开和共享工作； ⑤负责管理信用承诺、信用评价、守信激励和失信惩戒、信用修复等工作； ⑥负责建设管理全国文化和旅游市场信用管理系统，负责信用信息安全管理，组织开展信用信息分析与监测工作； ⑦开展诚信文化建设，指导组织信用培训和宣传等工作。

（续表）

管理主体	《文化和旅游市场信用管理规定》具体职责
地方政府	第 5 条：县级以上地方人民政府文化和旅游主管部门负责本行政区域内文化和旅游市场信用管理工作。 具体职责包括： ①负责本行政区域文化和旅游市场信用管理制度规范的组织实施，开展本行政区域文化和旅游市场失信主体认定工作； ②开展本行政区域内信用信息采集、归集、公开和共享工作，组织开展信用承诺、信用评价、守信激励和失信惩戒、信用修复等工作； ③组织开展本行政区域诚信文化建设、信用信息分析与监测、信用培训和宣传等工作。
其他机构	第 6 条：鼓励行业协会商会、第三方信用服务机构、金融机构、新闻媒体等各类单位和个人依法参与信用管理。鼓励各类市场主体在生产经营活动中广泛、主动地应用信用报告。 支持行业协会商会开展行业信用建设。支持行业协会商会对认定为失信主体的会员采取公开谴责、取消评优评先资格等行业自律措施，加强诚信宣传教育。

二、信用信息采集与归集

类别	《文化和旅游市场信用管理规定》相关规定
分工	第 7 条：文化和旅游部建立全国文化和旅游市场主体和从业人员信用信息记录。 地方各级文化和旅游主管部门负责补充完善信用信息记录，管理本行政区域内信用信息有关工作。 第 10 条：文化和旅游主管部门应当通过全国文化和旅游市场信用管理系统归集职责范围内的相关信用信息。
原则	第 9 条：文化和旅游主管部门应当按照“谁管理、谁采集”的要求，依法依职责采集相关信用信息，任何单位和个人不得违法违规采集。
内容	第 8 条规定，文化和旅游市场信用信息包括下列信息： ①注册登记、备案等用以识别、记载市场主体和从业人员基本情况的信息； ②司法裁判仲裁执行信息； ③行政许可、行政处罚信息； ④与其他部门实施联合奖惩的信息； ⑤信用评价结果信息、信用承诺履行情况信息； ⑥其他反映市场主体和从业人员信用状况的相关信息。

三、失信主体认定及程序

《文化和旅游市场信用管理规定》第 11 条：文化和旅游市场失信主体分为严重失信主体和轻微失信主体。

（一）严重失信主体认定情形及程序

类别	《文化和旅游市场信用管理规定》相关规定
严重失信主体认定情形（文化市场类）	第12条规定，文化市场主体和从业人员有下列情形之一的，应当将其认定为严重失信主体： ①因欺骗、故意隐匿、伪造、变造材料等不正当手段取得许可证、批准文件的，或者伪造、变造许可证、批准文件的； ②提供含有法律、行政法规、规章禁止的内容，造成严重后果的； ③受到文化和旅游主管部门吊销许可证行政处罚的； ④擅自从事营业性演出、娱乐场所、互联网上网服务等文化市场经营活动，特别是造成重大事故或者恶劣社会影响的； ⑤其他应当认定为严重失信主体的情形。
严重失信主体认定情形（旅游市场类）	第13条规定，旅游市场主体和从业人员有下列情形之一的，应当将其认定为严重失信主体： ①因欺骗、故意隐匿、伪造、变造材料等不正当手段取得许可证、批准文件的，或者伪造、变造许可证、批准文件的； ②发生重大安全事故，属于旅游市场主体主要责任的； ③因侵害旅游者合法权益，造成游客滞留或者严重社会不良影响的； ④受到文化和旅游主管部门吊销旅行社业务经营许可证、导游证行政处罚的； ⑤未经许可从事旅游市场经营活动，特别是造成重大事故或者恶劣社会影响的； ⑥其他应当认定为严重失信主体的情形。
严重失信主体认定程序	第14条规定，文化和旅游主管部门将市场主体和从业人员认定为严重失信主体，应当遵守以下程序规定： ①告知。经查证符合严重失信主体认定标准的，应当向文化和旅游市场主体和从业人员送达《严重失信主体认定告知书》，载明认定理由、依据、惩戒措施和当事人享有的陈述、申辩权利。 ②陈述与申辩。当事人在被告知的10个工作日内有权向认定部门提交书面陈述、申辩及相关证明材料，逾期不提交的，视为放弃。认定部门应当在15个工作日内给予答复。陈述、申辩理由被采纳的，不认定为严重失信主体。 ③认定。符合严重失信主体认定标准的，经专家评估、法制审核、集体讨论等程序，依法在15个工作日内作出决定。 ④决定与送达。认定部门应当向当事人出具《严重失信主体认定决定书》并送达。

（二）轻微失信主体认定情形及程序

类别	《文化和旅游市场信用管理规定》相关规定
轻微失信主体认定情形	第15条规定，文化和旅游市场主体和从业人员有下列情形之一的，应当认定为轻微失信主体： ①存在"捂票炒票"、虚假宣传、未履行相关义务、违反公序良俗等行为，造成不良社会影响的； ②因故意或者重大过失严重损害旅游者合法权益，但尚不符合严重失信主体认定情形的； ③在旅游经营活动中存在安全隐患，未在指定期限内整改完毕的； ④拒不配合投诉处置、执法检查，拒不履行行政处罚决定，造成不良社会影响的； ⑤12个月内受到文化和旅游主管部门两次较大数额罚款行政处罚，造成不良社会影响的； ⑥其他应当认定为轻微失信主体的情形。 12个月内第3次认定为轻微失信主体的，应当认定为严重失信主体。
轻微失信主体认定程序	第16条：符合轻微失信主体认定标准的，由县级以上地方人民政府文化和旅游主管部门依法作出决定。认定部门应当向行政相对人出具《轻微失信主体认定决定书》并送达。 符合轻微失信主体认定标准的，在作出决定前，经文化和旅游主管部门约谈督促，改正违法行为、履行赔偿补偿义务、挽回社会不良影响的，可以不认定为轻微失信主体。

四、信用管理措施

主体	《文化和旅游市场信用管理规定》相关规定
守信良好主体	第 17 条：文化和旅游主管部门对守信情况良好的市场主体和从业人员，可以采取加强宣传、公开鼓励、提供便利服务等激励措施。
文化市场类严重失信主体	第 18 条规定，文化和旅游主管部门对文化市场严重失信主体实施下列管理措施： ①适当提高抽查比例和频次，纳入重点监管对象； ②将失信信息提供给有关部门查询，供其在相关行政管理、公共服务、评优评先等活动中参考使用； ③将失信信息提供给各类市场主体查询，供其在市场活动中参考使用； ④因擅自从事娱乐场所经营活动而被认定为严重失信主体的，其投资人和负责人终身不得投资开办娱乐场所或者担任娱乐场所的法定代表人、负责人； ⑤因擅自设立互联网上网服务营业场所经营单位而被认定为严重失信主体的，其法定代表人或者主要负责人 5 年内不得担任互联网上网服务营业场所经营单位的法定代表人或者主要负责人； ⑥因被吊销营业性演出许可证而被认定为严重失信主体的，当事人为单位的，其法定代表人、主要负责人 5 年内不得担任文艺表演团体、演出经纪机构或者演出场所经营单位的法定代表人、主要负责人； ⑦因营业性演出含有禁止内容被吊销营业性演出许可证而被认定为严重失信主体的，不得再次从事营业性演出或者营业性演出的居间、代理、行纪活动； ⑧因被吊销或者撤销娱乐经营许可证而被认定为严重失信主体的，其法定代表人、主要负责人 5 年内不得担任娱乐场所的法定代表人、负责人； ⑨因被吊销《网络文化经营许可证》而被认定为严重失信主体的，其法定代表人或者主要负责人 5 年内不得担任互联网上网服务营业场所经营单位的法定代表人或者主要负责人； ⑩法律、行政法规和党中央、国务院政策文件规定的其他管理措施。
旅游市场类严重失信主体	第 19 条规定，文化和旅游主管部门对旅游市场严重失信主体实施下列管理措施： ①适当提高抽查比例和频次，纳入重点监管对象； ②将失信信息提供给有关部门查询，供其在相关行政管理、公共服务、评优评先等活动中参考使用； ③将失信信息提供给各类市场主体查询，供其在市场活动中参考使用； ④旅行社因被吊销旅行社业务经营许可证而被认定为严重失信主体的，其主要负责人 5 年内不得担任任何旅行社的主要负责人； ⑤导游、领队因被吊销导游证而被认定为严重失信主体的，旅行社有关管理人员因旅行社被吊销旅行社业务经营许可证而被认定为严重失信主体的，自处罚之日起 3 年内不得重新申请导游证或者从事旅行社业务； ⑥旅行社因侵犯旅游者合法权益受到罚款以上行政处罚而被认定为严重失信主体的，自处罚之日起 2 年内不得申请出境旅游业务； ⑦法律、行政法规和党中央、国务院政策文件规定的其他管理措施。
轻微失信主体	第 20 条规定，文化和旅游主管部门对轻微失信主体实施下列管理措施： ①依据法律、行政法规和党中央、国务院政策文件，在审查行政许可、资质资格等时作为参考因素； ②加大日常监管力度，提高随机抽查的比例和频次； ③将失信信息提供给有关部门查询，供其在相关行政管理、公共服务等活动中参考使用； ④在行政奖励、授予称号等方面予以重点审查； ⑤法律、行政法规和党中央、国务院政策文件规定的其他管理措施。

（续表）

主体	《文化和旅游市场信用管理规定》相关规定
期限	第 21 条：对严重失信主体实施信用管理措施的期限为 3 年，对轻微失信主体实施信用管理措施的期限为 1 年。法律法规另有规定的，从其规定。

五、信用信息公开与共享

类别	《文化和旅游市场信用管理规定》相关规定
公开与共享原则	第 22 条：文化和旅游市场信用信息的公开与共享坚持合法、必要、安全原则，防止信息泄露，不得侵犯商业秘密和个人隐私。 第 23 条：失信主体信息应当按照“谁认定、谁公开”原则通过全国文化和旅游市场信用管理系统等渠道公开。 法律法规另有规定的，从其规定。 第 24 条：文化和旅游部信用管理部门应当建立健全信用信息查询、应用和反馈机制，推进信用信息与其他有关部门共享，实施信用联合奖惩。 各级文化和旅游主管部门有关职能部门、文化市场综合执法机构，应当将执法信息等相关信用信息及时与同级文化和旅游信用管理部门共享。
信用信息查询及更正	第 25 条：公民、法人和其他组织有权查询与自身相关的信用信息。文化和旅游主管部门应当依法依规为查询提供便利。 认定部门或者信用信息归集管理部门发现信用信息有误的，应当及时主动更正。 公民、法人和其他组织认为自己的信用信息有误时，有权向认定部门申请更正相关信息。认定部门应当在收到实名提交的书面更正申请之日起 5 个工作日内作出是否更正的决定。

六、信用修复

类别	《文化和旅游市场信用管理规定》相关规定
修复条件	第 26 条规定，符合以下条件的，认定部门应当主动进行信用修复： ①实施信用管理措施期限届满； ②认定为失信主体的依据被撤销或者变更，不符合认定为失信主体标准的； ③因为政策变化或者法律法规修订，已经不适宜认定为失信主体的； ④其他应当主动修复的情形。 信用修复应当通过全国文化和旅游市场信用管理系统进行。
修复程序	第 27 条规定，文化和旅游市场失信主体积极进行合规整改、纠正失信行为、消除不良影响、接受信用修复培训、作出信用承诺的，可以向认定部门提出信用修复申请并遵循以下程序： ①申请。有关市场主体和从业人员可以向认定部门提出信用修复申请，说明事实和理由，提交信用修复申请书、培训记录、纠正失信行为等有关材料。 ②受理。认定部门收到申请后，应当于 10 个工作日内予以受理。不符合条件的不予受理并说明理由。 ③核查。认定部门应当自受理之日起 10 个工作日内，采取线上、书面、实地等方式检查核实。必要时，可以组织开展约谈或者指导。 ④决定。认定部门应当自核查完成之日起 5 个工作日内作出准予信用修复或者不予信用修复的决定，不予信用修复的应当说明理由。 ⑤修复。认定部门应当自作出准予信用修复决定之日起 5 个工作日内，解除对失信主体的相关管理措施。

（续表）

类别	《文化和旅游市场信用管理规定》相关规定
不予修复情形	第 28 条规定，具有下列情形之一的，不予信用修复： ①认定为严重失信主体不满 6 个月的、认定为轻微失信主体不满 3 个月的； ②因违反相关法律法规规定，依法被限制或者禁止行业准入期限尚未届满的； ③距离上一次信用修复时间不到 1 年的； ④申请信用修复过程中存在弄虚作假、故意隐瞒事实等欺诈行为的； ⑤申请信用修复过程中又因同一原因受到行政处罚，造成不良社会影响的； ⑥法律法规和党中央、国务院政策文件明确规定不可修复的。

七、信用评价与信用承诺

类别	《文化和旅游市场信用管理规定》相关规定
信用评价	第 29 条：文化和旅游部根据工作需要，制定行业信用评价制度和规范，组织开展信用评价，实施分级分类管理。各级文化和旅游主管部门在职责范围内开展信用评价工作。 鼓励行业协会商会、第三方信用服务机构等具备条件的机构依法依规参与信用评价。 第 30 条：鼓励各部门在评优评先、人员招聘、试点示范等方面优先选择信用评价较好的市场主体和从业人员。 鼓励和支持有关机构积极利用信用评价结果，拓展信用应用场景。
信用承诺	第 31 条：文化和旅游主管部门在行政管理、政务服务等工作中应当规范应用信用承诺，将文化和旅游市场主体和从业人员的承诺履约情况记入信用信息记录，作为监督管理的重要依据。 文化和旅游市场主体和从业人员被认定为严重失信主体或者曾经作出虚假承诺的，不适用信用承诺的有关规定。

易错考题小试牛刀

1.（单选题）出境旅游，旅行社在出发前 15 日通知旅游者中止旅游的，应向旅游者全额退还预付旅游费用，并支付旅游费用总额（　）的违约金。

A.2%　　B.10%　　C.15%　　D.20%

2.（单选题）旅行社安排的旅游活动及服务档次与合同不符，造成旅游者经济损失的，旅行社应退还旅游者合同金额与实际花费的差额，并支付（　）违约金。

A.10%　　B.20%　　C.30%　　D. 同额

3.（单选题）根据《文化和旅游市场信用管理规定》，因擅自设立互联网上网服务营业场所经营单位而被认定为严重失信主体的，其法定代表人或者主要负责人（　）年内不得担任互联网上网服务营业场所经营单位的法定代表人或者主要负责人。

A.1　　B.3　　C.5　　D.7

4.（单选题）根据《文化和旅游市场信用管理规定》，文化和旅游主管部门应当按照"（　）"的要求，依法依职责采集相关信用信息，任何单位和个人不得违法违规采集。

A. 谁管理、谁采集　　B. 谁收集、谁整理

C. 谁使用、谁负责　　D. 谁采集、谁负责

5.（单选题）依据《在线旅游经营服务管理暂行规定》，平台内经营者与旅游者发生旅游纠纷的，平台经营者应当积极协助旅游者维护合法权益。鼓励（　）先行赔付。

A. 平台经营者　　B. 平台内经营者

C. 平台内经营者和平台经营者　　D. 平台内经营者或平台经营者

6.（单选题）旅行社未履行报告义务的，由旅游主管部门处（　）罚款。

A.2000 元以上 2 万元以下　　B.3000 元以上 3 万元以下

C.5000 元以上 5 万元以下　　D.1 万元以上 10 万元以下

7.（单选题）旅行社自交纳或者补足质量保证金之日起（　）内未因侵害旅游者合法权益受到行政机关罚款以上处罚的，旅游行政管理部门应当将旅游服务质量保证金的缴存数额降低（　），并向社会公告。

A.1 年；30%　　B.3 年；50%　　C.3 年；30%　　D.2 年；50%

8.（多选题）旅行社违反《旅游法》规定，要求导游垫付或者向导游收取费用的，由旅游主管部门责令改正，（　）。

A. 没收违法所得，并处 2000 元以上 2 万元以下罚款

B. 没收违法所得，并处 5000 元以上 5 万元以下罚款

C. 情节严重的，责令停业整顿或者吊销旅行社业务经营许可证

D. 对直接负责的主管人员和其他直接负责人员，处 2000 元以上 2 万元以下罚款

E. 对直接负责的主管人员和其他直接负责人员，处 5000 元以上 2 万元以下罚款

【答案】1.A　2.D　3.C　4.A　5.A　6.C　7.B　8.BCD

第六章
导游管理法律制度

【考试大纲】

- **熟悉：**《中华人民共和国旅游法》《旅行社条例》《导游人员管理条例》《导游管理办法》关于导游资格考试制度的规定。
- **掌握：**导游执业许可和导游执业管理，导游执业保障与激励，导游从事领队服务的条件，导游的权利和义务及其相关法律责任的规定。

【历年分值】

年份	判断（题）	单选（题）	多选（题）	分值（分）	分值占比（%）
2018	0	4	2	4	8.00
2019	2	5	2	5.5	10.78
2020	2	4	2	5	9.62
2023	3	3	2	5	10.31

第一节　导游资格考试与执业许可制度

《导游人员管理条例》第 2 条：导游是指依照条例规定取得导游证，接受旅行社委派，为旅游者提供向导、讲解及相关旅游服务的人员。

具体而言：

①依法取得导游证，是担任导游工作的前提条件。只有参加导游资格考试合格，并取得导游证的人，才能从事导游工作。

②接受旅行社委派，是导游的主要特征。只有接受旅行社的委派从事导游活动的人，其合法从业权才能受到法律保护，私自承揽导游业务进行导游活动的行为将受到法律的追究。

③为旅游者提供向导、讲解及相关旅游服务，是导游的工作范围。向导是指引路、带路；讲解是指解说、指点风景名胜；相关旅游服务一般是指代办各种旅行证件和手续、代购交通票据、安排旅游行程等与旅行游览有关的各种活动。

2017 年 11 月 1 日原国家旅游局公布了自 2018 年 1 月 1 日起施行的《导游管理办法》。

一、导游资格考试制度

资格考试制度即导游从业资格核准制度，指欲从事导游职业者通过本人申请并按照规定的程序参加全国统一的导游资格考试，考试合格并经国务院旅游主管部门审核批准，方可取得从业资格的管理制度。

类别	相关规定
导游资格考试的报考条件	《导游人员管理条例》第 3 条：国家实行全国统一的导游人员资格考试制度。 具有高级中学、中等专业学校或者以上学历，身体健康，具有适应导游需要的基本知识和语言表达能力的中华人民共和国公民，可以参加导游人员资格考试。
导游资格考试的监督管理	《导游管理办法》第 6 条：国务院旅游主管部门负责制定全国导游资格考试政策、标准，组织导游资格统一考试，以及对地方各级旅游主管部门导游资格考试实施工作进行监督管理。 省、自治区、直辖市旅游主管部门负责组织、实施本行政区域内导游资格考试具体工作。
导游资格证书的颁发	《导游人员管理条例》第 3 条：经考试合格的，由国务院旅游主管部门或者国务院旅游主管部门委托省、自治区、直辖市人民政府旅游主管部门颁发导游人员资格证书。 导游资格证终身有效。

二、导游执业许可制度

（一）从事导游服务的执业条件

《旅游法》第 37 条规定，参加导游资格考试成绩合格，与旅行社订立劳动合同或者在相关旅游行业组织注册的人员，可以申请取得导游证。

从事导游服务条件	说明
参加导游资格考试成绩合格	经过导游资格考试合格，取得国务院旅游主管部门颁发的导游资格证书，是从事导游职业的前提条件。
取得导游证	依法取得导游证是进行导游活动的必备条件，没有取得导游证，不得为谋取经济利益从事导游活动。 申领导游证的两种途径： ①与旅行社订立劳动合同； ②在相关旅游行业组织注册。相关旅游行业组织可以是导游协会、旅游协会的导游分会或导游工作部门等。

（二）从事领队服务的执业条件

《旅游法》第 39 条：从事领队业务，应当取得导游证，具有相应的学历、语言能力和旅游从业经历，并与委派其从事领队业务的取得出境旅游业务经营许可的旅行社订立劳动合同。

从事领队服务条件	说明
取得导游证	取得导游证是导游从事领队服务的前提条件。取得导游证，表明具备了从事领队职业的基本素质。
具有相应的学历、语言能力和旅游从业经历	《旅行社条例实施细则》第 31 条规定，旅行社为组织旅游者出境旅游委派的领队，应当具备下列条件： ①取得导游证； ②具有大专以上学历； ③取得相关语言水平测试等级证书或通过外语语种导游资格考试，但为赴港澳台地区旅游委派的领队除外； ④具有两年以上旅行社业务经营、管理或者导游等相关从业经历； ⑤与委派其从事领队业务的取得出境旅游业务经营许可的旅行社订立劳动合同。 赴台旅游领队还应当符合《大陆居民赴台湾地区旅游管理办法》规定的要求。
与旅行社订立劳动合同	《旅行社条例实施细则》第 33 条：领队从事领队业务，应当接受与其订立劳动合同的取得出境旅游业务许可的旅行社委派，并携带导游证、佩戴导游身份标识。 这表明我国目前只允许旅行社的正式员工从事领队职业。

（三）不予颁发导游证的情形

情形	法律规定
无民事行为能力或者限制民事行为能力的	执业的导游要行使法定权利，承担法定义务，不具备完全民事行为能力的人是不能履行导游职务的。
患有甲类、乙类以及其他可能危害旅游者人身健康安全的传染性疾病的	旅游主管部门不得向患有传染性疾病的申请人颁发导游证，是由导游这一职业的特性决定的。导游为旅游者提供向导、讲解及相关旅游服务，在旅游活动中与旅游者朝夕相处，若患有传染性疾病，就可能将其患有的疾病传染给旅游者，造成交叉传染。

（续表）

情形	法律规定
受过刑事处罚的，过失犯罪的除外	过失犯罪的人虽然也受到过刑罚的制裁，但仍然可以申请领取导游证，旅游主管部门也可以对其颁发导游证。
被吊销导游证之日起未逾3年的	《旅游法》第103条：违反本法规定被吊销导游证的导游、领队和受到吊销旅行社业务经营许可证处罚的旅行社的有关管理人员，自处罚之日起未逾3年的，不得重新申请导游证或者从事旅行社业务。

（四）导游证的管理

类别	《导游管理办法》相关规定
电子导游证	第7条：取得导游人员资格证，并与旅行社订立劳动合同或者在旅游行业组织注册的人员，可以通过全国旅游监管服务信息系统向所在地旅游主管部门申请取得导游证。 导游证采用电子证件形式，由国家旅游局制定格式标准，由各级旅游主管部门通过全国旅游监管服务信息系统实施管理。电子导游证以电子数据形式保存于导游个人移动电话等移动终端设备中。 第8条规定，在旅游行业组织注册并申请取得导游证的人员，应当向所在地旅游行业组织提交下列材料： ①身份证； ②导游人员资格证； ③本人近期照片； ④注册申请。 旅游行业组织在接受申请人取得导游证的注册时，不得收取注册费；旅游行业组织收取会员会费的，应当符合《社会团体登记管理条例》等法律法规的规定，不得以导游证注册费的名义收取会费。 第9条：导游通过与旅行社订立劳动合同取得导游证的，劳动合同的期限应当在1个月以上。 第20条：导游在执业过程中应当携带电子导游证、佩戴导游身份标识，并开启导游执业相关应用软件。 第39条：导游身份标识，是指标识有导游姓名、证件号码等导游基本信息，以便于旅游者和执法人员识别身份的工作标牌，具体标准由国家旅游局制定
核发程序	第10条：申请取得导游证，申请人应当通过全国旅游监管服务信息系统填写申请信息，并提交下列申请材料： ①身份证的扫描件或者数码照片等电子版； ②未患有传染性疾病的承诺； ③无过失犯罪以外的犯罪记录的承诺； ④与经常执业地区的旅行社订立劳动合同或者在经常执业地区的旅游行业组织注册的确认信息。 前款第④项规定的信息，旅行社或者旅游行业组织应当自申请人提交申请之日起5个工作日内确认。 第39条：经常执业地区，是指导游连续执业或者3个月内累计执业达到30日的省级行政区域。 第11条：所在地旅游主管部门对申请人提出的取得导游证的申请，应当依法出具受理或者不予受理的书面凭证。需补正相关材料的，应当自收到申请材料之日起5个工作日内一次性告知申请人需要补正的全部内容；逾期不告知的，收到材料之日起即为受理。 所在地旅游主管部门应当自受理申请之日起10个工作日内，作出准予核发或者不予核发导游证的决定。不予核发的，应当书面告知申请人理由。

（续表）

类别	《导游管理办法》相关规定
导游证换发	第13条：导游证的有效期为3年。导游需要在导游证有效期届满后继续执业的，应当在有效期限届满前3个月内，通过全国旅游监管服务信息系统向所在地旅游主管部门提出申请，并提交本办法第10条第②项至第④项规定的材料。 旅行社或者旅游行业组织应当自导游提交申请之日起3个工作日内确认信息。所在地旅游主管部门应当自旅行社或者旅游行业组织核实信息之日起5个工作日内予以审核，并对符合条件的导游变更导游证信息。 第14条：导游与旅行社订立的劳动合同解除、终止或者在旅游行业组织取消注册的，导游及旅行社或者旅游行业组织应当自解除、终止合同或者取消注册之日起5个工作日内，通过全国旅游监管服务信息系统将信息变更情况报告旅游主管部门。
导游证信息变更	第15条规定，导游应当自下列情形发生之日起10个工作日内，通过全国旅游监管服务信息系统提交相应材料，申请变更导游证信息： ①姓名、身份证号、导游等级和语种等信息发生变化的； ②与旅行社订立的劳动合同解除、终止或者在旅游行业组织取消注册后，在3个月内与其他旅行社订立劳动合同或者在其他旅游行业组织注册的； ③经常执业地区发生变化的； ④其他导游身份信息发生变化的。 旅行社或者旅游行业组织应当自收到申请之日起3个工作日内对信息变更情况进行核实。所在地旅游主管部门应当自旅行社或者旅游行业组织核实信息之日起5个工作日内予以审核确认。 第21条：导游身份标识中的导游信息发生变化，导游应当自导游信息发生变化之日起10个工作日内，向所在地旅游主管部门申请更换导游身份标识。旅游主管部门应当自收到申请之日起5个工作日内予以确认更换。 导游身份标识丢失或者因磨损影响使用的，导游可以向所在地旅游主管部门申请重新领取，旅游主管部门应当自收到申请之日起10个工作日内予以发放或者更换。 第33条规定，违反本办法规定，导游有下列行为的，由县级以上旅游主管部门责令改正，并可以处1000元以下罚款；情节严重的，可以处1000元以上5000元以下罚款： ①未按期报告信息变更情况的； ②未申请变更导游证信息的； ③未更换导游身份标识的； ④不依照本办法第24条规定采取相应措施的； ⑤未按规定参加旅游主管部门组织的培训的； ⑥向负责监督检查的旅游主管部门隐瞒有关情况、提供虚假材料或者拒绝提供反映其活动情况的真实材料的； ⑦在导游服务星级评价中提供虚假材料的。 旅行社或者旅游行业组织有前款第①项和第②项规定行为的，依照前款规定处罚。
导游证撤销	第16条规定，有下列情形之一的，所在地旅游主管部门应当撤销导游证： ①对不具备申请资格或者不符合法定条件的申请人核发导游证的； ②申请人以欺骗、贿赂等不正当手段取得导游证的； ③依法可以撤销导游证的其他情形。
导游证注销	第17条规定，有下列情形之一的，所在地旅游主管部门应当注销导游证： ①导游死亡的； ②导游证有效期届满未申请换发导游证的； ③导游证依法被撤销、吊销的；

（续表）

类别	《导游管理办法》相关规定
	④导游与旅行社订立的劳动合同解除、终止或者在旅游行业组织取消注册后，超过3个月未与其他旅行社订立劳动合同或者未在其他旅游行业组织注册的； ⑤取得导游证后出现无民事行为能力或限制行为能力，患有甲类、乙类以及其他可能危害旅游者人身健康安全的传染性疾病的，受过刑事处罚情形的； ⑥依法应当注销导游证的其他情形。 导游证被注销后，导游符合法定执业条件需要继续执业的，应当依法重新申请取得导游证。
导游经常执业地区	第18条：导游的经常执业地区应当与其订立劳动合同的旅行社（含旅行社分社）或者注册的旅游行业组织所在地的省级行政区域一致。 导游证申请人的经常执业地区在旅行社分社所在地的，可以由旅行社分社所在地旅游主管部门负责导游证办理相关工作。

第二节　导游的权利义务与执业管理制度

一、导游的权利

导游的权利	相关规定
人身权	《导游人员管理条例》第10条、《导游管理办法》第26条规定，导游进行导游活动时，其人格尊严应当受到尊重，人身安全不受侵犯，合法权益受到保障。导游有权拒绝旅游者提出的侮辱其人格尊严、违反其职业道德、不符合我国民族风俗习惯或者危害其人身安全的不合理要求。旅行社等用人单位应当维护导游执业安全、提供必要的职业安全卫生条件，并为女性导游提供执业便利、实行特殊劳动保护。
劳动报酬权	《旅游法》第38条：旅行社应当与其聘用的导游依法订立劳动合同，支付劳动报酬，缴纳社会保险费用。 旅行社临时聘用导游为旅游者提供服务的，应当全额向导游支付本法第60条第3款规定的导游服务费用。 旅行社安排导游为团队旅游提供服务的，不得要求导游垫付或者向导游收取任何费用。 这表明： ①旅行社对与其明确了劳动合同关系的导游，应当支付劳动报酬、缴纳社会保险费用； ②旅行社对其临时聘用的导游，应当支付包价旅游合同约定的导游服务费； ③为确保导游获取劳动报酬的权利，旅行社不得要求导游垫付或者向导游收取费用。 《旅游法》第96条：旅行社发生未向临时聘用的导游支付导游服务费用的、要求导游垫付或者向导游收取费用的行为的，旅游主管部门将责令改正，没收违法所得，并处5000元以上5万元以下罚款；情节严重的，责令停业整顿或者吊销旅行社业务经营许可证；对直接负责的主管人员和其他直接责任人员，处2000元以上2万元以下罚款。
履行职务权	《旅行社条例实施细则》第49条规定，旅行社及其委派的导游人员、领队人员在经营、服务中享有下列权利： ①要求旅游者如实提供旅游所必需的个人信息，按时提交相关证明文件； ②要求旅游者遵守旅游合同约定的旅行行程安排，妥善保管随身物品；

（续表）

导游的权利	相关规定
	③出现突发公共事件或者其他危急情形，以及旅行社因违反旅游合同约定采取补救措施时，要求旅游者配合处理防止扩大损失，以将损失降低到最低程度； ④拒绝旅游者提出的超出旅游合同约定的不合理要求； ⑤制止旅游者违背旅游目的地的法律、风俗习惯的言行。
调整或变更接待计划权	《导游人员管理条例》第13条第2款：导游人员在引导旅游者旅行、游览过程中，遇有可能危及旅游者人身安全的紧急情形时，经征得多数旅游者的同意，可以调整或者变更接待计划，但是应当立即报告旅行社。 导游行使调整或变更接待计划权，应当特别注意四个限制条件： ①必须在引导旅游者旅行、游览的过程中。即旅游活动开始后、结束前。在旅游合同订立后，旅游活动开始前出现不利于旅游活动的情形，应由旅行社与旅游者协商，达成一致意见后，由旅行社调整、变更旅游接待计划。 ②必须是遇到有可能危及人身安全的紧急情形。 ③必须征得多数旅游者同意。通常，旅游合同一经双方确认后，应严格按约定履行，但发生了法定的紧急情形，为保证旅游者的人身安全，导游只要征得多数旅游者的同意，就可以行使该项权利。 ④必须立即报告旅行社。旅游接待计划是旅行社确定，并得到旅游者认可的，导游受旅行社委派执行旅游接待计划本无变更权，在法定情形下行使该权利应当立即报告旅行社，以得到旅行社的认可。

二、导游的职责、义务及相关违法处罚

（一）导游的职责

导游职责	相关规定
提高业务素质和职业技能	《导游人员管理条例》第7条第1款：导游人员应当不断提高自身业务素质和职业技能。
维护国家利益和民族尊严	《导游人员管理条例》第11条、《导游管理办法》第22条第1项规定，导游进行导游活动时，应当自觉维护国家利益和民族尊严，不得有损害国家利益和民族尊严的言行。热爱祖国、拥护社会主义制度、维护国家利益和民族尊严，不得有损害国家利益和民族尊严的言行，是导游必须具备的政治条件和业务要求。 《导游人员管理条例》第20条：导游人员进行导游活动时，有损害国家利益和民族尊严的言行的，由旅游行政部门责令改正；情节严重的，由省、自治区、直辖市人民政府旅游行政部门吊销导游证并予以公告；对该导游人员所在的旅行社给予警告直至责令停业整顿。
依约提供服务和讲解	《导游管理办法》第22条第3项规定，导游在执业过程中应按照旅游合同提供导游服务，讲解自然和人文资源知识、风俗习惯、宗教禁忌、法律法规和有关注意事项。 根据《旅游法》第58条、《导游人员管理条例》第13条规定，导游在执业过程中应当严格按照合同规定和旅行社确定的接待计划提供服务，安排旅游者的旅行、游览活动，不得擅自更改行程计划，不得诱导、欺骗、强迫或者变相强迫旅游者消费。 《导游人员管理条例》第12条第2款：导游人员进行导游活动时，应当向旅游者讲解旅游地点的人文和自然情况，介绍风土人情和习俗；但是，不得迎合个别旅游者的低级趣味，在讲解、介绍中掺杂庸俗下流的内容。

（续表）

导游职责	相关规定
	《导游人员管理条例》第22条规定，导游人员有下列情形之一的，由旅游行政部门责令改正，暂扣导游证3至6个月；情节严重的，由省、自治区、直辖市人民政府旅游行政部门吊销导游证并予以公告： ①擅自增加或者减少旅游项目的； ②擅自变更接待计划的； ③擅自中止导游活动的。
尊重旅游者的权利	《导游人员管理条例》第12条第1款、《导游管理办法》第22条第4项规定，导游人员进行导游活动时，应当遵守职业道德，着装整洁，礼貌待人，尊重旅游者的人格尊严、宗教信仰、民族风俗和生活习惯。
引导文明旅游	《旅游法》第41条第1款：导游和领队从事业务活动，应当佩戴导游证，遵守职业道德，尊重旅游者的风俗习惯和宗教信仰，应当向旅游者告知和解释旅游文明行为规范，引导旅游者健康、文明旅游，劝阻旅游者违反社会公德的行为。
警示、处置风险及突发事件	《导游人员管理条例》第14条：导游人员在引导旅游者旅行、游览过程中，应当就可能发生危及旅游者人身、财物安全的情况，向旅游者作出真实说明和明确警示，并按照旅行社的要求采取防止危害发生的措施。 《导游管理办法》第33条规定，突发事件发生后导游未采取必要处置措施的，由县级以上旅游主管部门责令改正，并可以处1000元以下罚款；情节严重的，可以处1000元以上5000元以下罚款。 《导游管理办法》第24条规定，旅游突发事件发生后，导游应当立即采取下列必要的处置措施： ①向本单位负责人报告，情况紧急或者发生重大、特别重大旅游突发事件时，可以直接向发生地、旅行社所在地县级以上旅游主管部门、安全生产监督管理部门和负有安全生产监督管理职责的其他相关部门报告； ②救助或者协助救助受困旅游者； ③根据旅行社、旅游主管部门及有关机构的要求，采取调整或者中止行程、停止带团前往风险区域、撤离风险区域等避险措施。

（二）导游的义务及相关违法处罚

义务	违法处罚
①提供导游服务应当接受委派 《旅游法》第40条：导游为旅游者提供服务必须接受旅行社委派，不得私自承揽导游和领队业务。 《导游管理办法》第19条：导游为旅游者提供服务应当接受旅行社委派，但另有规定的除外。	《旅游法》第102条规定，违反本法规定，未取得导游证或者不具备领队条件而从事导游、领队活动的，由旅游主管部门责令改正，没收违法所得，并处1000元以上1万元以下罚款，予以公告。 导游、领队违反本法规定，私自承揽业务的，由旅游主管部门责令改正，没收违法所得，处1000元以上1万元以下罚款，并暂扣或者吊销导游证。

（续表）

义务	违法处罚
②携带、佩戴有效执业证件 《旅游法》第 41 条第 1 款规定，导游和领队从事业务活动，应当佩戴导游证。 根据《导游管理办法》第 7、20 条规定，导游证均采用电子导游证的形式，由国务院旅游主管部门制定格式标准，同时向导游发放导游身份标识。导游在执业过程中应当携带电子导游证、佩戴导游身份标识，并开启导游执业相关应用软件。以醒目、直观地向旅游者证明其具有合法资格，便于旅游者、旅游经营者和旅游主管部门识别和监管。	《导游人员管理条例》第 21 条：导游人员进行导游活动时未佩戴导游证的，由旅游行政部门责令改正；拒不改正的，处 500 元以下的罚款。
③不安排违反法律和社会公德的旅游活动 旅行社及其从业人员组织、接待旅游者，不得安排参观或者参与涉及色情、赌博、毒品等违反我国法律、法规和社会公德的项目或者活动。	《旅游法》第 101 条：旅行社违反本法规定，安排旅游者参观或者参与违反我国法律、法规和社会公德的项目或者活动的，由旅游主管部门责令改正，没收违法所得，责令停业整顿，并处 2 万元以上 20 万元以下罚款；情节严重的，吊销旅行社业务经营许可证；对直接负责的主管人员和其他直接责任人员，处 2000 元以上 2 万元以下罚款，并暂扣或者吊销导游证。
④严格执行旅游行程安排 导游应当严格执行旅游行程安排，不得擅自变更旅游行程或者中止服务活动。但导游在引导旅游者旅行、游览过程中，遇有可能危及旅游者人身安全的紧急情形时，经征得多数旅游者的同意，可以调整或者变更接待计划，并应立即报告旅行社。 导游不得擅自中止导游活动。构成中止导游活动的行为，必须同时具备下列条件： ☆必须在导游活动已经开始尚未结束之前，是出现在执行接待计划过程中； ☆必须是擅自中止，这是中止导游活动的最主要特征。这就排除了由于旅行社的决定和其他外部作用的影响而导致的导游中止导游活动； ☆必须是彻底中止，即导游彻底放弃了原来的导游活动。如果导游因某种原因暂时放弃了正在进行的导游活动，待该原因消失后又继续进行导游活动的，是导游活动的中断。	《旅游法》第 100 条：在旅游行程中擅自变更旅游行程安排，严重损害旅游者权益的，由旅游主管部门对直接负责的主管人员和其他直接责任人员，处 2000 元以上 2 万元以下罚款，并暂扣或者吊销导游证。 《导游人员管理条例》第 22 条规定，导游人员有下列情形之一的，由旅游行政部门责令改正，暂扣导游证 3 至 6 个月；情节严重的，由省、自治区、直辖市人民政府旅游行政部门吊销导游证并予以公告： ☆擅自增加或者减少旅游项目的； ☆擅自变更接待计划的； ☆擅自中止导游活动的。

（续表）

义务	违法处罚
⑤不兜售物品及索要小费	《导游人员管理条例》第23条：导游人员进行导游活动，向旅游者兜售物品或者购买旅游者的物品的，或者以明示或者暗示的方式向旅游者索要小费的，由旅游行政部门责令改正，处1000元以上3万元以下的罚款；有违法所得的，并处没收违法所得；情节严重的，由省、自治区、直辖市人民政府旅游行政部门吊销导游证并予以公告；对委派该导游人员的旅行社给予警告直至责令停业整顿。 《旅游法》第102条：导游、领队违反本法规定，向旅游者索取小费的，由旅游主管部门责令退还，处1000元以上1万元以下罚款；情节严重的，并暂扣或者吊销导游证。 按照上位法优于下位法的原则，对于导游向旅游者索要小费的行为，应当按照《旅游法》对导游实施行政处罚。
⑥不诱导、欺骗、强迫或变相强迫消费	《旅游法》第98条：旅行社违反本法第35条规定的，由旅游主管部门责令改正，没收违法所得，责令停业整顿，并处3万元以上30万元以下罚款；违法所得30万元以上的，并处违法所得1倍以上5倍以下罚款；情节严重的，吊销旅行社业务经营许可证；对直接负责的主管人员和其他直接责任人员，没收违法所得，处2000元以上2万以下罚款，并暂扣或者吊销导游证。 《导游人员管理条例》第24条：导游人员进行导游活动，欺骗、胁迫旅游者消费或者与经营者串通欺骗、胁迫旅游者消费的，由旅游行政部门责令改正，处1000元以上3万元以下的罚款；有违法所得的，并处没收违法所得；情节严重的，由省、自治区、直辖市人民政府旅游行政部门吊销导游证并予以公告；对委派该导游人员的旅行社给予警告直至责令停业整顿；构成犯罪的，依法追究刑事责任。

（续表）

义务	违法处罚
⑦法律法规规定的其他义务 导游除了要遵守以上义务，还应遵守按期报告信息变更情况、申请变更导游证信息、申请更换导游身份标识、依规参加培训、提供真实材料及信息等法律法规规定的其他义务。	

三、执业保障制度

执业保障制度	《导游管理办法》相关规定
签订劳动合同	第 28 条：旅行社应当与通过其取得导游证的导游订立不少于 1 个月期限的劳动合同，并支付基本工资、带团补贴等劳动报酬，缴纳社会保险费用。 旅行社临时聘用在旅游行业组织注册的导游为旅游者提供服务的，应当依照旅游和劳动相关法律、法规的规定足额支付导游服务费用；旅行社临时聘用的导游与其他单位不具有劳动关系或者人事关系的，旅行社应当与其订立劳动合同。
执业安全保障	第 26 条第 2 款：旅行社等用人单位应当维护导游执业安全、提供必要的职业安全卫生条件，并为女性导游提供执业便利、实行特殊劳动保护。 第 29 条：旅行社应当提供设置“导游专座”的旅游客运车辆，安排的旅游者与导游总人数不得超过旅游客运车辆核定乘员数。 导游应当在旅游车辆“导游专座”就坐，避免在高速公路或者危险路段站立讲解。
星级评价	导游星级评价制度是一种与导游服务质量直接相关，通过市场化方式对导游服务水平进行标识的评价模式，以便于旅行社、旅游消费者对导游进行辨识和选择。星级评价与等级评价的不同之处在于，星级评价侧重于导游服务水平，而等级评价侧重于导游技能水平的评价和考量。星级评价制度有利于促进导游诚实劳动、至诚服务，赢得更好的社会评价，取得更高的星级，获取更多的就业机会。 第 30 条：导游服务星级评价是对导游服务水平的综合评价，星级评价指标由技能水平、学习培训经历、从业年限、奖惩情况、执业经历和社会评价等构成。导游服务星级根据星级评价指标通过全国旅游监管服务信息系统自动生成，并根据导游执业情况每年度更新一次。 旅游主管部门、旅游行业组织和旅行社等单位应当通过全国旅游监管服务信息系统，及时、真实地备注各自获取的导游奖惩情况等信息。
教育培训	第 31 条：各级旅游主管部门应当积极组织开展导游培训，培训内容应当包括政策法规、安全生产、突发事件应对和文明服务等，培训方式可以包括培训班、专题讲座和网络在线培训等，每年累计培训时间不得少于 24 小时。培训不得向参加人员收取费用。 旅游行业组织和旅行社等应当对导游进行包括安全生产、岗位技能、文明服务和文明引导等内容的岗前培训和执业培训。 导游应当参加旅游主管部门、旅游行业组织和旅行社开展的有关政策法规、安全生产、突发事件应对和文明服务内容的培训；鼓励导游积极参加其他培训，提高服务水平。

易错考题小试牛刀

1.（判断题）导游从事领队业务应具有三年以上旅行社业务经营、管理或者导游等相关从业经历。（　）

2.（单选题）下列不属于导游执业保障制度的是（　）。

A. 导游劳动保障　B. 导游专座　C. 导游培训　D. 导游等级评定

3.（单选题）《旅游法》第 102 条规定，未取得导游证从事导游活动的，由旅游主管部门责令改正，没收违法所得，并处（　）罚款，予以公告。

A.1000 元以上 5000 元以下　B.5000 元以上 1 万元以下

C.1000 元以上 1 万元以下　D.1 万元以上

4.（单选题）小向进行导游活动时未佩戴导游证，他应当受到旅游行政部门的（　）。

A. 警告；拒不改正的，处 500 元以下的罚款

B. 责令改正；拒不改正的，处 500 元以下的罚款

C. 警告；拒不改正的，处 1000 元以下的罚款

D. 责令改正；拒不改正的，处 1000 元以下的罚款

5.（单选题）下列哪些（　）情形，导游证应给予撤销。

A. 导游死亡的

B. 取得导游证后出现无民事行为能力或者限制行为能力

C. 申请人以欺骗、贿赂等不正当手段取得导游证的

D. 导游证依法被撤销、吊销的

6.（多选题）下列属于导游人身权保障的选项是（　）。

A. 人身自由不受非法限制和剥夺

B. 人格尊严不受侵犯

C. 名誉不受损害

D. 拒绝旅游者提出的超出旅游合同约定的不合理要求

E. 要求旅游者如实提供旅游所必需的个人信息

7.（多选题）《导游人员管理条例》第 13 条第 2 款规定，遇紧急情形时导游人员依法享有调整或变更接待计划的权利。导游人员行使此权利时应当特别注意以下限制条件（　）。

A. 必须是在引导旅游者旅行、游览的过程中

B. 必须是遇到有可能危及旅游者人身安全的紧急情形

C. 必须征得多数旅游者同意

D. 必须是游客主动提出的

E. 应当立即报告旅行社

【答案】1. 错　2.D　3.C　4.B　5.C　6.ABC　7.ABCE

第七章
旅游者相关法律制度

【考试大纲】

- **了解：**《中华人民共和国治安管理处罚法》关于处罚种类和适用的规定。《中华人民共和国消费者权益保护法》关于总则的规定。
- **熟悉：**《中华人民共和国消费者权益保护法》关于消费者权利、消费者权益的国家保护、消费者协会的公益性职责和禁止行为及其相关法律责任的规定。《中华人民共和国治安管理处罚法》关于违反治安管理的行为和处罚的规定。《旅游不文明行为记录管理暂行办法》关于旅游者、旅游从业人员被纳入“旅游不文明行为记录”的主要行为，“旅游不文明行为记录”的信息内容以及评审、申辩和动态管理制度的规定。
- **掌握：**《中华人民共和国旅游法》关于旅游者权益保护制度及其相关法律责任的规定。《中华人民共和国消费者权益保护法》关于经营者的义务及其相关法律责任的规定。

【历年分值】

年份	判断（题）	单选（题）	多选（题）	分值（分）	分值占比（%）
2018	1	1	0	1	2.00
2019	1	2	1	2.5	4.90
2020	1	2	0	1.5	2.88
2023	0	3	2	3.5	7.22

第一节　消费者权益保护法

一、消费者的概念

《中华人民共和国消费者权益保护法》（以下简称《消费者权益保护法》）第 2 条：消费者为生活消费需要而购买、使用商品或者接受服务，其权益受本法保护；本法未做规定的，受其他有关法律、法规保护。

第 62 条：农民购买、使用直接用于农业生产的生产资料，参照本法执行。

这表明：

①生活消费是一个广义、开放的概念，既包括生存性消费，也包括发展性消费，还包括精神或者休闲消费；

②消费者既包括商品的购买者，也包括商品的使用者，还包括服务的接受者，不限于与经营者达成合意的相对方，购买商品一方的家庭成员、受赠人等使用商品的主体都是消费者；

③从性质上说，农民购买、使用农资产品是生产消费，但为了体现对农民权益的特别保护，对于农民的上述消费行为参照《消费者权益保护法》执行。

二、消费者权益的保护

（一）基本原则

基本原则	《消费者权益保护法》相关规定
自愿、平等、公平、诚实信用	第 4 条：经营者与消费者进行交易，应当遵循自愿、平等、公平、诚实信用的原则。
对消费者特别保护	国家对消费者给予特别保护，即在法律中全面规定消费者的权利，在适用法律时向消费者倾斜，优先保护消费者。
保护消费者合法权益不受侵犯	第 5 条：国家保护消费者的合法权益不受侵害。 国家采取措施，保障消费者依法行使权利，维护消费者的合法权益。 国家倡导文明、健康、节约资源和保护环境的消费方式，反对浪费。
全社会共同保护消费者合法权益	第 6 条：保护消费者的合法权益是全社会的共同责任。 国家鼓励、支持一切组织和个人对损害消费者合法权益的行为进行社会监督。 大众传播媒介应当做好维护消费者合法权益的宣传，对损害消费者合法权益的行为进行舆论监督。

（二）消费者的权利

消费者的权利是指消费者在购买、使用商品或者接受服务时依法享有的受法律保护的利益。《消费者权益保护法》第 7—15 条规定了消费者的 9 项权利。具体包括：安全保障权、知情权、自主选择权、公平交易权、获得赔偿权、结社权、获得有关知识权、受尊重权及监督批评权。

（三）经营者的义务

经营者的义务是指经营者在经营活动中应当履行的责任。为了更好地保护消费者的合法权益，《消费者权益保护法》第16—29条规定了经营者的14项义务。包括：履行法定或约定的义务；听取意见和接受消费者监督的义务；安全保障义务；提供真实信息的义务；标明真实名称和标记的义务；出具购货凭证或服务单据的义务；保证商品或服务质量的义务；承担售后服务的义务；不得以格式合同等方式限制消费者权利的义务；尊重消费者人格权的义务；召回缺陷商品的义务；无理由退货的义务；非现场购物信息披露的义务；个人信息保护的义务。

（四）国家对消费者权益的保护

国家对消费者权益的保护主要通过三种途径：

途径	说明
立法保护	是指国家立法机关通过制定、修改、颁布、废止等立法活动来保护消费者的利益。
行政保护	是通过行政执法和监督活动来实现的。
司法保护	指司法机关通过审判活动维护消费者的合法权益。

（五）消费者协会的公益性职责和禁止行为及相关法律规定

《消费者权益保护法》第36条：消费者协会和其他消费者组织是依法成立的对商品和服务进行社会监督的保护消费者合法权益的社会组织。

第37条规定，消费者协会履行下列公益性职责：

①向消费者提供消费信息和咨询服务，提高消费者维护自身合法权益的能力，引导文明、健康、节约资源和保护环境的消费方式；

②参与制定有关消费者权益的法律、法规、规章和强制性标准；

③参与有关行政部门对商品和服务的监督、检查；

④就有关消费者合法权益的问题，向有关部门反映、查询，提出建议；

⑤受理消费者的投诉，并对投诉事项进行调查、调解；

⑥投诉事项涉及商品和服务质量问题的，可以委托具备资格的鉴定人鉴定，鉴定人应当告知鉴定意见；

⑦就损害消费者合法权益的行为，支持受损害的消费者提起诉讼或者依照本法提起诉讼；

⑧对损害消费者合法权益的行为，通过大众传播媒介予以揭露、批评。

各级人民政府对消费者协会履行职责应当予以必要的经费等支持。

消费者协会应当认真履行保护消费者合法权益的职责，听取消费者的意见和建议，接受社会监督。

依法成立的其他消费者组织依照法律、法规及其章程的规定，开展保护消费者合法权益的活动。

第38条：消费者组织不得从事商品经营和营利性服务，不得以收取费用或者其他牟取利益的方式向消费者推荐商品和服务。

三、消费者权益争议的解决

（一）解决途径

《消费者权益保护法》第39条规定，消费者和经营者发生消费者权益争议的，可以通过下列途径解决：

①与经营者协商和解；

②请求消费者协会或者依法成立的其他调解组织调解；

③向有关行政部门投诉；

④根据与经营者达成的仲裁协议提请仲裁机构仲裁；

⑤向人民法院提起诉讼。

（二）责任主体的确定

责任主体的确定	《消费者权益保护法》相关规定
购买、使用商品权益受损害的责任主体	第 40 条：消费者在购买、使用商品时，其合法权益受到损害的，可以向销售者要求赔偿。销售者赔偿后，属于生产者的责任或者属于向销售者提供商品的其他销售者的责任的，销售者有权向生产者或者其他销售者追偿。 消费者或者其他受害人因商品缺陷造成人身、财产损害的，可以向销售者要求赔偿，也可以向生产者要求赔偿。属于生产者责任的，销售者赔偿后，有权向生产者追偿。属于销售者责任的，生产者赔偿后，有权向销售者追偿。 消费者在接受服务时，其合法权益受到损害的，可以向服务者要求赔偿。
原企业分立、合并的责任主体	第 41 条：消费者在购买、使用商品或者接受服务时，其合法权益受到损害，因原企业分立、合并的，可以向变更后承受其权利义务的企业要求赔偿。
非营业执照持有人造成损害的责任主体	第 42 条：使用他人营业执照的违法经营者提供商品或者服务，损害消费者合法权益的，消费者可以向其要求赔偿，也可以向营业执照的持有人要求赔偿。
在展销会、租赁柜台购买商品、接受服务受到损害的责任主体	第 43 条：消费者在展销会、租赁柜台购买商品或者接受服务，其合法权益受到损害的，可以向销售者或者服务者要求赔偿。展销会结束或者柜台租赁期满后，也可以向展销会的举办者、柜台的出租者要求赔偿。展销会的举办者、柜台的出租者赔偿后，有权向销售者或者服务者追偿。
网络购物受到损害的责任主体	第 44 条：消费者通过网络交易平台购买商品或者接受服务，其合法权益受到损害的，可以向销售者或者服务者要求赔偿。网络交易平台提供者不能提供销售者或者服务者的真实名称、地址和有效联系方式的，消费者也可以向网络交易平台提供者要求赔偿；网络交易平台提供者作出更有利于消费者的承诺的，应当履行承诺。网络交易平台提供者赔偿后，有权向销售者或者服务者追偿。 网络交易平台提供者明知或者应知销售者或者服务者利用其平台侵害消费者合法权益，未采取必要措施的，依法与该销售者或者服务者承担连带责任。
因虚假广告受到损害的责任主体	第 45 条：消费者因经营者利用虚假广告或者其他虚假宣传方式提供商品或者服务，其合法权益受到损害的，可以向经营者要求赔偿。广告经营者、发布者发布虚假广告的，消费者可以请求行政主管部门予以惩处。广告经营者、发布者不能提供经营者的真实名称、地址和有效联系方式的，应当承担赔偿责任。 广告经营者、发布者设计、制作、发布关系消费者生命健康商品或者服务的虚假广告，造成消费者损害的，应当与提供该商品或者服务的经营者承担连带责任。 社会团体或者其他组织、个人在关系消费者生命健康商品或者服务的虚假广告或者其他虚假宣传中向消费者推荐商品或者服务，造成消费者损害的，应当与提供该商品或者服务的经营者承担连带责任。

（三）责任承担的方式

责任承担方式	《消费者权益保护法》相关规定
提供的商品或服务存在不当情形	第 48 条第 1 款规定，经营者提供商品或者服务有下列情形之一的，除本法另有规定外，应当依照其他有关法律、法规的规定，承担民事责任： ①商品或者服务存在缺陷的； ②不具备商品应当具备的使用性能而出售时未作说明的； ③不符合在商品或者其包装上注明采用的商品标准的； ④不符合商品说明、实物样品等方式表明的质量状况的； ⑤生产国家明令淘汰的商品或者销售失效、变质的商品的； ⑥销售的商品数量不足的； ⑦服务的内容和费用违反约定的； ⑧对消费者提出的修理、重作、更换、退货、补足商品数量、退还货款和服务费用或者赔偿损失的要求，故意拖延或者无理拒绝的； ⑨法律、法规规定的其他损害消费者权益的情形。
未尽安全保障义务	第 48 条第 2 款：经营者对消费者未尽到安全保障义务，造成消费者损害的，应当承担侵权责任。
提供的商品或服务造成人身伤害	第 49 条：经营者提供商品或者服务，造成消费者或者其他受害人人身伤害的，应当赔偿医疗费、护理费、交通费等为治疗和康复支出的合理费用，以及因误工减少的收入。造成残疾的，还应当赔偿残疾生活辅助具费和残疾赔偿金。造成死亡的，还应当赔偿丧葬费和死亡赔偿金。
侵害消费者的人格、人身和隐私安全	第 50 条：经营者侵害消费者的人格尊严、侵犯消费者人身自由或者侵害消费者个人信息依法得到保护的权利的，应当停止侵害、恢复名誉、消除影响、赔礼道歉，并赔偿损失。
侵害消费者人身权益造成严重精神损害	第 51 条：经营者有侮辱诽谤、搜查身体、侵犯人身自由等侵害消费者或者其他受害人人身权益的行为，造成严重精神损害的，受害人可以要求精神损害赔偿。
提供的商品或服务造成消费者财产损害	第 52 条：经营者提供商品或者服务，造成消费者财产损害的，应当依照法律规定或者当事人约定承担修理、重作、更换、退货、补足商品数量、退还货款和服务费用或者赔偿损失等民事责任。
未按照约定提供商品或服务	第 53 条：经营者以预收款方式提供商品或者服务的，应当按照约定提供。未按照约定提供的，应当按照消费者的要求履行约定或者退回预付款；并应当承担预付款的利息、消费者必须支付的合理费用。
退货责任	第 54 条：依法经有关行政部门认定为不合格的商品，消费者要求退货的，经营者应当负责退货。
欺诈行为责任	第 55 条：经营者提供商品或者服务有欺诈行为的，应当按照消费者的要求增加赔偿其受到的损失，增加赔偿的金额为消费者购买商品的价款或者接受服务的费用的 3 倍；增加赔偿的金额不足 500 元的，为 500 元。法律另有规定的，依照其规定。 经营者明知商品或者服务存在缺陷，仍然向消费者提供，造成消费者或者其他受害人死亡或者健康严重损害的，受害人有权要求经营者依照本法第 49 条、第 51 条等法律规定赔偿损失，并有权要求所受损失 2 倍以下的惩罚性赔偿。
民事赔偿责任优先	第 58 条：经营者违反本法规定，应当承担民事赔偿责任和缴纳罚款、罚金，其财产不足以同时支付的，先承担民事赔偿责任。

第二节　旅游不文明行为记录管理与治安管理相关法律制度

一、旅游不文明行为记录管理暂行办法

（一）旅游者、旅游从业人员的主要不文明行为

类别	主要不文明行为
旅游者	旅游者在旅游过程中发生的，因违反境内外法律法规、公序良俗，造成严重社会不良影响的行为纳入“旅游不文明行为记录”。主要包括： ①扰乱航空器、车船或者其他公共交通工具秩序； ②破坏公共环境卫生、公共设施； ③违反旅游目的地社会风俗、民族生活习惯； ④损毁、破坏旅游目的地文物古迹； ⑤参与赌博、色情、涉毒活动； ⑥不顾劝阻、警示从事危及自身以及他人人身财产安全的活动； ⑦破坏生态环境，违反野生动植物保护规定； ⑧违反旅游场所规定，严重扰乱旅游秩序； ⑨国务院旅游主管部门认定的造成严重社会不良影响的其他行为。 因监护人存在重大过错导致被监护人发生旅游不文明行为，将监护人纳入“旅游不文明行为记录”。
旅游从业人员	从事旅游经营管理与服务的工作人员（简称“旅游从业人员”）在从事旅游经营管理和服务过程中因违反法律法规、工作规范、公序良俗、职业道德，造成严重社会不良影响的行为，纳入“旅游不文明行为记录”。主要包括： ①价格欺诈、强迫交易、欺骗诱导游客消费； ②侮辱、殴打、胁迫游客； ③不尊重旅游目的地或游客的宗教信仰、民族习惯、风俗禁忌； ④传播低级趣味、宣传迷信思想； ⑤国务院旅游主管部门认定的其他旅游不文明行为。

（二）“旅游不文明行为记录”信息内容、评审、申辩及动态管理

1. 信息内容

“旅游不文明行为记录”信息内容包括：

①不文明行为当事人的姓名、性别、户籍省份；

②不文明行为的具体表现、不文明行为所造成的影响和后果；

③对不文明行为的记录期限。

2. 评审

“旅游不文明行为记录”形成前应经“旅游不文明行为记录评审委员会”评审通过。评审主要事项包括：

①不文明行为事件是否应当纳入“旅游不文明行为记录”；

②确定记录的信息保存期限；

③“旅游不文明行为记录”是否通报相关部门；

④对已经形成的“旅游不文明行为记录”的记录的期限进行动态调整。

3. 动态管理

“旅游不文明行为记录”信息保存期限为1～5年，实行动态管理。		
行为		信息保存期限
旅游不文明行为当事人	违反刑法的	3～5年
	受到行政处罚或法院判决承担责任的	2～4年
	未受到法律法规处罚，但造成严重社会影响的	1～3年

“旅游不文明行为记录”形成后，根据被记录人采取补救措施挽回不良影响的程度、对文明旅游宣传引导的社会效果，经评审委员会审议后可缩短记录期限。

4. 申辩

“旅游不文明行为记录”形成后，旅游主管部门应当将相关信息通报或送达当事人本人，并告知其有申辩的权利，当事人在接到申辩通知后30个工作日内，有权利进行申辩。旅游主管部门在接到申辩后30个工作日内予以书面回复。申辩理由被采纳的，可依据当事人申辩的理由调整记录期限或取消记录。当事人申辩期间不影响信息公布。

二、治安管理处罚法

（一）治安管理处罚的种类及适用

1. 种类

《中华人民共和国治安管理处罚法》（以下简称《治安管理处罚法》第10条：治安管理处罚的种类分为：①警告；②罚款；③行政拘留；④吊销公安机关发放的许可证。

对违反治安管理的外国人，可以附加适用限期出境或者驱逐出境。

2. 适用

（1）未成年人、精神病人、盲人或者聋哑人、醉酒人

类型	《治安管理处罚法》相关规定
未成年人	第12条：已满14周岁不满18周岁的人违反治安管理的，从轻或者减轻处罚；不满14周岁的人违反治安管理的，不予处罚，但是应当责令其监护人严加管教。
精神病人	第13条：精神病人在不能辨认或者不能控制自己行为的时候违反治安管理的，不予处罚，但是应当责令其监护人严加看管和治疗。间歇性的精神病人在精神正常的时候违反治安管理的，应当给予处罚。
盲人或聋哑人	第14条：盲人或者又聋又哑的人违反治安管理的，可以从轻、减轻或者不予处罚。
醉酒的人	第15条：醉酒的人违反治安管理的，应当给予处罚。 醉酒的人在醉酒状态中，对本人有危险或者对他人的人身、财产或者公共安全有威胁的，应当对其采取保护性措施约束至酒醒。

（2）两种以上违法行为、共同违法行为、单位违法行为

类别	《治安管理处罚法》相关规定
有两种以上违法行为	第 16 条：有两种以上违反治安管理行为的，分别决定，合并执行。行政拘留处罚合并执行的，最长不超过 20 日。
共同违法行为	第 17 条：共同违反治安管理的，根据违反治安管理行为人在违反治安管理行为中所起的作用，分别处罚。 教唆、胁迫、诱骗他人违反治安管理的，按照其教唆、胁迫、诱骗的行为处罚。
单位违法行为	第 18 条：单位违反治安管理的，对其直接负责的主管人员和其他直接责任人员依照本法的规定处罚。其他法律、行政法规对同一行为规定给予单位处罚的，依照其规定处罚。

（3）减轻处罚或不予处罚、从重处罚和不执行处罚

分类	《治安管理处罚法》相关规定
减轻处罚或不予处罚	第 19 条规定，违反治安管理有下列情形之一的，减轻处罚或者不予处罚： ①情节特别轻微的； ②主动消除或者减轻违法后果，并取得被侵害人谅解的； ③出于他人胁迫或者诱骗的； ④主动投案，向公安机关如实陈述自己的违法行为的； ⑤有立功表现的。
从重处罚	第 20 条规定，违反治安管理有下列情形之一的，从重处罚： ①有较严重后果的； ②教唆、胁迫、诱骗他人违反治安管理的； ③对报案人、控告人、举报人、证人打击报复的； ④ 6 个月内曾受过治安管理处罚的。
不予执行行政拘留处罚	第 21 条规定，违反治安管理行为人有下列情形之一，依照本法应当给予行政拘留处罚的，不执行行政拘留处罚： ①已满 14 周岁不满 16 周岁的； ②已满 16 周岁不满 18 周岁，初次违反治安管理的； ③ 70 周岁以上的； ④怀孕或者哺乳自己不满 1 周岁婴儿的。

（4）追究时效

《治安管理处罚法》第 22 条：违反治安管理行为在 6 个月内没有被公安机关发现的，不再处罚。

前款规定的期限，从违反治安管理行为发生之日起计算；违反治安管理行为有连续或者继续状态的，从行为终了之日起计算。

2. 违反治安管理的行为与处罚

《治安管理处罚法》第 2 条：扰乱公共秩序，妨害公共安全，侵犯人身权利、财产权利，妨害社会管理，具有社会危害性，依照《中华人民共和国刑法》的规定构成犯罪的，依法追究刑事责任；尚不够刑事处罚的，由公安机关依照本法给予治安管理处罚。

（1）扰乱公共秩序的行为和处罚

行为	《治安管理处罚法》规定的处罚
①扰乱车站、港口、码头、机场、商场、公园、展览馆或者其他公共场所秩序的； ②扰乱公共汽车、电车、火车、船舶、航空器或者其他公共交通工具上的秩序的； ③非法拦截或者强登、扒乘机动车、船舶、航空器以及其他交通工具，影响交通工具正常行驶的。	第 23 条：处警告或者 200 元以下罚款；情节较重的，处 5 日以上 10 日以下拘留，可以并处 500 元以下罚款；聚众实施前款行为的，对首要分子处 10 日以上 15 日以下拘留，可以并处 1000 元以下罚款。
①强行进入场内的； ②违反规定，在场内燃放烟花爆竹或者其他物品的； ③展示侮辱性标语、条幅等物品的； ④围攻裁判员、运动员或者其他工作人员的； ⑤向场内投掷杂物，不听制止的； ⑥扰乱大型群众性活动秩序的其他行为。	第 24 条：扰乱文化、体育等大型群众性活动秩序的，处警告或者 200 元以下罚款；情节严重的，处 5 日以上 10 日以下拘留，可以并处 500 元以下罚款；因扰乱体育比赛秩序被处以拘留处罚的，可以同时责令其 12 个月内不得进入体育场馆观看同类比赛；违反规定进入体育场馆的，强行带离现场。

（2）妨害公共安全的行为和处罚

行为	《治安管理处罚法》规定的处罚
盗窃、损毁油气管道设施、电力电信设施、广播电视设施、水利防汛工程设施或者水文监测、测量、气象测报、环境监测、地质监测、地震监测等公共设施的。	第 33 条：处 10 日以上 15 日以下拘留。
盗窃、损坏、擅自移动使用中的航空设施，或者强行进入航空器驾驶舱的。	第 34 条：处 10 日以上 15 日以下拘留
在使用中的航空器上使用可能影响导航系统正常功能的器具、工具，不听劝阻的。	第 34 条：处 5 日以下拘留或者 500 元以下罚款。
①盗窃、损毁或者擅自移动铁路设施、设备、机车车辆配件或者安全标志的； ②在铁路线路上放置障碍物，或者故意向列车投掷物品的。	第 35 条：处 5 日以上 10 日以下拘留，可以并处 500 元以下罚款；情节较轻的，处 5 日以下拘留或者 500 元以下罚款。

（3）侵犯他人人身权利、财产权利的行为和处罚

行为	《治安管理处罚法》规定的处罚
偷窥、偷拍、窃听、散布他人隐私	第 42 条：处 5 日以下拘留或者 500 元以下罚款；情节较重的，处 5 日以上 10 日以下拘留，可以并处 500 元以下罚款。
殴打他人或者故意伤害他人身体	第 43 条：处 5 日以上 10 日以下拘留，并处 200 元以上 500 元以下罚款；情节较轻的，处 5 日以下拘留或者 500 元以下罚款。
猥亵他人的，或者在公共场所故意裸露身体，情节恶劣的	第 44 条：处 5 日以上 10 日以下拘留；猥亵智力残疾人、精神病人、不满 14 周岁的人或者有其他严重情节的，处 10 日以上 15 日以下拘留。
盗窃、诈骗、哄抢、抢夺、敲诈勒索或者故意损毁公私财物的	第 49 条：处 5 日以上 10 日以下拘留，可以并处 500 元以下罚款；情节较重的，处 10 日以上 15 日以下拘留，可以并处 1000 元以下罚款。

（4）妨害社会管理的行为和处罚

类别	《治安管理处罚法》规定的处罚
制造噪声干扰他人生活	第 58 条：违反关于社会生活噪声污染防治的法律规定，制造噪声，干扰他人正常生活的，处警告；警告后不改正的，处 200 元以上 500 元以下罚款。
妨害文物管理	第 63 条：刻划、涂污或者以其他方式故意损坏国家保护的文物、名胜古迹的，处警告或者 200 元以下罚款；情节较重的，处 5 日以上 10 日以下拘留，并处 200 元以上 500 元以下罚款。
嫖娼	第 66 条：卖淫、嫖娼的，处 10 日以上 15 日以下拘留，可以并处 5000 元以下罚款；情节较轻的，处 5 日以下拘留或者 500 元以下罚款。
参与淫秽活动	第 69 条：参与聚众淫乱活动的，处 10 日以上 15 日以下拘留，并处 500 元以上 1000 元以下罚款。
赌博	第 70 条：参与赌博赌资较大的，处 5 日以下拘留或者 500 元以下罚款；情节严重的，处 10 日以上 15 日以下拘留，并处 500 元以上 3000 元以下罚款。
非法持有或吸食毒品	第 72 条：非法持有鸦片不满 200 克、海洛因或者甲基苯丙胺不满 10 克或者其他少量毒品的，或吸食、注射毒品的，处 10 日以上 15 日以下拘留，可以并处 2000 元以下罚款；情节较轻的，处 5 日以下拘留或者 500 元以下罚款。

易错考题小试牛刀

1.（判断题）农民购买、使用农资产品属于生产消费，因此不是《消费者权益保护法》的保护对象。（ ）

2.（单选题）经营者与消费者进行交易，应当遵循自愿、平等、公平、（ ）的原则。

A. 公正　　B. 公开　　C. 合法　　D. 诚实信用

3.（单选题）因商品缺陷造成人身、财产损害的，（ ）。

A. 可以向为销售者提供商品的其他销售者要求赔偿

B. 可以向销售者要求赔偿

C. 可以向生产者要求赔偿

D. 可以向销售者要求赔偿，也可以向生产者要求赔偿

4.（单选题）根据《国家旅游局关于旅游不文明行为记录管理暂行办法》的规定，旅游不文明行为当事人未受到法律法规处罚，但造成严重社会影响的，信息记录保存期限为（ ）。

A.1~2 年　　B.1~3 年　　C.2~4 年　　D.3~5 年

5.（多选题）根据《消费者权益保护法》规定，下列属于消费者权益争议解决方式的是（ ）。

A. 请求消费者协会调解　　B. 与经营者协商和解

C. 向公安机关报案　　D. 向人民法院提起诉讼

E. 根据与经营者达成的仲裁协议提请仲裁机构仲裁

【答案】1. 错　2.D　3.D　4.B　5.ABDE

第八章
解决旅游纠纷的法律制度

【考试大纲】

- **了解**：旅游纠纷及其特点，《旅游投诉处理办法》关于旅游投诉及其管辖的规定。
- **熟悉**：《中华人民共和国消费者权益保护法》关于争议解决的规定，《最高人民法院关于审理旅游纠纷案件适用法律若干问题的规定》的主要内容。
- **掌握**：旅游投诉案件的受理和处理。

【历年分值】

年份	判断（题）	单选（题）	多选（题）	分值（分）	分值占比（%）
2018	0	3	1	2.5	5.00
2019	1	2	0	1.5	2.94
2020	1	2	1	2.5	4.81
2023	0	2	1	2	4.12

第一节　旅游纠纷特点及解决途径

一、旅游纠纷及其特点

旅游纠纷，泛指在旅游活动中，旅游关系的当事人之间所发生的矛盾和冲突。与一般纠纷相比，旅游纠纷具有以下特点：

①法律关系复杂，涵盖民事法律关系、行政法律关系和刑事法律关系；

②内容广泛多样，除了与旅游合同、旅游服务等有关外，还会涉及住宿、餐饮、购物、安全、卫生、交通、保险等诸多方面；

③消费属性特别，旅游消费需求属于精神和文化消费的范畴，与有形产品的消费显然不同，其所涉的实际标的额较小；

④双方地位不平等，旅游活动“先付费、后服务”的行业特点以及旅游合同违约难以通过修理、退换、重作等方式予以有效救济，造成旅游纠纷风险防范成本高、旅游者维权难度大，旅游者的弱者地位较为明显。

二、旅游纠纷的解决途径

《旅游法》第 92 条规定，旅游者与旅游经营者发生纠纷，可以通过下列途径解决：

①双方协商；

②向消费者协会、旅游投诉受理机构或者有关调解组织申请调解；

③根据与旅游经营者达成的仲裁协议提请仲裁机构仲裁；

④向人民法院提起诉讼。

《消费者权益保护法》第 39 条规定，消费者和经营者发生消费者权益争议的，可以通过下列途径解决：

①与经营者协商和解；

②请求消费者协会或者依法成立的其他调解组织调解；

③向有关行政部门投诉；

④根据与经营者达成的仲裁协议提请仲裁机构仲裁；

⑤向人民法院提起诉讼。

《消费者权益保护法》与《旅游法》都属于法律，因此在效力的等级上是相同的，且其关于纠纷解决途径的规定也是一致的，只不过前者针对的是消费者，后者针对的是旅游者，旅游者属于消费者的一种类型。

第二节　旅游投诉受理和处理制度

一、旅游投诉及其构成要件

（一）旅游投诉概念

1. 旅游投诉含义

《旅游投诉处理办法》第 2 条：本办法所称旅游投诉，是指旅游者认为旅游经营者损害其合法权益，请求旅游行政管理部门、旅游质量监督管理机构或者旅游执法机构（以下统称“旅游投诉处理机构”），对双方发生的民事争议进行处理的行为。

旅游投诉的特征有如下几种：

旅游投诉的特征：
- 投诉主体只能是旅游者
- 被投诉主体只能是旅游经营者
- 请求解决的纠纷属于民事争议
- 受理旅游投诉的是规定的旅游投诉处理机构
- 处理旅游投诉是旅游投诉处理机构的具体行政行为
- 处理旅游纠纷是旅游投诉处理机构法定职权内的行为

2. 旅游投诉分类

类别		《旅游投诉处理办法》的相关规定
投诉人数量	单独投诉	旅游投诉通常是单个的个体行为。
	共同投诉	第 14 条：投诉人 4 人以上，以同一事由投诉同一被投诉人的，为共同投诉。共同投诉可以由投诉人推选 1 至 3 名代表进行投诉。代表人参加旅游投诉处理机构处理投诉过程的行为，对全体投诉人发生效力，但代表人变更、放弃投诉请求或者进行和解，应当经全体投诉人同意。
是否以自己的行为行使投诉权	亲自投诉	没委托，投诉人亲自投诉。
	委托投诉	第 13 条：投诉人委托代理人进行投诉活动的，应当向旅游投诉处理机构提交授权委托书，并载明委托权限。

3. 旅游投诉当事人：旅游投诉者与旅游被投诉者

类别	说明
旅游投诉者	是指认为旅游经营者损害其合法权益，请求旅游投诉处理机构对双方发生的民事争议进行处理以维护其合法权益因而使投诉成立的人。在旅游投诉中，投诉主体只能是旅游者，旅游投诉者享有下列权利： ①有权了解处理的情况； ②投诉不予受理、投诉转办的，有权获得书面告知的权利； ③有权请求调解； ④有权要求旅游投诉处理机构在规定的时间处理投诉； ⑤有权与被投诉人和解； ⑥调解不成或者调解书生效后没有执行的，有权依法申请仲裁或者向人民法院提起诉讼。 旅游投诉者还应积极配合旅游投诉处理机构处理投诉的工作，具体包括： ①按照规定的形式要件提交书面投诉状； ②对投诉事实提供证据，接受并配合旅游投诉处理机构的调查； ③按照约定承担鉴定、检测费用； ④与被投诉人和解的，应当将和解结果告知旅游投诉处理机构。
旅游被投诉者	是指与旅游投诉者相对应的一方当事人，被控损害旅游投诉者权益，需要追究民事责任，并经旅游投诉处理机构通知其应诉的人。 在旅游投诉中，被投诉者只能是为旅游者提供服务的旅游经营者。 在旅游投诉过程中，旅游被投诉者享有下列权利： ①有权了解处理的情况； ②与投诉者自行和解； ③依据事实和相关法规、合同约定反驳投诉请求； ④提出申辩，保护其合法权益。 在旅游投诉中，被投诉者应当积极配合旅游投诉处理机构的工作，具体包括： ①在接到旅游投诉受理通知书之日起10日内做出书面答复，提出答辩的事实、理由和证据； ②对自己的答辩提供证据； ③接受旅游投诉处理机构的调查； ④按照约定承担鉴定、检测费用； ⑤与被投诉人和解的，应当将和解结果告知旅游投诉处理机构。

（二）旅游投诉的构成要件

- 构成要件
  - 实质要件
    - 投诉人与被投诉事项有直接利害关系
    - 有明确的被投诉人
    - 有具体的投诉请求、事实和理由
  - 形式要件
    - 书面形式，一式两份，并载明规定的内容：
①投诉人的基本情况。包括旅游投诉者的姓名、性别、国籍、通信地址、联系电话及投诉日期
②被投诉人的名称、所在地
③投诉的要求、理由及相关的事实根据

要件	《旅游投诉处理办法》相关规定
实质要件	第 10 条规定，旅游投诉应当符合下列条件： ①投诉人与被投诉事项有直接利害关系； ②有明确的被投诉人； ③有具体的投诉请求、事实和理由。
形式要件	第 11 条规定，旅游投诉一般应当采取书面形式，一式两份，并载明下列事项： ①投诉人的姓名、性别、国籍、通讯地址、邮政编码、联系电话及投诉日期； ②被投诉人的名称、所在地； ③投诉的要求、理由及相关的事实根据。 第 12 条：投诉事项比较简单的，投诉人可以口头投诉，由旅游投诉处理机构进行记录或者登记，并告知被投诉人；对于不符合受理条件的投诉，旅游投诉处理机构可以口头告知投诉人不予受理及其理由，并进行记录或者登记。

二、旅游投诉案件的受理

（一）旅游投诉受理机构及其职责

规定	说明
《旅游法》规定	第 91 条：县级以上人民政府应当指定或者设立统一的旅游投诉受理机构。受理机构接到投诉，应当及时处理或者移交有关部门处理，并告知投诉者。 该规定表明： ①设置统一的旅游投诉受理机构是县级以上人民政府的义务； ②旅游投诉受理机构的主要职能是：统一接受旅游者的投诉；自行处理或将投诉转交各有关部门进行处理；对投诉人履行告知义务。
《旅游投诉处理办法》规定	第 4 条：旅游投诉处理机构在处理旅游投诉中，发现被投诉人或者其从业人员有违法或犯罪行为的，应当按照法律、法规和规章的规定，作出行政处罚、向有关行政管理部门提出行政处罚建议或者移送司法机关。 第 27 条：旅游投诉处理机构应当每季度公布旅游者的投诉信息。 第 28 条：旅游投诉处理机构应当使用统一规范的旅游投诉处理信息系统。 第 29 条：旅游投诉处理机构应当为受理的投诉制作档案并妥善保管相关资料。

（二）旅游投诉受理及其范围

类别	《旅游投诉处理办法》相关规定
旅游投诉受理的含义	旅游投诉的受理是指有管辖权的旅游投诉处理机构，接到旅游投诉者的投诉状或者口头投诉，经审查认为符合投诉受理条件，在法定期限内予以立案，或者认为投诉不符合投诉受理条件，决定不予受理的行政行为。
投诉案件受理的范围	第 8 条规定，投诉人可以就下列事项向旅游投诉处理机构投诉： ①认为旅游经营者违反合同约定的； ②因旅游经营者的责任致使投诉人人身、财产受到损害的； ③因不可抗力、意外事故致使旅游合同不能履行或者不能完全履行，投诉人与被投诉人发生争议的； ④其他损害旅游者合法权益的。

（续表）

类别	《旅游投诉处理办法》相关规定
投诉案件不予受理情形	第 9 条规定，下列情形不予受理： ①人民法院、仲裁机构、其他行政管理部门或者社会调解机构已经受理或者处理的； ②旅游投诉处理机构已经作出处理，且没有新情况、新理由的； ③不属于旅游投诉处理机构职责范围或者管辖范围的； ④超过旅游合同结束之日 90 天的； ⑤不符合本办法第 10 条规定的旅游投诉条件的； ⑥本办法规定情形之外的其他经济纠纷。 属于前款第③项规定的情形的，旅游投诉处理机构应当及时告知投诉人向有管辖权的旅游投诉处理机构或者有关行政管理部门投诉。

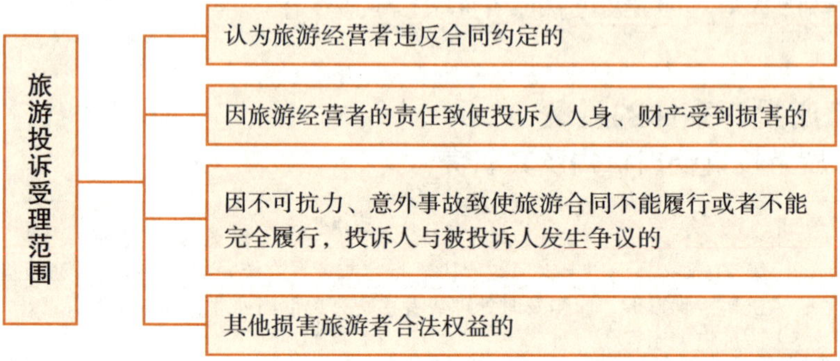

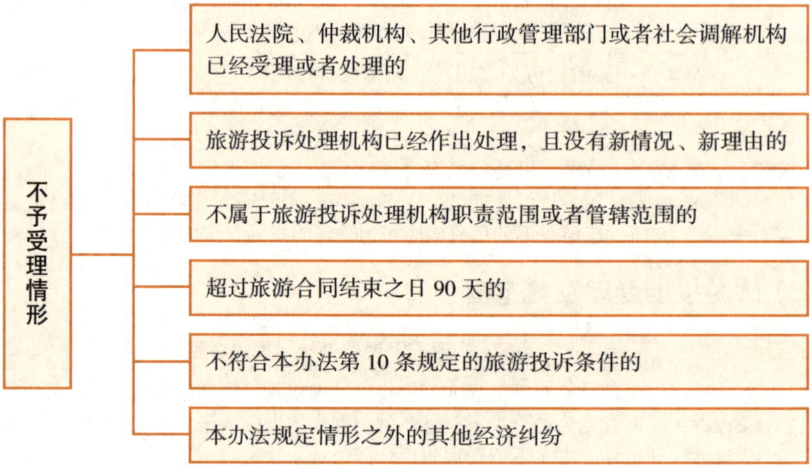

（三）旅游投诉案件的管辖

旅游投诉案件的管辖，指各级旅游投诉处理机构和同级旅游投诉处理机构之间，在受理旅游投诉案件时的分工和权限。

管辖	《旅游投诉处理办法》相关规定
地域管辖	指同级旅游投诉处理机构之间横向划分在各辖区内处理旅游投诉案件的分工和权限，即确定旅游投诉处理机构实施其行政权力的地域范围。 第 5 条：旅游投诉由旅游合同签订地或者被投诉人所在地县级以上地方旅游投诉处理机构管辖。 需要立即制止、纠正被投诉人的损害行为的，应当由损害行为发生地旅游投诉处理机构管辖。
级别管辖	是划分上下级旅游投诉处理机构之间对处理投诉案件的分工和权限。 第 6 条：上级旅游投诉处理机构有权处理下级旅游投诉处理机构管辖的投诉案件。
指定管辖	指上级旅游投诉处理机构以决定方式指定下一级投诉处理机构对某一案件行使管辖权。 第 7 条：发生管辖争议的，旅游投诉处理机构可以协商确定，或者报请共同的上级旅游投诉处理机构指定管辖。

地域管辖三个标准

- 旅游合同签订地：旅游者与旅行社签订旅游合同的所在地，通常指组团社所在地
- 被投诉者所在地
- 损害行为发生地：导致投诉人人身、财产权利或其他权利受到损害的被投诉人的过错行为发生地

三、旅游投诉案件的处理

（一）旅游投诉处理机构对接到投诉的处理

《旅游投诉处理办法》第 15 条规定，旅游投诉处理机构接到投诉，应当在 5 个工作日内作出以下处理：

①投诉符合本办法的，予以受理；

②投诉不符合本办法的，应当向投诉人送达《旅游投诉不予受理通知书》，告知不予受理的理由；

③依照有关法律、法规和本办法规定，本机构无管辖权的，应当以《旅游投诉转办通知书》或者《旅游投诉转办函》，将投诉材料转交有管辖权的旅游投诉处理机构或者其他有关行政管理部门，并书面告知投诉人。

《旅游投诉受理通知书》《旅游投诉不予受理通知书》《旅游投诉转办通知书》《旅游投诉转办函》均由国务院旅游主管部门统一制作。

（二）投诉者在投诉时效期间内提起投诉

投诉时效，是指依照相关规定，投诉者在法定有效期限内不行使权利，就丧失了请求旅游投诉处理机构保护其合法旅游权益的权利。超过投诉规定的，旅游主管机关不予受理。

《旅游投诉处理办法》第 9 条第 4 项规定，当事人向旅游投诉处理机构请求保护合法权益的投诉时效期间为 90 天，从旅游合同结束之日起算。投诉时效从权利人知道或者应当知道合同结束之日起开始计算。

（三）处理旅游投诉的程序

类别	《旅游投诉处理办法》相关规定
简易程序	第 17 条第 2 款规定了处理旅游投诉案件的简易程序： 旅游投诉处理机构对于事实清楚、应当即时制止或者纠正被投诉人损害行为的，可以不填写旅游投诉立案表和向被投诉人送达旅游投诉受理通知书，但应当对处理情况进行记录存档。
一般程序	第 17—25 条规定了处理旅游投诉案件的一般程序： 旅游投诉处理机构处理旅游投诉的先后顺序，包括立案、被投诉人的书面答复、调查取证、鉴定检测、和解、投诉处理等。

一般程序	《旅游投诉处理办法》相关规定
立案	第 17 条第 1 款：旅游投诉处理机构处理旅游投诉，应当立案办理，填写《旅游投诉立案表》，并附有关投诉材料，在受理投诉之日起 5 个工作日内，将《旅游投诉受理通知书》和投诉书副本送达被投诉人。
被投诉人的书面答复	第 18 条：被投诉人应当在接到通知之日起 10 日内作出书面答复，提出答辩的事实、理由和证据。 书面答复，是指被投诉人为维护其合法权益，针对投诉者提出的事实、理由、根据和请求事项，用对己有利的事实、理由、根据和请求事项回答、辩解、反驳时制作的一种书状。
调查取证	第 19 条：投诉人和被投诉人应当对自己的投诉或者答辩提供证据。 第 20 条：旅游投诉处理机构应当对双方当事人提出的事实、理由及证据进行审查。 旅游投诉处理机构认为有必要收集新的证据，可以根据有关法律、法规的规定，自行收集或者召集有关当事人进行调查。 第 21 条：需要委托其他旅游投诉处理机构协助调查、取证的，应当出具《旅游投诉调查取证委托书》，受委托的旅游投诉处理机构应当予以协助。
鉴定检测	第 22 条：对专门性事项需要鉴定或者检测的，可以由当事人双方约定的鉴定或者检测部门鉴定。没有约定的，当事人一方可以自行向法定鉴定或者检测机构申请鉴定或者检测。 鉴定、检测费用按双方约定承担。没有约定的，由鉴定、检测申请方先行承担；达成调解协议后，按调解协议承担。 鉴定、检测的时间不计入投诉处理时间。
和解	第 23 条：在投诉处理过程中，投诉人与被投诉人自行和解的，应当将和解结果告知旅游投诉处理机构；旅游投诉处理机构在核实后应当予以记录并由双方当事人、投诉处理人员签名或者盖章。
投诉处理	第 25 条规定，旅游投诉处理机构应当在受理旅游投诉之日起 60 日内，作出以下处理： ①双方达成调解协议的，应当制作《旅游投诉调解书》，载明投诉请求、查明的事实、处理过程和调解结果，由当事人双方签字并加盖旅游投诉处理机构印章； ②调解不成的，终止调解，旅游投诉处理机构应当向双方当事人出具《旅游投诉终止调解书》。 调解不成的，或者调解书生效后没有执行的，投诉人可以按照国家法律、法规的规定，向仲裁机构申请仲裁或者向人民法院提起诉讼。

第三节　审理旅游纠纷案件适用法律的规定

本节内容均摘自《最高人民法院关于审理旅游纠纷案件适用法律若干问题的规定》（2020年12月修正版），以下简称《规定》。

一、适用范围、诉权、保险公司诉讼地位

（一）适用范围

《规定》第1条规定了旅游纠纷案件的受理范围：本规定所称的旅游纠纷，是指旅游者与旅游经营者、旅游辅助服务者之间因旅游发生的合同纠纷或者侵权纠纷。

其中，“旅游经营者”是指以自己的名义经营旅游业务，向公众提供旅游服务的人，包括合法设立的旅行社和非法经营旅行社业务的机构。

“旅游辅助服务者”是指与旅游经营者存在合同关系，协助旅游经营者履行旅游合同义务，实际提供交通、游览、住宿、餐饮、娱乐等旅游服务的人，但不包括导游、领队以及公共交通提供者；旅游者在自行旅游过程中与旅游景点经营者因旅游发生的纠纷，参照适用本规定。

（二）集体旅游合同中旅游者的个人诉权

第2条：以单位、家庭等集体形式与旅游经营者订立旅游合同，在履行过程中发生纠纷，除集体以合同一方当事人名义起诉外，旅游者个人提起旅游合同纠纷诉讼的，人民法院应予受理。

该规定表明：

①单位、家庭等集体旅游合同中的任何一位游客，均可以自己的名义起诉；

②以家庭等集体形式签订的旅游合同，虽然合同仅有一名代表人签字，但该集体名单中的任何一人均视为旅游合同的当事人，合同对其均具有普遍法律约束力；

③人民法院在受诉时，如旅游集体提起以旅游经营者为被告的民事诉讼，人民法院作出的实体判决足以保护旅游集体每个组成人员的合法权益，该集体中的个体旅游者再提起诉讼的，人民法院应判决驳回诉讼请求。

（三）保险公司的诉讼地位

第5条：旅游经营者已投保责任险，旅游者因保险责任事故仅起诉旅游经营者的，人民法院可以应当事人的请求将保险公司列为第三人。

该规定表明：

①保险公司可以第三人的身份参加诉讼，将保险公司列为第三人可以简化责任险的理赔程序和时间；

②所指“当事人”，包括旅游者和旅游经营者，均可提出这种请求。

二、旅游者权益保护

（一）旅游经营者和旅游辅助服务者的义务

义务	《规定》相关规定
安全保障	第7条：旅游经营者、旅游辅助服务者未尽到安全保障义务，造成旅游者人身损害、财产损失，旅游者请求旅游经营者、旅游辅助服务者承担责任的，人民法院应予支持。 因第三人的行为造成旅游者人身损害、财产损失，由第三人承担责任；旅游经营者、旅游辅助服务者未尽安全保障义务，旅游者请求其承担相应补充责任的，人民法院应予支持。
告知	第8条：旅游经营者、旅游辅助服务者对可能危及旅游者人身、财产安全的旅游项目未履行告知、警示义务，造成旅游者人身损害、财产损失，旅游者请求旅游经营者、旅游辅助服务者承担责任的，人民法院应予支持。
保密	第9条：旅游经营者、旅游辅助服务者以非法收集、存储、使用、加工、传输、买卖、提供、公开等方式处理旅游者个人信息，旅游者请求其承担相应责任的，人民法院应予支持。

（二）全方位维护旅游者的合法权益

权益	《规定》相关规定
请求权竞合	第3条：因旅游经营者方面的同一原因造成旅游者人身损害、财产损失，旅游者选择请求旅游经营者承担违约责任或者侵权责任的，人民法院应当根据当事人选择的案由进行审理。
霸王条款无效	第6条：旅游经营者以格式条款、通知、声明、店堂告示等方式作出排除或者限制旅游者权利、减轻或者免除旅游经营者责任、加重旅游者责任等对旅游者不公平、不合理的规定，旅游者依据《消费者权益保护法》第26条的规定请求认定该内容无效的，人民法院应予支持。
合同不得擅自转让	第10条：旅游经营者将旅游业务转让给其他旅游经营者，旅游者不同意转让，请求解除旅游合同、追究旅游经营者违约责任的，人民法院应予支持。 旅游经营者擅自将其旅游业务转让给其他旅游经营者，旅游者在旅游过程中遭受损害，请求与其签订旅游合同的旅游经营者和实际提供旅游服务的旅游经营者承担连带责任的，人民法院应予支持。
合同的转让效力	第11条：除合同性质不宜转让或者合同另有约定之外，在旅游行程开始前的合理期间内，旅游者将其在旅游合同中的权利义务转让给第三人，请求确认转让合同效力的，人民法院应予支持。 因前款所述原因，旅游经营者请求旅游者、第三人给付增加的费用或者旅游者请求旅游经营者退还减少的费用的，人民法院应予支持。
解除合同及其费用处理	第12条：旅游行程开始前或者进行中，因旅游者单方解除合同，旅游者请求旅游经营者退还尚未实际发生的费用，或者旅游经营者请求旅游者支付合理费用的，人民法院应予支持。
旅游者有权要求退还未发生费用的其他情形	①公共交通工具延误 第16条：因飞机、火车、班轮、城际客运班车等公共客运交通工具延误，导致合同不能按照约定履行，旅游者请求旅游经营者退还未实际发生的费用的，人民法院应予支持。合同另有约定的除外。

（续表）

	②证照纠纷 第 21 条：旅游经营者因过错致其代办的手续、证件存在瑕疵，或者未尽妥善保管义务而遗失、毁损，旅游者请求旅游经营者补办或者协助补办相关手续、证件并承担相应费用的，人民法院应予支持。 因上述行为影响旅游行程，旅游者请求旅游经营者退还尚未发生的费用、赔偿损失的，人民法院应予支持。
旅游者有权请求违约赔偿	第 15 条第 1 款：旅游经营者违反合同约定，有擅自改变旅游行程、遗漏旅游景点、减少旅游服务项目、降低旅游服务标准等行为，旅游者请求旅游经营者赔偿未完成约定旅游服务项目等合理费用的，人民法院应予支持。
欺诈赔偿	第 15 条第 2 款：旅游经营者提供服务时有欺诈行为，旅游者依据《消费者权益保护法》第 55 条第 1 款规定请求旅游经营者承担惩罚性赔偿责任的，人民法院应予支持。
拒绝购物、增收费用的退还	第 20 条规定，旅游者要求旅游经营者返还下列费用的，人民法院应予支持： ①因拒绝旅游经营者安排的购物活动或者另行付费的项目被增收的费用； ②在同一旅游行程中，旅游经营者提供相同服务，因旅游者的年龄、职业等差异而增收的费用。

三、旅游经营者的责任与权益保护

（一）旅游经营者的责任

责任		《规定》相关规定
连带责任	擅自转团	第 10 条第 2 款：旅游经营者擅自将其旅游业务转让给其他旅游经营者，旅游者在旅游过程中遭受损害，请求与其签订旅游合同的旅游经营者和实际提供旅游服务的旅游经营者承担连带责任的，人民法院应予支持。
	挂靠承包	第 14 条：旅游经营者准许他人挂靠其名下从事旅游业务，造成旅游者人身损害、财产损失，旅游者依据《民法典》第 1168 条的规定请求旅游经营者与挂靠人承担连带责任的，人民法院应予支持。
地接社违约的责任承担		第 13 条：签订旅游合同的旅游经营者将其部分旅游业务委托旅游目的地的旅游经营者，因受托方未尽旅游合同义务，旅游者在旅游过程中受到损害，要求作出委托的旅游经营者承担赔偿责任的，人民法院应予支持。 旅游经营者委托除前款规定以外的人从事旅游业务，发生旅游纠纷，旅游者起诉旅游经营者的，人民法院应予受理。
自行安排活动期间的责任承担		第 17 条：旅游者在自行安排活动期间遭受人身损害、财产损失，旅游经营者未尽到必要的提示义务、救助义务，旅游者请求旅游经营者承担相应责任的，人民法院应予支持。 前款规定的自行安排活动期间，包括旅游经营者安排的在旅游行程中独立的自由活动期间、旅游者不参加旅游行程的活动期间以及旅游者经导游或者领队同意暂时离队的个人活动期间等。
旅游者脱团的责任承担		第 18 条：旅游者在旅游行程中未经导游或者领队许可，故意脱离团队，遭受人身损害、财产损失，请求旅游经营者赔偿损失的，人民法院不予支持。

（续表）

责任	《规定》相关规定
旅游者行李丢失的责任承担	第19条规定，旅游经营者或者旅游辅助服务者为旅游者代管的行李物品损毁、灭失，旅游者请求赔偿损失的，人民法院应予支持，但下列情形除外： ①损失是由于旅游者未听从旅游经营者或者旅游辅助服务者的事先声明或者提示，未将现金、有价证券、贵重物品由其随身携带而造成的； ②损失是由于不可抗力造成的； ③损失是由于旅游者的过错造成的； ④损失是由于物品的自然属性造成的。
“自由行”过程中的责任承担	第22条：旅游经营者事先设计，并以确定的总价提供交通、住宿、游览等一项或者多项服务，不提供导游和领队服务，由旅游者自行安排游览行程的旅游过程中，旅游经营者提供的服务不符合合同约定，侵害旅游者合法权益，旅游者请求旅游经营者承担相应责任的，人民法院应予支持。

（二）旅游经营者的权益保护

权益保护	《规定》相关规定	
追加旅游辅助服务者为第三人	第4条：因旅游辅助服务者的原因导致旅游经营者违约，旅游者仅起诉旅游经营者的，人民法院可以将旅游辅助服务者追加为第三人。	
免责情形	旅游者未履行如实告知义务的	第8条第2款：旅游者未按旅游经营者、旅游辅助服务者的要求提供与旅游活动相关的个人健康信息并履行如实告知义务，或者不听从旅游经营者、旅游辅助服务者的告知、警示，参加不适合自身条件的旅游活动，导致旅游过程中出现人身损害、财产损失，旅游者请求旅游经营者、旅游辅助服务者承担责任的，人民法院不予支持。
	旅游者擅自脱团的	第18条：旅游者在旅游行程中未经导游或者领队许可，故意脱离团队，遭受人身损害、财产损失，请求旅游经营者赔偿损失的，人民法院不予支持。
转让合同权	第10条：旅游经营者将旅游业务转让给其他旅游经营者，旅游者不同意转让，请求解除旅游合同、追究旅游经营者违约责任的，人民法院应予支持。 这表明，《规定》并无禁止旅行社转团，但前提是必须事先征得旅游者同意。	
要求旅游者支付合理费用权	旅游者转让旅游合同的	第11条第2款：在旅游行程开始前的合理期间内，因旅游者将其在旅游合同中的权利义务转让给第三人的原因，旅游经营者请求旅游者、第三人给付增加的费用，人民法院应予支持。
	旅游者单方解除合同的	第12条：旅游行程开始前或者进行中，因旅游者单方解除合同，旅游者请求旅游经营者退还尚未实际发生的费用，或者旅游经营者请求旅游者支付合理费用的，人民法院应予支持。

易错考题小试牛刀

1.（判断题）投诉人 3 人以上，以同一事项投诉同一被投诉人的，为共同投诉。（　）

2.（判断题）旅游投诉处理机构应当在受理旅游投诉之日起 60 日内作出处理，并且相关鉴定、检测时间计入在内。（　）

3.（单选题）在旅游投诉中，被投诉者应当积极配合旅游投诉处理机构的工作，在接到《旅游投诉受理通知书》之日起（　）内作出书面答复，提出答辩的事实、理由和证据。

A.5 日　　B.7 日　　C.10 日　　D.15 日

4.（多选题）下列（　）情形属于旅游投诉将不予受理的情形。

A. 人民法院、仲裁机构、其他行政管理部门或者社会调解机构已经受理或者处理的

B. 旅游投诉处理机构已经作出处理，且没有新情况、新理由的

C. 不属于旅游投诉处理机构职责范围或者管辖范围的

D. 不符合旅游投诉的实质要件的

E. 超过旅游合同结束之日 60 天的

5.（多选题）根据《最高人民法院关于审理旅游纠纷案件适用法律若干问题的规定》，旅游者的自行安排活动期间包括（　）。

A. 旅游经营者安排的在旅游行程中独立的自由活动期间

B. 旅游者不参加旅游行程的活动期间

C. 旅游者经导游或者领队同意暂时离队的个人活动期间

D. 旅游者擅自脱团以后的自由活动期间

E. 自驾游旅游者的旅行活动期间

【答案】1. 错　2. 错　3.C　4.ABCD　5.ABC

第九章
旅游安全管理与责任保险法律制度

【考试大纲】

- **了解：**《旅游安全管理办法》关于旅游突发事件等级及相关罚则的规定。
- **熟悉：**《中华人民共和国旅游法》《旅行社条例》《旅游安全管理办法》《旅行社责任保险管理办法》关于旅游安全保障、安全管理、责任保险制度的规定。
- **掌握：**《旅游安全管理办法》关于旅游经营者安全经营义务与责任、旅游目的地安全风险提示制度的规定。《中华人民共和国突发事件应对法》关于突发事件界定、种类、级别，公民、法人和其他组织参与突发事件应对的义务，突发事件预警制度、突发事件应急处置与救援制度的规定。

【历年分值】

年份	判断（题）	单选（题）	多选（题）	分值（分）	分值占比（%）
2018	1	3	2	4	8.00
2019	2	4	1	4	7.84
2020	3	5	1	5	9.62
2023	1	3	1	3	6.19

第一节　旅游经营者安全经营的义务与责任

一、旅游经营者的概念及安全责任

《旅游法》第 111 条：旅游经营者，是指旅行社、景区以及为旅游者提供交通、住宿、餐饮、购物、娱乐等服务的经营者。

《旅游安全管理办法》第 4 条：旅游经营者应当承担旅游安全的主体责任，加强安全管理，建立、健全安全管理制度，关注安全风险预警和提示，妥善应对旅游突发事件。

旅游从业人员应当严格遵守本单位的安全管理制度，接受安全生产教育和培训，增强旅游突发事件防范和应急处理能力。

二、旅游经营者的安全义务

（一）安全防范、管理和保障义务

规定	说明
《旅游法》规定	第 79 条：旅游经营者应当严格执行安全生产管理和消防安全管理的法律、法规和国家标准、行业标准，具备相应的安全生产条件，制定旅游者安全保护制度和应急预案。 旅游经营者应当对直接为旅游者提供服务的从业人员开展经常性应急救助技能培训，对提供的产品和服务进行安全检验、监测和评估，采取必要措施防止危害发生。 旅游经营者组织、接待老年人、未成年人、残疾人等旅游者，应当采取相应的安全保障措施。
《旅游安全管理办法》规定	第 6 条规定，旅游经营者应当遵守下列要求： ①服务场所、服务项目和设施设备符合有关安全法律、法规和强制性标准的要求； ②配备必要的安全和救援人员、设施设备； ③建立安全管理制度和责任体系； ④保证安全工作的资金投入。 第 7 条：旅游经营者应当定期检查本单位安全措施的落实情况，及时排除安全隐患；对可能发生的旅游突发事件及采取安全防范措施的情况，应当按照规定及时向所在地人民政府或者人民政府有关部门报告。 第 8 条：经营高风险旅游项目或者向老年人、未成年人、残疾人提供旅游服务的，应当根据需要采取相应的安全保护措施。 第 9 条：旅游经营者应当对从业人员进行安全生产教育和培训，保证从业人员掌握必要的安全生产知识、规章制度、操作规程、岗位技能和应急处理措施，知悉自身在安全生产方面的权利和义务。 旅游经营者建立安全生产教育和培训档案，如实记录安全生产教育和培训的时间、内容、参加人员以及考核结果等情况。 未经安全生产教育和培训合格的旅游从业人员，不得上岗作业；特种作业人员必须按照国家有关规定经专门的安全作业培训，取得相应资格。 第 11 条：旅行社组织和接待旅游者，应当合理安排旅游行程，向合格的供应商订购产品和服务。 旅行社及其从业人员发现履行辅助人提供的服务不符合法律、法规规定或者存在安全隐患的，应当予以制止或者更换。

（续表）

规定	说明
《旅行社条例》规定	第 38 条：旅行社应当投保旅行社责任险。旅行社责任险的具体方案由国务院旅游行政主管部门会同国务院保险监督管理机构另行制定。 第 39 条：旅行社对可能危及旅游者人身、财产安全的事项，应当向旅游者作出真实的说明和明确的警示，并采取防止危害发生的必要措施。 发生危及旅游者人身安全的情形的，旅行社及其委派的导游人员、领队人员应当采取必要的处置措施并及时报告旅游行政管理部门；在境外发生的，还应当及时报告中华人民共和国驻该国使领馆、相关驻外机构、当地警方。 第 40 条：旅游者在境外滞留不归的，旅行社委派的领队人员应当及时向旅行社和中华人民共和国驻该国使领馆、相关驻外机构报告。旅行社接到报告后应当及时向旅游行政管理部门和公安机关报告，并协助提供非法滞留者的信息。 旅行社接待入境旅游发生旅游者非法滞留我国境内的，应当及时向旅游行政管理部门、公安机关和外事部门报告，并协助提供非法滞留者的信息。

（二）安全说明或警示义务

规定	说明
《旅游法》规定	第 80 条规定，旅游经营者应当就旅游活动中的下列事项，以明示的方式事先向旅游者作出说明或者警示： ①正确使用相关设施、设备的方法； ②必要的安全防范和应急措施； ③未向旅游者开放的经营、服务场所和设施、设备； ④不适宜参加相关活动的群体； ⑤可能危及旅游者人身、财产安全的其他情形。
《旅游安全管理办法》规定	第 8 条第 1 款：旅游经营者应当对其提供的产品和服务进行风险监测和安全评估，依法履行安全风险提示义务，必要时应当采取暂停服务、调整活动内容等措施。 第 10 条：旅游经营者应当主动询问与旅游活动相关的个人健康信息，要求旅游者按照明示的安全规程，使用旅游设施和接受服务，并要求旅游者对旅游经营者采取的安全防范措施予以配合。 第 12 条：旅行社组织出境旅游，应当制作安全信息卡。 安全信息卡应当包括旅游者姓名、出境证件号码和国籍，以及紧急情况下的联系人、联系方式等信息，使用中文和目的地官方语言（或者英文）填写。 旅行社应当将安全信息卡交由旅游者随身携带，并告知其自行填写血型、过敏药物和重大疾病等信息。

（三）安全救助、处置和报告义务

规定	说明
《旅游法》规定	第 81 条：突发事件或者旅游安全事故发生后，旅游经营者应当立即采取必要的救助和处置措施，依法履行报告义务，并对旅游者作出妥善安排。
《旅游安全管理办法》规定	第 13 条：旅游经营者应当依法制定旅游突发事件应急预案，与所在地县级以上地方人民政府及其相关部门的应急预案相衔接，并定期组织演练。 第 14 条：旅游突发事件发生后，旅游经营者及其现场人员应当采取合理、必要的措施救助受害旅游者，控制事态发展，防止损害扩大。 旅游经营者应当按照履行统一领导职责或者组织处置突发事件的人民政府的要求，配合其采取的应急处置措施，并参加所在地人民政府组织的应急救援和善后处置工作。

（续表）

规定	说明
	旅游突发事件发生在境外的，旅行社及其领队应当在中国驻当地使领馆或者政府派出机构的指导下，全力做好突发事件应对处置工作。 第15条：旅游突发事件发生后，旅游经营者的现场人员应当立即向本单位负责人报告，单位负责人接到报告后，应当于1小时内向发生地县级旅游主管部门、安全生产监督管理部门和负有安全生产监督管理职责的其他相关部门报告；旅行社负责人应当同时向单位所在地县级以上地方旅游主管部门报告。 情况紧急或者发生重大、特别重大旅游突发事件时，现场有关人员可直接向发生地、旅行社所在地县级以上旅游主管部门、安全生产监督管理部门和负有安全生产监督管理职责的其他相关部门报告。 旅游突发事件发生在境外的，旅游团队的领队应当立即向当地警方、中国驻当地使领馆或者政府派出机构，以及旅行社负责人报告。旅行社负责人应当在接到领队报告后1小时内，向单位所在地县级以上地方旅游主管部门报告。

第二节　旅游安全管理制度

一、《旅游法》相关规定

《旅游法》第76条：县级以上人民政府统一负责旅游安全工作。县级以上人民政府有关部门依照法律、法规履行旅游安全监管职责。

第77条：国家建立旅游目的地安全风险提示制度。旅游目的地安全风险提示的级别划分和实施程序，由国务院旅游主管部门会同有关部门制定。

县级以上人民政府及其有关部门应当将旅游安全作为突发事件监测和评估的重要内容。

第78条：县级以上人民政府应当依法将旅游应急管理纳入政府应急管理体系，制定应急预案，建立旅游突发事件应对机制。

突发事件发生后，当地人民政府及其有关部门和机构应当采取措施开展救援，并协助旅游者返回出发地或者旅游者指定的合理地点。

二、目的地安全风险提示制度

（一）安全风险提示的级别划分、信息内容

类别	《旅游安全管理办法》相关规定
级别划分	第16条：根据可能对旅游者造成的危害程度、紧急程度和发展态势，风险提示级别分为一级（特别严重）、二级（严重）、三级（较重）和四级（一般），分别用红色、橙色、黄色和蓝色标示。 风险提示级别的划分标准，由国家旅游局会同外交、卫生、公安、国土、交通、气象、地震和海洋等有关部门制定或者确定。

（续表）

类别	《旅游安全管理办法》相关规定
信息内容	第 17 条：风险提示信息，应当包括风险类别、提示级别、可能影响的区域、起始时间、注意事项、应采取的措施和发布机关等内容。一级、二级风险的结束时间能够与风险提示信息内容同时发布的，应当同时发布；无法同时发布的，待风险消失后通过原渠道补充发布。三级、四级风险提示可以不发布风险结束时间，待风险消失后自然结束。

（二）风险提示信息的应对措施

类别	《旅游安全管理办法》相关规定
旅行社	第 18 条规定，风险提示发布后，旅行社应当根据风险级别采取下列措施： ①四级风险的，加强对旅游者的提示； ②三级风险的，采取必要的安全防范措施； ③二级风险的，停止组团或者带团前往风险区域；已在风险区域的，调整或者中止行程； ④一级风险的，停止组团或者带团前往风险区域，组织已在风险区域的旅游者撤离。 第 36 条：旅行社违反本办法第 18 条规定，不采取相应措施的，由旅游主管部门处 2000 元以下罚款；情节严重的，处 2000 元以上 1 万元以下罚款。
其他旅游经营者	第 18 条：其他旅游经营者应当根据风险提示的级别，加强对旅游者的风险提示，采取相应的安全防范措施，妥善安置旅游者，并根据政府或者有关部门的要求，暂停或者关闭易受风险危害的旅游项目或者场所。
旅游者	第 19 条：风险提示发布后，旅游者应当关注相关风险，加强个人安全防范，并配合国家应对风险暂时限制旅游活动的措施，以及有关部门、机构或者旅游经营者采取的安全防范和应急处置措施。

（三）风险提示信息的发布权限与发布渠道

离别	《旅游安全管理办法》相关规定
发布权限	第 20 条：国务院旅游主管部门负责发布境外旅游目的地国家（地区），以及风险区域范围覆盖全国或者跨省级行政区域的风险提示。发布一级风险提示的，需经国务院批准；发布境外旅游目的地国家（地区）风险提示的，需经外交部门同意。 地方各级旅游主管部门应当及时转发上级旅游主管部门发布的风险提示，并负责发布前款规定之外涉及本辖区的风险提示。
发布渠道	第 21 条：风险提示信息应当通过官方网站、手机短信及公众易查阅的媒体渠道对外发布。一级、二级风险提示应同时通报有关媒体。

三、旅游突发事件的含义及分类

《旅游安全管理办法》第 39 条：本办法所称旅游突发事件，是指突然发生，造成或者可能造成旅游者人身伤亡、财产损失，需要采取应急处置措施予以应对的自然灾害、事故灾难、公共卫生事件和社会安全事件。根据旅游突发事件的性质、危害程度、可控性以及造成或者可能造成的影响，旅游突发事件一般分为特别重大、重大、较大和一般 4 级。

区分因素	特别重大	重大	较大	一般
造成或者可能造成人员死亡（含失踪）人数	30 人及以上	10 人及以上，30 人以下	3 人及以上，10 人以下	3 人以下
造成或者可能造成人员重伤人数	100 人及以上	50 人及以上，100 人以下	10 人及以上，50 人以下	10 人以下
旅游者滞留超过24小时的人数	500 人及以上	200 人及以上，500 人以下	50 人及以上，200 人以下	50 人以下
对当地生产生活秩序的影响	严重影响	较严重影响	较大影响	一定影响
其他事件在境内外产生的影响程度	特别重大影响	重大影响	较大影响	一定影响
其他事件对旅游者人身、财产安全造成的威胁程度	特别重大威胁	重大威胁	较大威胁	一定威胁

四、相关罚则

《旅游法》第 107 条：旅游经营者违反有关安全生产管理和消防安全管理的法律、法规或者国家标准、行业标准的，由有关主管部门依照有关法律、法规的规定处罚。

《旅游安全管理办法》第 33 条：旅游经营者及其主要负责人、旅游从业人员违反法律、法规有关安全生产和突发事件应对规定的，依照相关法律、法规处理。

违法情形	《旅游安全管理办法》处罚规定
违反安全生产和消防安全管理的。	《旅游法》第 107 条规定，旅游经营者违反有关安全生产管理和消防安全管理的法律、法规或者国家标准、行业标准的，由有关主管部门依照有关法律、法规的规定处罚。《办法》第 33 条进一步规定，旅游经营者及其主要负责人、旅游从业人员违反法律、法规有关安全生产和突发事件应对规定的，依照相关法律、法规处理。
未制止履行辅助人的非法、不安全服务行为，或者未更换履行辅助人的。	第 34 条：由旅游主管部门给予警告，可并处 2000 元以下罚款；情节严重的，处 2000 元以上 1 万元以下罚款。
不按要求制作安全信息卡，未将安全信息卡交由旅游者，或者未告知旅游者相关信息的。	第 35 条：由旅游主管部门给予警告，可并处 2000 元以下罚款；情节严重的，处 2000 元以上 1 万元以下罚款。
针对旅游目的地安全风险提示，不采取相应措施的。	第 36 条：由旅游主管部门处 2000 元以下罚款；情节严重的，处 2000 元以上 1 万元以下罚款。
按照旅游业国家标准、行业标准评定的旅游经营者违反本办法规定的。	第 37 条：由旅游主管部门建议评定组织依据相关标准作出处理。
旅游主管部门及其工作人员违反相关法律、法规及本办法规定，玩忽职守，未履行安全管理职责的。	第 38 条：由有关部门责令改正，对直接负责的主管人员和其他直接责任人员依法给予处分。

第三节　责任保险管理制度

一、旅行社责任保险的含义、特征及法律依据

（一）旅行社责任保险的含义及特征

《旅行社责任保险管理办法》第 2 条：本办法所称旅行社责任保险，是指以旅行社因其组织的旅游活动对旅游者和受其委派并为旅游者提供服务的导游或者领队人员依法应当承担的赔偿责任为保险标的的保险。

旅行社责任保险是旅游保险中的重要险种之一，具有以下 4 种特征：

特征	说明
旅行社责任保险属于强制保险	依据《旅行社条例》第 38 条规定，旅行社责任保险属于强制保险。旅行社从事旅游业务经营活动，应当履行投保责任险的义务。 《旅游法》规定，国家根据旅游活动的风险程度，对旅行社等经营者实施责任保险制度。
是财产保险	所谓财产保险是以财产及其有关利益为保险标的的保险。旅行社通过购买旅行社责任保险，将自身的赔偿风险转嫁给保险公司，保险公司所承保的是旅行社的赔偿责任，因此，旅行社责任保险属于财产保险。
投保人和被保险人是旅行社	旅行社向保险公司投保并支付保险费，目的在于转嫁赔偿责任的风险。根据谁投保谁受益的原则，旅行社在组织旅游活动中依法应承担的赔偿责任，属于保险责任的，保险公司将在责任限额内对旅行社予以赔偿，从而实现了集合危险、分散损失的保险的基本功能。
保险人是保险公司	责任险的赔付主体是保险公司。通过投保责任险，旅行社将发生事故之后的损害赔偿责任转移给保险公司。

（二）旅行社责任保险的法律依据

①《旅行社条例》第 38 条：旅行社应当投保旅行社责任险。旅行社责任险的具体方案由国务院旅游行政主管部门会同国务院保险监督管理机构另行制定。

②《旅游法》第 56 条：国家根据旅游活动的风险程度，对旅行社、住宿、旅游交通以及本法第 47 条规定的高风险旅游项目等经营者实施责任保险制度。

第 47 条：经营高空、高速、水上、潜水、探险等高风险旅游项目，应当按照国家有关规定取得经营许可。

③《旅行社责任保险管理办法》具体规定了旅行社责任险的含义，投保范围，保险合同的成立、变更和解除，发生保险事故的赔偿，行政机关的监督管理，以及违法的相应处罚。

对旅行社未按照规定投保旅行社责任保险的，《旅游法》第 97 条规定，由旅游主管部门或者有关部门责令改正，没收违法所得，并处 5000 元以上 5 万元以下罚款；违法所得 5 万元以上的，并处违法所得 1 倍以上 5 倍以下罚款；情节严重的，责令停业整顿或者吊销

旅行社业务经营许可证；对直接负责的主管人员和其他直接责任人员，处2000元以上2万元以下罚款。

二、旅行社责任保险的种类、赔偿范围

（一）保险责任方范围

《旅行社责任保险管理办法》第4条：旅行社责任保险的保险责任，应当包括旅行社在组织旅游活动中依法对旅游者的人身伤亡、财产损失承担的赔偿责任和依法对受旅行社委派并为旅游者提供服务的导游或者领队人员的人身伤亡承担的赔偿责任。

具体包括下列情形：

①因旅行社疏忽或过失应当承担赔偿责任的；

②因发生意外事故旅行社应当承担赔偿责任的；

③国家旅游局会同中国保险监督管理委员会（简称“中国保监会”）规定的其他情形。

需要注意的是：导游或者领队人员的责任仅限于其人身伤亡所应承担的赔偿责任，而不包括导游或者领队人员的财产损失所应承担的赔偿责任。

（二）保险责任种类

1. 对旅游者的责任

即旅行社在组织旅游活动中依法对旅游者的人身伤亡、财产损失承担的赔偿责任。对旅游者的责任包括：对旅游者的人身伤亡所承担的赔偿责任和对旅游者的财产损失所承担的赔偿责任。

2. 对导游或者领队人员的责任

即依法对受旅行社委派并为旅游者提供服务的导游或者领队人员的人身伤亡所承担的赔偿责任。对导游或者领队人员的责任仅限于其人身伤亡所应承担的赔偿责任，而不包括导游或者领队人员的财产损失所应承担的赔偿责任。

三、保险费率和赔偿限额

类别	说明
保险费率	是应缴纳保险费与保险金额的比率，保险费率应当遵循市场化原则，并与旅行社经营风险相匹配。
赔偿限额	是经保险人和投保人协商约定的、作为保险人承担保险责任的最高限额。旅行社在组织旅游活动中发生保险责任范围情形的，保险公司依法根据保险合同约定，在旅行社责任保险责任限额内予以赔偿。 《旅行社责任保险管理办法》第18条第2款：责任限额可以根据旅行社业务经营范围、经营规模、风险管控能力、当地经济社会发展水平和旅行社自身需要，由旅行社与保险公司协商确定，但每人人身伤亡责任限额不得低于20万元人民币。

四、旅行社责任保险的保险期限、当事人责任与行为

（一）保险期限

保险期限，又称保险期间，是指保险合同的有效期限，也叫保险责任的起讫期限。《旅行社责任保险管理办法》第 15 条：旅行社责任保险的保险期限为 1 年。即旅行社投保责任险后，在 1 年的保险期限内，如果发生投保范围内的赔偿责任，由承保的保险公司承担赔偿责任。

（二）当事人的责任与义务

旅行社（投保人）和保险公司（承保人）订立保险合同时，双方应当依照《保险法》的有关规定履行告知和说明义务。

旅行社的义务	保险公司的义务
①保险合同成立后，按照约定交付保险费； ②解除保险合同的，应当同时订立新的保险合同，并书面通知所在地县级以上旅游主管部门，但因旅行社业务经营许可证被依法吊销或注销而解除合同的除外； ③名称、法定代表人或者业务经营范围等重要事项变更时，应及时通知保险公司，必要时，应办理责任险变更合同手续。	①订立保险合同时，不得强迫旅行社投保其他商业保险； ②对旅行社按照约定交付保险费的，应当及时签发载明当事人约定的合同内容的保险单或者其他保险凭证，同时按照约定的时间开始承担保险责任； ③除符合《保险法》规定的情形，不得解除保险合同； ④保险合同解除的，应当收回保险单，并书面通知旅行社所在地县级以上旅游主管部门。

（三）当事人责任与行为

《旅行社责任保险管理办法》规范了请求赔偿人在责任险索赔过程中旅行社与保险公司的责任与行为。请求赔偿人，是指旅行社、受害人（受害的旅游者、导游及领队人员）。

1. 旅行社的责任与行为

责任	说明
通知保险事故	在发生保险事故时，旅行社或者受害的旅游者、导游及领队人员应及时通知保险公司。
提供证明和资料	保险事故发生后，按照保险合同请求保险公司赔偿保险金时，应当向保险公司提交其所能提供的与确认保险事故的性质、原因、损失程度等有关的证明和资料。
依法解决争议	双方对赔偿有争议的，可以按照双方的约定申请仲裁，或者依法向人民法院提起诉讼。

2. 保险公司的责任与行为

责任	《旅行社责任保险管理办法》相关规定
及时告知	旅行社组织的旅游活动中发生保险事故，旅行社或受害的旅游者、导游及领队人员通知保险公司的，保险公司应当及时告知具体的赔偿程序等有关事项。 保险公司按照保险合同约定，认为有关证明和资料不完整的，应当及时一次性通知旅行社补充提供。
直接赔偿	旅行社对受害人应负的赔偿责任确定的，根据旅行社的请求，直接向受害人赔偿保险金。 旅行社怠于请求的，受害人有权就其应获赔偿部分直接向保险公司请求赔偿。

（续表）

责任	《旅行社责任保险管理办法》相关规定
履行赔偿义务	第 21 条：保险公司收到赔偿保险金的请求和相关证明、资料后，应当及时做出核定；情形复杂的，应当在 30 日内作出核定，但合同另有约定的除外。保险公司应当将核定结果通知旅行社以及受害的旅游者、导游、领队人员；对属于保险责任的，在与旅行社达成赔偿保险金的协议后 10 日内，履行赔偿保险金义务。
代位请求赔偿权	第 22 条：因抢救受伤人员需要保险公司先行赔付保险金用于支付抢救费用的，保险公司在接到旅行社或者受害人通知后，经核定属于保险责任的，可以在责任限额内先向医疗机构支付必要的费用。 第 23 条：因第三者损害而造成保险事故的，保险公司自直接赔偿保险金或者先行支付抢救费用之日起，在赔偿、支付金额范围内代位行使对第三者请求赔偿的权利。旅行社以及受害的旅游者、导游或者领队人员应当向保险公司提供必要的文件和所知道的有关情况。

五、旅行社责任保险的监督检查、罚则

类别	《旅行社责任保险管理办法》相关规定
监管主体及职责	第 26 条：县级以上旅游行政管理部门依法对旅行社投保旅行社责任保险情况实施监督检查。 第 27 条：中国保监会及其派出机构依法对保险公司开展旅行社责任保险业务实施监督管理。
罚则	第 28 条：违反本办法第 12 条、第 16 条、第 18 条的规定，旅行社解除保险合同但未同时订立新的保险合同，保险合同期满前未及时续保，或者人身伤亡责任限额低于 20 万元人民币的，由县级以上旅游行政管理部门依照《旅行社条例》第 49 条的规定处罚。 （《旅行社条例》第 49 条：违反本条例的规定，旅行社不投保旅行社责任险的，由旅游行政管理部门责令改正；拒不改正的，吊销旅行社业务经营许可证。） 第 29 条：保险公司经营旅行社责任保险，违反有关保险条款和保险费率管理规定的，由中国保监会或者其派出机构依照《中华人民共和国保险法》和中国保监会的有关规定予以处罚。 第 30 条：保险公司拒绝或者妨碍依法检查监督的，由中国保监会或者其派出机构依照《中华人民共和国保险法》的有关规定予以处罚。

第四节　突发事件应对法

2007 年 8 月 30 日十届全国人大常委会第二十九次会议通过并于同年 11 月 1 日施行《中华人民共和国突发事件应对法》（以下简称《突发事件应对法》）。

一、突发事件的界定、种类与级别

《突发事件应对法》第 3 条：本法所称突发事件，是指突然发生，造成或者可能造成严重社会危害，需要采取应急处置措施予以应对的自然灾害、事故灾难、公共卫生事件和社会安全事件。

按照社会危害程度、影响范围等因素，自然灾害、事故灾难、公共卫生事件分为特别重大、重大、较大和一般 4 级。法律、行政法规或者国务院另有规定的，从其规定。

突发事件的分级标准由国务院或者国务院确定的部门制定。

突发事件	涵盖范围
自然灾害	主要包括水旱灾害、气象灾害、地震灾害、地质灾害、海洋灾害、生物灾害和森林草原火灾等。
事故灾难	主要包括工矿商贸等企业的各类安全事故、交通运输事故、公共设施和设备事故、环境污染和生态破坏事件等。
公共卫生事件	主要包括传染病疫情、群体性不明原因疾病、食品安全和职业危害、动物疫情以及其他严重影响公共健康和生命安全的事件。
社会安全事件	主要包括严重危害社会治安秩序的突发事件。

二、公民、法人和其他组织参与突发事件应对的义务

《中华人民共和国突发事件应对法》（以下简称《突发事件应对法》）第 11 条第 2 款：公民、法人和其他组织有义务参与突发事件应对工作。

义务	《突发事件应对法》相关规定
信息报告义务	第 38 条第 3 款：获悉突发事件信息的公民、法人或者其他组织，应当立即向所在地人民政府、有关主管部门或者指定的专业机构报告。
制定、演练应急预案与排查、消除风险隐患义务	第 22 条：所有单位应当建立健全安全管理制度，定期检查本单位各项安全防范措施的落实情况，及时消除事故隐患；掌握并及时处理本单位存在的可能引发社会安全事件的问题，防止矛盾激化和事态扩大；对本单位可能发生的突发事件和采取安全防范措施的情况，应当按照规定及时向所在地人民政府或者人民政府有关部门报告。 第 23 条：矿山、建筑施工单位和易燃易爆物品、危险化学品、放射性物品等危险物品的生产、经营、储运、使用单位，应当制定具体应急预案，并对生产经营场所、有危险物品的建筑物、构筑物及周边环境开展隐患排查，及时采取措施消除隐患，防止发生突发事件。 第 24 条：公共交通工具、公共场所和其他人员密集场所的经营单位或者管理单位应当制定具体应急预案，为交通工具和有关场所配备报警装置和必要的应急救援设备、设施，注明其使用方法，并显著标明安全撤离的通道、路线，保证安全通道、出口的畅通。 有关单位应当定期检测、维护其报警装置和应急救援设备、设施，使其处于良好状态，确保正常使用。 第 64 条规定，有关单位有下列情形之一的，由所在地履行统一领导职责的人民政府责令停产停业，暂扣或者吊销许可证或者营业执照，并处 5 万元以上 20 万元以下的罚款；构成违反治安管理行为的，由公安机关依法给予处罚： ①未按规定采取预防措施，导致发生严重突发事件的； ②未及时消除已发现的可能引发突发事件的隐患，导致发生严重突发事件的； ③未做好应急设备、设施日常维护、检测工作，导致发生严重突发事件或者突发事件危害扩大的； ④突发事件发生后，不及时组织开展应急救援工作，造成严重后果的。 前款规定的行为，其他法律、行政法规规定由人民政府有关部门依法决定处罚的，从其规定。

（续表）

义务	《突发事件应对法》相关规定
参加应急专职、兼职或志愿者救援队伍义务	第 26 条第 2 款：县级以上人民政府及其有关部门可以建立由成年志愿者组成的应急救援队伍。单位应当建立由本单位职工组成的专职或者兼职应急救援队伍。
为应急处置提供科研、宣传、医疗、物质、技术、生产能力等义务	第 36 条：国家鼓励、扶持具备相应条件的教学科研机构培养应急管理专门人才，鼓励、扶持教学科研机构和有关企业研究开发用于突发事件预防、监测、预警、应急处置与救援的新技术、新设备和新工具。 第 29 条第 3 款：新闻媒体应当无偿开展突发事件预防与应急、自救与互救知识的公益宣传。 第 34 条：国家鼓励公民、法人和其他组织为人民政府应对突发事件工作提供物资、资金、技术支持和捐赠。
执行有关决定和命令义务	第 56 条：突发事件发生地的其他单位应当服从人民政府发布的决定、命令，配合人民政府采取的应急处置措施，做好本单位的应急救援工作，并积极组织人员参加所在地的应急救援和处置工作。 第 57 条：突发事件发生地的公民应当服从人民政府、居民委员会、村民委员会或者所属单位的指挥和安排，配合人民政府采取的应急处置措施，积极参加应急救援工作，协助维护社会秩序。 第 66 条：单位或者个人违反本法规定，不服从所在地人民政府及其有关部门发布的决定、命令或者不配合其依法采取的措施，构成违反治安管理行为的，由公安机关依法给予处罚。
服从征用措施义务	第 12 条：有关人民政府及其部门为应对突发事件，可以征用单位和个人的财产。被征用的财产在使用完毕或者突发事件应急处置工作结束后，应当及时返还。财产被征用或者征用后毁损、灭失的，应当给予补偿。 第 52 条：履行统一领导职责或者组织处置突发事件的人民政府，必要时可以向单位和个人征用应急救援所需设备、设施、场地、交通工具和其他物资。

三、突发事件预警制度

类别	《突发事件应对法》相关规定
突发事件预警级别	第 42 条第 2 款：可以预警的自然灾害、事故灾难和公共卫生事件的预警级别，按照突发事件发生的紧急程度、发展势态和可能造成的危害程度分为一级、二级、三级和四级，分别用红色、橙色、黄色和蓝色标示，一级为最高级别。
预警信息的发布和报告、通告	①自然灾害、事故灾难或者公共卫生事件 第 43 条：可以预警的自然灾害、事故灾难或者公共卫生事件即将发生或者发生的可能性增大时，县级以上地方各级人民政府应当根据有关法律、行政法规和国务院规定的权限和程序，发布相应级别的警报，决定并宣布有关地区进入预警期，同时向上一级人民政府报告，必要时可以越级上报，并向当地驻军和可能受到危害的毗邻或者相关地区的人民政府通报。 ②社会安全事件 第 46 条：对即将发生或者已经发生的社会安全事件，县级以上地方各级人民政府及其有关主管部门应当按照规定向上一级人民政府及其有关主管部门报告，必要时可以越级上报。

（续表）

类别	《突发事件应对法》相关规定
	第 63 条规定，地方各级人民政府和县级以上各级人民政府有关部门违反本法规定，不履行法定职责的，由其上级行政机关或者监察机关责令改正；有下列情形之一的，根据情节对直接负责的主管人员和其他直接责任人员依法给予处分： ①未按规定采取预防措施，导致发生突发事件，或者未采取必要的防范措施，导致发生次生、衍生事件的； ②迟报、谎报、瞒报、漏报有关突发事件的信息，或者通报、报送、公布虚假信息，造成后果的； ③未按规定及时发布突发事件警报、采取预警期的措施，导致损害发生的； ④未按规定及时采取措施处置突发事件或者处置不当，造成后果的； ⑤不服从上级人民政府对突发事件应急处置工作的统一领导、指挥和协调的； ⑥未及时组织开展生产自救、恢复重建等善后工作的； ⑦截留、挪用、私分或者变相私分应急救援资金、物资的； ⑧不及时归还征用的单位和个人的财产，或者对被征用财产的单位和个人不按规定给予补偿的。
三级、四级警报采取的措施	第 44 条规定，发布三级、四级警报，宣布进入预警期后，县级以上地方各级人民政府应当根据即将发生的突发事件的特点和可能造成的危害，采取下列措施： ①启动应急预案； ②责令有关部门、专业机构、监测网点和负有特定职责的人员及时收集、报告有关信息，向社会公布反映突发事件信息的渠道，加强对突发事件发生、发展情况的监测、预报和预警工作； ③组织有关部门和机构、专业技术人员、有关专家学者，随时对突发事件信息进行分析评估，预测发生突发事件可能性的大小、影响范围和强度以及可能发生的突发事件的级别； ④定时向社会发布与公众有关的突发事件预测信息和分析评估结果，并对相关信息的报道工作进行管理； ⑤及时按照有关规定向社会发布可能受到突发事件危害的警告，宣传避免、减轻危害的常识，公布咨询电话。
一级、二级警报采取的措施	第 45 条规定，发布一级、二级警报，宣布进入预警期后，县级以上地方各级人民政府除采取本法第 44 条规定的措施外，还应当针对即将发生的突发事件的特点和可能造成的危害，采取下列一项或者多项措施： ①责令应急救援队伍、负有特定职责的人员进入待命状态，并动员后备人员做好参加应急救援和处置工作的准备； ②调集应急救援所需物资、设备、工具，准备应急设施和避难场所，并确保其处于良好状态、随时可以投入正常使用； ③加强对重点单位、重要部位和重要基础设施的安全保卫，维护社会治安秩序； ④采取必要措施，确保交通、通信、供水、排水、供电、供气、供热等公共设施的安全和正常运行； ⑤及时向社会发布有关采取特定措施避免或者减轻危害的建议、劝告； ⑥转移、疏散或者撤离易受突发事件危害的人员并予以妥善安置，转移重要财产； ⑦关闭或者限制使用易受突发事件危害的场所，控制或者限制容易导致危害扩大的公共场所的活动； ⑧法律、法规、规章规定的其他必要的防范性、保护性措施。
预警级别的调整及解除	第 47 条：发布突发事件警报的人民政府应当根据事态的发展，按照有关规定适时调整预警级别并重新发布。 有事实证明不可能发生突发事件或者危险已经解除的，发布警报的人民政府应当立即宣布解除警报，终止预警期，并解除已经采取的有关措施。

四、突发事件应急处置与救援制度

（一）应急处置制度

《突发事件应对法》第 48 条：突发事件发生后，履行统一领导职责或者组织处置突发事件的人民政府应当针对其性质、特点和危害程度，立即组织有关部门，调动应急救援队伍和社会力量，依照本章的规定和有关法律、法规、规章的规定采取应急处置措施。

可见，应急处置制度的法定条件是突发事件发生；实施的主体是履行统一领导职责或者组织处置突发事件的人民政府；具体要求是应当针对突发事件的性质、特点和危害程度；途径是组织有关部门，调动应急救援队伍和社会力量。

发生事件	《突发事件应对法》相关规定
自然灾害、事故灾难或者公共卫生事件	第 49 条规定，自然灾害、事故灾难或者公共卫生事件发生后，履行统一领导职责的人民政府可以采取下列一项或者多项应急处置措施： ①组织营救和救治受害人员，疏散、撤离并妥善安置受到威胁的人员以及采取其他救助措施； ②迅速控制危险源，标明危险区域，封锁危险场所，划定警戒区，实行交通管制以及其他控制措施； ③立即抢修被损坏的交通、通信、供水、排水、供电、供气、供热等公共设施，向受到危害的人员提供避难场所和生活必需品，实施医疗救护和卫生防疫以及其他保障措施； ④禁止或者限制使用有关设备、设施，关闭或者限制使用有关场所，中止人员密集的活动或者可能导致危害扩大的生产经营活动以及采取其他保护措施； ⑤启用本级人民政府设置的财政预备费和储备的应急救援物资，必要时调用其他急需物资、设备、设施、工具； ⑥组织公民参加应急救援和处置工作，要求具有特定专长的人员提供服务； ⑦保障食品、饮用水、燃料等基本生活必需品的供应； ⑧依法从严惩处囤积居奇、哄抬物价、制假售假等扰乱市场秩序的行为，稳定市场价格，维护市场秩序； ⑨依法从严惩处哄抢财物、干扰破坏应急处置工作等扰乱社会秩序的行为，维护社会治安； ⑩采取防止发生次生、衍生事件的必要措施。 第 63 条：地方各级人民政府和县级以上各级人民政府有关部门违反本法规定，不履行法定职责的，由其上级行政机关或者监察机关责令改正；未按规定采取预防措施，导致发生突发事件，或者未采取必要的防范措施，导致发生次生、衍生事件的，或截留、挪用、私分或者变相私分应急救援资金、物资的根据情节对直接负责的主管人员和其他直接责任人员依法给予处分。
社会安全事件	第 50 条规定，社会安全事件发生后，组织处置工作的人民政府应当立即组织有关部门并由公安机关针对事件的性质和特点，依照有关法律、行政法规和国家其他有关规定，采取下列一项或者多项应急处置措施： ①强制隔离使用器械相互对抗或者以暴力行为参与冲突的当事人，妥善解决现场纠纷和争端，控制事态发展； ②对特定区域内的建筑物、交通工具、设备、设施以及燃料、燃气、电力、水的供应进行控制； ③封锁有关场所、道路，查验现场人员的身份证件，限制有关公共场所内的活动；

（续表）

发生事件	《突发事件应对法》相关规定
	④加强对易受冲击的核心机关和单位的警卫，在国家机关、军事机关、国家通讯社、广播电台、电视台、外国驻华使领馆等单位附近设置临时警戒线； ⑤法律、行政法规和国务院规定的其他必要措施。 严重危害社会治安秩序的事件发生时，公安机关应当立即依法出动警力，根据现场情况依法采取相应的强制性措施，尽快使社会秩序恢复正常。
严重影响国民经济事件	第 51 条：发生突发事件，严重影响国民经济正常运行时，国务院或者国务院授权的有关主管部门可以采取保障、控制等必要的应急措施，保障人民群众的基本生活需要，最大限度地减轻突发事件的影响。

（二）救援制度

类别	《突发事件应对法》相关规定
居民委员会、村民委员会和其他组织	第 55 条：突发事件发生地的居民委员会、村民委员会和其他组织应当按照当地人民政府的决定、命令，进行宣传动员，组织群众开展自救和互救，协助维护社会秩序。
有关单位	第 56 条：受到自然灾害危害或者发生事故灾难、公共卫生事件的单位，应当立即组织本单位应急救援队伍和工作人员营救受害人员，疏散、撤离、安置受到威胁的人员，控制危险源，标明危险区域，封锁危险场所，并采取其他防止危害扩大的必要措施，同时向所在地县级人民政府报告；对因本单位的问题引发的或者主体是本单位人员的社会安全事件，有关单位应当按照规定上报情况，并迅速派出负责人赶赴现场开展劝解、疏导工作。 突发事件发生地的其他单位应当服从人民政府发布的决定、命令，配合人民政府采取的应急处置措施，做好本单位的应急救援工作，并积极组织人员参加所在地的应急救援和处置工作。 第 64 条规定，有关单位有下列情形之一的，由所在地履行统一领导职责的人民政府责令停产停业，暂扣或者吊销许可证或者营业执照，并处 5 万元以上 20 万元以下的罚款；构成违反治安管理行为的，由公安机关依法给予处罚： ①未按规定采取预防措施，导致发生严重突发事件的； ②未及时消除已发现的可能引发突发事件的隐患，导致发生严重突发事件的； ③未做好应急设备、设施日常维护、检测工作，导致发生严重突发事件或者突发事件危害扩大的； ④突发事件发生后，不及时组织开展应急救援工作，造成严重后果的。
公民	第 57 条：突发事件发生地的公民应当服从人民政府、居民委员会、村民委员会或者所属单位的指挥和安排，配合人民政府采取的应急处置措施，积极参加应急救援工作，协助维护社会秩序。

易错考题小试牛刀

1.（判断题）旅行社违反《旅游安全管理办法》的规定，旅行社不按要求制作安全信息卡，由旅游主管部门给予警告，可并处 2000 元以下罚款，情节严重的，处 2000 元以上 20000 元以下罚款。（　）

2.（判断题）旅行社责任保险的保险责任包含对受旅行社委派并为旅游者提供服务的导游或者领队人员的人身伤亡或财产损失承担的赔偿责任。（　）

3.（判断题）根据《突发事件应对法》规定，按照社会危害程度、影响范围等因素，自然灾害、事故灾难、公共卫生事件分为重大、较大、一般、较小 4 级。（　）

4.（单选题）旅行社违反《旅游安全管理办法》的规定，未制止履行辅助人的非法、不安全服务行为，或者未更换履行辅助人的，由旅游主管部门给予警告，情节严重的处（　）罚款。

A.1000 元以上 5000 元以下　　B.2000 元以上 1 万元以下

C.1000 元以上 1 万元以下　　D.2000 元以上 2 万元以下

5.（单选题）造成或者可能造成人员死亡（含失踪）10 人及以上、30 人以下或者重伤 50 人及以上、100 人以下，属于旅游突发事件中的（　）级别。

A. 特别重大　　B. 重大　　C. 较大　　D. 一般

6.（多选题）根据《旅游安全管理办法》规定，风险提示发布后，旅行社应当根据风险级别采取的措施为（　）。

A. 一级风险的，加强对旅游者的提示

B. 四级风险的，停止组团或带团前往风险区域

C. 三级风险的，采取必要的安全防范措施

D. 二级风险的，已在风险区域的，调整或者中止行程

E. 四级风险的，组织已在风险区域的旅游者撤离

7.（多选题）发布突发事件三级、四级警报后，县级以上地方各级人民政府应当根据即将发生的突发事件的特点和可能造成的危害，采取下列措施（　）。

A. 启动应急预案

B. 随时对突发事件信息进行分析评估

C. 责令应急救援队伍、负有特定职责的人员进入待命状态

D. 加强对重点单位、重要部位和重要基础设施的安全保卫

E. 加强对突发事件发生、发展情况的监测、预报和预警工作

【答案】1. 错　2. 错　3. 错　4.B　5.B　6.CD　7.ABE

第十章
食品、住宿、娱乐法律制度

【考试大纲】

- **熟悉：**《中华人民共和国食品安全法》关于食品安全保障法律制度及相关法律责任的规定。《中华人民共和国旅游法》《旅馆业治安管理办法》及有关法律法规关于饭店经营者权利和义务及相关法律责任的规定。《娱乐场所管理条例》关于娱乐场所的设立和经营规则、监督管理及相关法律责任的规定。
- **掌握：**食品安全事故处置制度及相关法律责任。

【历年分值】

年份	判断（题）	单选（题）	多选（题）	分值（分）	分值占比（%）
2018	1	2	0	1.5	3.00
2019	0	1	1	1.5	2.94
2020	0	1	1	1.5	2.88
2023	0	1	1	1.5	3.09

第一节　食品安全法

一、食品安全与管理

类别	《中华人民共和国食品安全法》相关规定
食品和食品安全的含义	第 150 条：食品，指各种供人食用或者饮用的成品和原料以及按照传统既是食品又是中药材的物品，但是不包括以治疗为目的的物品。 食品安全，指食品无毒、无害，符合应当有的营养要求，对人体健康不造成任何急性、亚急性或者慢性危害。 食品安全事故，指食源性疾病、食品污染等源于食品，对人体健康有危害或者可能有危害的事故。
食品安全的工作原则	第 3 条：食品安全工作实行预防为主、风险管理、全程控制、社会共治，建立科学、严格的监督管理制度。
食品安全的管理体制	第 5 条：国务院设立食品安全委员会，其职责由国务院规定。 国务院食品安全监督管理部门依照本法和国务院规定的职责，对食品生产经营活动实施监督管理。 国务院卫生行政部门依照本法和国务院规定的职责，组织开展食品安全风险监测和风险评估，会同国务院食品安全监督管理部门制定并公布食品安全国家标准。 国务院其他有关部门依照本法和国务院规定的职责，承担有关食品安全工作。

*《中华人民共和国食品安全法》以下简称《食品安全法》。

二、食品安全保障制度

制度	《食品安全法》相关规定
食品安全风险监测和评估制度	第 14 条：国家建立食品安全风险监测制度，对食源性疾病、食品污染以及食品中的有害因素进行监测。 国务院卫生行政部门会同国务院食品安全监督管理等部门，制定、实施国家食品安全风险监测计划。 第 17 条：国家建立食品安全风险评估制度，运用科学方法，根据食品安全风险监测信息、科学数据以及有关信息，对食品、食品添加剂、食品相关产品中生物性、化学性和物理性危害因素进行风险评估。 国务院卫生行政部门负责组织食品安全风险评估工作，成立由医学、农业、食品、营养、生物、环境等方面的专家组成的食品安全风险评估专家委员会进行食品安全风险评估。食品安全风险评估结果由国务院卫生行政部门公布。
食品安全国家标准制度	第 24 条：制定食品安全标准，应当以保障公众身体健康为宗旨，做到科学合理、安全可靠。 第 25 条：食品安全标准是强制执行的标准。除食品安全标准外，不得制定其他食品强制性标准。 第 27 条：食品安全国家标准由国务院卫生行政部门会同国务院食品安全监督管理部门制定、公布，国务院标准化行政部门提供国家标准编号。

（续表）

制度	《食品安全法》相关规定
	第 29 条：对地方特色食品，没有食品安全国家标准的，省、自治区、直辖市人民政府卫生行政部门可以制定并公布食品安全地方标准，报国务院卫生行政部门备案。食品安全国家标准制定后，该地方标准即行废止。 第 30 条：国家鼓励食品生产企业制定严于食品安全国家标准或者地方标准的企业标准，在本企业适用，并报省、自治区、直辖市人民政府卫生行政部门备案。 第 92 条：进口的食品、食品添加剂、食品相关产品应当符合我国食品安全国家标准。
食品生产经营许可制度	第 35 条：国家对食品生产经营实行许可制度。从事食品生产、食品销售、餐饮服务，应当依法取得许可。但是，销售食用农产品，不需要取得许可。 第 39 条：国家对食品添加剂生产实行许可制度。从事食品添加剂生产，应当具有与所生产食品添加剂品种相适应的场所、生产设备或者设施、专业技术人员和管理制度，并依照本法第 35 条第 2 款规定的程序，取得食品添加剂生产许可。 《中华人民共和国食品安全法实施条例》第 15 条：食品生产经营许可的有效期为 5 年。
食品安全全程追溯制度	第 42 条：国家建立食品安全全程追溯制度。 食品生产经营者应当依照本法的规定，建立食品安全追溯体系，保证食品可追溯。国家鼓励食品生产经营者采用信息化手段采集、留存生产经营信息，建立食品安全追溯体系。 国务院食品安全监督管理部门会同国务院农业行政等有关部门建立食品安全全程追溯协作机制。
食品从业人员健康管理制度	第 45 条：食品生产经营者应当建立并执行从业人员健康管理制度。患有国务院卫生行政部门规定的有碍食品安全疾病的人员，不得从事接触直接入口食品的工作。 从事接触直接入口食品工作的食品生产经营人员应当每年进行健康检查，取得健康证明后方可上岗工作。
食品安全自查制度	第 47 条：食品生产经营者应当建立食品安全自查制度，定期对食品安全状况进行检查评价。生产经营条件发生变化，不再符合食品安全要求的，食品生产经营者应当立即采取整改措施；有发生食品安全事故潜在风险的，应当立即停止食品生产经营活动，并向所在地县级人民政府食品安全监督管理部门报告。
食品出厂检验记录制度	第 51 条：食品生产企业应当建立食品出厂检验记录制度，查验出厂食品的检验合格证和安全状况，如实记录食品的名称、规格、数量、生产日期或者生产批号、保质期、检验合格证号、销售日期以及购货者名称、地址、联系方式等内容，并保存相关凭证。 第 52 条：食品、食品添加剂、食品相关产品的生产者，应当按照食品安全标准对所生产的食品、食品添加剂、食品相关产品进行检验，检验合格后方可出厂或者销售。
食品召回制度	第 63 条：国家建立食品召回制度。食品生产者发现其生产的食品不符合食品安全标准或者有证据证明可能危害人体健康的，应当立即停止生产，召回已经上市销售的食品，通知相关生产经营者和消费者，并记录召回和通知情况。 食品经营者发现其经营的食品有前款规定情形的，应当立即停止经营，通知相关生产经营者和消费者，并记录停止经营和通知情况。食品生产者认为应当召回的，应当立即召回。由于食品经营者的原因造成其经营的食品有前款规定情形的，食品经营者应当召回。
特殊食品严格监管制度	第 74 条：国家对保健食品、特殊医学用途配方食品和婴幼儿配方食品等特殊食品实行严格监督管理。 第 75 条：保健食品声称保健功能，应当具有科学依据，不得对人体产生急性、亚急性或者慢性危害。 第 78 条：保健食品的标签、说明书不得涉及疾病预防、治疗功能，内容应当真实，与注册或者备案的内容相一致，载明适宜人群、不适宜人群、功效成分或者标志性成分及其含量等，并声明“本品不能代替药物”。保健食品的功能和成分应当与标签、说明书相一致。

（续表）

制度	《食品安全法》相关规定
	第 80 条：特殊医学用途配方食品应当经国务院食品安全监督管理部门注册。注册时，应当提交产品配方、生产工艺、标签、说明书以及表明产品安全性、营养充足性和特殊医学用途临床效果的材料。 第 81 条：生产婴幼儿配方食品使用的生鲜乳、辅料等食品原料、食品添加剂等，应当符合法律、行政法规的规定和食品安全国家标准，保证婴幼儿生长发育所需的营养成分。
民事赔偿优先制度	第 147 条：违反本法规定，造成人身、财产或者其他损害的，依法承担赔偿责任。生产经营者财产不足以同时承担民事赔偿责任和缴纳罚款、罚金时，先承担民事赔偿责任。
首负责任制和惩罚性赔偿制度	第 148 条：消费者因不符合食品安全标准的食品受到损害的，可以向经营者要求赔偿损失，也可以向生产者要求赔偿损失。接到消费者赔偿要求的生产经营者，应当实行首负责任制，先行赔付，不得推诿；属于生产者责任的，经营者赔偿后有权向生产者追偿；属于经营者责任的，生产者赔偿后有权向经营者追偿。 生产不符合食品安全标准的食品或者经营明知是不符合食品安全标准的食品，消费者除要求赔偿损失外，还可以向生产者或者经营者要求支付价款 10 倍或者损失 3 倍的赔偿金；增加赔偿的金额不足 1000 元的，为 1000 元。但是，食品的标签、说明书存在不影响食品安全且不会对消费者造成误导的瑕疵的除外。

三、食品安全事故处置

（一）食品安全事故的含义及应急预案体系

类别	《食品安全法》相关规定
含义	第 150 条：食品安全事故，指食源性疾病、食品污染等源于食品，对人体健康有危害或者可能有危害的事故。
建立健全食品安全事故应急预案体系	第 102 条：国务院组织制定国家食品安全事故应急预案。 县级以上地方人民政府应当根据有关法律、法规的规定和上级人民政府的食品安全事故应急预案以及本行政区域的实际情况，制定本行政区域的食品安全事故应急预案，并报上一级人民政府备案。 食品安全事故应急预案应当对食品安全事故分级、事故处置组织指挥体系与职责、预防预警机制、处置程序、应急保障措施等作出规定。 食品生产经营企业应当制定食品安全事故处置方案，定期检查本企业各项食品安全防范措施的落实情况，及时消除事故隐患。

（二）食品安全事故的处置

类别	《食品安全法》相关规定
事故单位的应急处置、履行报告、通报义务	第 103 条：发生食品安全事故的单位应当立即采取措施，防止事故扩大。事故单位和接收病人进行治疗的单位应当及时向事故发生地县级人民政府食品安全监督管理、卫生行政部门报告。 县级以上人民政府农业行政等部门在日常监督管理中发现食品安全事故或者接到事故举报，应当立即向同级食品安全监督管理部门通报。 发生食品安全事故，接到报告的县级人民政府食品安全监督管理部门应当按照应急预案的规定向本级人民政府和上级人民政府食品安全监督管理部门报告。县级人民政府和上级人民政府食品安全监督管理部门应当按照应急预案的规定上报。

（续表）

类别	《食品安全法》相关规定
	任何单位和个人不得对食品安全事故隐瞒、谎报、缓报，不得隐匿、伪造、毁灭有关证据。 第 104 条：医疗机构发现其接收的病人属于食源性疾病病人或者疑似病人的，应当按照规定及时将相关信息向所在地县级人民政府卫生行政部门报告。县级人民政府卫生行政部门认为与食品安全有关的，应当及时通报同级食品安全监督管理部门。 县级以上人民政府卫生行政部门在调查处理传染病或者其他突发公共卫生事件中发现与食品安全相关的信息，应当及时通报同级食品安全监督管理部门。
采取行政处理措施	第 105 条规定，县级以上人民政府食品安全监督管理部门接到食品安全事故的报告后，应当立即会同同级卫生行政、农业行政等部门进行调查处理，并采取下列措施，防止或者减轻社会危害： ①开展应急救援工作，组织救治因食品安全事故导致人身伤害的人员； ②封存可能导致食品安全事故的食品及其原料，并立即进行检验；对确认属于被污染的食品及其原料，责令食品生产经营者依照本法第 63 条的规定召回或者停止经营； ③封存被污染的食品相关产品，并责令进行清洗消毒； ④做好信息发布工作，依法对食品安全事故及其处理情况进行发布，并对可能产生的危害加以解释、说明。 发生食品安全事故需要启动应急预案的，县级以上人民政府应当立即成立事故处置指挥机构，启动应急预案，依照前款和应急预案的规定进行处置。 发生食品安全事故，县级以上疾病预防控制机构应当对事故现场进行卫生处理，并对与事故有关的因素开展流行病学调查，有关部门应当予以协助。县级以上疾病预防控制机构应当向同级食品安全监督管理、卫生行政部门提交流行病学调查报告。

（三）法律责任

责任方	《食品安全法》相关规定
事故单位	第 128 条：违反本法规定，事故单位在发生食品安全事故后未进行处置、报告的，由有关主管部门按照各自职责分工责令改正，给予警告；隐匿、伪造、毁灭有关证据的，责令停产停业，没收违法所得，并处 10 万元以上 50 万元以下罚款；造成严重后果的，吊销许可证。
政府的直接责任人	第 142 条规定，违反本法规定，县级以上地方人民政府有下列行为之一的，对直接负责的主管人员和其他直接责任人员给予记大过处分；情节较重的，给予降级或者撤职处分；情节严重的，给予开除处分；造成严重后果的，其主要负责人还应当引咎辞职： ①对发生在本行政区域内的食品安全事故，未及时组织协调有关部门开展有效处置，造成不良影响或者损失； ②对本行政区域内涉及多环节的区域性食品安全问题，未及时组织整治，造成不良影响或者损失； ③隐瞒、谎报、缓报食品安全事故； ④本行政区域内发生特别重大食品安全事故，或者连续发生重大食品安全事故。
食品安全监督管理、卫生行政等部门的直接责任人	第 144 条规定，违反本法规定，县级以上人民政府食品安全监督管理、卫生行政、农业行政等部门有下列行为之一的，对直接负责的主管人员和其他直接责任人员给予记大过处分；情节较重的，给予降级或者撤职处分；情节严重的，给予开除处分；造成严重后果的，其主要负责人还应当引咎辞职： ①隐瞒、谎报、缓报食品安全事故； ②未按规定查处食品安全事故，或者接到食品安全事故报告未及时处理，造成事故扩大或者蔓延；

（续表）

责任方	《食品安全法》相关规定
	③经食品安全风险评估得出食品、食品添加剂、食品相关产品不安全结论后，未及时采取相应措施，造成食品安全事故或者不良社会影响； ④对不符合条件的申请人准予许可，或者超越法定职权准予许可； ⑤不履行食品安全监督管理职责，导致发生食品安全事故。

第二节　住宿管理法律制度

一、饭店经营者的权利与义务

（一）饭店经营者的权利

权利	说明
向旅客收取费用的权利	饭店提供的服务一般都是有偿服务，这是由饭店自身的企业性质决定的。因此，当饭店向旅客提供住宿客房及相关配套服务时，旅客有义务承担住宿费和法律允许或双方约定的服务费用，例如餐饮、洗衣、电话等费用。 当旅客无力支付或拒绝支付时，饭店有权留置旅客的财物，从旅客的财物中受偿住宿等费用。但是，旅客被留置的财物价值只能是相当于旅客所欠缴的实际费用，同时饭店的留置权在旅客付清所欠费用时终止。
合理拒绝接待旅客的权利	饭店在接待旅客的过程中，不得因旅客的种族、国籍、肤色、宗教信仰等原因对旅客加以歧视，甚至拒绝接待。但在有正当理由的前提下，饭店可以合理地拒绝接待旅客，即不与旅客签订住宿合同或者终止与旅客的住宿合同。一般而言，发生下列情形饭店可以拒绝接待旅客： ①旅客已满，无客房出租； ②旅客的行为违反饭店制定的合理规则； ③旅客自身状态不适合住店； ④不可抗力发生的情况下； ⑤旅客从事赌博、卖淫、盗窃等违反法律法规的活动； ⑥旅客无力或者拒绝支付饭店费用； ⑦旅客被饭店列为黑名单； ⑧法律法规规定的其他情况。 饭店在依法拒绝接待旅客时，行为应当慎重，要使用足够谨慎、合理的方式，否则容易引起新的纠纷。对于旅客的违法犯罪行为，饭店应当及时向公安机关报告。
制止旅客在饭店内不良行为的权利	对于旅客在饭店内从事违背社会公序良俗但未构成犯罪的行为，以及给其他大多数旅客带来不良感受的行为，饭店有权加以制止，但是制止的方式不宜粗暴，不得使旅客受到不必要的强制或屈辱。对于旅客在饭店里进行的违法犯罪活动，饭店经营者和工作人员应当举报，并配合公安机关的执法行为。
要求旅客遵守饭店规则的权利	饭店有权要求旅客正确使用饭店提供的设施、设备，爱护饭店的公共财物，遵守饭店作息时间，登记时查验旅客身份证明，旅客不得私自留客住宿或转让床位，不得卧床吸烟等。

（续表）

权利	说明
要求旅客赔偿合理损失的权利	旅客不履行合同的约定造成饭店损失的，饭店可以要求旅客赔偿合理的损失。 旅客预订客房不住宿又不及时通知，给饭店造成不必要的损失的，应当向饭店承担违约责任，饭店有权在合理的范围内要求旅客赔偿其损失。在饭店内住宿的旅客，不遵守合同的约定和饭店有关规定，造成饭店设施、设备损坏等情形的，饭店也有权向旅客索赔，视情况要求旅客承担相应的赔偿责任。

（二）饭店经营者的义务

义务	说明
按照合同约定提供服务的义务	饭店和旅客的住宿合同一旦成立，就必须按照合同约定提供住宿以及与饭店性质相适应的其他服务；提供的服务应当符合国家或行业标准，否则应当承担违约责任；造成旅客人身损害或者财产损失的，应当支付赔偿金。 因某种客观原因不能向旅客提供预订房间的，在征得旅客同意的前提下，饭店可以在本饭店内另换标准相近的房间，或将其转移至其他饭店，为其提供相同等级的服务，因此增加的合理费用，由饭店承担。 《旅游法》第 75 条：住宿经营者应当按照旅游服务合同的约定为团队旅游者提供住宿服务。住宿经营者未能按照旅游服务合同提供服务的，应当为旅游者提供不低于原定标准的住宿服务，因此增加的费用由住宿经营者承担；但由于不可抗力、政府因公共利益需要采取措施造成不能提供服务的，住宿经营者应当协助安排旅游者住宿。
保障旅客人身安全的义务	饭店应当把保障旅客的人身安全放在首要位置，预防损害旅客人身安全的各类事故的发生。 《民法典》第 1198 条：宾馆、商场、银行、车站、机场、体育场馆、娱乐场所等经营场所、公共场所的经营者、管理者或者群众性活动的组织者，未尽到安全保障义务，造成他人损害的，应当承担侵权责任。 因第三人的行为造成他人损害的，由第三人承担侵权责任；经营者、管理者或者组织者未尽到安全保障义务的，承担相应的补充责任。经营者、管理者或者组织者承担补充责任后，可以向第三人追偿。 《旅游法》第 54 条：景区、住宿经营者将其部分经营项目或者场地交由他人从事住宿、餐饮、购物、游览、娱乐、旅游交通等经营的，应当对实际经营者的经营行为给旅游者造成的损害承担连带责任。 因此，当实际旅游经营者的经营行为给旅客造成人身损害或财产损失时，旅客既有权向饭店和实际经营者要求共同承担责任，也可以要求其中的任何一方承担全部责任，任何一方均不得拒绝。
保障旅客财产安全的义务	饭店在保障旅客人身安全的同时，还应当保护旅客的财产安全。当饭店和旅客之间的服务合同成立后，饭店对旅客的财产安全即负有责任。因此，旅客可以依照合同要求饭店保护自身财物的安全。 饭店有义务对旅客寄存的贵重财物进行保管，并设置保险箱、柜、室，指定专人负责，建立登记、领取和交接制度。同时，饭店还应当保护旅客在饭店停车场内车辆的安全，并提醒旅客保管好放置在汽车内的物品，贵重财物需要寄存。 由于饭店的原因造成旅客财物灭失、毁损的，饭店应当承担赔偿责任；由于旅客自己的行为造成损害的，饭店不承担赔偿责任；双方均有过错的，应当各自承担相应的责任。 当旅客离店后，如果在客房内发现旅客遗留下来的财物，饭店应当将其记录在登记册上，并写明旅客的姓名、房号、离店时间、物品名称及拾得者姓名，交领班送客房部妥善保管，然后根据旅客登记所留下的地址或联系方式设法将遗留财物归还原主，决不能占为己有。当旅客索取时，饭店应当无条件返还，但是可以收取一定数量的保管费。

（续表）

义务	说明
尊重旅客隐私权的义务	饭店应当充分尊重旅客的隐私权。非经旅客的允许或者法定的事由，饭店的工作人员不得随意进入旅客的房间，也不得将旅客的住宿信息告诉他人或者将旅客的房间钥匙交给他人。因工作需要，执行公务的人员对旅客的房间进行搜查，应当出示规定的证件，符合法律规定的程序。

二、旅游住宿业治安管理制度

（一）适用范围

《旅馆业治安管理办法》第 2 条：凡经营接待旅客住宿的旅馆、饭店、宾馆、招待所、客货栈、车马店、浴池等（以下统称旅馆），不论是国营、集体经营，还是合伙经营、个体经营、外商投资经营，不论是专营还是兼营，不论是常年经营，还是季节性经营，都必须遵守本办法。

（二）公安机关的治安管理职责

类别	《旅馆业治安管理办法》相关规定
治安管理的主体	公安机关是旅馆业治安管理的主体，依法履行管理职责。 第 14 条：公安机关对旅馆治安管理的职责是，指导、监督旅馆建立各项安全管理制度和落实安全防范措施，协助旅馆对工作人员进行安全业务知识的培训，依法惩办侵犯旅馆和旅客合法权益的违法犯罪分子。
开办中的治安管理	第 3 条：开办旅馆，要具备必要的防盗等安全设施。 第 4 条：申请开办旅馆，应取得市场监管部门核发的营业执照，向当地公安机关申领特种行业许可证后，方准开业。 经批准开业的旅馆，如有歇业、转业、合并、迁移、改变名称等情况，应当在市场监管部门办理变更登记后 3 日内，向当地的县、市公安局、公安分局备案。
经营中的治安管理	**①建立各项制度** 第 5 条：经营旅馆，必须遵守国家的法律，建立各项安全管理制度，设置治安保卫组织或者指定安全保卫人员。 **②严格住宿登记** 第 6 条：旅馆接待旅客住宿必须登记。登记时，应当查验旅客的身份证件，按规定的项目如实登记。 接待境外旅客住宿，还应当在 24 小时内向当地公安机关报送住宿登记表。 **③完善财物保管** 第 7 条：旅馆应当设置旅客财物保管箱、柜或者保管室、保险柜，指定专人负责保管工作。对旅客寄存的财物，要建立登记、领取和交接制度。 第 8 条：旅馆对旅客遗留的物品，应当妥为保管，设法归还原主或揭示招领；经招领 3 个月后无人认领的，要登记造册，送当地公安机关按拾遗物品处理。对违禁物品和可疑物品，应当及时报告公安机关处理。 **④依法进行检查** 公安机关建立定期和不定期的检查制度，检查饭店的经营行为是否符合特种行业的治安管理要求。 第 14 条：公安人员到旅馆执行公务时，应当出示证件，严格依法办事，要文明礼貌待人，维护旅馆的正常经营和旅客的合法权益。旅馆工作人员和旅客应当予以协助。

（续表）

类别	《旅馆业治安管理办法》相关规定
	⑤履行报告责任 第 9 条：旅馆工作人员发现违法犯罪分子，行迹可疑的人员和被公安机关通缉的罪犯，应当立即向当地公安机关报告，不得知情不报或隐瞒包庇。 **⑥严禁违法行为** 进入饭店的旅客和其他人员，要遵守法律的规定，不得在饭店内从事违法犯罪行为。 第 11 条：严禁旅客将易燃、易爆、剧毒、腐蚀性和放射性等危险物品带入旅馆。 第 12 条：旅馆内，严禁卖淫、嫖宿、赌博、吸毒、传播淫秽物品等违法犯罪活动。 第 13 条：旅馆内，不得酗酒滋事、大声喧哗，影响他人休息，旅客不得私自留客住宿或者转让床位。

（三）法律责任

责任方	《旅馆业治安管理办法》相关规定
饭店的开办人	第 15 条：违反本办法第 4 条规定开办旅馆的，公安机关可以酌情给予警告或者处以 200 元以下罚款；未经登记，私自开业的，公安机关应当协助工商行政管理部门依法处理。 第 4 条：申请开办旅馆，应取得市场监管部门核发的营业执照，向当地公安机关申领特种行业许可证后，方准开业。
饭店的工作人员和负责人	第 16 条：旅馆工作人员违反本办法第 9 条规定的，公安机关可以酌情给予警告或者处以 200 元以下罚款；情节严重构成犯罪的，依法追究刑事责任。 旅馆负责人参与违法犯罪活动，其所经营的旅馆已成为犯罪活动场所的，公安机关除依法追究其责任外，对该旅馆还应当会同工商行政管理部门依法处理。 第 9 条：旅馆工作人员发现违法犯罪分子，行迹可疑的人员和被公安机关通缉的罪犯，应当立即向当地公安机关报告，不得知情不报或隐瞒包庇。 第 17 条：饭店接待旅客住宿不按规定登记的，依照《治安管理处罚法》有关条款的规定，处罚有关人员；发生重大事故、造成严重后果构成犯罪的，依法追究刑事责任。
旅客	第 17 条：旅客将易燃、易爆、剧毒、腐蚀性和放射性等危险物品带入旅馆，在旅馆内从事卖淫、嫖宿、赌博、吸毒、传播淫秽物品等违法犯罪活动的，依照《治安管理处罚法》有关条款的规定，处罚有关人员；发生重大事故、造成严重后果构成犯罪的，依法追究刑事责任。

第三节　娱乐场所管理条例

一、娱乐场所及其管理

类别	《娱乐场所管理条例》相关规定
立法目的	第 1 条：为了加强对娱乐场所的管理，保障娱乐场所的健康发展，制定本条例。
定义	第 2 条：本条例所称娱乐场所，是指以营利为目的，并向公众开放、消费者自娱自乐的歌舞、游艺等场所。 这表明，娱乐场所具有如下特点： ①是营业性的，以营利为目的； ②是对公众开放的，不包括家庭或单位的娱乐活动； ③是消费者自娱自乐的场所，不涵盖电影院、剧院等观赏场所； ④适用范围是歌舞、游艺等场所的经营活动。
娱乐场所管理部门及其职责	第 3 条：县级以上人民政府文化主管部门负责对娱乐场所日常经营活动的监督管理；县级以上公安部门负责对娱乐场所消防、治安状况的监督管理。
国家机关及其工作人员禁止性规定	第 4 条：国家机关及其工作人员不得开办娱乐场所，不得参与或者变相参与娱乐场所的经营活动。 与文化主管部门、公安部门的工作人员有夫妻关系、直系血亲关系、三代以内旁系血亲关系以及近姻亲关系的亲属，不得开办娱乐场所，不得参与或者变相参与娱乐场所的经营活动。
国家机关及其工作人员违规处罚	第 55 条：国家机关及其工作人员开办娱乐场所，参与或者变相参与娱乐场所经营活动的，对直接负责的主管人员和其他直接责任人员依法给予撤职或者开除的行政处分。 文化主管部门、公安部门的工作人员明知其亲属开办娱乐场所或者发现其亲属参与、变相参与娱乐场所的经营活动，不予制止或者制止不力的，依法给予行政处分；情节严重的，依法给予撤职或者开除的行政处分。

二、娱乐场所的管理制度

（一）娱乐场所设立的限制性规定

限制	《娱乐场所管理条例》相关规定
从业限制	第 5 条规定，有下列情形之一的人员，不得开办娱乐场所或者在娱乐场所内从业： ①曾犯有组织、强迫、引诱、容留、介绍卖淫罪，制作、贩卖、传播淫秽物品罪，走私、贩卖、运输、制造毒品罪，强奸罪，强制猥亵、侮辱妇女罪，赌博罪，洗钱罪，组织、领导、参加黑社会性质组织罪的； ②因犯罪曾被剥夺政治权利的； ③因吸食、注射毒品曾被强制戒毒的； ④因卖淫、嫖娼曾被处以行政拘留的。

（续表）

限制	《娱乐场所管理条例》相关规定
外商投资者限制	第6条：外国投资者可以依法在中国境内设立娱乐场所。
设立地点的限制	第7条规定，娱乐场所不得设在下列地点： ①居民楼、博物馆、图书馆和被核定为文物保护单位的建筑物内； ②居民住宅区和学校、医院、机关周围； ③车站、机场等人群密集的场所； ④建筑物地下一层以下； ⑤与危险化学品仓库毗连的区域。
边界噪声标准的限制	第7条：娱乐场所的边界噪声，应当符合国家规定的环境噪声标准。
设立面积的限制	第8条：娱乐场所的使用面积，不得低于国务院文化主管部门规定的最低标准；设立含有电子游戏机的游艺娱乐场所，应当符合国务院文化主管部门关于总量和布局的要求。

（二）申请从事娱乐场所经营活动的程序性规定

1. 程序性规定

程序	《娱乐场所管理条例》相关规定
申请	第9条：娱乐场所申请从事娱乐场所经营活动，应当向所在地县级人民政府文化主管部门提出申请；外商投资的娱乐场所申请从事娱乐场所经营活动，应当向所在地省、自治区、直辖市人民政府文化主管部门提出申请。 娱乐场所申请从事娱乐场所经营活动，应当提交投资人员、拟任的法定代表人和其他负责人没有本条例第5条规定情形的书面声明。申请人应当对书面声明内容的真实性负责。
核查、检查和决定	第9条：受理申请的文化主管部门应当就书面声明向公安部门或者其他有关单位核查，公安部门或者其他有关单位应当予以配合；经核查属实的，文化主管部门应当依据本条例第7条、第8条的规定进行实地检查，作出决定。予以批准的，颁发娱乐经营许可证，并根据国务院文化主管部门的规定核定娱乐场所容纳的消费者数量；不予批准的，应当书面通知申请人并说明理由。
听证	第10条：文化主管部门审批娱乐场所应当举行听证。有关听证的程序，依照《中华人民共和国行政许可法》的规定执行。
备案	第11条：娱乐场所依法取得营业执照和相关批准文件、许可证后，应当在15日内向所在地县级公安部门备案。 第12条：娱乐场所改建、扩建营业场所或者变更场地、主要设施设备、投资人员，或者变更娱乐经营许可证载明的事项的，应当向原发证机关申请重新核发娱乐经营许可证，并向公安部门备案；需要办理变更登记的，应当依法向工商行政管理部门办理变更登记。

2. 法律责任

法律责任	《娱乐场所管理条例》相关规定
擅自从事娱乐场所经营活动的	第41条：违反本条例规定，擅自从事娱乐场所经营活动的，由文化主管部门依法予以取缔；公安部门在查处治安、刑事案件时，发现擅自从事娱乐场所经营活动的，应当依法予以取缔。

（续表）

法律责任	《娱乐场所管理条例》相关规定
以欺骗等不正当手段取得娱乐经营许可证的	第 42 条：违反本条例规定，以欺骗等不正当手段取得娱乐经营许可证的，由原发证机关撤销娱乐经营许可证。
未按要求备案的	第 47 条：娱乐场所取得营业执照后，未按照本条例规定向公安部门备案的，由县级公安部门责令改正，给予警告。
未按照规定申请重新核发娱乐经营许可证的	第 49 条规定，娱乐场所违反本条例规定，有下列情形之一的，由县级人民政府文化主管部门责令改正，给予警告；情节严重的，责令停业整顿 1 个月至 3 个月： ①变更有关事项，未按照本条例规定申请重新核发娱乐经营许可证的； ②在本条例规定的禁止营业时间内营业的； ③从业人员在营业期间未统一着装并佩带工作标志的。

（三）娱乐场所经营活动规则和法律责任

1. 禁止性规定

类别	《娱乐场所管理条例》相关规定
禁止的内容	第 13 条规定，国家倡导弘扬民族优秀文化，禁止娱乐场所内的娱乐活动含有下列内容： ①违反宪法确定的基本原则的； ②危害国家统一、主权或者领土完整的； ③危害国家安全，或者损害国家荣誉、利益的； ④煽动民族仇恨、民族歧视，伤害民族感情或者侵害民族风俗、习惯，破坏民族团结的； ⑤违反国家宗教政策，宣扬邪教、迷信的； ⑥宣扬淫秽、赌博、暴力以及与毒品有关的违法犯罪活动，或者教唆犯罪的； ⑦违背社会公德或者民族优秀文化传统的； ⑧侮辱、诽谤他人，侵害他人合法权益的； ⑨法律、行政法规禁止的其他内容。
禁止的行为	第 14 条规定，娱乐场所及其从业人员不得实施下列行为，不得为进入娱乐场所的人员实施下列行为提供条件： ①贩卖、提供毒品，或者组织、强迫、教唆、引诱、欺骗、容留他人吸食、注射毒品； ②组织、强迫、引诱、容留、介绍他人卖淫、嫖娼； ③制作、贩卖、传播淫秽物品； ④提供或者从事以营利为目的的陪侍； ⑤赌博； ⑥从事邪教、迷信活动； ⑦其他违法犯罪行为。 娱乐场所的从业人员不得吸食、注射毒品，不得卖淫、嫖娼；娱乐场所及其从业人员不得为进入娱乐场所的人员实施上述行为提供条件。

2. 娱乐场所的环境规则

类别	《娱乐场所管理条例》相关规定
闭路电视监控设备	第 15 条：歌舞娱乐场所应当按照国务院公安部门的规定在营业场所的出入口、主要通道安装闭路电视监控设备，并应当保证闭路电视监控设备在营业期间正常运行，不得中断。 歌舞娱乐场所应当将闭路电视监控录像资料留存 30 日备查，不得删改或者挪作他用。

（续表）

类别	《娱乐场所管理条例》相关规定
包厢、包间门窗装置	第 16 条：歌舞娱乐场所的包厢、包间内不得设置隔断，并应当安装展现室内整体环境的透明门窗。包厢、包间的门不得有内锁装置。
亮度标准	第 17 条：营业期间，歌舞娱乐场所内亮度不得低于国家规定的标准。
音像制品或电子产品	第 18 条：娱乐场所使用的音像制品或者电子游戏应当是依法出版、生产或者进口的产品。歌舞娱乐场所播放的曲目和屏幕画面以及游艺娱乐场所的电子游戏机内的游戏项目，不得含有本条例第 13 条禁止的内容；歌舞娱乐场所使用的歌曲点播系统不得与境外的曲库联接。
游戏设施设备	第 19 条：游艺娱乐场所不得设置具有赌博功能的电子游戏机机型、机种、电路板等游戏设施设备，不得以现金或者有价证券作为奖品，不得回购奖品。
消防安全	第 20 条：娱乐场所的法定代表人或者主要负责人应当对娱乐场所的消防安全和其他安全负责。 娱乐场所应当确保其建筑、设施符合国家安全标准和消防技术规范，定期检查消防设施状况，并及时维护、更新。 娱乐场所应当制定安全工作方案和应急疏散预案。 第 21 条：营业期间，娱乐场所应当保证疏散通道和安全出口畅通，不得封堵、锁闭疏散通道和安全出口，不得在疏散通道和安全出口设置栅栏等影响疏散的障碍物。 娱乐场所应当在疏散通道和安全出口设置明显指示标志，不得遮挡、覆盖指示标志。
安全检查	第 22 条：任何人不得非法携带枪支、弹药、管制器具或者携带爆炸性、易燃性、毒害性、放射性、腐蚀性等危险物品和传染病病原体进入娱乐场所。 迪斯科舞厅应当配备安全检查设备，对进入营业场所的人员进行安全检查。
消费者	第 23 条：歌舞娱乐场所不得接纳未成年人。除国家法定节假日外，游艺娱乐场所设置的电子游戏机不得向未成年人提供。
保安人员	第 26 条：娱乐场所应当与保安服务企业签订保安服务合同，配备专业保安人员；不得聘用其他人员从事保安工作。
警示标识	第 30 条：娱乐场所应当在营业场所的大厅、包厢、包间内的显著位置悬挂含有禁毒、禁赌、禁止卖淫嫖娼等内容的警示标志、未成年人禁入或者限入标志。标志应当注明公安部门、文化主管部门的举报电话。

3. 娱乐场所的营业规则

类别	《娱乐场所管理条例》相关规定
文明执业	第 27 条：营业期间，娱乐场所的从业人员应当统一着工作服，佩带工作标志并携带居民身份证或者外国人就业许可证。 从业人员应当遵守职业道德和卫生规范，诚实守信，礼貌待人，不得侵害消费者的人身和财产权利。
营业时间限定	第 28 条：每日凌晨 2 时至上午 8 时，娱乐场所不得营业。
公平交易	第 29 条：娱乐场所提供娱乐服务项目和出售商品，应当明码标价，并向消费者出示价目表；不得强迫、欺骗消费者接受服务、购买商品。
建立巡查制度	第 31 条：娱乐场所应当建立巡查制度，发现娱乐场所内有违法犯罪活动的，应当立即向所在地县级公安部门、县级人民政府文化主管部门报告。

4. 法律责任

类别	《娱乐场所管理条例》相关规定
违反娱乐活动禁止性规定	第 43 条：娱乐场所实施本条例禁止的违法犯罪行为或者为违法犯罪分子提供条件的，由县级公安部门没收违法所得和非法财物，责令停业整顿 3 个月至 6 个月；情节严重的，由原发证机关吊销娱乐经营许可证，对直接负责的主管人员和其他直接责任人员处 1 万元以上 2 万元以下的罚款。
违反娱乐场所环境规则	第 44 条规定，娱乐场所违反本条例规定，有下列情形之一的，由县级公安部门责令改正，给予警告；情节严重的，责令停业整顿 1 个月至 3 个月： ①照明设施、包厢、包间的设置以及门窗的使用不符合本条例规定的； ②未按照本条例规定安装闭路电视监控设备或者中断使用的； ③未按照本条例规定留存监控录像资料或者删改监控录像资料的； ④未按照本条例规定配备安全检查设备或者未对进入营业场所的人员进行安全检查的； ⑤未按照本条例规定配备保安人员的。 第 45 条规定，娱乐场所违反本条例规定，有下列情形之一的，由县级公安部门没收违法所得和非法财物，并处违法所得 2 倍以上 5 倍以下的罚款；没有违法所得或者违法所得不足 1 万元的，并处 2 万元以上 5 万元以下的罚款；情节严重的，责令停业整顿 1 个月至 3 个月： ①设置具有赌博功能的电子游戏机机型、机种、电路板等游戏设施设备的； ②以现金、有价证券作为奖品，或者回购奖品的。 第 48 条规定，违反本条例规定，有下列情形之一的，由县级人民政府文化主管部门没收违法所得和非法财物，并处违法所得 1 倍以上 3 倍以下的罚款；没有违法所得或者违法所得不足 1 万元的，并处 1 万元以上 3 万元以下的罚款；情节严重的，责令停业整顿 1 个月至 6 个月： ①歌舞娱乐场所的歌曲点播系统与境外的曲库联接的； ②歌舞娱乐场所播放的曲目、屏幕画面或者游艺娱乐场所电子游戏机内的游戏项目含有本条例第 13 条禁止内容的； ③歌舞娱乐场所接纳未成年人的； ④游艺娱乐场所设置的电子游戏机在国家法定节假日外向未成年人提供的； ⑤娱乐场所容纳的消费者超过核定人数的。 第 51 条规定，娱乐场所未按照本条例规定悬挂警示标志、未成年人禁入或者限入标志的，由县级人民政府文化主管部门、县级公安部门依据法定职权责令改正，给予警告。
违反娱乐场所营业规则	第 49 条规定，娱乐场所违反本条例规定，有下列情形之一的，由县级人民政府文化主管部门责令改正，给予警告；情节严重的，责令停业整顿 1 个月至 3 个月： ①变更有关事项，未按照本条例规定申请重新核发娱乐经营许可证的； ②在本条例规定的禁止营业时间内营业的； ③从业人员在营业期间未统一着装并佩带工作标志的。

（四）娱乐场所的监督管理制度和法律责任

类别	《娱乐场所管理条例》相关规定
警示记录公开制度	第 34 条：文化主管部门、公安部门和其他有关部门应当建立娱乐场所违法行为警示记录系统；对列入警示记录的娱乐场所，应当及时向社会公布，并加大监督检查力度。
信用监管制度	第 35 条：文化主管部门应当建立娱乐场所的经营活动信用监管制度，建立健全信用约束机制，并及时公布行政处罚信息。

（续表）

类别	《娱乐场所管理条例》相关规定
信息通报制度	第 36 条：文化主管部门、公安部门和其他有关部门应当建立相互间的信息通报制度，及时通报监督检查情况和处理结果。
及时处理举报制度	第 32 条：文化主管部门、公安部门和其他有关部门的工作人员依法履行监督检查职责时，有权进入娱乐场所。娱乐场所应当予以配合，不得拒绝、阻挠。 第 37 条：任何单位或者个人发现娱乐场所内有违反本条例行为的，有权向文化主管部门、公安部门等有关部门举报。 文化主管部门、公安部门等有关部门接到举报，应当记录，并及时依法调查、处理；对不属于本部门职责范围的，应当及时移送有关部门。
法律责任	第 56 条规定，文化主管部门、公安部门、工商行政管理部门和其他有关部门的工作人员有下列行为之一的，对直接负责的主管人员和其他直接责任人员依法给予行政处分；构成犯罪的，依法追究刑事责任： ①向不符合法定设立条件的单位颁发许可证、批准文件、营业执照的； ②不履行监督管理职责，或者发现擅自从事娱乐场所经营活动不依法取缔，或者发现违法行为不依法查处的； ③接到对违法行为的举报、通报后不依法查处的； ④利用职务之便，索取、收受他人财物或者谋取其他利益的； ⑤利用职务之便，参与、包庇违法行为，或者向有关单位、个人通风报信的； ⑥有其他滥用职权、玩忽职守、徇私舞弊行为的。

易错考题小试牛刀

1.（判断题）旅馆对于旅游者住宿时遗留的物品，应当妥为保管，设法归还原主或揭示招领，1个月后无人认领，要登记造册，送当地公安机关按拾遗物品处理。（　）

2.（单选题）从事接触直接入口食品工作的食品生产经营人员应当（　）进行健康检查，取得健康证明后方可上岗工作。

A. 每月　B. 每季度　C. 每半年　D. 每年

3.（单选题）饭店在接待境外旅客住宿时，应当在（　）内向当地公安机关报送住宿登记表。

A.12 小时　B.24 小时　C.36 小时　D.48 小时

4.（单选题）娱乐场所以现金、有价证券作为奖品，或者回购奖品，情节严重的，由县级公安部门责令停业整顿（　）。

A.3 个月　B.6 个月　C.1 个月至 3 个月　D.1 个月至 6 个月

5.（单选题）歌舞娱乐场所应当将闭路电视监控录像资料留存（　）备查，不得删改或者挪作他用。

A.10 日　B.20 日　C.30 日　D.60 日

6.（多选题）国家对（　）等特殊食品实行严格监督管理。

A. 保健食品　B. 特殊医学用途配方食品　C. 老年人配方食品
D. 婴幼儿配方食品　E. 进口食品

【答案】1. 错　2.D　3.B　4.C　5.C　6.ABD

第十一章
旅游资源保护法律制度

【考试大纲】

- **了解：**《博物馆条例》关于博物馆开展社会服务的原则、设立条件、社会服务及其相关法律责任的规定。《保护世界文化和自然遗产公约》关于文化遗产和自然遗产的定义、国家保护和国际保护、保护世界文化和自然遗产政府间委员会的规定。《保护非物质文化遗产公约》关于非物质文化遗产的定义、缔约国的作用、其他保护措施的规定。
- **熟悉：**《风景名胜区条例》关于风景名胜区及其设立、保护、利用和管理及其相关法律责任的规定。《中华人民共和国非物质文化遗产法》关于非物质文化遗产及其保护措施和原则，非物质文化遗产代表性项目传承与传播的规定。
- **掌握：**《中华人民共和国自然保护区条例》关于自然保护区及其类别、设立条件、区域构成、管理及相关法律责任的规定。《中华人民共和国文物保护法》关于适用范围、文物工作方针、所有权归属，不可移动文物、民间收藏文物、文物出境及其相关法律责任的规定。

【历年分值】

年份	判断（题）	单选（题）	多选（题）	分值（分）	分值占比（%）
2018	3	5	0	4	8.00
2019	1	3	0	2	3.92
2020	1	3	0	2	3.85
2023	0	4	0	2	4.12

第一节　风景名胜区法律制度

一、风景名胜区的概念及其管理

类别	《风景名胜区条例》相关规定
概念	第 2 条：本条例所称风景名胜区，是指具有观赏、文化或者科学价值，自然景观、人文景观比较集中，环境优美，可供人们游览或者进行科学、文化活动的区域。
管理原则	第 3 条：国家对风景名胜区实行科学规划、统一管理、严格保护、永续利用的原则。
管理部门	第 4 条：风景名胜区所在地县级以上地方人民政府设置的风景名胜区管理机构，负责风景名胜区的保护、利用和统一管理工作。 第 5 条：国务院建设主管部门负责全国风景名胜区的监督管理工作。国务院其他有关部门按照国务院规定的职责分工，负责风景名胜区的有关监督管理工作。 省、自治区人民政府建设主管部门和直辖市人民政府风景名胜区主管部门，负责本行政区域内风景名胜区的监督管理工作。省、自治区、直辖市人民政府其他有关部门按照规定的职责分工，负责风景名胜区的有关监督管理工作。

二、风景名胜区的设立与划分

《风景名胜区条例》第 7 条：设立风景名胜区，应当有利于保护和合理利用风景名胜资源。

新设立的风景名胜区与自然保护区不得重合或者交叉；已设立的风景名胜区与自然保护区重合或者交叉的，风景名胜区规划与自然保护区规划应当相协调。

分类	等级划分	申请单位	组织论证	上报部门
国家级风景名胜区	自然景观和人文景观能够反映重要自然变化过程和重大历史文化发展过程，基本处于自然状态或者保持历史原貌，具有国家代表性的，可以申请设立国家级风景名胜区。	由省、自治区、直辖市人民政府提出申请。	国务院建设主管部门会同国务院环境保护主管部门、林业主管部门、文物主管部门等有关部门组织论证，提出审查意见。	报国务院批准公布。
省级风景名胜区	具有区域代表性的，可以申请设立省级风景名胜区。	由县级人民政府提出申请。	省、自治区人民政府建设主管部门或者直辖市人民政府风景名胜区主管部门，会同其他有关部门组织论证，提出审查意见。	报省、自治区、直辖市人民政府批准公布。

三、风景名胜区的保护制度及法律责任

类别	《风景名胜区条例》相关规定
严格保护原则	第 24 条：风景名胜区内的景观和自然环境，应当根据可持续发展的原则，严格保护，不得破坏或者随意改变。
保护机构及其职责	第 24 条：风景名胜区管理机构应当建立健全风景名胜资源保护的各项管理制度。 第 25 条：风景名胜区管理机构应当对风景名胜区内的重要景观进行调查、鉴定，并制定相应的保护措施。 可见，风景名胜区管理机构是风景名胜区资源保护的责任主体。
居民及游览者的义务	第 24 条：风景名胜区内的居民和游览者应当保护风景名胜区的景物、水体、林草植被、野生动物和各项设施。
禁止性行为	第 26 条规定，在风景名胜区内禁止进行下列活动： ①开山、采石、开矿、开荒、修坟立碑等破坏景观、植被和地形地貌的活动； ②修建储存爆炸性、易燃性、放射性、毒害性、腐蚀性物品的设施； ③在景物或者设施上刻划、涂污； ④乱扔垃圾。 第 27 条：禁止违反风景名胜区规划，在风景名胜区内设立各类开发区和在核心景区内建设宾馆、招待所、培训中心、疗养院以及与风景名胜资源保护无关的其他建筑物；已经建设的，应当按照风景名胜区规划，逐步迁出。
活动的审批	第 28 条：在风景名胜区内从事本条例第 26 条、第 27 条禁止范围以外的建设活动，应当经风景名胜区管理机构审核后，依照有关法律、法规的规定办理审批手续。 在国家级风景名胜区内修建缆车、索道等重大建设工程，项目的选址方案应当报省、自治区人民政府建设主管部门和直辖市人民政府风景名胜区主管部门核准。 第 29 条规定，在风景名胜区内进行下列活动，应当经风景名胜区管理机构审核后，依照有关法律、法规的规定报有关主管部门批准： ①设置、张贴商业广告； ②举办大型游乐等活动； ③改变水资源、水环境自然状态的活动； ④其他影响生态和景观的活动。
管理信息系统	第 31 条：国家建立风景名胜区管理信息系统，对风景名胜区规划实施和资源保护情况进行动态监测。 国家级风景名胜区所在地的风景名胜区管理机构应当每年向国务院建设主管部门报送风景名胜区规划实施和土地、森林等自然资源保护的情况；国务院建设主管部门应当将土地、森林等自然资源保护的情况，及时抄送国务院有关部门。
法律责任	第 40 条规定，违反本条例的规定，有下列行为之一的，由风景名胜区管理机构责令停止违法行为、恢复原状或者限期拆除，没收违法所得，并处 50 万元以上 100 万元以下的罚款： ①在风景名胜区内进行开山、采石、开矿等破坏景观、植被、地形地貌的活动的； ②在风景名胜区内修建储存爆炸性、易燃性、放射性、毒害性、腐蚀性物品的设施的； ③在核心景区内建设宾馆、招待所、培训中心、疗养院以及与风景名胜资源保护无关的其他建筑物的。 县级以上地方人民政府及其有关主管部门批准实施本条第 1 款规定的行为的，对直接负责的主管人员和其他直接责任人员依法给予降级或者撤职的处分；构成犯罪的，依法追究刑事责任。

（续表）

类别	《风景名胜区条例》相关规定
	第 41 条：违反本条例的规定，在风景名胜区内从事禁止范围以外的建设活动，未经风景名胜区管理机构审核的，由风景名胜区管理机构责令停止建设、限期拆除，对个人处 2 万元以上 5 万元以下的罚款，对单位处 20 万元以上 50 万元以下的罚款。 第 42 条：违反本条例的规定，在国家级风景名胜区内修建缆车、索道等重大建设工程，项目的选址方案未经省、自治区人民政府建设主管部门和直辖市人民政府风景名胜区主管部门核准，县级以上地方人民政府有关部门核发选址意见书的，对直接负责的主管人员和其他直接责任人员依法给予处分；构成犯罪的，依法追究刑事责任。 第 43 条：违反本条例的规定，个人在风景名胜区内进行开荒、修坟立碑等破坏景观、植被、地形地貌的活动的，由风景名胜区管理机构责令停止违法行为、限期恢复原状或者采取其他补救措施，没收违法所得，并处 1000 元以上 1 万元以下的罚款。 第 44 条：违反本条例的规定，在景物、设施上刻划、涂污或者在风景名胜区内乱扔垃圾的，由风景名胜区管理机构责令恢复原状或者采取其他补救措施，处 50 元的罚款；刻划、涂污或者以其他方式故意损坏国家保护的文物、名胜古迹的，按照治安管理处罚法的有关规定予以处罚；构成犯罪的，依法追究刑事责任。 第 45 条规定，违反本条例的规定，未经风景名胜区管理机构审核，在风景名胜区内进行下列活动的，由风景名胜区管理机构责令停止违法行为、限期恢复原状或者采取其他补救措施，没收违法所得，并处 5 万元以上 10 万元以下的罚款；情节严重的，并处 10 万元以上 20 万元以下的罚款： ①设置、张贴商业广告的； ②举办大型游乐等活动的； ③改变水资源、水环境自然状态的活动的； ④其他影响生态和景观的活动。

四、风景名胜资源的利用和管理

类别	《风景名胜区条例》相关规定
开发利用原则	第 32 条：风景名胜区管理机构应当根据风景名胜区的特点，保护民族民间传统文化，开展健康有益的游览观光和文化娱乐活动，普及历史文化和科学知识。
监督检查和评估	第 35 条：国务院建设主管部门应当对国家级风景名胜区的规划实施情况、资源保护状况进行监督检查和评估。对发现的问题，应当及时纠正、处理。
安全保障制度	第 36 条：风景名胜区管理机构应当建立健全安全保障制度，加强安全管理，保障游览安全，并督促风景名胜区内的经营单位接受有关部门依据法律、法规进行的监督检查。禁止超过允许容量接纳游客和在没有安全保障的区域开展游览活动。
门票和资源有偿使用	第 37 条：进入风景名胜区的门票，由风景名胜区管理机构负责出售。门票价格依照有关价格的法律、法规的规定执行。 第 38 条：风景名胜区的门票收入和风景名胜资源有偿使用费，实行收支两条线管理。风景名胜区的门票收入和风景名胜资源有偿使用费应当专门用于风景名胜资源的保护和管理以及风景名胜区内财产的所有权人、使用权人损失的补偿。
经营项目的管理	第 37 条：风景名胜区内的交通、服务等项目，应当由风景名胜区管理机构依照有关法律、法规和风景名胜区规划，采用招标等公平竞争的方式确定经营者。 风景名胜区管理机构应当与经营者签订合同，依法确定各自的权利义务。经营者应当缴纳风景名胜资源有偿使用费。

（续表）

类别	《风景名胜区条例》相关规定
	第 39 条：风景名胜区管理机构不得从事以营利为目的的经营活动，不得将规划、管理和监督等行政管理职能委托给企业或者个人行使。 风景名胜区管理机构的工作人员，不得在风景名胜区内的企业兼职。
法律责任	第 46 条：违反本条例的规定，施工单位在施工过程中，对周围景物、水体、林草植被、野生动物资源和地形地貌造成破坏的，由风景名胜区管理机构责令停止违法行为、限期恢复原状或者采取其他补救措施，并处 2 万元以上 10 万元以下的罚款；逾期未恢复原状或者采取有效措施的，由风景名胜区管理机构责令停止施工。 第 48 条规定，违反本条例的规定，风景名胜区管理机构有下列行为之一的，由设立该风景名胜区管理机构的县级以上地方人民政府责令改正；情节严重的，对直接负责的主管人员和其他直接责任人员给予降级或者撤职的处分；构成犯罪的，依法追究刑事责任： ①超过允许容量接纳游客或者在没有安全保障的区域开展游览活动的； ②未设置风景名胜区标志和路标、安全警示等标牌的； ③从事以营利为目的的经营活动的； ④将规划、管理和监督等行政管理职能委托给企业或者个人行使的； ⑤允许风景名胜区管理机构的工作人员在风景名胜区内的企业兼职的； ⑥审核同意在风景名胜区内进行不符合风景名胜区规划的建设活动的； ⑦发现违法行为不予查处的。

第二节　自然保护区法律制度

一、自然保护区的概念及其设立条件

类别	《中华人民共和国自然保护区条例》相关规定
概念	第 2 条：本条例所称自然保护区，是指对有代表性的自然生态系统、珍稀濒危野生动植物物种的天然集中分布区、有特殊意义的自然遗迹等保护对象所在的陆地、陆地水体或者海域，依法划出一定面积予以特殊保护和管理的区域。
设立条件	第 10 条规定，凡具有下列条件之一的，应当建立自然保护区： ①典型的自然地理区域、有代表性的自然生态系统区域以及已经遭受破坏但经保护能够恢复的同类自然生态系统区域； ②珍稀、濒危野生动植物物种的天然集中分布区域； ③具有特殊保护价值的海域、海岸、岛屿、湿地、内陆水域、森林、草原和荒漠； ④具有重大科学文化价值的地质构造、著名溶洞、化石分布区、冰川、火山、温泉等自然遗迹； ⑤经国务院或者省、自治区、直辖市人民政府批准，需要予以特殊保护的其他自然区域。

*《中华人民共和国自然保护区条例》以下简称《保护区条例》。

二、自然保护区的等级划分

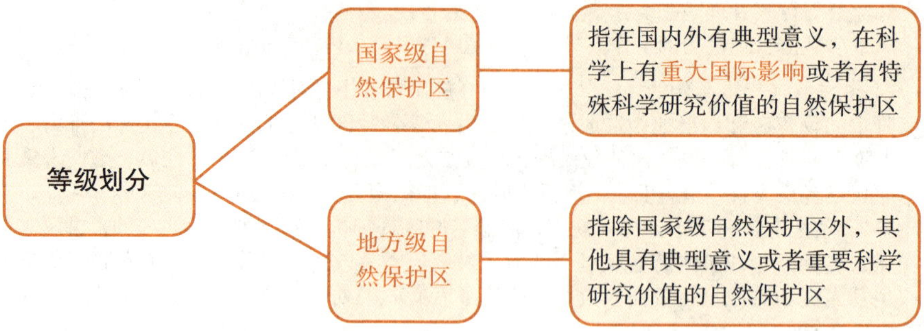

三、自然保护区的区域构成

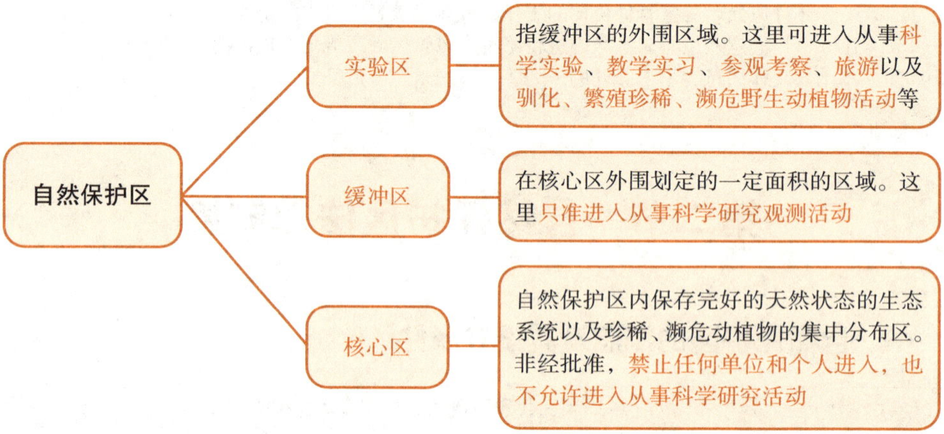

四、自然保护区的管理机构及管理制度

（一）自然保护区的管理机构

《自然保护区条例》第 8 条：国家对自然保护区实行综合管理与分部门管理相结合的管理体制。

国务院环境保护行政主管部门负责全国自然保护区的综合管理。

国务院林业、农业、地质矿产、水利、海洋等有关行政主管部门在各自的职责范围内，主管有关的自然保护区。

县级以上地方人民政府负责自然保护区管理的部门的设置和职责，由省、自治区、直辖市人民政府根据当地具体情况确定。

《自然保护区条例》第 21 条：国家级自然保护区，由其所在地的省、自治区、直辖市人民政府有关自然保护区行政主管部门或者国务院有关自然保护区行政主管部门管理。地方级自然保护区，由其所在地的县级以上地方人民政府有关自然保护区行政主管部门管理。

有关自然保护区行政主管部门应当在自然保护区内设立专门的管理机构，配备专业技术人员，负责自然保护区的具体管理工作。

《自然保护区条例》第22条规定，自然保护区管理机构的主要职责是：

①贯彻执行国家有关自然保护的法律、法规和方针、政策；

②制定自然保护区的各项管理制度，统一管理自然保护区；

③调查自然资源并建立档案，组织环境监测，保护自然保护区内的自然环境和自然资源；

④组织或者协助有关部门开展自然保护区的科学研究工作；

⑤进行自然保护的宣传教育；

⑥在不影响保护自然保护区的自然环境和自然资源的前提下，组织开展参观、旅游等活动。

（二）自然保护区的管理制度

类别	《自然保护区条例》相关规定
范围和界线的确定	第14条：自然保护区的范围和界线由批准建立自然保护区的人民政府确定，并标明区界，予以公告。
自然保护区的规划	第17条：国务院环境保护行政主管部门应当会同国务院有关自然保护区行政主管部门，在对全国自然环境和自然资源状况进行调查和评价的基础上，拟订国家自然保护区发展规划，经国务院计划部门综合平衡后，报国务院批准实施。
自然保护区管理的禁止性和义务性规定	第25条：在自然保护区内的单位、居民和经批准进入自然保护区的人员，必须遵守自然保护区的各项管理制度，接受自然保护区管理机构的管理。 第26条：禁止在自然保护区内进行砍伐、放牧、狩猎、捕捞、采药、开垦、烧荒、开矿、采石、挖沙等活动；但是，法律、行政法规另有规定的除外。 第28条：禁止在自然保护区的缓冲区开展旅游和生产经营活动。因教学科研的目的，需要进入自然保护区的缓冲区从事非破坏性的科学研究、教学实习和标本采集活动的，应当事先向自然保护区管理机构提交申请和活动计划，经自然保护区管理机构批准。 第32条：在自然保护区的核心区和缓冲区内，不得建设任何生产设施。在自然保护区的实验区内，不得建设污染环境、破坏资源或者景观的生产设施。 第31条：外国人进入自然保护区，应当事先向自然保护区管理机构提交活动计划，并经自然保护区管理机构批准；其中，进入国家级自然保护区的，应当经省、自治区、直辖市环境保护、海洋、渔业等有关自然保护区行政主管部门按照各自职责批准。进入自然保护区的外国人，应当遵守有关自然保护区的法律、法规和规定，未经批准，不得在自然保护区内从事采集标本等活动。

五、法律责任

类别	《自然保护区条例》相关规定
单位和个人	第 34 条规定，违反本条例规定，有下列行为之一的单位和个人，由自然保护区管理机构责令其改正，并可以根据不同情节处以 100 元以上 5000 元以下的罚款： ①擅自移动或者破坏自然保护区界标的； ②未经批准进入自然保护区或者在自然保护区内不服从管理机构管理的； ③经批准在自然保护区的缓冲区内从事科学研究、教学实习和标本采集的单位和个人，不向自然保护区管理机构提交活动成果副本的。 第 35 条：违反本条例规定，在自然保护区进行砍伐、放牧、狩猎、捕捞、采药、开垦、烧荒、开矿、采石、挖沙等活动的单位和个人，除可以依照有关法律、行政法规规定给予处罚的以外，由县级以上人民政府有关自然保护区行政主管部门或者其授权的自然保护区管理机构没收违法所得，责令停止违法行为，限期恢复原状或者采取其他补救措施；对自然保护区造成破坏的，可以处以 300 元以上 1 万元以下的罚款。
自然保护区管理机构	第 36 条：自然保护区管理机构违反本条例规定，拒绝环境保护行政主管部门或者有关自然保护区行政主管部门监督检查，或者在被检查时弄虚作假的，由县级以上人民政府环境保护行政主管部门或者有关自然保护区行政主管部门给予 300 元以上 3000 元以下的罚款。 第 37 条规定，自然保护区管理机构违反本条例规定，有下列行为之一的，由县级以上人民政府有关自然保护区行政主管部门责令限期改正；对直接责任人员，由其所在单位或者上级机关给予行政处分： ①开展参观、旅游活动未编制方案或者编制的方案不符合自然保护区管理目标的； ②开设与自然保护区保护方向不一致的参观、旅游项目的； ③不按照编制的方案开展参观、旅游活动的； ④违法批准人员进入自然保护区的核心区，或者违法批准外国人进入自然保护区的； ⑤有其他滥用职权、玩忽职守、徇私舞弊行为的。

第三节　文物保护法

一、保护范围与工作方针

类别	《中华人民共和国文物保护法》相关规定
保护范围	第 2 条规定，在中华人民共和国境内，下列文物受国家保护： ①具有历史、艺术、科学价值的古文化遗址、古墓葬、古建筑、石窟寺和石刻、壁画； ②与重大历史事件、革命运动或者著名人物有关的以及具有重要纪念意义、教育意义或者史料价值的近代现代重要史迹、实物、代表性建筑； ③历史上各时代珍贵的艺术品、工艺美术品； ④历史上各时代重要的文献资料以及具有历史、艺术、科学价值的手稿和图书资料等； ⑤反映历史上各时代、各民族社会制度、社会生产、社会生活的代表性实物。 文物认定的标准和办法由国务院文物行政部门制定，并报国务院批准。 具有科学价值的古脊椎动物化石和古人类化石同文物一样受国家保护。

（续表）

类别	《中华人民共和国文物保护法》相关规定
文物工作方针	第 2 条：文物工作贯彻保护为主、抢救第一、合理利用、加强管理的方针。
所有权归属	第 5 条：中华人民共和国境内地下、内水和领海中遗存的一切文物，属于国家所有。 古文化遗址、古墓葬、石窟寺属于国家所有。国家指定保护的纪念建筑物、古建筑、石刻、壁画、近代现代代表性建筑等不可移动文物，除国家另有规定的以外，属于国家所有。国有不可移动文物的所有权不因其所依附的土地所有权或者使用权的改变而改变。 下列可移动文物，属于国家所有： ①中国境内出土的文物，国家另有规定的除外； ②国有文物收藏单位以及其他国家机关、部队和国有企业、事业组织等收藏、保管的文物； ③国家征集、购买的文物； ④公民、法人和其他组织捐赠给国家的文物； ⑤法律规定属于国家所有的其他文物。 属于国家所有的可移动文物的所有权不因其保管、收藏单位的终止或者变更而改变。 第 6 条：属于集体所有和私人所有的纪念建筑物、古建筑和祖传文物以及依法取得的其他文物，其所有权受法律保护。文物的所有者必须遵守国家有关文物保护的法律、法规的规定。

*《中华人民共和国文物保护法》以下简称《文物保护法》。

二、不可移动文物与民间收藏文物

分类	《文物保护法》相关规定
不可移动文物	第 3 条：古文化遗址、古墓葬、古建筑、石窟寺、石刻、壁画、近代现代重要史迹和代表性建筑等不可移动文物，根据它们的历史、艺术、科学价值，可以分别确定为全国重点文物保护单位，省级文物保护单位，市、县级文物保护单位。
民间收藏文物	民间收藏文物是指文物收藏单位以外的公民、法人和其他组织通过一定方式取得的收藏的文物。 第 50 条规定，文物收藏单位以外的公民、法人和其他组织可以收藏通过下列方式取得的文物： ①依法继承或者接受赠与； ②从文物商店购买； ③从经营文物拍卖的拍卖企业购买； ④公民个人合法所有的文物相互交换或者依法转让； ⑤国家规定的其他合法方式。 文物收藏单位以外的公民、法人和其他组织收藏的前款文物可以依法流通。 第 51 条规定，公民、法人和其他组织不得买卖下列文物： ①国有文物，但是国家允许的除外； ②非国有馆藏珍贵文物； ③国有不可移动文物中的壁画、雕塑、建筑构件等，但是依法拆除的国有不可移动文物中的壁画、雕塑、建筑构件等不属于本法第 20 条第 4 款规定的应由文物收藏单位收藏的除外； ④来源不符合本法第 50 条规定的文物。

三、文物出境进境法律制度

《文物保护法》第 60 条：国有文物、非国有文物中的珍贵文物和国家规定禁止出境的其他文物，不得出境；但是依照本法规定出境展览或者因特殊需要经国务院批准出境的除外。

第 61 条：文物出境，应当经国务院文物行政部门指定的文物进出境审核机构审核。经审核允许出境的文物，由国务院文物行政部门发给文物出境许可证，从国务院文物行政部门指定的口岸出境。

任何单位或者个人运送、邮寄、携带文物出境，应当向海关申报；海关凭文物出境许可证放行。

第 62 条：文物出境展览，应当报国务院文物行政部门批准；一级文物超过国务院规定数量的，应当报国务院批准。

一级文物中的孤品和易损品，禁止出境展览。

出境展览的文物出境，由文物进出境审核机构审核、登记。海关凭国务院文物行政部门或者国务院的批准文件放行。出境展览的文物复进境，由原文物进出境审核机构审核查验。

第 63 条：文物临时进境，应当向海关申报，并报文物进出境审核机构审核、登记。

临时进境的文物复出境，必须经原审核、登记的文物进出境审核机构审核查验；经审核查验无误的，由国务院文物行政部门发给文物出境许可证，海关凭文物出境许可证放行。

四、法律责任

责任	《文物保护法》相关规定
民事责任	第 65 条：违反本法规定，造成文物灭失、损毁的，依法承担民事责任。
刑事责任	第 64 条规定，违反本法规定，有下列行为之一，构成犯罪的，依法追究刑事责任： ①盗掘古文化遗址、古墓葬的； ②故意或者过失损毁国家保护的珍贵文物的； ③擅自将国有馆藏文物出售或者私自送给非国有单位或者个人的； ④将国家禁止出境的珍贵文物私自出售或者送给外国人的； ⑤以牟利为目的倒卖国家禁止经营的文物的； ⑥走私文物的； ⑦盗窃、哄抢、私分或者非法侵占国有文物的； ⑧应当追究刑事责任的其他妨害文物管理行为。

第四节　博物馆管理法律制度

一、总则

类别	《博物馆条例》相关规定
概念	第 2 条：本条例所称博物馆，是指以教育、研究和欣赏为目的，收藏、保护并向公众展示人类活动和自然环境的见证物，经登记管理机关依法登记的非营利组织。
分类	第 2 条：博物馆包括国有博物馆和非国有博物馆。利用或者主要利用国有资产设立的博物馆为国有博物馆；利用或者主要利用非国有资产设立的博物馆为非国有博物馆。 国家在博物馆的设立条件、提供社会服务、规范管理、专业技术职称评定、财税扶持政策等方面，公平对待国有和非国有博物馆。
服务原则	第 3 条：博物馆开展社会服务应当坚持为人民服务、为社会主义服务的方向和贴近实际、贴近生活、贴近群众的原则，丰富人民群众精神文化生活。

二、博物馆的设立

类别	《博物馆条例》相关规定
设立条件	第 10 条规定，设立博物馆，应当具备下列条件： ①固定的馆址以及符合国家规定的展室、藏品保管场所； ②相应数量的藏品以及必要的研究资料，并能够形成陈列展览体系； ③与其规模和功能相适应的专业技术人员； ④必要的办馆资金和稳定的运行经费来源； ⑤确保观众人身安全的设施、制度及应急预案。
制定章程	第 11 条规定，设立博物馆，应当制定章程。博物馆章程应当包括下列事项： ①博物馆名称、馆址； ②办馆宗旨及业务范围； ③组织管理制度，包括理事会或者其他形式决策机构的产生办法、人员构成、任期、议事规则等； ④藏品展示、保护、管理、处置的规则； ⑤资产管理和使用规则； ⑥章程修改程序； ⑦终止程序和终止后资产的处理； ⑧其他需要由章程规定的事项。
备案制度	第 12 条：国有博物馆的设立、变更、终止依照有关事业单位登记管理法律、行政法规的规定办理，并应当向馆址所在地省、自治区、直辖市人民政府文物主管部门备案。 第 13 条：藏品属于古生物化石的博物馆，其设立、变更、终止应当遵守有关古生物化石保护法律、行政法规的规定，并向馆址所在地省、自治区、直辖市人民政府文物主管部门备案。 第 14 条规定，设立藏品不属于古生物化石的非国有博物馆的，应当向馆址所在地省、自治区、直辖市人民政府文物主管部门备案，并提交下列材料：

（续表）

类别	《博物馆条例》相关规定
	①博物馆章程草案； ②馆舍所有权或者使用权证明，展室和藏品保管场所的环境条件符合藏品展示、保护、管理需要的论证材料； ③藏品目录、藏品概述及藏品合法来源说明； ④出资证明或者验资报告； ⑤专业技术人员和管理人员的基本情况； ⑥陈列展览方案。 第 15 条：设立藏品不属于古生物化石的非国有博物馆的，应当到有关登记管理机关依法办理法人登记手续。 前款规定的非国有博物馆变更、终止的，应当到有关登记管理机关依法办理变更登记、注销登记，并向馆址所在地省、自治区、直辖市人民政府文物主管部门备案。

三、博物馆的社会服务

类别	《博物馆条例》相关规定
陈列展览	第 30 条规定，博物馆举办陈列展览，应当遵守下列规定： ①主题和内容应当符合宪法所确定的基本原则和维护国家安全与民族团结、弘扬爱国主义、倡导科学精神、普及科学知识、传播优秀文化、培养良好风尚、促进社会和谐、推动社会文明进步的要求； ②与办馆宗旨相适应，突出藏品特色； ③运用适当的技术、材料、工艺和表现手法，达到形式与内容的和谐统一； ④展品以原件为主，使用复制品、仿制品应当明示； ⑤采用多种形式提供科学、准确、生动的文字说明和讲解服务； ⑥法律、行政法规的其他有关规定。 陈列展览的主题和内容不适宜未成年人的，博物馆不得接纳未成年人。 第 31 条：博物馆举办陈列展览的，应当在陈列展览开始之日 10 个工作日前，将陈列展览主题、展品说明、讲解词等向陈列展览举办地的文物主管部门或者其他有关部门备案。 各级人民政府文物主管部门和博物馆行业组织应当加强对博物馆陈列展览的指导和监督。 第 39 条：博物馆取得来源不明或者来源不合法的藏品，或者陈列展览的主题、内容造成恶劣影响的，由省、自治区、直辖市人民政府文物主管部门或者有关登记管理机关按照职责分工，责令改正，有违法所得的，没收违法所得，并处违法所得 2 倍以上 5 倍以下罚款；没有违法所得的，处 5000 元以上 2 万元以下罚款；情节严重的，由登记管理机关撤销登记。
公众开放制度	第 28 条：博物馆应当自取得登记证书之日起 6 个月内向公众开放。 第 29 条：博物馆应当向公众公告具体开放时间。在国家法定节假日和学校寒暑假期间，博物馆应当开放。 第 33 条：国家鼓励博物馆向公众免费开放。县级以上人民政府应当对向公众免费开放的博物馆给予必要的经费支持。 博物馆未实行免费开放的，其门票、收费的项目和标准按照国家有关规定执行，并在收费地点的醒目位置予以公布。 博物馆未实行免费开放的，应当对未成年人、成年学生、教师、老年人、残疾人和军人等实行免费或者其他优惠。博物馆实行优惠的项目和标准应当向公众公告。 第 41 条：博物馆自取得登记证书之日起 6 个月内未向公众开放，或者未依照本条例的规定实行免费或者其他优惠的，由省、自治区、直辖市人民政府文物主管部门责令改正；拒不改正的，由登记管理机关撤销登记。

（续表）

类别	《博物馆条例》相关规定
社会教育与服务制度	**①博物馆的义务** 第 32 条：博物馆应当配备适当的专业人员，根据不同年龄段的未成年人接受能力进行讲解；学校寒暑假期间，具备条件的博物馆应当增设适合学生特点的陈列展览项目。 第 34 条：博物馆应当根据自身特点、条件，运用现代信息技术，开展形式多样、生动活泼的社会教育和服务活动，参与社区文化建设和对外文化交流与合作。 国家鼓励博物馆挖掘藏品内涵，与文化创意、旅游等产业相结合，开发衍生产品，增强博物馆发展能力。 第 36 条：博物馆应当发挥藏品优势，开展相关专业领域的理论及应用研究，提高业务水平，促进专业人才的成长。 **②主管部门的义务** 第 35 条：国务院教育行政部门应当会同国家文物主管部门，制定利用博物馆资源开展教育教学、社会实践活动的政策措施。 地方各级人民政府教育行政部门应当鼓励学校结合课程设置和教学计划，组织学生到博物馆开展学习实践活动。 博物馆应当对学校开展各类相关教育教学活动提供支持和帮助。 **③社会公众的义务** 第 37 条：公众应当爱护博物馆展品、设施及环境，不得损坏博物馆的展品、设施。

第五节　非物质文化遗产法

一、概述

类别	《中华人民共和国非物质文化遗产法》相关规定
概念及内容	第 2 条：本法所称非物质文化遗产，是指各族人民世代相传并视为其文化遗产组成部分的各种传统文化表现形式，以及与传统文化表现形式相关的实物和场所。包括： ①传统口头文学以及作为其载体的语言； ②传统美术、书法、音乐、舞蹈、戏剧、曲艺和杂技； ③传统技艺、医药和历法； ④传统礼仪、节庆等民俗； ⑤传统体育和游艺； ⑥其他非物质文化遗产。
保护措施	第 3 条：国家对非物质文化遗产采取认定、记录、建档等措施予以保存，对体现中华民族优秀传统文化，具有历史、文学、艺术、科学价值的非物质文化遗产采取传承、传播等措施予以保护。
保护原则	第 4 条：保护非物质文化遗产，应当注重其真实性、整体性和传承性，有利于增强中华民族的文化认同，有利于维护国家统一和民族团结，有利于促进社会和谐和可持续发展。

*《中华人民共和国非物质文化遗产法》以下简称《非物质文化遗产法》。

二、非物质文化遗产的传承与传播制度

根据《非物质文化遗产法》第 28 条规定，国家鼓励和支持开展非物质文化遗产代表性项目的传承、传播。

（一）非物质文化遗产的传承

类别	《非物质文化遗产法》相关规定
认定条件	第 29 条：国务院文化主管部门和省、自治区、直辖市人民政府文化主管部门对本级人民政府批准公布的非物质文化遗产代表性项目，可以认定代表性传承人。 非物质文化遗产代表性项目的代表性传承人应当符合下列条件： ①熟练掌握其传承的非物质文化遗产； ②在特定领域内具有代表性，并在一定区域内具有较大影响； ③积极开展传承活动。 认定非物质文化遗产代表性项目的代表性传承人，应当参照执行本法有关非物质文化遗产代表性项目评审的规定，并将所认定的代表性传承人名单予以公布。
支持措施	第 30 条规定，县级以上人民政府文化主管部门根据需要，采取下列措施，支持非物质文化遗产代表性项目的代表性传承人开展传承、传播活动： ①提供必要的传承场所； ②提供必要的经费资助其开展授徒、传艺、交流等活动； ③支持其参与社会公益性活动； ④支持其开展传承、传播活动的其他措施。
传承义务	第 31 条规定，非物质文化遗产代表性项目的代表性传承人应当履行下列义务： ①开展传承活动，培养后继人才； ②妥善保存相关的实物、资料； ③配合文化主管部门和其他有关部门进行非物质文化遗产调查； ④参与非物质文化遗产公益性宣传。 非物质文化遗产代表性项目的代表性传承人无正当理由不履行前款规定义务的，文化主管部门可以取消其代表性传承人资格，重新认定该项目的代表性传承人；丧失传承能力的，文化主管部门可以重新认定该项目的代表性传承人。

（二）非物质文化遗产的传播

类别	《非物质文化遗产法》相关规定
宣传展示	第 32 条：县级以上人民政府应当结合实际情况，采取有效措施，组织文化主管部门和其他有关部门宣传、展示非物质文化遗产代表性项目。
研究出版	第 33 条：国家鼓励开展与非物质文化遗产有关的科学技术研究和非物质文化遗产保护、保存方法研究，鼓励开展非物质文化遗产的记录和非物质文化遗产代表性项目的整理、出版等活动。
宣传教育	第 34 条：学校应当按照国务院教育主管部门的规定，开展相关的非物质文化遗产教育。 新闻媒体应当开展非物质文化遗产代表性项目的宣传，普及非物质文化遗产知识。 第 35 条：图书馆、文化馆、博物馆、科技馆等公共文化机构和非物质文化遗产学术研究机构、保护机构以及利用财政性资金举办的文艺表演团体、演出场所经营单位等，应当根据各自业务范围，开展非物质文化遗产的整理、研究、学术交流和非物质文化遗产代表性项目的宣传、展示。

（续表）

类别	《非物质文化遗产法》相关规定
民间传承	第 36 条：国家鼓励和支持公民、法人和其他组织依法设立非物质文化遗产展示场所和传承场所，展示和传承非物质文化遗产代表性项目。
合理利用	第 37 条：国家鼓励和支持发挥非物质文化遗产资源的特殊优势，在有效保护的基础上，合理利用非物质文化遗产代表性项目开发具有地方、民族特色和市场潜力的文化产品和文化服务。 开发利用非物质文化遗产代表性项目的，应当支持代表性传承人开展传承活动，保护属于该项目组成部分的实物和场所。 县级以上地方人民政府应当对合理利用非物质文化遗产代表性项目的单位予以扶持。单位合理利用非物质文化遗产代表性项目的，依法享受国家规定的税收优惠。

第六节　保护世界遗产、非物质文化遗产公约

一、概述

1972 年 11 月 16 日，联合国教育、科学及文化组织大会第十七届会议通过《保护世界文化和自然遗产公约》（以下简称《公约》）。

（一）文化和自然遗产的定义

《公约》第 1 条规定，世界文化遗产，包括古迹、建筑群和遗址三种类型。其中古迹是指从历史、艺术和科学观点来看具有突出的普遍价值的建筑物、碑雕和碑画，具有考古性质成分或结构、铭文、窟洞以及联合体；建筑群是指从历史、艺术和科学角度看在建筑式样、分布均匀或环境风景结合方面具有突出的普遍价值的单立或连接的建筑群；遗址是指从历史、审美、人种学或人类学角度看具有突出的普遍价值的人类工程或自然与人联合工程及考古地址的区域。

《公约》第 2 条规定，世界自然遗产，包括从审美或科学角度看具有突出的普遍价值的由物质和生物结构或这类结构群组成的自然景观；从科学或保护角度看具有突出的普遍价值的地质和自然地理结构以及明确划为受威胁的动物和植物区；从科学、保护或自然美角度看具有突出的普遍价值的天然名胜或明确划分的自然区域。

（二）文化和自然遗产的国家保护和国际保护

1. 国家保护

《公约》第 4 条规定，各缔约国应承认，保证本国领土内的文化遗产和自然遗产的确定、保护、保存、展出和遗传后代，主要是有关国家的责任。该国将为此目的竭尽全力，最大限度地利用本国资源，必要时利用所能获得的国际援助和合作，特别是财政、艺术、科学及技术方面的援助和合作。

《公约》第 5 条规定，为确保公约各缔约国为保护、保存和展出本国领土内的文化遗产和自然遗产采取积极有效的措施，各缔约国应视本国具体情况尽力做到以下几点：①通

过一项旨在使文化和自然遗产在社会生活中起一定作用并把遗产保护纳入全面规划纲要的总政策；②如本国内尚未建立负责文化和自然遗产的保护、保存和展出的机构，则建立一个或几个此类机构，配备适当的工作人员和为履行其职能所需的手段；③发展科学和技术研究，并制定出能够抵抗威胁本国自然遗产的危险的实际方法；④采取为确定、保护、保存、展出和恢复这类遗产所需的适当的法律、科学、技术、行政和财政措施；⑤促进建立或发展有关保护、保存和展出文化和自然遗产的国家或地区培训中心，并鼓励这方面的科学研究。

2. 国际保护

《公约》第 7 条指出，世界文化遗产和自然遗产的国际保护应被理解为建立一个旨在支持各缔约国保存和确定这类遗产的努力的国际合作和援助系统。

《公约》第 6 条规定，各缔约国应在充分尊重文化遗产和自然遗产所在国的主权，并不使国家立法规定的财产权受到损害的同时，承认这类遗产是世界遗产的一部分，因此，整个国际社会有责任进行合作，予以保护。

各缔约国有义务应有关国家的要求帮助该国确定、保护、保存和展出《世界遗产名录》和《处于危险的世界遗产名录》中提及的文化遗产和自然遗产。

各缔约国不得故意采取任何可能直接或间接损害位于本公约其他缔约国领土内的文化遗产和自然遗产的措施。

（三）保护世界文化和自然遗产政府间委员会

1. 设立目的

《公约》第 8 条规定，在联合国教育、科学及文化组织内，建立一个保护具有突出的普遍价值的文化遗产和自然遗产的政府间委员会，即世界遗产委员会。该委员会委员的选举须保证均衡地代表世界的不同地区和不同文化。

2. 任务职责

①确定《世界遗产名录》：《公约》第 11 条规定，委员会根据各缔约国的申请制定、更新和出版《世界遗产名录》，一份最新目录应至少每两年发布一次。②设立《处于危险的世界遗产名录》：《公约》第 11 条规定，委员会应在必要时制定、更新和出版一份《处于危险的世界遗产名录》，其中所列的财产均为列入《世界遗产名录》之中、需要采取重大活动加以保护并给予援助的财产。

这些危险包括：蜕变加剧；大规模公共或私人工程；城市或旅游业迅速发展的项目造成的消失威胁；土地的使用变动或易主造成的破坏；未知原因造成的重大变化；随意摈弃；武装冲突的爆发或威胁；灾害和灾变；严重火灾、地震、山崩；火山爆发；水位变动、洪水和海啸；等等。在紧急情况下，世界遗产委员会可以随时把面临上述危险的遗产列入《处于危险的世界遗产名录》。

二、保护非物质文化遗产公约

（一）非物质文化遗产的定义

根据《保护非物质文化遗产公约》第 2 条第 1 款规定，非物质文化遗产是指被各社区、群体，有时是个人，视为其文化遗产组成部分的各种社会实践、观念表述、表现形式、知识、技能以及相关的工具、实物、手工艺品和文化场所。这种非物质文化遗产世代相传，在各社区和群体适应周围环境以及与自然和历史的互动中，被不断地再创造，为这些社区和群体提供认同感和持续感，从而增强对文化多样性和人类创造力的尊重。按照上述定义，非物质文化遗产主要包括以下方面：①口头传统和表现形式，包括作为非物质文化遗产媒介的语言；②表演艺术；③社会实践、仪式、节庆活动；④有关自然界和宇宙的知识和实践；⑤传统手工艺。

（二）缔约国的作用

《保护非物质文化遗产公约》第 11 条规定，各缔约国应该采取必要措施确保其领土上的非物质文化遗产受到保护，并由各社区、群体和有关非政府组织参与，确认和确定其领土上的各种非物质文化遗产。

《保护非物质文化遗产公约》第 12 条规定，为了使其领土上的非物质文化遗产得到确认以便加以保护，各缔约国应根据自己的国情拟订一份或数份关于这类遗产的清单，并应定期加以更新；各缔约国在定期向委员会提交报告时，应提供有关这些清单的情况。

（三）其他保护措施

1. 缔约国的义务

《保护非物质文化遗产公约》第 13 条规定，为了确保其领土上的非物质文化遗产得到保护、弘扬和展示，各缔约国应努力做到以下几点。①制定一项总的政策，使非物质文化遗产在社会中发挥应有的作用，并将这种遗产的保护纳入规划工作。②指定或建立一个或数个主管保护其领土上的非物质文化遗产的机构。③鼓励开展有效保护非物质文化遗产，特别是濒危非物质文化遗产的科学、技术和艺术研究以及方法研究。④采取适当的法律、技术、行政和财政措施，以便促进建立或加强培训管理非物质文化遗产的机构以及通过为这种遗产提供活动和表现的场所和空间，促进这种遗产的传承；确保对非物质文化遗产的享用，同时对享用这种遗产的特殊方面的习俗做法予以尊重；建立非物质文化遗产文献机构并创造条件促进对它的利用。

2. 教育、宣传和能力培养

《保护非物质文化遗产公约》第 14 条规定，各缔约国应竭力采取种种必要的手段，以便实现以下目标。①使非物质文化遗产在社会中得到确认、尊重和弘扬，主要通过：第一，向公众，尤其是向青年进行宣传和传播信息的教育计划；第二，有关社区和群体的具体的教育和培训计划；第三，保护非物质文化遗产，尤其是管理和科研方面的能力培养活动；第四，非正规的知识传播手段。②不断向公众宣传对这种遗产造成的威胁以及根据本公约所开展的活动。③促进保护表现非物质文化遗产所需的自然场所和纪念地点的教育。

3. 社区、群体和个人的参与

根据《保护非物质文化遗产公约》第 15 条规定，缔约国在开展保护非物质文化遗产活动时，应努力确保创造、延续和传承这种遗产的社区、群体，有时是个人的最大限度的参与，并吸收他们积极地参与有关的管理。

易错考题小试牛刀

1.（判断题）非物质文化遗产代表性项目的传承人丧失传承能力的，文化主管部门可以重新认定该项目的代表性传承人。（　）

2.（单选题）风景名胜区，是指具有观赏、文化或者科学价值，自然景观、人文景观比较集中，环境优美，可供人们（　）的区域。

A. 游览或者进行科学、文化活动　　B. 游览或者进行商业、文化活动

C. 旅游或者进行文化、科考活动　　D. 游览或者进行商业、科考活动

3.（单选题）根据旅游资源的分类原则，位于河南省渑池县境内的仰韶文化遗址属于（　）。

A. 具有历史、艺术、科学价值的古文化遗址

B. 与重大历史事件有关的具有重要史料价值的遗址

C. 历史上各时代珍贵的艺术品

D. 反映历史上各民族社会制度、社会生产和社会生活的代表性实物

4.（单选题）根据《非物质文化遗产法》第 2 条规定，非物质文化遗产不包括（　）方面。

A. 文化景观　　B. 表演艺术

C. 节庆活动　　D. 传统手工艺

5.（单选题）《保护世界文化和自然遗产公约》规定，缔约国领土内世界遗产的确定、保护、保存、展出和遗传后代，主要是（　）的责任。

A. 世界遗产委员会　　B. 国际社会

C. 有关民间组织　　D. 有关国家

【答案】1. 对　2.A　3.A　4.A　5.D

第十二章
出入境及交通法律制度

【考试大纲】

- **了解**：《中华人民共和国民用航空法》关于运输凭证、承运人责任的规定。《中华人民共和国铁路法》关于铁路运输营业中铁路运输合同、铁路运输企业和旅客权利义务的规定。《国内水路运输管理规定》关于水路运输承运人和旅客之间的权利义务规定。
- **熟悉**：《中华人民共和国民用航空法》关于劫持航空器、危及飞行安全、携带危险品及管制刀具等乘坐航空器、在航空器上放置危险品、损毁移动航空设施、聚众扰乱机场秩序法律责任的规定。《中华人民共和国出境入境管理法》（以下简称《出入境管理法》）关于中国公民出境入境和外国人入境出境的义务性规定和禁止性规定及相关法律责任的规定。

【历年分值】

年份	判断（题）	单选（题）	多选（题）	分值（分）	分值占比（%）
2018	0	1	1	1.5	3.00
2019	0	3	0	1.5	2.94
2020	0	1	0	0.5	0.96
2023	0	1	0	0.5	1.03

第一节　出入境管理法律制度

一、出境入境的概念

通常，“出境入境”指出入国境。《中华人民共和国出入境管理法》（以下简称《出入境管理法》第 89 条规定：

类别	说明
出境	①中国内地前往其他国家或者地区； ②由中国内地前往香港特别行政区、澳门特别行政区； ③由大陆前往台湾地区。
入境	①由其他国家或地区进入中国内地； ②由香港特别行政区、澳门特别行政区进入中国内地； ③由台湾地区进入中国大陆。

二、中国公民出入境义务性规定

类别	《出入境管理法》相关规定
依法申办证件	第 9 条：中国公民出境入境，应当依法申请办理护照或者其他旅行证件。 中国公民前往其他国家或者地区，还需要取得前往国签证或者其他入境许可证明。但是，中国政府与其他国家政府签订互免签证协议或者公安部、外交部另有规定的除外。 截至 2020 年 10 月，我国已与 148 个国家缔结互免签证协议，中国公民持所适用的护照前往这些国家短期旅行通常无须事先申请签证；与 21 个国家互免普通护照签证，19 个国家和地区单方面允许中国公民免签入境，41 个国家和地区单方面允许中国公民办理落地签证。 第 10 条：中国公民往来内地与香港特别行政区、澳门特别行政区，中国公民往来大陆与台湾地区，应当依法申请办理通行证件，并遵守本法有关规定。具体管理办法由国务院规定。
依法交验证件	第 11 条：中国公民出境入境，应当向出入境边防检查机关交验本人的护照或者其他旅行证件等出境入境证件，履行规定的手续，经查验准许，方可出境入境。 具备条件的口岸，出入境边防检查机关应当为中国公民出境入境提供专用通道等便利措施。
依法接受检查	第 6 条：中国公民、外国人以及交通运输工具应当从对外开放的口岸出境入境，特殊情况下，可以从国务院或者国务院授权的部门批准的地点出境入境。出境入境人员和交通运输工具应当接受出境入境边防检查。

三、外国人入出中国国境

类别	《出入境管理法》相关规定
依法办理证件	第 15 条：外国人入境，应当向驻外签证机关申请办理签证，但是本法另有规定的除外。
依法交验证件	第 24 条：外国人入境，应当向出入境边防检查机关交验本人的护照或者其他国际旅行证件、签证或者其他入境许可证明，履行规定的手续，经查验准许，方可入境。 第 27 条：外国人出境，应当向出入境边防检查机关交验本人的护照或者其他国际旅行证件等出境入境证件，履行规定的手续，经查验准许，方可出境。
依法接受检查	第 6 条：外国人以及交通运输工具应当从对外开放的口岸出境入境，特殊情况下，可以从国务院或者国务院授权的部门批准的地点出境入境。出境入境人员和交通运输工具应当接受出境入境边防检查。
遵守中国法律	第 3 条：在中国境内的外国人的合法权益受法律保护。在中国境内的外国人应当遵守中国法律，不得危害中国国家安全、损害社会公共利益、破坏社会公共秩序。

四、入出境禁止性规定

类别	《出入境管理法》相关规定
中国公民的出境限制	第 12 条规定，中国公民有下列情形之一的，不准出境： ①未持有效出境入境证件或者拒绝、逃避接受边防检查的； ②被判处刑罚尚未执行完毕或者属于刑事案件被告人、犯罪嫌疑人的； ③有未了结的民事案件，人民法院决定不准出境的； ④因妨害国（边）境管理受到刑事处罚或者因非法出境、非法居留、非法就业被其他国家或者地区遣返，未满不准出境规定年限的； ⑤可能危害国家安全和利益，国务院有关主管部门决定不准出境的； ⑥法律、行政法规规定不准出境的其他情形。
外国人入境限制性规定	第 25 条规定，外国人有下列情形之一的，不准入境： ①未持有效出境入境证件或者拒绝、逃避接受边防检查的； ②具有本法第 21 条第 1 款第 1 项至第 4 项规定情形的； ③入境后可能从事与签证种类不符的活动的； ④法律、行政法规规定不准入境的其他情形。 对不准入境的，出入境边防检查机关可以不说明理由。
外国人出境限制性规定	外国人有下列情形之一的，不准出境： ①被判处刑罚尚未执行完毕或者属于刑事案件被告人、犯罪嫌疑人的，但是按照中国与外国签订的有关协议，移管被判刑人的除外； ②有未了结的民事案件，人民法院决定不准出境的； ③拖欠劳动者的劳动报酬，经国务院有关部门或者省、自治区、直辖市人民政府决定不准出境的； ④法律、行政法规规定不准出境的其他情形。

五、法律责任

法律责任	行为	《出境入境管理法》的处罚
非法出境入境的法律责任	①持用伪造、变造、骗取的出境入境证件出境入境的； ②冒用他人出境入境证件出境入境的； ③逃避出境入境边防检查的； ④以其他方式非法出境入境的。	第 71 条：处 1000 元以上 5000 元以下罚款；情节严重的，处 5 日以上 10 日以下拘留，可以并处 2000 元以上 1 万元以下罚款。
	中国公民出境后非法前往其他国家或者地区被遣返的。	第 75 条：出入境边防检查机关应当收缴其出境入境证件，出境入境证件签发机关自其被遣返之日起 6 个月至 3 年以内不予签发出境入境证件。
协助他人非法出境入境的法律责任	协助他人非法出境入境的。	第 72 条：处 2000 元以上 1 万元以下罚款；情节严重的，处 10 日以上 15 日以下拘留，并处 5000 元以上 2 万元以下罚款，有违法所得的，没收违法所得。
骗取出境入境证件的法律责任	弄虚作假骗取签证、停留居留证件等出境入境证件的。	第 73 条：处 2000 元以上 5000 元以下罚款；情节严重的，处 10 日以上 15 日以下拘留，并处 5000 元以上 2 万元以下罚款。
违规为外国人出具有关材料的法律责任	为外国人出具邀请函件或者其他申请材料的。	第 74 条：处 5000 元以上 1 万元以下罚款，有违法所得的，没收违法所得，并责令其承担所邀请外国人的出境费用。
其他法律责任	①外国人拒不接受公安机关查验其出境入境证件的； ②外国人拒不交验居留证件的； ③未按照规定办理外国人出生登记、死亡申报的； ④外国人居留证件登记事项发生变更，未按照规定办理变更的； ⑤在中国境内的外国人冒用他人出境入境证件的； ⑥未按照本法规定办理住宿登记的。	第 76 条：给予警告，可以并处 2000 元以下罚款。

第二节　航空运输法律制度

1995 年 10 月 30 日，全国人大常委会审议通过了自 1996 年 3 月 1 日起施行的《中华人民共和国民用航空法》（以下简称《民航法》），之后进行了 6 次修正。中国民用航空总局依据《民航法》，陆续发布相关规范性文件。

一、运输凭证

类型	《民航法》相关规定
客票	客票是承运人和旅客双方客运合同关系的证据，是旅客搭乘交通运输工具的凭证。 第 111 条第 1 款：客票是航空旅客运输合同订立和运输合同条件的初步证据。 第 109 条：承运人运送旅客，应当出具客票。旅客乘坐民用航空器，应当交验有效客票。 第 110 条规定，客票应当包括的内容由国务院民用航空主管部门规定，至少应当包括以下内容： ①出发地点和目的地点； ②出发地点和目的地点均在中华人民共和国境内，而在境外有一个或者数个约定的经停地点的，至少注明一个经停地点； ③旅客航程的最终目的地点、出发地点或者约定的经停地点之一不在中华人民共和国境内，依照所适用的国际航空运输公约的规定，应当在客票上声明此项运输适用该公约的，客票上应当载有该项声明。 为保障旅客安全、加强交通运输管理，我国在民航运输中对客票实行实名制。实名制客运合同的旅客丢失客票的，可以请求承运人挂失补办，承运人不得再次收取票款和其他不合理费用。 《民航法》第 111 条第 2 款：旅客未能出示客票、客票不符合规定或者客票遗失，不影响运输合同的存在或者有效。
行李票	第 112 条：承运人载运托运行李时，行李票可以包含在客票之内或者与客票相结合。行李票是行李托运和运输合同条件的初步证据。旅客未能出示行李票、行李票不符合规定或者行李票遗失，不影响运输合同的存在或者有效。

二、承运人的责任

类型	《民航法》相关规定
造成旅客人身伤亡的责任	第 124 条：因发生在民用航空器上或者在旅客上、下民用航空器过程中的事件，造成旅客人身伤亡的，承运人应当承担责任；但是，旅客的人身伤亡完全是由于旅客本人的健康状况造成的，承运人不承担责任。 须注意的是，“事件”的含义很广泛，如果旅客的人身伤亡是因为承运人的故意或过错行为造成的，属于法定的“事件”，承运人要承担赔偿责任。一些造成旅客人身伤亡的原因，承运人可能没有主观上的过错，如劫机、气流造成的飞机颠簸等，也属于“事件”范畴。
造成行李物品毁灭、遗失或者损坏的责任	第 125 条：因发生在民用航空器上或者在旅客上、下民用航空器过程中的事件，造成旅客随身携带物品毁灭、遗失或者损坏的，承运人应当承担责任。 旅客随身携带物品或者托运行李的毁灭、遗失或者损坏完全是由于行李本身的自然属性、质量或者缺陷造成的，承运人不承担责任。 因发生在航空运输期间的事件，造成旅客的托运行李毁灭、遗失或者损坏的，承运人应当承担责任。 值得注意的是，只有发生在航空运输期间的事件，造成旅客的托运行李毁灭、遗失或者损坏的，承运人才应当承担责任。具体来说，“航空运输期间”是指在机场内、民用航空器上或者机场外降落的任何地点，托运行李处于承运人掌管之下的全部期间。“航空运输期间”不包括机场外的任何陆路运输、海上运输、内河运输过程；但是，此种陆路运输、海上运输、内河运输是为了履行航空运输合同而装载、交付或者转运，在没有相反证据的情况下，所发生的损失视为在航空运输期间发生的损失。

（续表）

类型	《民航法》相关规定
因延误造成损失的责任	第 126 条：旅客、行李或者货物在航空运输中因延误造成的损失，承运人应当承担责任；但是，承运人证明本人或者其受雇人、代理人为了避免损失的发生，已经采取一切必要措施或者不可能采取此种措施的，不承担责任。
免责和减轻责任的情形	第 127 条：在旅客、行李运输中，经承运人证明，损失是由索赔人的过错造成或者促成的，应当根据造成或者促成此种损失的过错的程度，相应免除或者减轻承运人的责任。 旅客以外的其他人就旅客死亡或者受伤提出赔偿请求时，经承运人证明，死亡或者受伤是旅客本人的过错造成或者促成的，同样应当根据造成或者促成此种损失的过错的程度，相应免除或者减轻承运人的责任。
责任限额	**（1）国内航空运输** 第 128 条：国内航空运输承运人的赔偿责任限额由国务院民用航空主管部门制定，报国务院批准后公布执行。 旅客或者托运人在交运托运行李或者货物时，特别声明在目的地点交付时的利益，并在必要时支付附加费的，除承运人证明旅客或者托运人声明的金额高于托运行李或者货物在目的地点交付时的实际利益外，承运人应当在声明金额范围内承担责任；本法第 129 条的其他规定，除赔偿责任限额外，适用于国内航空运输。 **（2）国际航空运输** 第 129 条规定，国际航空运输承运人的赔偿责任限额按照下列规定执行： ①对每名旅客的赔偿责任限额为 16600 计算单位；但是，旅客可以同承运人书面约定高于本项规定的赔偿责任限额。 ②对托运行李或者货物的赔偿责任限额，每公斤为 17 计算单位。旅客或者托运人在交运托运行李或者货物时，特别声明在目的地点交付时的利益，并在必要时支付附加费的，除承运人证明旅客或者托运人声明的金额高于托运行李或者货物在目的地点交付时的实际利益外，承运人应当在声明金额范围内承担责任。 托运行李或者货物的一部分或者托运行李、货物中的任何物件毁灭、遗失、损坏或者延误的，用以确定承运人赔偿责任限额的重量，仅为该一包件或者数包件的总重量；但是，因托运行李或者货物的一部分或者托运行李、货物中的任何物件的毁灭、遗失、损坏或者延误，影响同一份行李票或者同一份航空货运单所列其他包件的价值的，确定承运人的赔偿责任限额时，此种包件的总重量也应当考虑在内。 ③对每名旅客随身携带的物品的赔偿责任限额为 332 计算单位。 第 130 条：任何旨在免除本法规定的承运人责任或者降低本法规定的赔偿责任限额的条款，均属无效；但是，此种条款的无效，不影响整个航空运输合同的效力。 第 131 条：有关航空运输中发生的损失的诉讼，不论其根据如何，只能依照本法规定的条件和赔偿责任限额提出，但是不妨碍谁有权提起诉讼以及他们各自的权利。 第 132 条：经证明，航空运输中的损失是由于承运人或者其受雇人、代理人的故意或者明知可能造成损失而轻率地作为或者不作为造成的，承运人无权援用本法第 128 条、第 129 条有关赔偿责任限制的规定；证明承运人的受雇人、代理人有此种作为或者不作为的，还应当证明该受雇人、代理人是在受雇、代理范围内行事。

三、法律责任

类型	《民航法》相关规定
劫持航空器	第 191 条：以暴力、胁迫或者其他方法劫持航空器的，依照刑法有关规定追究刑事责任。
危及飞行安全	第 192 条：对飞行中的民用航空器上的人员使用暴力，危及飞行安全的，依照刑法有关规定追究刑事责任。
携带危险品及管制刀具等乘坐航空器	第 193 条：违反本法规定，隐匿携带炸药、雷管或者其他危险品乘坐民用航空器，或者以非危险品品名托运危险品的，依照刑法有关规定追究刑事责任。 企业事业单位犯前款罪的，判处罚金，并对直接负责的主管人员和其他直接责任人员依照前款规定追究刑事责任。 隐匿携带枪支子弹、管制刀具乘坐民用航空器的，依照刑法有关规定追究刑事责任。
在航空器上放置危险品	第 195 条：故意在使用中的民用航空器上放置危险品或者唆使他人放置危险品，足以毁坏该民用航空器，危及飞行安全的，依照刑法有关规定追究刑事责任。
损毁移动航空设施	第 197 条：盗窃或者故意损毁、移动使用中的航行设施，危及飞行安全，足以使民用航空器发生坠落、毁坏危险的，依照刑法有关规定追究刑事责任。
聚众扰乱机场秩序	第 198 条：聚众扰乱民用机场秩序的，依照刑法有关规定追究刑事责任。

第三节　铁路运输法律制度

1990 年 9 月 7 日，全国人大常委会审议通过了自 1991 年 5 月 1 日起施行的《中华人民共和国铁路法》（以下简称《铁路法》），之后进行了 2 次修正。此后，国务院及其铁道部相继发布相关法规、部门规章。

一、铁路运输合同

《铁路法》第 11 条：铁路运输合同是明确铁路运输企业与旅客、托运人之间权利义务关系的协议。旅客车票、行李票、包裹票和货物运单是合同或者合同的组成部分。

为保障旅客安全、加强交通运输管理，我国在铁路运输中对客票实行实名制。实名制客运合同的旅客丢失客票的，可以请求承运人挂失补办，承运人不得再次收取票款和其他不合理费用。

二、承运人的权利

权利	《铁路法》相关规定
依照规定收取费用	第 14 条：旅客乘车应当持有效车票。对无票乘车或者持失效车票乘车的，应当补收票款，并按照规定加收票款；拒不交付的，铁路运输企业可以责令下车。

（续表）

权利	《铁路法》相关规定
有权处理无人领取的货物	第 22 条：自铁路运输企业发出领取货物通知之日起满 30 日仍无人领取的货物，或者收货人书面通知铁路运输企业拒绝领取的货物，铁路运输企业应当通知托运人，托运人自接到通知之日起满 30 日未作答复的，由铁路运输企业变卖；所得价款在扣除保管等费用后尚有余款的，应当退还托运人，无法退还、自变卖之日起 180 日内托运人又未领回的，上缴国库。 自铁路运输企业发出领取通知之日起满 90 日仍无人领取的包裹或者到站后满 90 日仍无人领取的行李，铁路运输企业应当公告，公告满 90 日仍无人领取的，可以变卖；所得价款在扣除保管等费用后尚有余款的，托运人、收货人或者旅客可以自变卖之日起 180 日内领回，逾期不领回的，上缴国库。 对危险物品和规定限制运输的物品，应当移交公安机关或者有关部门处理，不得自行变卖。对不宜长期保存的物品，可以按照国务院铁路主管部门的规定缩短处理期限。
对旅客携带的物品进行运输安全检查	第 48 条：禁止旅客携带危险品进站上车。铁路公安人员和国务院铁路主管部门规定的铁路职工，有权对旅客携带的物品进行运输安全检查。实施运输安全检查的铁路职工应当佩戴执勤标志。
制止危害运输安全行为	第 49 条：对损毁、移动铁路信号装置及其他行车设施或者在铁路线路上放置障碍物的，铁路职工有权制止，可以扭送公安机关处理。 第 50 条：禁止偷乘货车、攀附行进中的列车或者击打列车。对偷乘货车、攀附行进中的列车或者击打列车的，铁路职工有权制止。 第 51 条：禁止在铁路线路上行走、坐卧。对在铁路线路上行走、坐卧的，铁路职工有权制止。 第 53 条：对聚众拦截列车或者聚众冲击铁路行车调度机构的，铁路职工有权制止；不听制止的，公安人员现场负责人有权命令解散；拒不解散的，公安人员现场负责人有权依照国家有关规定决定采取必要手段强行驱散，并对拒不服从的人员强行带离现场或者予以拘留。 第 55 条：在列车内，寻衅滋事，扰乱公共秩序，危害旅客人身、财产安全的，铁路职工有权制止，铁路公安人员可以予以拘留。

三、承运人的义务

义务	《铁路法》相关规定
按约定运输旅客和行李物品	第 12 条：铁路运输企业应当保证旅客按车票载明的日期、车次乘车，并到达目的站。因铁路运输企业的责任造成旅客不能按车票载明的日期、车次乘车的，铁路运输企业应当按照旅客的要求，退还全部票款或者安排改乘到达相同目的站的其他列车。 第 16 条第 1 款：铁路运输企业应当按照合同约定的期限或者国务院铁路主管部门规定的期限，将货物、包裹、行李运到目的站；逾期运到的，铁路运输企业应当支付违约金。
为旅客提供良好的旅行环境和服务设施	第 13 条：铁路运输企业应当采取有效措施做好旅客运输服务工作，做到文明礼貌、热情周到，保持车站和车厢内的清洁卫生，提供饮用开水，做好列车上的饮食供应工作。
保障旅客和货物运输安全	第 10 条：铁路运输企业应当保证旅客和货物运输的安全，做到列车正点到达。 第 42 条：铁路运输企业必须加强对铁路的管理和保护，定期检查、维修铁路运输设施，保证铁路运输设施完好，保障旅客和货物运输安全。

（续表）

义务	《铁路法》相关规定
对旅客人身伤亡进行赔偿	第 58 条：因铁路行车事故及其他铁路运营事故造成人身伤亡的，铁路运输企业应当承担赔偿责任；如果人身伤亡是因不可抗力或者由于受害人自身的原因造成的，铁路运输企业不承担赔偿责任。 违章通过平交道口或者人行过道，或者在铁路线路上行走、坐卧造成的人身伤亡，属于受害人自身的原因造成的人身伤亡。
对行李物品损失进行赔偿	第 17 条规定，铁路运输企业应当对承运的货物、包裹、行李自接受承运时起到交付时止发生的灭失、短少、变质、污染或者损坏，承担赔偿责任： ①托运人或者旅客根据自愿申请办理保价运输的，按照实际损失赔偿，但最高不超过保价额； ②未按保价运输承运的，按照实际损失赔偿，但最高不超过国务院铁路主管部门规定的赔偿限额；如果损失是由于铁路运输企业的故意或者重大过失造成的，不适用赔偿限额的规定，按照实际损失赔偿。 托运人或者旅客根据自愿可以向保险公司办理货物运输保险，保险公司按照保险合同的约定承担赔偿责任。 托运人或者旅客根据自愿，可以办理保价运输，也可以办理货物运输保险，还可以既不办理保价运输，也不办理货物运输保险。不得以任何方式强迫办理保价运输或者货物运输保险。
	不承担赔偿责任的情形 第 18 条规定，由于下列原因造成的货物、包裹、行李损失的，铁路运输企业不承担赔偿责任： ①不可抗力； ②货物或者包裹、行李中的物品本身的自然属性，或者合理损耗； ③托运人、收货人或者旅客的过错。

四、旅客的权利

旅客有权要求铁路运输企业按照约定的运输时间，提供与座位等级相适应的服务，保障运输正常和安全。对运输期间，因铁路运输企业过错造成的人身损害，旅客有权要求赔偿。铁路运输企业逾期 30 日仍未将货物、包裹、行李交付收货人或者旅客的，托运人、收货人或者旅客有权按货物、包裹、行李灭失向铁路运输企业要求赔偿。

五、旅客的义务

义务	《铁路法》相关规定
持有效车票乘车	第 14 条：旅客乘车应当持有效车票。
按照规定托运行李物品	第 19 条：托运人应当如实填报托运单，铁路运输企业有权对填报的货物和包裹的品名、重量、数量进行检查。经检查，申报与实际不符的，检查费用由托运人承担； 申报与实际相符的，检查费用由铁路运输企业承担，因检查对货物和包裹中的物品造成的损坏由铁路运输企业赔偿。 托运人因申报不实而少交的运费和其他费用应当补交，铁路运输企业按照国务院铁路主管部门的规定加收运费和其他费用。

（续表）

义务	《铁路法》相关规定
	第 20 条：托运货物需要包装的，托运人应当按照国家包装标准或者行业包装标准包装；没有国家包装标准或者行业包装标准的，应当妥善包装，使货物在运输途中不因包装原因而受损坏。 铁路运输企业对承运的容易腐烂变质的货物和活动物，应当按照国务院铁路主管部门的规定和合同的约定，采取有效的保护措施。 第 48 条：运输危险品必须按照国务院铁路主管部门的规定办理，禁止以非危险品品名托运危险品。
及时领取行李物品	第 21 条：货物、包裹、行李到站后，收货人或者旅客应当按照国务院铁路主管部门规定的期限及时领取，并支付托运人未付或者少付的运费和其他费用；逾期领取的，收货人或者旅客应当按照规定交付保管费。
承担对铁路运输企业造成的财产损失	第 23 条：因旅客、托运人或者收货人的责任给铁路运输企业造成财产损失的，由旅客、托运人或者收货人承担赔偿责任。

第四节　水路运输法律制度

一、承运人的权利

《国内水路运输管理规定》第 26 条第 1 款规定，水路旅客运输业务经营者应当拒绝携带或者托运国家规定的危险物品及其他禁止携带或者托运的物品的旅客乘船。船舶开航后发现旅客随船携带或者托运国家规定的危险物品及其他禁止携带或者托运的物品的，应当妥善处理，旅客应当予以配合。

二、承运人的义务

义务	《国内水路运输管理规定》相关规定
按资质从事经营活动	第 20 条：水路运输经营者应当保持相应的经营资质条件，按照《国内水路运输经营许可证》核定的经营范围从事水路运输经营活动。 第 21 条：水路运输经营者不得出租、出借水路运输经营许可证件，或者以其他形式非法转让水路运输经营资格。 第 22 条：从事水路运输的船舶应当随船携带《船舶营业运输证》或者具有同等效力的可查验信息，不得转让、出租、出借或者涂改。《船舶营业运输证》遗失或者损毁的，应当及时向原配发机关申请补发。
依法从事旅客和货物运输	第 23 条：水路运输经营者应该按照《船舶营业运输证》标定的载客定额、载货定额和经营范围从事旅客和货物运输，不得超载。 水路运输经营者使用客货船或者滚装客船载运危险货物时，不得载运旅客，但按照相关规定随船押运货物的人员和滚装车辆的司机除外。 第 25 条：水路运输经营者不得擅自改装客船、危险品船增加载客定额、载货定额或者变更从事散装液体危险货物运输的种类。

（续表）

义务	《国内水路运输管理规定》相关规定
公布有关信息	第 26 条第 2 款：水路旅客运输业务经营者应当向社会公布国家规定的不得随船携带或者托运的物品清单。 第 27 条：水路旅客班轮运输业务经营者应当自取得班轮航线经营许可之日起 60 日内开航，并在开航的 15 日前通过媒体并在该航线停靠的各客运站点的明显位置向社会公布所使用的船舶、班期、班次、票价等信息。 旅客班轮应当按照公布的班期、班次运行。变更班期、班次、票价的（因不可抗力变更班期、班次的除外），水路旅客班轮运输业务经营者应当在变更的 15 日前向社会公布。停止经营部分或者全部班轮航线的，经营者应当在停止经营的 30 日前向社会公布，并报原许可机关备案。
向旅客提供客票	第 29 条：水路旅客运输业务经营者应当向旅客提供客票。客票包括纸质客票、电子客票等乘船凭证，一般应当载明经营者名称、船舶名称、始发港、目的港、乘船时间、票价等基本信息。鼓励水路旅客运输业务经营者开展互联网售票。 水路旅客运输业务经营者应当以公布的票价销售客票，不得对相同条件的旅客实施不同的票价，不得以搭售、现金返还、加价等不正当方式变相变更公布的票价并获取不正当利益，不得低于客票载明的舱室或者席位等级安排旅客。 水路旅客运输业务经营者应当向旅客明示退票、改签等规定。
诚信经营	第 31 条：水路运输经营者从事水路运输经营活动，应当依法经营，诚实守信，禁止以不合理的运价或者其他不正当方式、不规范行为争抢客源、货源及提供运输服务。 水路旅客运输业务经营者为招揽旅客发布信息，必须真实、准确，不得进行虚假宣传，误导旅客，对其在经营活动中知悉的旅客个人信息，应当予以保密。
保障运输安全	第 32 条：水路旅客运输业务经营者应当配备具有相应业务知识和技能的乘务人员，保持船上服务设施和警告标识完好，为老幼病残孕等需要帮助的旅客提供无障碍服务，在船舶开航前播报旅客乘船安全须知，并及时向旅客播报特殊情况下的禁航等信息。
依法告知说明	第 33 条规定，水路旅客运输业务经营者应当就运输服务中的下列事项，以明示的方式向旅客作出说明或者警示： ①不适宜乘坐客船的群体； ②正确使用相关设施、设备的方法； ③必要的安全防范和应急措施； ④未向旅客开放的经营、服务场所和设施、设备； ⑤可能危及旅客人身、财产安全的其他情形。

三、旅客的权利和义务

分类	《国内水路运输管理规定》相关规定
权利	旅客有权要求水路旅客运输业务经营者按照约定的运输时间，提供与座位等级相适应的服务，保障运输正常和安全。 第 30 条规定，军人、人民警察、国家综合性消防救援队伍人员、学生、老幼病残孕等旅客按有关规定享有优先、优惠、免票等优待服务。
义务	第 26 条第 3 款规定，旅客应当持有效凭证乘船，遵守乘船相关规定，自觉接受安全检查。

易错考题小试牛刀

1.（判断题）《民航法》规定，旅客未能出示客票、客票不符合规定或者客票遗失，不影响运输合同的存在或者有效。（　）

2.（判断题）国际航空运输承运人对每名旅客的赔偿责任限额为 16600 计算单位；但是，旅客可以同承运人书面约定高于本项规定的赔偿责任限额。（　）

3.（单选题）外国人未按照《出入境管理法》规定办理住宿登记的，给予警告，可以并处（　）以下罚款。

A.2000 元　B.3000 元　C.5000 元　D.1 万元

4.（单选题）在铁路运输中，承运的货物、包裹、行李自接受承运时起到交付时止发生的灭失、短少、变质、污染或者损坏，未按保价运输承运的，按照（　）。

A. 实际损失赔偿

B. 保价额赔偿

C. 实际损失赔偿，但最高不超过保价额

D. 实际损失赔偿，但最高不超过国务院铁路主管部门规定的赔偿限额

5.（单选题）根据《出境入境管理法》规定，对于外国人不准入境的，出入境边防检查机关（　）说明理由。

A. 应当　B. 视情况　C. 可以不　D. 必须

6.（多选题）根据《出境入境管理法》规定，中国公民（　），不准出境。

A. 逃避接受边防检查的

B. 因非法居留被其他国家或者地区遣返，未满不准出境规定年限的

C. 属于刑事案件犯罪嫌疑人的

D. 因非法就业被其他国家或者地区遣返，已满不准出境规定年限的

E. 法律、行政法规规定不准出境的其他情形

【答案】1. 对　2. 对　3.A　4.D　5.C　6.ABCE

第十三章
习近平新时代中国特色社会主义思想和党的二十大精神

【考试大纲】

- **了解：**习近平新时代中国特色社会主义思想的时代意义、理论意义、实践意义、世界意义、核心要义、精神实质、丰富内涵、实践要求、科学体系和原创性理论贡献。党的二十大主题，新时代十年的三件大事与三个历史性时刻。
- **熟悉：**新时代坚持和发展中国特色社会主义的总目标、总任务、总体布局、战略布局，新时代党和国家取得的历史性成就，发生的历史性变革，推进马克思主义中国化时代化的根本途径，全面建成社会主义现代化强国总的战略安排。
- **掌握：**习近平新时代中国特色社会主义思想的世界观、方法论和贯穿其中的立场观点、方法。中国式现代化的中国特色、本质要求和重大原则，新时代新征程中国共产党的中心任务，全面建设社会主义现代化国家的首要任务。

【历年分值】

年份	判断（题）	单选（题）	多选（题）	分值（分）	分值占比（%）
2023	1	2	1	2.5	5.15

※ 说明：二十大内容为 2023 年开始考察。

第一节　概述

一、党的二十大主题与召开的重大意义

1. 党的二十大主题

党的二十大主题是“高举中国特色社会主义伟大旗帜，全面贯彻新时代中国特色社会主义思想，弘扬伟大建党精神，自信自强、守正创新，踔厉奋发、勇毅前行，为全面建设社会主义现代化国家、全面推进中华民族伟大复兴而团结奋斗。”党的二十大主题中，“一个高举、一个弘扬、三个全面”之间蕴含着深刻的理论逻辑，我们应当贯通起来理解、结合起来把握、协同起来推进。

2. 党的二十大召开的重大意义

习近平总书记在党的二十大报告中指出：“中国共产党第二十次全国代表大会，是在全党全国各族人民迈上全面建设社会主义现代化国家新征程、向第二个百年奋斗目标进军的关键时刻召开的一次十分重要的大会。”之所以是在“关键时刻”，是因为我们党团结带领中国人民实现了全面建成小康社会的第一个百年奋斗目标，正乘势而上开启全面建设社会主义现代化国家新征程，向第二个百年奋斗目标进军；之所以是“十分重要”，是因为大会确立的主题和中心任务郑重宣示党在新的历史起点上举什么旗、走什么路、以什么样的精神状态、朝着什么样的目标继续前进。在这个关键时刻召开党的全国代表大会，适逢其时、正当其用、意义重大、影响深远。

党的二十大报告开宗明义，指出了新时代中国共产党“立志于中华民族千秋伟业，致力于人类和平与发展崇高事业”的历史责任，并向新时代中国共产党党员郑重告诫“务必不忘初心、牢记使命，务必谦虚谨慎、艰苦奋斗，务必敢于斗争、善于斗争，坚定历史自信，增强历史主动，谱写新时代中国特色社会主义更加绚丽的华章”。因此，党的二十大的召开“事关党和国家事业继往开来、事关中国特色社会主义前途命运、事关中华民族伟大复兴”。“三个事关”是我们理解把握党的二十大召开时机和重大意义的金钥匙，也是我们学习贯彻党的二十大精神的指南针。

二、党的十九大以来的工作

党的十九大以来的 5 年，是极不寻常、极不平凡的 5 年。5 年来，面对世所罕见、史所罕见的风险挑战，党中央统筹中华民族伟大复兴战略全局和世界百年未有之大变局，统筹发展和安全两件大事，以正确的战略策略应变局、育新机、开新局，依靠顽强斗争打开事业发展的新天地。过去 5 年的工作，主要体现在两个方面。

1. 召开 7 次全会，作出重大战略部署

5 年来，以习近平同志为核心的党中央先后召开 7 次全会，分别就宪法修改、深化党

和国家机构改革、坚持和完善中国特色社会主义制度、推进国家治理体系和治理能力现代化、制定“十四五”规划和2035年远景目标、全面总结党的百年奋斗重大成就和历史经验等重大问题作出决定和决议，就党和国家事业发展作出重大战略部署。根据这些重大部署，党中央统筹推进“五位一体”总体布局、协调推进“四个全面”战略布局，在改革发展稳定、治党治国治军、内政外交国防各个方面都取得了重大成就。

2. 有效应对四大风险挑战

党中央团结全党全军全国各族人民有效应对严峻复杂的国际形势和接踵而至的巨大风险挑战。

（1）面对突如其来的新冠肺炎疫情，我们坚持人民至上、生命至上，坚持外防输入、内防反弹，坚持动态清零不动摇，开展抗击疫情人民战争、总体战、阻击战，最大限度保护了人民生命安全和身体健康，统筹疫情防控和经济社会发展取得重大积极成果。

（2）面对香港局势动荡变化，我们依照宪法和基本法有效实施对特别行政区的全面管治权，制定实施《香港特别行政区维护国家安全法》，落实“爱国者治港”原则，香港局势实现由乱到治的重大转折，走向由治及兴的新阶段。

（3）分裂、反干涉重大斗争，展示了我们维护国家主权和领土完整、反对“台独”的坚强决心和强大能力，进一步掌握了实现祖国完全统一的战略主动，进一步巩固了国际社会坚持一个中国的格局。

（4）面对国际局势急剧变化，特别是面对外部讹诈、遏制、封锁、极限施压，我们坚持国家利益为重、国内政治优先，保持战略定力，发扬斗争精神，展示不畏强权的坚定意志，在斗争中维护国家尊严和核心利益，牢牢掌握了我国发展和安全主动权。

总的来说，党的十九大以来，在以习近平同志为核心的党中央的坚强领导下，我们以奋发有为的精神把新时代中国特色社会主义不断推向前进。习近平总书记在党的二十大报告中深刻指出：“五年来，我们党团结带领人民，攻克了许多长期没有解决的难题，办成了许多事关长远的大事要事，推动党和国家事业取得举世瞩目的重大成就。”

三、新时代10年的主要成就和伟大变革

党的十八大以来，中国特色社会主义进入新时代，谱写了经济快速发展、社会长期稳定“两大奇迹”的崭新篇章。习近平总书记在党的二十大报告中系统总结了新时代10年的伟大变革，深刻指出，10年来，我们经历了对党和人民事业具有重大现实意义和深远历史意义的三件大事：一是迎来中国共产党成立一百周年；二是中国特色社会主义进入新时代；三是完成脱贫攻坚、全面建成小康社会的历史任务，实现第一个百年奋斗目标。党的二十大报告强调：“这是中国共产党和中国人民团结奋斗赢得的历史性胜利，是彪炳中华民族发展史册的历史性胜利，也是对世界具有深远影响的历史性胜利。”新时代10年的伟大变革、伟大成就，主要体现在16个方面：

（1）创立了习近平新时代中国特色社会主义思想。习近平总书记对关系新时代党和国家事业发展的一系列重大理论和实践问题进行了深邃思考和科学判断，提出一系列治国理

政新理念新思想新战略，实现了马克思主义中国化时代化新的飞跃，为党和国家事业发展提供了根本遵循，为实现中华民族伟大复兴提供了行动指南。

（2）全面加强党的领导。党的十八大以来，以习近平同志为核心的党中央旗帜鲜明地提出："中国特色社会主义最本质的特征是中国共产党领导，中国特色社会主义制度的最大优势是中国共产党领导。"10 年来，我们坚持党对一切工作的领导的基本方略，坚定维护习近平同志党中央的核心、全党的核心地位，坚定维护以习近平同志为核心的党中央权威和集中统一领导，党的领导制度体系不断完善，确保党发挥总揽全局、协调各方的领导核心作用，我们这个拥有九千六百多万名党员的马克思主义政党更加团结统一。

（3）对新时代党和国家事业发展作出科学完整的战略部署，提出实现中华民族伟大复兴的中国梦，以中国式现代化全面推进中华民族伟大复兴，统揽伟大斗争、伟大工程、伟大事业、伟大梦想，明确"五位一体"总体布局和"四个全面"战略布局，确定稳中求进工作总基调，统筹发展和安全，明确我国社会主要矛盾是人民日益增长的美好生活需要和不平衡不充分的发展之间的矛盾，并紧紧围绕这个社会主要矛盾推进各项工作，不断丰富和发展人类文明新形态。

（4）完成脱贫攻坚任务、全面建成小康社会的历史任务，实现了党的第一个百年奋斗目标，实现了中华民族千年小康梦想。党中央提出精准扶贫战略，打赢了人类历史上规模最大的脱贫攻坚战，全国 832 个贫困县全部摘帽，近 1 亿农村贫困人口实现脱贫，960 多万贫困人口实现易地搬迁。

（5）提出并贯彻新发展理念，着力推进高质量发展，推动构建新发展格局，实施供给侧结构性改革，制定一系列具有全局性意义的区域重大战略，我国经济实力实现历史性跃升。国内生产总值从 54 万亿元增长到 114 万亿元，我国经济总量占世界经济的比重从 11.3% 增长到 18.5%，人均国内生产总值从 3.98 万元增加到 8.1 万元。我国经济迈上更高质量、更有效率、更加公平、更可持续、更为安全的发展之路。

（6）以巨大的政治勇气全面深化改革，中国特色社会主义制度更加成熟更加定型，展示了显著的优势。以习近平同志为核心的党中央，坚持改革的正确方向，加强改革顶层设计，敢于突进深水区，敢于啃硬骨头，敢于涉险滩，敢于面对新矛盾新挑战，冲破思想观念束缚，突破利益固化藩篱，坚决破除各方面体制机制弊端，各领域基础性制度框架基本建立，许多领域实现历史性变革、系统性重塑、整体性重构。

（7）实行更加积极主动的开放战略，构建面向全球的高标准自由贸易区网络，加快推进自由贸易试验区、海南自由贸易港建设，共建"一带一路"成为深受欢迎的国际公共产品和国际合作平台。我国成为 140 多个国家和地区的主要贸易伙伴，货物贸易总额居世界第一，吸引外资和对外投资居世界前列，形成更大范围、更宽领域、更深层次对外开放格局。

（8）坚持走中国特色社会主义政治发展道路，全面发展全过程人民民主，社会主义民主政治制度化、规范化、程序化全面推进，社会主义协商民主广泛开展，人民当家作主更为扎实，全面依法治国大力推进。

（9）确立和坚持马克思主义在意识形态领域指导地位的根本制度，新时代党的创新理论深入人心，社会主义核心价值观广泛传播，中华优秀传统文化得到创造性转化、创新性发展，文化事业日益繁荣，网络生态持续向好，意识形态领域形势发生全局性、根本性转变。全党全国各族人民文化自信明显增强、精神面貌更加奋发昂扬。

（10）深入贯彻以人民为中心的发展思想，在幼有所育、学有所教、劳有所得、病有所医、老有所养、住有所居、弱有所扶上持续用力，人民生活全方位改善。10年来，我国居民人均可支配收入从1.65万元增加到3.51万元，而且建成世界上规模最大的教育体系、社会保障体系、医疗卫生体系。人民群众获得感、幸福感、安全感更加充实、更有保障、更可持续，共同富裕取得新成效。

（11）坚持绿水青山就是金山银山的理念，坚持山水林田湖草沙一体化保护和系统治理，生态文明制度体系更加健全，污染防治攻坚向纵深推进，绿色、循环、低碳发展迈出坚实步伐，生态环境保护发生历史性、转折性、全局性变化，我们的祖国天更蓝、山更绿、水更清。

（12）贯彻总体国家安全观，以坚定的意志品质维护国家主权、安全、发展利益，国家安全得到全面加强，共建共治共享的社会治理制度进一步健全。扫黑除恶专项斗争取得阶段性成果，有力应对一系列重大自然灾害，平安中国建设迈向更高水平。

（13）确立党在新时代的强军目标，贯彻新时代党的强军思想，贯彻新时代军事战略方针，坚持党对人民军队的绝对领导，统筹加强各方向各领域军事斗争，大刀阔斧深化国防和军队改革，人民军队体制一新、结构一新、格局一新、面貌一新，现代化水平和实战能力显著提升，中国特色强军之路越走越宽广。

（14）全面准确推进“一国两制”实践，取得显著成效。坚持“一国两制”、“港人治港”、“澳人治澳”、高度自治的方针，推动香港进入由乱到治走向由治及兴的新阶段，香港、澳门保持长期稳定发展良好态势。提出新时代解决台湾问题的总体方略，促进两岸交流合作，坚决反对“台独”分裂行径，坚决反对外部势力干涉，牢牢把握两岸关系主导权和主动权。

（15）全面推进中国特色大国外交，推动构建人类命运共同体。坚定维护国际公平正义，倡导践行真正的多边主义，旗帜鲜明反对一切霸权主义和强权政治，毫不动摇反对任何单边主义、保护主义、霸凌行径。推动构建新型国际关系，积极参与全球治理体系改革和建设，全面开展抗击新冠肺炎疫情国际合作，赢得广泛国际赞誉，我国国际影响力、感召力、塑造力显著提升。

（16）深入推进全面从严治党。坚持打铁必须自身硬，提出和落实新时代党的建设总要求，以党的政治建设统领党的建设各项工作。坚持思想建党和制度治党同向发力，严肃党内政治生活，持续开展党内集中教育，提出和坚持新时代党的组织路线，突出政治标准选贤任能，加强政治巡视，形成比较完善的党内法规体系，推动全党坚定理想信念、严密组织体系、严明纪律规矩。

新时代十年的伟大变革，在党史、新中国史、改革开放史、社会主义发展史、中华民族发展史上具有里程碑意义。新时代党和国家事业之所以能够取得历史性成就、发生历史性变革，具有里程碑意义，根本在于习近平总书记掌舵领航，在于习近平新时代中国特色社会主义思想科学指引。在新时代征程上，必须深刻领悟“两个确立”的决定性意义，坚决做到“两个维护”。

第二节　马克思主义的中国化时代化

一、马克思主义中国化时代化新的飞跃

党的二十大报告指出：“马克思主义是我们立党立国、兴党兴国的根本指导思想。实践告诉我们，中国共产党为什么能，中国特色社会主义为什么好，归根到底是马克思主义行，是中国化时代化的马克思主义行。”“两个行”的重要论断，是中国共产党在百年奋斗历程中得出的历史性结论，充分体现了我们党坚定信仰信念、把握历史主动的思想自觉和行动自觉。

历史证明，马克思主义是中国共产党人的“真经”，是我们认识世界、把握规律、追求真理、改造世界的强大思想武器。以毛泽东同志为主要代表的中国共产党人，在新民主主义革命时期、社会主义革命和建设时期把马克思列宁主义基本原理同中国具体实际相结合，创立了毛泽东思想，这是马克思列宁主义在中国的创造性运用和发展，是马克思主义中国化的第一次历史性飞跃。在改革开放和社会主义现代化建设新时期，中国共产党人以马克思列宁主义和毛泽东思想为指导，深刻总结历史经验和教训，继续探索中国建设社会主义的正确道路，形成中国特色社会主义理论体系，实现了马克思主义中国化的第二次历史性飞跃。中国特色社会主义进入新时代，以习近平同志为核心的党中央，在马克思主义指导下，统筹中华民族伟大复兴战略全局和世界百年未有之大变局，就新时代坚持和发展什么样的中国特色社会主义、怎样坚持和发展中国特色社会主义，建设什么样的社会主义现代化强国、怎样建设社会主义现代化强国，建设什么样的长期执政的马克思主义政党、怎样建设长期执政的马克思主义政党等重大时代课题，提出一系列原创性的治国理政新理念新思想新战略，创立了习近平新时代中国特色社会主义思想，形成了集时代性、系统性、原创性于一体的开放的科学体系，实现了马克思主义中国化时代化新的飞跃。

二、习近平新时代中国特色社会主义思想的科学内涵

1. 习近平新时代中国特色社会主义思想的主要内容

推进马克思主义中国化时代化是一个追求真理、揭示真理、笃行真理的过程。党的二十大报告指出，十九大、十九届六中全会提出的“十个明确”“十四个坚持”“十三个方面成就”概括了习近平新时代中国特色社会主义思想的主要内容，是党的十八大以来我们党取得的重大理论创新成果，体现了习近平新时代中国特色社会主义思想的精神实质和丰富内涵，必须长期坚持并不断丰富发展。总体而言，习近平新时代中国特色社会主义思想的核心要义，就是坚持和发展中国特色社会主义。其中，“十个明确”是习

近平新时代中国特色社会主义思想基本理论的高度凝练；“十四个坚持”是习近平新时代中国特色社会主义思想基本方略的高度凝练；“十三个方面成就”是对习近平新时代中国特色社会主义思想指导下党中央治国理政新理念新思想新战略伟大实践成就的高度凝练。下面对十九大、十九届六中全会提出的“十个明确”“十四个坚持”“十三个方面成就”进行简要回顾。

（1）“十个明确”。“十个明确”包括：明确中国特色社会主义最本质的特征是中国共产党领导，中国特色社会主义制度的最大优势是中国共产党领导，中国共产党是最高政治领导力量，全党必须增强“四个意识”、坚定“四个自信”、做到“两个维护”；明确坚持和发展中国特色社会主义，总任务是实现社会主义现代化和中华民族伟大复兴，在全面建成小康社会的基础上，分两步走在本世纪中叶建成富强民主文明和谐美丽的社会主义现代化强国，以中国式现代化推进中华民族伟大复兴；明确新时代我国社会主要矛盾是人民日益增长的美好生活需要和不平衡不充分的发展之间的矛盾，必须坚持以人民为中心的发展思想，发展全过程人民民主，推动人的全面发展、全体人民共同富裕取得更为明显的实质性进展；明确中国特色社会主义事业总体布局是经济建设、政治建设、文化建设、社会建设、生态文明建设五位一体，战略布局是全面建设社会主义现代化国家、全面深化改革、全面依法治国、全面从严治党“四个全面”；明确全面深化改革总目标是完善和发展中国特色社会主义制度、推进国家治理体系和治理能力现代化；明确全面推进依法治国总目标是建设中国特色社会主义法治体系、建设社会主义法治国家；明确必须坚持和完善社会主义基本经济制度，使市场在资源配置中起决定性作用，更好发挥政府作用，把握新发展阶段，贯彻创新、协调、绿色、开放、共享的新发展理念，加快构建以国内大循环为主体、国内国际双循环相互促进的新发展格局，推动高质量发展，统筹发展和安全；明确党在新时代的强军目标是建设一支听党指挥、能打胜仗、作风优良的人民军队，把人民军队建设成为世界一流军队；明确中国特色大国外交要服务民族复兴、促进人类进步，推动建设新型国际关系，推动构建人类命运共同体；明确全面从严治党的战略方针，提出新时代党的建设总要求，全面推进党的政治建设、思想建设、组织建设、作风建设、纪律建设，把制度建设贯穿其中，深入推进反腐败斗争，落实管党治党政治责任，以伟大自我革命引领伟大社会革命。“十个明确”是习近平新时代中国特色社会主义思想中基本理论的高度凝练。党的十八大以来，国内外形势新变化和实践新要求，迫切需要我们从理论和实践的结合上科学回答新时代坚持和发展什么样的中国特色社会主义、怎样坚持和发展中国特色社会主义等重大理论问题，包括新时代坚持和发展中国特色社会主义的总目标、总任务、总体布局、战略布局和发展方向、发展方式、发展动力、战略步骤、外部条件、政治保证等基本问题，“十个明确”对这些基本问题进行了探索和回答。

（2）“十四个坚持”。“十四个坚持”包括：坚持党对一切工作的领导，坚持以人民为中心，坚持全面深化改革，坚持新发展理念，坚持人民当家作主，坚持全面依法治国，坚持社会主义核心价值体系，坚持在发展中保障和改善民生，坚持人与自然和谐共生，坚持总体国家安全观，坚持党对人民军队的绝对领导，坚持“一国两制”和推进祖国统一，坚持推动构建人类命运共同体，坚持全面从严治党。“十四个坚持”是对新时代我们党治国理政重大方针原则的高度凝练和科学概括，是坚持和发展中国特色社会主义的基本方略，是贯彻“十个明确”精神实质的路线图，是更好地坚持和发展中国特色社会主义的行动指南。

（3）“十三个方面成就”。10年砥砺奋进，10年成就辉煌。《中共中央关于党的百年奋斗重大成就和历史经验的决议》高度概括了新时代取得的13个方面的历史性成就。“十三个方面成就”包括：在坚持党的全面领导、全面从严治党、经济建设、全面深化改革开放、政治建设、全面依法治国、文化建设、社会建设、生态文明建设、国防和军队建设、维护国家安全、坚持“一国两制”和推进祖国统一、外交工作方面取得的历史性成就和发生的历史性变革。

总之，奋进新征程、建功新时代，必须坚持以习近平新时代中国特色社会主义思想为指导，解放思想、实事求是、守正创新，更好地把坚持马克思主义和发展马克思主义统一起来，继续回答好中国之问、世界之问、人民之问、时代之问，努力回应实践呼声、满足人民需要，不断创造新时代中国特色社会主义新辉煌，这也是习近平新时代中国特色社会主义思想的实践要求。

（二）习近平新时代中国特色社会主义思想的原创性理论贡献

（1）形成新的理论体系。习近平新时代中国特色社会主义思想新在聚焦时代课题，紧紧围绕新时代坚持和发展什么样的中国特色社会主义、怎样坚持和发展中国特色社会主义，形成了独特鲜明的主题主线。这一理论体系，新在系统完备，其内涵十分丰富，涵盖新时代坚持和发展中国特色社会主义的一系列基本问题，并对各方面工作作出了新的理论概括和战略指引；其逻辑十分严密，贯通马克思主义哲学、政治经济学、科学社会主义，贯通历史、现实和未来，贯通改革发展稳定、内政外交国防、治党治国治军等各领域，既坚持了“老祖宗”，又讲了很多“新话”，使我们党对共产党执政规律、社会主义建设规律、人类社会发展规律的认识达到了新高度。

（2）判定标识新的历史方位。中国特色社会主义进入了新时代是新的历史方位，具有客观性、科学性、指导性。客观性是指改革开放和社会主义现代化建设取得历史性成就，我国发展站到了新的历史起点上，中国特色社会主义进入新的发展阶段。科学性是指新时代是科学社会主义理论逻辑和中国社会发展实践逻辑的辩证统一，“是中国特色社会主义新时代，而不是别的什么新时代”。指导性是指新时代赋予党的历史使命、理论遵循、目标任务以新的时代内涵，为我们深刻把握当代中国发展的新阶段新特征，科学制定党的路线方针政策提供了时代坐标和基本依据。

（3）提出一系列新的思想观点。习近平新时代中国特色社会主义思想提出一系列富有时代特色的原创性观点。例如，提出“实现中华民族伟大复兴的中国梦”，体现了我们党高度的历史担当和使命追求，为新时代坚持和发展中国特色社会主义注入了崭新内涵；提出“百年未有之大变局”重大论断，对国际发展趋势和世界格局演变作出最新判断；提出“高质量发展是全面建设社会主义现代化国家的首要任务”，从而使高质量发展在未来我国经济发展中的核心地位得以确立；“十三个方面成就”“十六个方面历史性成就、历史性变革”系统总结了我国国家制度和国家治理体系的显著优势，丰富发展了中国特色社会主义根本制度、基本制度、重要制度的内容，对坚持和完善中国特色社会主义制度、推进国家治理体系和治理能力现代化作出战略安排，提出构建人类命运共同体理念、共商共建共享的全球治理观，引领时代潮流和人类文明进步方向；提出“形成以国内大循环为主体、国内国际双循环相互促进的新发展格局”，是与时俱进提升我国经济发展水平的战略抉择，也是塑造我国国际经济合作和竞争新优势的战略抉择；等等。

（三）习近平新时代中国特色社会主义思想的重大意义

（1）时代意义。习近平新时代中国特色社会主义思想对新时代国内、国际面临的重大问题作出科学回答，具有引领时代的重要作用。习近平新时代中国特色社会主义思想产生于新时代，对新时代国内、国际面临的重大问题作出了科学回答，在洞察时代风云的同时，顺应了时代的理论诉求，因而具有引领时代的作用。

（2）理论意义。习近平新时代中国特色社会主义思想既是对马克思主义的创新和发展，也是马克思主义中国化的新成果、中国特色社会主义理论体系的最新成果。习近平新时代中国特色社会主义思想一方面继承了马克思主义基本原理、基本方法、理论品格，展现了马克思主义的当代价值和魅力；另一方面为马克思主义的发展作出了原创性的贡献。科学评价习近平新时代中国特色社会主义思想的理论意义，应当将其置于马克思主义发展史、马克思主义中国化史、中国特色社会主义发展史三个坐标下进行诠释，充分揭示其理论意义。

（3）实践意义。习近平新时代中国特色社会主义思想是实现“两个一百年”奋斗目标和中华民族伟大复兴的行动指南。习近平新时代中国特色社会主义思想明确了实现“两个一百年”奋斗目标的路线图，即在全面建成小康社会的基础上，到2035年基本实现现代化，到本世纪中叶把我国建成富强民主文明和谐美丽的社会主义现代化强国。

（4）世界意义。习近平新时代中国特色社会主义思想蕴含引领世界社会主义发展的中国经验和发展中国家走向现代化的中国方案，为人类思想史增添了新内容。习近平新时代中国特色社会主义思想包括以发展作为解决一切问题的基础、坚持以人民为中心的发展思想、通过改革获得发展动力、通过确立新发展理念实现高质量发展、保持社会主义的发展定力等重要思想，并且提出了人类命运共同体理念和优化全球治理、重构世界文明格局、维护世界和平的中国方案，为人类思想史增添了新内容。

三、推进马克思主义中国化时代化的根本途径

党的二十大报告指出：“中国共产党人深刻认识到，只有把马克思主义基本原理同中国具体实际相结合、同中华优秀传统文化相结合，坚持运用辩证唯物主义和历史唯物主义，才能正确回答时代和实践提出的重大问题，才能始终保持马克思主义的蓬勃生机和旺盛活力。”上述“两个结合”表明以习近平同志为核心的党中央对马克思主义中国化时代化的规律性认识、对理论创新创造的认识达到新境界，是习近平新时代中国特色社会主义思想的原创性贡献，同时也是推进马克思主义中国化时代化的根本途径。

1. 坚持和发展马克思主义，必须同中国具体实际相结合

马克思主义要发展，必须和各国具体实际相结合。马克思主义理论的科学性和革命性是统一的，具有鲜明的实践品格。它不仅要解释世界，还要改变世界。因此，我们坚持以马克思主义为指导，就是要运用其科学的世界观和方法论解决中国的问题，而不是要背诵和重复其具体结论和词句，更不能把马克思主义当成一成不变的教条。我们必须坚持解放思想、实事求是、与时俱进、求真务实，一切从实际出发，着眼解决新时代改革开放和社会主义现代化建设的实际问题，不断回答中国之问、世界之问、人民之问、时代之问，作出符合中国实际和时代要求的正确回答，得出符合客观规律的科学认识，形成与时俱进的理论成果，更好指导中国实践。

2. 坚持和发展马克思主义，必须同中华优秀传统文化相结合

马克思主义必须根植本国、本民族历史文化。习近平总书记指出："中华优秀传统文化是中华文明的智慧结晶和精华所在，是中华民族的根和魂，是我们在世界文化激荡中站稳脚跟的根基。"因此，我们必须坚定历史自信、文化自信，坚持古为今用、推陈出新，把马克思主义思想精髓同中华优秀传统文化精华贯通起来、同人民群众日用而不觉的共同价值观念融通起来，不断赋予科学理论鲜明的中国特色，不断夯实马克思主义中国化时代化的历史基础和群众基础，让马克思主义在中国牢牢扎根。

四、习近平新时代中国特色社会主义思想的世界观和方法论

党的二十大报告指出："不断谱写马克思主义中国化时代化新篇章，是当代中国共产党人的庄严历史责任。继续推进实践基础上的理论创新，首先要把握好新时代中国特色社会主义思想的世界观和方法论，坚持好、运用好贯穿其中的立场观点方法。"习近平新时代中国特色社会主义思想的世界观和方法论包括：必须坚持人民至上，必须坚持自信自立，必须坚持守正创新，必须坚持问题导向，必须坚持系统观念，必须坚持胸怀天下。"六个必须坚持"是习近平新时代中国特色社会主义思想的世界观和方法论，以及贯穿其中的立场观点方法，是中国共产党人坚持把马克思主义基本原理同中国具体实际相结合、同中华优秀传统文化相结合的产物，是中国化时代化的马克思主义的世界观和方法论不断丰富、发展、创新的产物。

1. 必须坚持人民至上

人民性是马克思主义的本质属性。人民至上是习近平新时代中国特色社会主义思想的立场。党的理论是来自人民、为了人民、造福人民的理论，人民的创造性实践是理论创新的不竭源泉。一切脱离人民的理论都是苍白无力的，一切不为人民造福的理论都是没有生命力的。因此，我们要站稳人民立场、把握人民愿望、尊重人民创造、集中人民智慧，形成为人民所喜爱、所认同、所拥有的理论，使之成为指导人民认识世界和改造世界的强大思想武器。

2. 必须坚持自信自立

自信自立是习近平新时代中国特色社会主义思想的历史观、社会观和人生观。贯穿马

克思主义中国篇章的基本点就在于，中国的问题必须从中国国情出发，由中国人自己来解答。自信自立集中表现为“四个自信”：道路自信、理论自信、制度自信、文化自信。因此，我们要坚持对马克思主义的坚定信仰、对中国特色社会主义的坚定信念，坚定“四个自信”，以更加积极的历史担当和创造精神为发展马克思主义作出新的贡献，既不能刻舟求剑、封闭僵化，也不能照抄照搬、食洋不化。

3. 必须坚持守正创新

守正创新是习近平新时代中国特色社会主义思想的基本方法论原则，是马克思主义“扬弃”原理的新发展，是对党的思想路线即解放思想、实事求是、与时俱进、求真务实在方法论层面的创造性发展和最大集成。因此，我们要以科学的态度对待科学、以真理的精神追求真理，坚持马克思主义基本原理不动摇，坚持党的全面领导不动摇，坚持中国特色社会主义不动摇，紧跟时代步伐，顺应实践发展，以满腔热忱对待一切新生事物，不断拓展认识的广度和深度，敢于说前人没有说过的新话，敢于干前人没有干过的事情，以新的理论指导新的实践。

4. 必须坚持问题导向

问题导向是指导认识和实践的重要方法，是马克思主义本体论、认识论和辩证法的根本要求。习近平总书记指出：“问题是事物矛盾的表现形式，我们强调增强问题意识、坚持问题导向，就是承认矛盾的普遍性、客观性，就是要善于把认识和化解矛盾作为打开工作局面的突破口。”因此，我们要增强问题意识，聚焦实践遇到的新问题、改革发展稳定存在的深层次问题、人民群众急难愁盼问题、国际变局中的重大问题、党的建设面临的突出问题，不断提出真正解决问题的新理念新思路新办法。

5. 必须坚持系统观念

坚持系统观念作为方法论原则，是马克思主义唯物辩证法的要求。唯物辩证法认为，事物是普遍联系的，处于相互影响和相互作用之中。离开事物的相互联系，离开系统，就无法真正认识一个事物，无法进行科学的决策。因此，我们要善于通过历史看现实、透过现象看本质，把握好全局和局部、当前和长远、宏观和微观、主要矛盾和次要矛盾、特殊和一般的关系，不断提高战略思维、历史思维、辩证思维、系统思维、创新思维、法治思维、底线思维能力，为前瞻性思考、全局性谋划、整体性推进党和国家各项事业提供科学思想方法。

6. 必须坚持胸怀天下

胸怀天下是习近平新时代中国特色社会主义思想将共产主义远大理想和中华优秀传统文化特有的天下情怀的有机结合，也是根据 21 世纪人类交往发展的实际情况而提出的重要思想方法。中国共产党为中国人民谋幸福、为中华民族谋复兴，同时也为人类谋进步、为世界谋大同。因此，我们要拓展世界眼光，深刻洞察人类发展进步潮流，积极回应各国人民普遍关切，为解决人类面临的共同问题作出贡献，以海纳百川的宽阔胸襟借鉴吸收人类一切优秀文明成果，推动建设更加美好的世界。

第三节　新时代新征程中国共产党的使命任务

一、新时代新征程中国共产党的中心任务

一个时代有一个时代的主题、方向，一段征程有一段征程的使命、任务。中心任务的确定是基于对社会主要矛盾的判断，能否科学认识社会主要矛盾和正确把握党的中心任务，直接决定党和国家各项事业能否顺利推进。中国特色社会主义进入新时代，我国社会主要矛盾已经转化为人民日益增长的美好生活需要和不平衡不充分的发展之间的矛盾。根据社会主要矛盾的变化，我们党确定了党和国家事业发展的中心任务和战略举措，作为推进各项工作发展的依据和遵循。

党的二十大报告指出："从现在起，中国共产党的中心任务就是团结带领全国各族人民全面建成社会主义现代化强国、实现第二个百年奋斗目标，以中国式现代化全面推进中华民族伟大复兴。"这个中心任务的制定，符合党和国家事业发展新要求，顺应人民群众新期待，基于中国共产党践行初心使命的根本要求，基于实现中华民族伟大复兴已经进入了不可逆转的历史进程的事实，基于中国式现代化是全面推进中华民族伟大复兴的必由之路。

二、中国式现代化的中国特色、本质要求和重大原则

1. 中国式现代化的中国特色

中国式现代化内在规定着我国的现代化是具有中国特色的现代化，是基于中国国情的现代化。习近平总书记强调："中国式现代化，是中国共产党领导的社会主义现代化，既有各国现代化的共同特征，更有基于自己国情的中国特色。"这一重要论断在阐明中国式现代化的基本性质即"中国共产党领导的社会主义现代化"的前提下，又指出了中国式现代化"既有各国现代化的共同特征，更有基于自己国情的中国特色"的辩证性质，有利于从普遍性和特殊性辩证统一视角理解中国式现代化，提升对中国式现代化的理论自觉和实践自信。

（1）中国式现代化是人口规模巨大的现代化。我国 14 亿多人口整体迈进现代化社会，规模超过现有发达国家人口的总和，艰巨性和复杂性前所未有，发展途径和推进方式也必然具有自己的特点。我们始终从国情出发想问题、作决策、办事情，既不好高骛远，也不因循守旧，保持历史耐心，坚持稳中求进、循序渐进、持续推进。

（2）中国式现代化是全体人民共同富裕的现代化。共同富裕是中国特色社会主义的本质要求，也是一个长期的历史过程。我们坚持把实现人民对美好生活的向往作为现代化建设的出发点和落脚点，着力维护和促进社会公平正义，着力促进全体人民共同富裕，坚决防止两极分化。

（3）中国式现代化是物质文明和精神文明相协调的现代化。物质富足、精神富有是社会主义现代化的根本要求。物质贫困不是社会主义，精神贫乏也不是社会主义。我们不断厚植现代化的物质基础，不断夯实人民幸福生活的物质条件，同时大力发展社会主义先进文化，加强理想信念教育，传承中华文明，促进物的全面丰富和人的全面发展。

（4）中国式现代化是人与自然和谐共生的现代化。人与自然是生命共同体，无止境地向自然索取甚至破坏自然必然会遭到大自然的报复。我们坚持可持续发展，坚持节约优先、保护优先、自然恢复为主的方针，像保护眼睛一样保护自然和生态环境，坚定不移走生产发展、生活富裕、生态良好的文明发展道路，实现中华民族永续发展。

（5）中国式现代化是走和平发展道路的现代化。我国不走一些国家通过战争、殖民、掠夺等方式实现现代化的老路，那种损人利己、充满血腥罪恶的老路给广大发展中国家人民带来深重苦难。我们坚定站在历史正确的一边、站在人类文明进步的一边，高举和平、发展、合作、共赢旗帜，在坚定维护世界和平与发展中谋求自身发展，又以自身发展更好维护世界和平与发展。

2. 中国式现代化的本质要求

党的二十大报告在集中概括了中国式现代化的 5 个中国特色之后，又进一步清晰阐释了中国式现代化 9 个方面的本质要求。从一个中心任务到 5 个中国特色，再到 9 个方面本质要求，中国共产党对中国式现代化作了系统总结和理论提升，中国式现代化理论更加完整、更加科学，中国式现代化道路更加成熟、更加定型。

中国式现代化的本质要求是坚持中国共产党领导，坚持中国特色社会主义，实现高质量发展，发展全过程人民民主，丰富人民精神世界，实现全体人民共同富裕，促进人与自然和谐共生，推动构建人类命运共同体，创造人类文明新形态。这是我们党对中国式现代化本质要求的首次集中概括，强调了党的领导和中国特色社会主义的政治方向，强调了中国式现代化各个领域的重点要求与战略任务，阐明了中国式现代化的国际贡献和世界意义。具体而言，“坚持中国共产党领导”和“坚持中国特色社会主义”强调中国式现代化的领导力量和社会主义性质；“实现高质量发展”“发展全过程人民民主”“丰富人民精神世界”“实现全体人民共同富裕”和“促进人与自然和谐共生”强调中国式现代化在经济建设、政治建设、文化建设、社会建设、生态文明建设 5 个方面的具体要求；“推动构建人类命运共同体”和“创造人类文明新形态”阐明了推进和拓展中国式现代化对国际社会的贡献和具有的世界意义。

3. 中国式现代化的重大原则

党的二十大报告指出：“全面建设社会主义现代化国家，是一项伟大而艰巨的事业，前途光明，任重道远。”当前，世界百年未有之大变局加速演进，新一轮科技革命和产业变革深入发展，国际力量对比深刻调整，我国发展面临新的战略机遇。同时，世纪疫情影响深远，逆全球化思潮抬头，单边主义、保护主义明显上升，世界经济复苏乏力，局部冲突和动荡频发，全球性问题加剧，世界进入新的动荡变革期。纷繁复杂、叠加出现的矛盾问题和风险挑战，将人类发展置于文明的十字路口。因此，在前进道路下，我们必须牢牢把握以下重大原则，即坚持和加强党的全面领导、坚持中国特色社会主义道路、坚持以人民为中心的发展思想、坚持深化改革开放、坚持发扬斗争精神。这5个重大原则涵盖了全面建设社会主义现代化国家的领导力量、道路选择、价值立场、动力源泉和精神风貌，同时它们之间有着严密的内在逻辑，构成一个有机整体，必须全面坚持和深入贯彻。

（1）坚持和加强党的全面领导。这是推进和拓展中国式现代化的政治保证。我们要坚决维护党中央权威和集中统一领导，把党的领导落实到党和国家事业各领域各方面各环节，使党始终成为风雨来袭时全体人民最可靠的主心骨，确保我国社会主义现代化建设正确方向，确保拥有团结奋斗的强大政治凝聚力、发展自信心，集聚起万众一心、共克时艰的磅礴力量。

（2）坚持中国特色社会主义道路。这是推进和拓展中国式现代化的必由之路。我们要坚持以经济建设为中心，坚持四项基本原则，坚持改革开放，坚持独立自主、自力更生，坚持道不变、志不改，既不走封闭僵化的老路，也不走改旗易帜的邪路，坚持把国家和民族发展放在自己力量的基点上，坚持把中国发展进步的命运牢牢掌握在自己手中。

（3）坚持以人民为中心的发展思想。这是中国式现代化的根本立场。党的根基在人民、血脉在人民、力量在人民，人民是党执政兴国的最大底气。我们要维护人民根本利益，增进民生福祉，不断实现发展为了人民、发展依靠人民、发展成果由人民共享，让现代化建设成果更多更公平惠及全体人民。

（4）坚持深化改革开放。这是中国式现代化的动力和活力之源。改革开放是决定当代中国命运的关键一招，也是决定实现第二个百年奋斗目标、实现中华民族伟大复兴的关键一招。我们要深入推进改革创新，坚定不移扩大开放，着力破解深层次体制机制障碍，不断彰显中国特色社会主义制度优势，不断增强社会主义现代化建设的动力和活力，把我国制度优势更好转化为国家治理效能。

（5）坚持发扬斗争精神。这是我们党和人民不可战胜的强大精神力量。伟大的中国人民在应对各种困难挑战中，锤炼了不畏强敌、不惧风险的伟大斗争精神。我们要增强全党全国各族人民的志气、骨气、底气，不信邪、不怕鬼、不怕压，知难而进、迎难而上，统筹发展和安全，全力战胜前进道路上各种困难和挑战，依靠顽强斗争打开事业发展新天地。

三、全面建成社会主义现代化强国总的战略安排

党的二十大报告指出：“全面建设社会主义现代化国家、全面推进中华民族伟大复兴，关键在党。”这种关键性作用体现在中国共产党的全面领导、思想引领和接续发展等方面。对于如何推进中国的现代化进程，一代又一代中国共产党人不仅擘画蓝图，而且制定出清晰的战略步骤，带领中国人民稳步前进、扎实推进。党的二十大对全面建成社会主义现代化强国作出分两步走的战略安排：从2020年到2035年基本实现社会主义现代化；从2035年到本世纪中叶把我国建成富强民主文明和谐美丽的社会主义现代化强国。“两步走”战略安排是为本世纪中叶把我国全面建成社会主义现代化强国作出的总的战略安排，为未来近30年的中国式现代化发展规划了时间表和路线图。

1. 到 2035 年我国发展的总体目标

党的二十大具体展望了第一步战略安排完成后，我国发展所要实现的总体目标，即到 2035 年，我国现代化发展希冀达到的发展水平和取得的发展成就，这个目标涵盖国家事业发展的方方面面，涉及经济、政治、文化、社会、生态文明、安全、国防和军队等各个领域，全景描画了未来十几年我国基本实现社会主义现代化、达到中等发达国家水平时的美好图景。

党的二十大报告指出，到 2035 年，我国发展的总体目标是：经济实力、科技实力、综合国力大幅跃升，人均国内生产总值迈上新的大台阶，达到中等发达国家水平；实现高水平科技自立自强，进入创新型国家前列；建成现代化经济体系，形成新发展格局，基本实现新型工业化、信息化、城镇化、农业现代化；基本实现国家治理体系和治理能力现代化，全过程人民民主制度更加健全，基本建成法治国家、法治政府、法治社会；建成教育强国、科技强国、人才强国、文化强国、体育强国、健康中国，国家文化软实力显著增强；人民生活更加幸福美好，居民人均可支配收入再上新台阶，中等收入群体比重明显提高，基本公共服务实现均等化，农村基本具备现代生活条件，社会保持长期稳定，人的全面发展、全体人民共同富裕取得更为明显的实质性进展；广泛形成绿色生产生活方式，碳排放达峰后稳中有降，生态环境根本好转，美丽中国目标基本实现；国家安全体系和能力全面加强，基本实现国防和军队现代化。

2. 到本世纪中叶我国发展的总体目标

2035 年，社会主义现代化的基本实现只是完成了全面建成社会主义现代化强国的第一步战略目标。在这个基础上，我们还要继续奋斗，到本世纪中叶，把我国建设成为综合国力和国际影响力领先的社会主义现代化强国。

3. 未来 5 年的主要目标任务

中国共产党不仅善于做远景长期规划，还善于做近期短期规划。这是保证中国式现代化沿着正确方向持续推进、朝着具体目标坚定前行的强大政治优势。未来 5 年是全面建设社会主义现代化国家开局起步的关键时期，主要目标任务是：经济高质量发展取得新突破，科技自立自强能力显著提升，构建新发展格局和建设现代化经济体系取得重大进展；改革开放迈出新步伐，国家治理体系和治理能力现代化深入推进，社会主义市场经济体制更加完善，更高水平开放型经济新体制基本形成；全过程人民民主制度化、规范化、程序化水平进一步提高，中国特色社会主义法治体系更加完善；人民精神文化生活更加丰富，中华民族凝聚力和中华文化影响力不断增强；居民收入增长和经济增长基本同步，劳动报酬提高与劳动生产率提高基本同步，基本公共服务均等化水平明显提升，多层次社会保障体系更加健全；城乡人居环境明显改善，美丽中国建设成效显著；国家安全更为巩固，建军一百年奋斗目标如期实现，平安中国建设扎实推进；中国国际地位和影响进一步提高，在全球治理中发挥更大作用。

易错考题小试牛刀

1.（判断题）习近平新时代中国特色社会主义思想的世界观和方法论是“十个明确”和“十四个基本方略”。（　）

2.（单选题）新时代我国社会的主要矛盾是（　）。

A. 人民日益增长的美好生活需要和不平衡不充分的发展之间的矛盾

B. 人民日益增长的物质生活需要和落后的社会生产之间的矛盾

C. 生产力和生产关系之间的矛盾

D. 人民日益增长的美好生活需要和落后的社会生产之间的矛盾

3.（单选题）党的二十大报告指出，（　）是全面建设社会主义现代化国家的首要任务。

A. 实现共同富裕　　B. 高质量发展　　C. 完成脱贫攻坚　　D. 推进乡村振兴

4.（多选题）党的二十大主题是：（　）。

A. 高举中国特色社会主义伟大旗帜

B. 全面贯彻习近平新时代中国特色社会主义思想

C. 弘扬伟大建党精神，自信自强、守正创新、踔厉奋发、勇毅前行

D. 为全面建设社会主义现代化国家、全面推进中华民族伟大复兴而团结奋斗

E. 高举中国特色社会主义伟大旗帜，决胜全面建成小康社会

5.（多选题）2022 年 10 月 16 日，习近平在中国共产党第二十次全国代表大会上的报告指出，从现在起，中国共产党的中心任务就是（　）。

A. 争取国家财政经济状况的基本好转

B. 团结带领全国各族人民全面建成社会主义现代化强国、实现第二个百年奋斗目标

C. 以中国式现代化全面推进中华民族伟大复兴

D. 扭转疫情对经济社会发展的影响

E. 全力推进全面建成小康社会

【答案】1. 错　2.A　3.B　4.ABCD　5.BC

第十四章
中共中央关于全面推进依法治国若干重大问题的决定

【考试大纲】

- **了解**:《中共中央关于全面推进依法治国若干重大问题的决定》所提出的全面推进依法治国的重大意义和指导思想。
- **熟悉**:全面依法治国的“五大体系、六大任务”。
- **掌握**:全面依法治国的总目标和基本原则。

【历年分值】

年份	判断（题）	单选（题）	多选（题）	分值（分）	分值占比（%）
2018	1	1	0	1	2.00
2019	0	3	0	1.5	2.94
2020	0	2	0	1	1.92
2023	0	2	0	1	2.06

第一节　全面依法治国的重大意义和指导思想

一、依法治国的科学含义

1. 依法治国的含义

改革开放以来，为实行依法治国、建设社会主义法治国家，我们党团结带领人民进行了艰辛探索。1978 年，党的十一届三中全会提出“有法可依、有法必依、执法必严、违法必究”16 字方针；1997 年，党的十五大确立依法治国的基本方略；2002 年，党的十六大将“依法治国基本方略得到全面落实”列入全面建设小康社会的重要目标；2007 年，党的十七大提出加快建设“社会主义法治国家”；2012 年，党的十八大提出“全面推进依法治国，法治是治国理政的基本方式”；2014 年，党的十八届四中全会将“依法治国”定为会议主题，这是中国共产党第一次专题研究依法治国问题的中央全会；2017 年，党的十九大把坚持全面依法治国确立为新时代坚持和发展中国特色社会主义基本方略的重要内容；2018 年，党的十九届二中全会审议通过了《中共中央关于修改宪法部分内容的建议》；2019 年，党的十九届四中全会提出，坚持和完善中国特色社会主义法治体系，提高党依法治国、依法执政能力。

党的十五大阐述了依法治国的定义：依法治国，就是广大人民群众在党的领导下，依照宪法和法律规定，通过各种途径和形式管理国家事务，管理经济文化事业，管理社会事务，保证国家各项工作都依法进行，逐步实现社会主义民主的制度化、法律化，使这种制度和法律不因领导人的改变而改变，不因领导人看法和注意力的改变而改变。报告进一步指出，依法治国把坚持党的领导、发扬人民民主和严格依法办事统一起来，从制度和法律上保证党的基本路线和基本方针的贯彻实施，保证党始终发挥总揽全局、协调各方的领导核心作用。

2. 法制与法治

党的十五大报告对我国法制建设问题做出精辟论述，其中一个重要贡献就是将过去通常讲的“法制国家”改为“法治国家”，“法治国家”与邓小平同志的“要法治不要人治”的精神更一致。“法制”与“法治”仅一字之差，但内涵与外延有区别。一是“法制”是法律制度的简称，属于制度范畴；“法治”则是法律统治的简称，是相对于“人治”而言的一种治国的原则和方法。二是法制的产生和发展与国家直接相联系，在任何国家都存在法制；法治的产生和发展不然，只有在民主制国家才存在法治。三是法制的基本要求是各项工作法律化、制度化，并做到有法可依、有法必依、执法必严、违法必究；法治的基本要求是严格依法办事，法律在各种社会调整措施中具有至高无上的权威。四是实行法制的主要标志，是一个国家从立法、执法、司法、守法到法律监督等方面，都有比较完备的法律和制度可供遵循；而实行法治的主要标志，是一个国家的任何机关、团体和个人，都严格遵守法律和依法办事。总之，法制是实现法治的前提和基础条件，实行法治必须具有完备的法制；法治是法制的立足点和归宿，法制的发展前途必然是最终实现法治。

3. 依法治国与依宪治国

党的十八届四中全会指出，坚持依法治国首先要坚持依宪治国，坚持依法执政首先要坚持依宪执政。这就从根本上确立了宪法作为党和国家治国理政的最高依据，确立了宪法在全面依法治国中的根本法地位和至上权威，体现了宪法优先实施这一现代法治国家的根本要求。科学理解和准确把握这一重大论断的深刻内涵和基本要求，坚持依宪治国、依宪执政，对于维护宪法的崇高权威和尊严，维护国家法制的统一，确保全面依法治国在宪法规范下有序推进具有重大意义。

二、指导思想

全面推进依法治国，是一项开创性的伟大事业，必须坚持正确的指导思想，沿着正确的道路稳步前进。《中共中央关于全面推进依法治国若干重大问题的决定》指出，全面推进依法治国，必须贯彻落实党的十八大和十八届三中全会精神，高举中国特色社会主义伟大旗帜，以马克思列宁主义、毛泽东思想、邓小平理论、“三个代表”重要思想、科学发展观为指导，深入贯彻习近平总书记系列重要讲话精神，坚持党的领导、人民当家作主、依法治国有机统一，坚定不移走中国特色社会主义法治道路，坚决维护宪法法律权威，依法维护人民权益、维护社会公平正义、维护国家安全稳定，为实现“两个一百年”奋斗目标、实现中华民族伟大复兴的中国梦提供有力的法治保障。

三、重大意义

2014 年 10 月 20 日，党的十八届四中全会在北京召开，这是中国共产党第一次专题研究依法治国问题的中央全会。会议审议通过的《中共中央关于全面推进依法治国若干重大问题的决定》（以下简称《决定》），这是当代中国法治建设史上的重要里程碑，具有重大的现实意义和深远的历史意义。

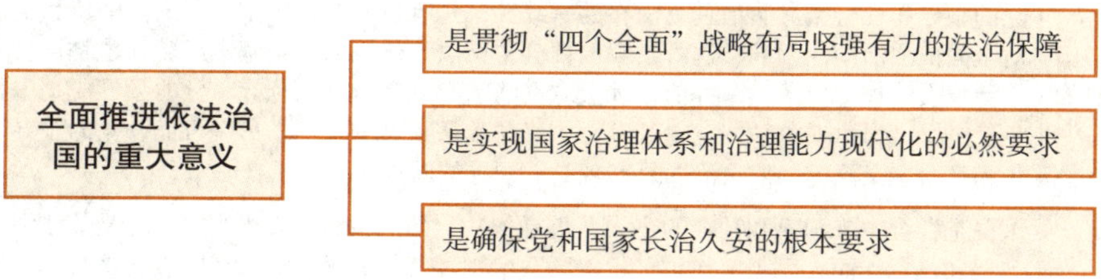

第二节　全面依法治国的总目标和基本原则

一、总目标

全面推进依法治国，总目标是建设中国特色社会主义法治体系，建设社会主义法治国家。

二、基本原则

要实现全面推进依法治国的总目标，就必须全面贯彻和坚持五项基本原则。

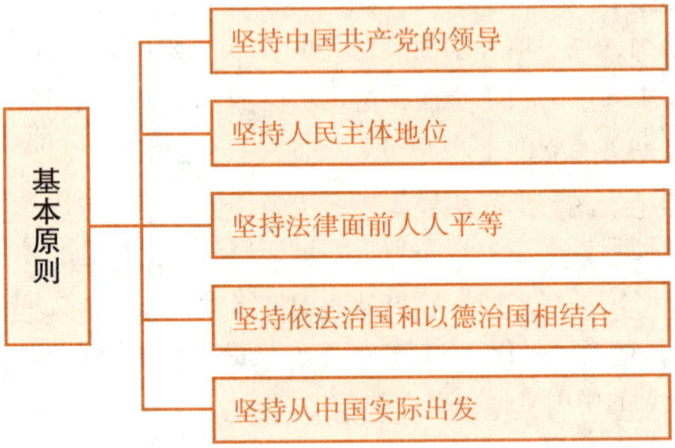

这五项基本原则是一个有机整体，其主体内容与精神实质是紧密联系、相互贯通、相互促进、相辅相成的。其中中国共产党的领导是政治保证，人民是主体和力量源泉，法律面前人人平等是价值追求，依法治国和以德治国相结合是精神支撑，从中国实际出发是实践基础。

基本原则	说明
坚持中国共产党的领导	党的领导和社会主义法治具有内在的一致性，是有机统一和共生共存的。坚持和实现党对全面依法治国的领导，这既是我国社会主义法治建设的一条基本经验，也是社会主义法治建设的根本要求。一方面，社会主义法治必须坚持党的领导，党的领导既是中国特色社会主义最本质的特征，也是社会主义法治最根本的保证。另一方面，党的领导必须依靠社会主义法治，依法治国是实现党的领导的基本途径。
坚持人民主体地位	人民是社会主义国家和社会的主人，也是依法治国的主体。人民当家作主是依法治国的前提和目标，而人民当家作主最根本的政治制度就是人民代表大会制度。从总体上看，坚持人民主体地位就必须坚持法治建设，为了人民、依靠人民、造福人民、保护人民，充分发挥人民的主体作用，以保障人民根本权益为出发点和落脚点，保证人民依法享有广泛的权利和自由，承担应尽的义务，维护社会公平正义，促进共同富裕。

（续表）

基本原则	说明
坚持法律面前人人平等	平等是社会主义法律的基本属性，也是社会主义法治的基本要求。坚持法律面前人人平等，要求法律对所有社会成员一视同仁，任何组织和个人都必须遵守宪法和法律，都必须在宪法和法律范围内活动，都必须依照宪法和法律行使权力或权利、履行职责或义务，不得享有超越宪法和法律的特权，任何在社会中处于弱势的公民都应当受到公平对待，不得受到歧视。因此，坚持法律面前人人平等的原则，有助于维护国家法制统一，切实保护宪法和法律的有效实施。
坚持依法治国和以德治国相结合	道德是法律的精神内涵，法律是道德的制度底线，国家和社会治理需要法律和道德共同发挥作用。在全面推进依法治国的进程中，必须一手抓法治，一手抓德治，既重视发挥法律的规范作用，以法治体现道德观念，强化法律对道德建设的促进作用，又重视发挥道德的教化作用，以道德滋养法治精神，强化道德对法治文化的支撑作用，从而实现法律和道德相辅相成、法治和德治相得益彰，不断提高国家治理体系和治理能力的现代化水平。
坚持从中国实际出发	全面推进依法治国，加快建设法治中国，基本的立足点是坚持从中国实际出发。中国特色社会主义道路、理论体系、制度是全面推进依法治国的根本遵循，统一于中国特色社会主义建设的伟大实践之中。全面推进依法治国，必须从我国国情和实际出发，突出中国特色、实践特色、时代特色，坚持在中国特色社会主义道路、在中国特色社会主义理论体系的指引下、在中国特色社会主义制度框架内厉行法治，走中国特色社会主义法治道路，建设社会主义法治国家。

第三节 全面依法治国的五大体系、六大任务

五大体系
- 完备的法律规范体系
- 高效的法治实施体系
- 严密的法治监督体系
- 有力的法治保障体系
- 完善的党内法规体系

六大任务
- 完善中国特色社会主义法律体系
- 加快建设法治政府
- 提高司法公信力
- 推进法治社会建设
- 加强法治工作队伍建设
- 加强和改进党对全面推进依法治国的领导

一、五大体系

体系	细化
完备的法律规范体系	①健全立法体制； ②强化立法的科学性和民主性； ③进一步加强重点领域立法。
高效的法治实施体系	①加强宪法实施； ②坚持严格执法； ③保证公正司法； ④推进全民守法。
严密的法治监督体系	①强化对行政权力的制约和监督； ②加强对司法活动的监督。
有力的法治保障体系	①制度保障； ②组织和人才保障； ③物质和技术保障。
完善的党内法规体系	①完善以党章为根本、民主集中制为核心的党内法规制度； ②推进党内法规同国家法律的衔接和协调； ③党的各级组织和党员干部要自觉遵守党的纪律和国家法律。

二、六大任务

任务	细化
完善中国特色社会主义法律体系	①健全宪法实施和监督制度； ②完善立法体制； ③深入推进科学立法、民主立法； ④加强重点领域立法。
加快建设法治政府	①依法全面履行政府职能； ②健全依法决策机制； ③深化行政执法体制改革； ④坚持严格规范公正文明执法； ⑤强化对行政权力的制约和监督； ⑥全面推行政务公开。
提高司法公信力	①完善确保司法机关依法独立公正行使审判权和检察权的制度； ②优化司法职权配置； ③推进严格司法； ④保障人民群众参与司法； ⑤加强人权司法保障； ⑥加强对司法活动的监督。
推进法治社会建设	①推动全社会树立法治意识； ②推进多层次多领域依法治理； ③建设完备的法律服务体系； ④健全依法维权和化解纠纷机制。

（续表）

任务	细化
加强法治工作队伍建设	①建设高素质法治专门队伍； ②加强法律服务队伍建设； ③创新法治人才培养机制。
加强和改进党对全面推进依法治国的领导	①坚持依法执政； ②加强党内法规制度建设； ③提高党员干部法治思维和依法办事能力； ④推进基层治理法治化； ⑤深入推进依法治军从严治军； ⑥依法保障“一国两制”实践和推进祖国统一； ⑦加强涉外法律工作。

易错考题小试牛刀

1.（单选题）全面推进依法治国的总目标是（　）。

A. 建设中国特色社会主义法治体系

B. 建设社会主义法治国家

C. 建设中国特色社会主义法治体系，建设社会主义法治国家

D. 建设中国特色的社会主义法治国家

2.（多选题）全面推进依法治国必须全面贯彻和坚持的基本原则包括（　）。

A. 坚持中国共产党的领导

B. 坚持人民主体地位

C. 坚持法律面前人人平等

D. 坚持依法治国和以德治国相结合

E. 坚持从中国实际出发

3.（多选题）社会主义法治体系包括（　）。

A. 建立完备的法律规范体系

B. 建立严密的法治实施体系

C. 建立有力的法治监督体系

D. 建立严密的法治保障体系

E. 建立完善的党内法规体系

【答案】1.C　2.ABCDE　3.AE

第十五章
国家“十四五”发展规划及旅游业专项发展规划

【考试大纲】

- **了解**：《中华人民共和国国民经济和社会发展第十四个五年规划和 2035 年远景目标纲要》关于我国进入新发展阶段的发展环境，“十四五”时期经济社会发展的指导思想、必须遵守的原则和战略导向。《“十四五”旅游业发展规划》关于“十四五”旅游业发展的指导思想、基本原则与发展目标。
- **熟悉**：《中华人民共和国国民经济和社会发展第十四个五年规划和 2035 年远景目标纲要》关于 2035 年远景目标和“十四五”时期经济社会发展主要目标，文化建设的三项重要任务，社会主义文化繁荣发展工程。《“十四五”旅游业发展规划》关于推进智慧旅游发展及专栏 1 国家智慧旅游建设工程，优化旅游空间布局及专栏 3 旅游城市布局，构建科学保护利用体系及专栏 6 国家文化公园建设，完善旅游产品供给体系及专栏 7 美好生活度假休闲工程等任务措施。

（本章 2021 年开始考察，之前考纲未涉及。）

【历年分值】

年份	判断（题）	单选（题）	多选（题）	分值（分）	分值占比（%）
2023	2	1	0	1.5	3.09

第一节 “十四五”规划和2035年远景目标纲要

2021年3月11日，第十三届全国人民代表大会第4次会议通过了《中华人民共和国国民经济和社会发展第十四个五年规划和2035年远景目标纲要》（以下简称《规划纲要》）。《规划纲要》阐明国家战略意图，明确政府工作重点，引导规范市场主体行为，是我国开启全面建设社会主义现代化国家新征程的宏伟蓝图，是全国各族人民共同的行动纲领。

“十四五”时期是我国全面建成小康社会、实现第一个百年奋斗目标之后，乘势而上开启全面建设社会主义现代化国家新征程、向第二个百年奋斗目标进军的第一个五年，我国将进入新的发展阶段。当今世界正经历百年未有之大变局，我国面临着机遇与挑战并存的复杂环境，谋划好“十四五”对于党和国家未来发展至关重要。

我国进入新发展阶段，发展基础更加坚实，发展条件深刻变化，进一步发展面临新的机遇和挑战。

一、发展成就

“十三五”时期我国全面深化改革取得重大突破，全面依法治国取得重大进展，全面从严治党取得重大成果，国家治理体系和治理能力现代化加快推进，中国共产党领导和我国社会主义制度优势进一步彰显。我国经济运行总体平稳，经济结构持续优化，我国经济实力、科技实力、综合国力和人民生活水平跃上新的大台阶，全面建成小康社会取得伟大历史性成就，中华民族伟大复兴向前迈出了新的一大步，社会主义中国以更加雄伟的身姿屹立于世界东方。“十三五”的伟大成就为“十四五”发展奠定了坚实的基础。

二、我国发展环境面临深刻复杂变化

变化	说明
发展处于重要战略机遇期，面临新的发展变化	当今世界正经历百年未有之大变局，新一轮科技革命和产业变革深入发展，国际力量对比深刻调整，和平与发展仍然是时代主题，人类命运共同体理念深入人心。同时，国际环境日趋复杂，不稳定性不确定性明显增加，新型冠状病毒感染疫情影响广泛深远，世界经济陷入低迷期，经济全球化遭遇逆流，全球能源供需版图深刻变革，国际经济政治格局复杂多变，世界进入动荡变革期，单边主义、保护主义、霸权主义对世界和平与发展构成威胁。
已转向高质量发展阶段，发展不平衡问题仍然突出	我国已转向高质量发展阶段，制度优势显著，治理效能提升，经济长期向好，物质基础雄厚，人力资源丰富，市场空间广阔，发展韧性强劲，社会大局稳定，继续发展具有多方面优势和条件。同时，我国发展不平衡不充分问题仍然突出，重点领域关键环节改革任务仍然艰巨，创新能力不适应高质量发展要求，农业基础还不稳固，城乡区域发展和收入分配差距较大，生态环保任重道远，民生保障存在短板，社会治理还有弱项。

（续表）

变化	说明
面临世界百年未有之大变局，机遇和挑战并存	必须统筹中华民族伟大复兴战略全局和世界百年来未有之大变局，深刻认识我国社会主要矛盾变化带来的新特征新要求，深刻认识错综复杂的国际环境带来的新矛盾新挑战，增强机遇意识和风险意识，立足社会主义初级阶段基本国情，保持战略定力，办好自己的事，认识和把握发展规律，发扬斗争精神，增强斗争本领，树立底线思维，准确识变、科学应变、主动求变，善于在危机中育先机、于变局中开新局，抓住机遇，应对挑战，趋利避害，奋勇前进。

三、指导思想

高举中国特色社会主义伟大旗帜，深入贯彻党的十九大和十九届二中、三中、四中、五中全会精神，坚持以马克思列宁主义、毛泽东思想、邓小平理论、“三个代表”重要思想、科学发展观、习近平新时代中国特色社会主义思想为指导，全面贯彻党的基本理论、基本路线、基本方略，统筹推进经济建设、政治建设、文化建设、社会建设、生态文明建设的总体布局，协调推进全面建设社会主义现代化国家、全面深化改革、全面依法治国、全面从严治党的战略布局，坚定不移贯彻创新、协调、绿色、开放、共享的新发展理念，坚持稳中求进工作总基调，以推动高质量发展为主题，以深化供给侧结构性改革为主线，以改革创新为根本动力，以满足人民日益增长的美好生活需要为根本目的，统筹发展和安全，加快建设现代化经济体系，加快构建以国内大循环为主体、国内国际双循环相互促进的新发展格局，推进国家治理体系和治理能力现代化，实现经济行稳致远、社会安定和谐，为全面建设社会主义现代化国家开好局、起好步。

四、必须遵循的原则

原则	说明
坚持党的全面领导	坚持和完善党领导经济社会发展的体制机制，坚持和完善中国特色社会主义制度，不断提高贯彻新发展理念、构建新发展格局能力和水平，为实现高质量发展提供根本保证。
坚持以人民为中心	坚持人民主体地位，坚持共同富裕方向，始终做到发展为了人民、发展依靠人民、发展成果由人民共享，维护人民根本利益，激发全体人民积极性、主动性、创造性，促进社会公平，增进民生福祉，不断实现人民对美好生活的向往。
坚持新发展理念	把新发展理念完整、准确、全面贯穿发展全过程和各领域，构建新发展格局，切实转变发展方式，推动质量变革、效率变革、动力变革，实现更高质量、更有效率、更加公平、更可持续、更为安全的发展。
坚持深化改革开放	坚定不移推进改革，坚定不移扩大开放，加强国家治理体系和治理能力现代化建设，破除制约高质量发展、高品质生活的体制机制障碍，强化有利于提高资源配置效率、有利于调动全社会积极性的重大改革开放举措，持续增强发展动力和活力。
坚持系统观念	加强前瞻性思考、全局性谋划、战略性布局、整体性推进，统筹国内国际两个大局，办好发展安全两件大事，坚持全国一盘棋，更好发挥中央、地方和各方面积极性，着力固根基、扬优势、补短板、强弱项，注重防范化解重大风险挑战，实现发展质量、结构、规模、速度、效益、安全相统一。

五、战略导向

"十四五"时期推动高质量发展，必须立足新发展阶段、贯彻新发展理念、构建新发展格局。把握新发展阶段是贯彻新发展理念、构建新发展格局的现实依据，贯彻新发展理念为把握新发展阶段、构建新发展格局提供了行动指南，构建新发展格局则是应对新发展阶段机遇和挑战、贯彻新发展理念的战略选择。必须坚持深化供给侧结构性改革，以创新驱动、高质量供给引领和创造新需求，提升供给体系的韧性和对国内需求的适配性。必须建立扩大内需的有效制度，加快培育完整内需体系，加强需求侧管理，建设强大国内市场。必须坚定不移推进改革，破除制约经济循环的制度障碍，推动生产要素循环流转和生产、分配、流通、消费各环节有机衔接。必须坚定不移扩大开放，持续深化要素流动型开放，稳步拓展制度型开放，依托国内经济循环体系形成对全球要素资源的强大引力场。必须强化国内大循环的主导作用，以国际循环提升国内大循环效率和水平，实现国内国际双循环互促共进。

六、2035 年远景目标

展望 2035 年，我国将基本实现社会主义现代化。经济实力、科技实力、综合国力将大幅跃升，经济总量和城乡居民人均收入将再迈上新的大台阶，关键核心技术实现重大突破，进入创新型国家前列。基本实现新型工业化、信息化、城镇化、农业现代化，建成现代化经济体系。基本实现国家治理体系和治理能力现代化，人民平等参与、平等发展权利得到充分保障，基本建成法治国家、法治政府、法治社会。建成文化强国、教育强国、人才强国、体育强国、健康中国，国民素质和社会文明程度达到新高度，国家文化软实力显著增强。广泛形成绿色生产生活方式，碳排放达峰后稳中有降，生态环境根本好转，美丽中国建设目标基本实现。形成对外开放新格局，参与国际经济合作和竞争新优势明显增强。人均国内生产总值达到中等发达国家水平，中等收入群体显著扩大，基本公共服务实现均等化，城乡区域发展差距和居民生活水平差距显著缩小。平安中国建设达到更高水平，基本实现国防和军队现代化。人民生活更加美好，人的全面发展、全体人民共同富裕取得更为明显的实质性进展。

七、"十四五"时期经济社会发展主要目标

目标	说明
经济发展取得新成效	发展是解决我国一切问题的基础和关键，发展必须坚持新发展理念，在质量效益明显提升的基础上实现经济持续健康发展，增长潜力充分发挥，国内生产总值年均增长保持在合理区间、各年度视情提出，全员劳动生产率增长高于国内生产总值增长，国内市场更加强大，经济结构更加优化，创新能力显著提升，全社会研发经费投入年均增长 7% 以上、力争投入强度高于"十三五"时期实际，产业基础高级化、产业链现代化水平明显提高，农业基础更加稳固，城乡区域发展协调性明显增强，常住人口城镇化率提高到 65%，现代化经济体系建设取得重大进展。

（续表）

目标	说明
改革开放迈出新步伐	社会主义市场经济体制更加完善，高标准市场体系基本建成，市场主体更加充满活力，产权制度改革和要素市场化配置改革取得重大进展，公平竞争制度更加健全，更高水平开放型经济新体制基本形成。
社会文明程度得到新提高	社会主义核心价值观深入人心，人民思想道德素质、科学文化素质和身心健康素质明显提高，公共文化服务体系和文化产业体系更加健全，人民精神文化生活日益丰富，中华文化影响力进一步提升，中华民族凝聚力进一步增强。
生态文明建设实现新进步	国土空间开发保护格局得到优化，生产生活方式绿色转型成效显著，能源资源配置更加合理、利用效率大幅提高，单位国内生产总值能源消耗和二氧化碳排放分别降低13.5%、18%，主要污染物排放总量持续减少，森林覆盖率提高到24.1%，生态环境持续改善，生态安全屏障更加牢固，城乡人居环境明显改善。
民生福祉达到新水平	实现更加充分更高质量就业，城镇调查失业率控制在5.5%以内，居民人均可支配收入增长与国内生产总值增长基本同步，分配结构明显改善，基本公共服务均等化水平明显提高，全民受教育程度不断提升，劳动年龄人口平均受教育年限提高到11.3年，多层次社会保障体系更加健全，基本养老保险参保率提高到95%，卫生健康体系更加完善，人均预期寿命提高1岁，脱贫攻坚成果巩固拓展，乡村振兴战略全面推进，全体人民共同富裕迈出坚实步伐。
国家治理效能得到新提升	社会主义民主法治更加健全，社会公平正义进一步彰显，国家行政体系更加完善，政府作用更好发挥，行政效率和公信力显著提升，社会治理特别是基层治理水平明显提高，防范化解重大风险体制机制不断健全，突发公共事件应急处置能力显著增强，自然灾害防御水平明显提升，发展安全保障更加有力，国防和军队现代化迈出重大步伐。

八、“十四五”文化建设的三项重要任务

坚持马克思主义在意识形态领域的指导地位，坚定文化自信，坚持以社会主义核心价值观引领文化建设，围绕举旗帜、聚民心、育新人、兴文化、展形象的使命任务，促进满足人民文化需求和增强人民精神力量相统一，推进社会主义文化强国建设。

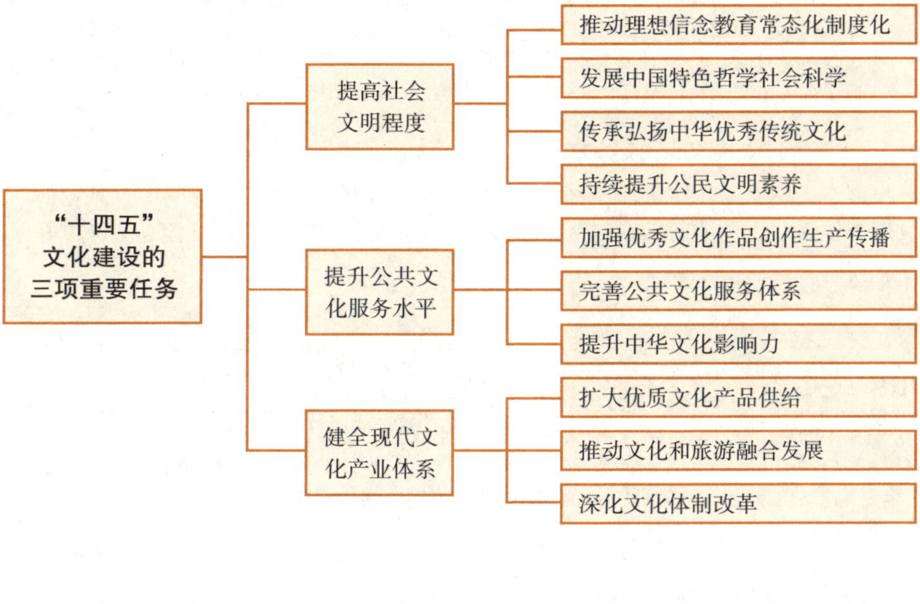

（一）提高社会文明程度

加强社会主义精神文明建设，培育和践行社会主义核心价值观，推动形成适应新时代要求的思想观念、精神面貌、文明风尚、行为规范。

要求	说明
推动理想信念教育常态化制度化	深入开展习近平新时代中国特色社会主义思想学习教育，健全用党的创新理论武装全党、教育人民的工作体系。建立健全“不忘初心、牢记使命”的制度和长效机制，加强和改进思想政治工作，持续开展中国特色社会主义和中国梦宣传教育，加强党史、新中国史、改革开放史、社会主义发展史教育，加强爱国主义、集体主义、社会主义教育，加强革命文化研究阐释和宣传教育，弘扬党和人民在各个历史时期奋斗中形成的伟大精神。完善弘扬社会主义核心价值观的法律政策体系，把社会主义核心价值观要求融入法治建设和社会治理，体现到国民教育、精神文明创建、文化产品创作生产全过程。完善青少年理想信念教育齐抓共管机制。
发展中国特色哲学社会科学	加强对习近平新时代中国特色社会主义思想的整体性系统性研究、出版传播、宣传阐释，推进马克思主义中国化、时代化、大众化。深入实施马克思主义理论研究和建设工程，推进习近平新时代中国特色社会主义思想研究中心（院）、中国特色社会主义理论体系研究中心等建设，建好用好“学习强国”等学习平台。构建中国特色哲学社会科学学科体系、学术体系和话语体系，深入实施哲学社会科学创新工程，加强中国特色新型智库建设。
传承弘扬中华优秀传统文化	深入实施中华优秀传统文化传承发展工程，强化重要文化和自然遗产、非物质文化遗产系统性保护，推动中华优秀传统文化创造性转化、创新性发展。加强文物科技创新，实施中华文明探源和考古中国工程，开展中华文化资源普查，加强文物和古籍保护研究利用，推进革命文物和红色遗址保护，完善流失文物追索返还制度。建设长城、大运河、长征、黄河等国家文化公园，加强世界文化遗产、文物保护单位、考古遗址公园、历史文化名城名镇名村保护。健全非物质文化遗产保护传承体系，加强各民族优秀传统手工艺保护和传承。
持续提升公民文明素养	推进公民道德建设，大力开展社会公德、职业道德、家庭美德、个人品德建设。开展国家勋章、国家荣誉称号获得者和时代楷模、道德模范、最美人物、身边好人的宣传学习。实施文明创建工程，拓展新时代文明实践中心建设，科学规范做好文明城市、文明村镇、文明单位、文明校园、文明家庭评选表彰，深化未成年人思想道德建设。完善市民公约、乡规民约、学生守则、团体章程等社会规范，建立惩戒失德行为机制。弘扬诚信文化，建设诚信社会。广泛开展志愿服务关爱行动。提倡艰苦奋斗、勤俭节约，开展以劳动创造幸福为主题的宣传教育。加强网络文明建设，发展积极健康的网络文化。

（二）提升公共文化服务水平

坚持为人民服务、为社会主义服务的方向，坚持百花齐放、百家争鸣的方针，加强公共文化服务体系建设和体制机制创新，强化中华文化传播推广和文明交流互鉴，更好保障人民文化权益。

要求	说明
加强优秀文化作品创作生产传播	把提高质量作为文艺作品的生命线，提高文艺原创能力。实施文艺作品质量提升工程，健全重大现实、重大革命、重大历史题材创作规划组织机制，加强农村、少儿等题材创作，不断推出反映时代新气象、讴歌人民新创造的文艺精品。建立健全文化产品创作生产、传播引导、宣传推广的激励机制和评价体系，推动形成健康清朗的文艺生态。加强文化队伍建设，培养造就高水平创作人才和德艺双馨的名家大师。

（续表）

要求	说明
完善公共文化服务体系	优化城乡文化资源配置，推进城乡公共文化服务体系一体建设。创新实施文化惠民工程，提升基层综合性文化服务中心功能，广泛开展群众性文化活动。推进公共图书馆、文化馆、美术馆、博物馆等公共文化场馆免费开放和数字化发展。推进媒体深度融合，做强新型主流媒体。完善应急广播体系，实施智慧广电固边工程和乡村工程。发展档案事业。深入推进全民阅读，建设“书香中国”，推动农村电影放映优化升级。创新公共文化服务运行机制，鼓励社会力量参与公共文化服务供给和设施建设运营。
提升中华文化影响力	加强对外文化交流和多层次文明对话，创新推进国际传播，利用网上网下，讲好中国故事，传播好中国声音，促进民心相通。开展“感知中国”“走读中国”“视听中国”活动，办好中国文化年（节）、旅游年（节）。建设中文传播平台，构建中国语言文化全球传播体系和国际中文教育标准体系。

（三）健全现代文化产业体系

坚持把社会效益放在首位、社会效益和经济效益相统一，健全现代文化产业体系和市场体系。

要求	说明
扩大优质文化产品供给	实施文化产业数字化战略，加快发展新型文化企业、文化业态、文化消费模式，壮大数字创意、网络视听、数字出版、数字娱乐、线上演播等产业。加快提升超高清电视节目制播能力，推进电视频道高清化改造，推进沉浸式视频、云转播等应用。实施文化品牌战略，打造一批有影响力、代表性的文化品牌。培育骨干文化企业，规范发展文化产业园区，推动区域文化产业带建设。积极发展对外文化贸易，开拓海外文化市场，鼓励优秀传统文化产品和影视剧、游戏等数字文化产品“走出去”，加强国家文化出口基地建设。
推动文化和旅游融合发展	坚持以文塑旅、以旅彰文，打造独具魅力的中华文化旅游体验。深入发展大众旅游、智慧旅游，创新旅游产品体系，改善旅游消费体验。加强区域旅游品牌和服务整合，建设一批富有文化底蕴的世界级旅游景区和度假区，打造一批文化特色鲜明的国家级旅游休闲城市和街区。推进红色旅游、文化遗产旅游、旅游演艺等创新发展，提升度假休闲、乡村旅游等服务品质，完善邮轮游艇、低空旅游等发展政策。健全旅游基础设施和集散体系，推进“旅游厕所革命”，强化智慧景区建设。建立旅游服务质量评价体系，规范在线旅游经营服务。
深化文化体制改革	完善文化管理体制和生产经营机制，提升文化治理效能。完善国有文化资产管理体制机制，深化公益性文化事业单位改革，推进公共文化机构法人治理结构改革。深化国有文化企业分类改革，推进国有文艺院团改革和院线制改革。完善文化市场综合执法体制，制定未成年人网络保护、信息网络传播视听等领域法律法规。

九、社会主义文化繁荣发展工程

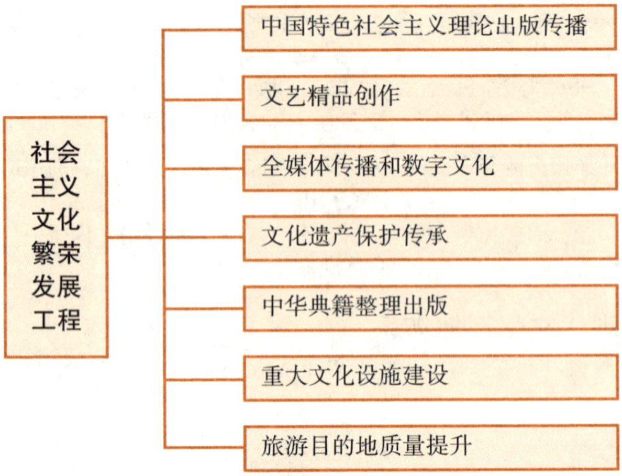

类别	说明
中国特色社会主义理论出版传播	编辑出版《习近平谈治国理论》《习近平新时代中国特色社会主义思想学习问答》和分领域学习纲要等系列理论读物，编辑出版党史、新中国史、改革开放史、社会主义发展史经典教材，加强海外翻译出版和宣介推广。
文艺精品创作	开展精神文明建设“五个一”、舞台艺术、影视精品、优秀剧本、美术创作收藏、重大出版等工程，实施当代文学艺术创作、中华文化新媒体传播、纪录片创作传播、地方戏曲传承发展、网络文艺创作传播等重大项目。
全媒体传播和数字文化	推进国家、省、市、县四级融媒体中心（平台）建设。推进国家有线电视网络整合和5G一体化发展。分类采集梳理文化遗产数据，建设国家文化大数据体系。实施出版融合发展工程。
文化遗产保护传承	加强安阳殷墟、汉长安城、隋唐洛阳城和重要石窟寺等遗址保护，开展江西汉代海昏侯国、河南仰韶村、良渚古城、石峁、陶寺、三星堆、曲阜鲁国故城等国家考古遗址公园建设。建设20个国家重点区域考古标本库房、30个国家级文化生态保护区和20个国家级非物质文化遗产馆。
中华典籍整理出版	整理出版300种中华典籍，组织《永乐大典》、敦煌文献等重点古籍系统性保护整理出版，实施国家古籍数字化工程。推进点校本“二十四史”及清史稿修订等重大出版工程，推进复兴文库建设，启动新编中国通史纂修工程、中华民族交往交流交融史编纂工程。
重大文化设施建设	建设中国共产党历史展览馆、中央档案馆新馆、国家版本馆、国家文献储备库、故宫博物院北院区、国家美术馆、国家文化遗产科技创新中心。
旅游目的地质量提升	打造海南国际旅游消费中心、粤港澳大湾区世界级旅游目的地、长江国际黄金旅游带、黄河文化旅游带、杭黄自然生态和文化旅游廊道、巴蜀文化旅游走廊、桂林国际旅游胜地，健全游客服务、停车及充电、交通、流量监测管理等设施。

第二节　“十四五”旅游业发展规划

一、总体要求

（一）指导思想

高举中国特色社会主义伟大旗帜，全面贯彻党的十九大和十九届历次全会精神，坚持以习近平新时代中国特色社会主义思想为指导，坚持稳中求进工作总基调，以推动旅游业高质量发展为主题，以深化旅游业供给侧结构性改革为主线，注重需求侧管理，以改革创新为根本动力，以满足人民日益增长的美好生活需要为根本目的，坚持系统观念，统筹发展和安全、统筹保护和利用，立足构建新发展格局，在疫情防控常态化条件下创新提升国内旅游，在国际疫情得到有效控制前提下分步有序促进入境旅游、稳步发展出境旅游，着力推动文化和旅游深度融合，着力完善现代旅游业体系，加快旅游强国建设，努力实现旅游业更高质量、更有效率、更加公平、更可持续、更为安全的发展。

（二）基本原则

①坚持以文塑旅、以旅彰文。以社会主义核心价值观为引领，让旅游成为人们感悟中华文化、增强文化自信的过程，推动旅游业实现社会效益和经济效益有机统一。

②坚持系统观念、筑牢防线。牢固树立安全意识，切实做好防范化解重大风险工作。充分认识做好新冠肺炎疫情防控工作事关旅游业发展全局，将疫情防控要求贯彻到旅游业各环节、各领域，坚决切断疫情通过旅游渠道传播的链条。

③坚持旅游为民、旅游带动。以人民为中心，更好满足大众特色化、多层次旅游需求，发挥旅游业综合带动作用，释放“一业兴、百业旺”的乘数效应，创造更多就业创业机会，更好服务经济社会发展。

④坚持创新驱动、优质发展。服务构建新发展格局，创新体制机制，广泛应用先进科技，推动旅游业态、服务方式、消费模式和管理手段创新提升，发展智慧旅游。

⑤坚持生态优先、科学利用。尊重自然、顺应自然、保护自然，牢牢守住生态底线，增强生态文明意识，合理利用自然资源，加快推动绿色低碳发展。

（三）发展目标

到2025年，旅游业发展水平不断提升，现代旅游业体系更加健全，旅游有效供给、优质供给、弹性供给更为丰富，大众旅游消费需求得到更好满足。疫情防控基础更加牢固，科学精准防控要求在旅游业得到全面落实。国内旅游蓬勃发展，出入境旅游有序推进，旅游业国际影响力、竞争力明显增强，旅游强国建设取得重大进展。文化和旅游深度融合，建设一批富有文化底蕴的世界级旅游景区和度假区，打造一批文化特色鲜明的国家级旅游休闲城市和街区，红色旅游、乡村旅游等加快发展。旅游创新能力显著提升，旅游无障碍环境建设和服务进一步加强，智慧旅游特征明显，产业链现代化水平明显提高，市场主体活力显著增强，旅游业在服务国家经济社会发展、满足人民文化需求、增强人民精神力量、促进社会文明程度提升等方面作用更加凸显。

展望2035年，旅游需求多元化、供给品质化、区域协调化、成果共享化特征更加明显，以国家文化公园、世界级旅游景区和度假区、国家级旅游休闲城市和街区、红色旅游融合发展示范区、乡村旅游重点村镇等为代表的优质旅游供给更加丰富，旅游业综合功能全面发挥，整体实力和竞争力大幅提升，基本建成世界旅游强国，为建成文化强国贡献重要力量，为基本实现社会主义现代化作出积极贡献。

二、重点任务

（一）坚持创新驱动发展

强化自主创新，集合优势资源，结合疫情防控工作需要，加快推进以数字化、网络化、智能化为特征的智慧旅游，深化“互联网+旅游”，扩大新技术场景应用。

1. 推进智慧旅游发展

创新智慧旅游公共服务模式，有效整合旅游、交通、气象、测绘等信息，综合应用第五代移动通信（5G）、大数据、云计算等技术，及时发布气象预警、道路通行、游客接待量等实时信息，加强旅游预约平台建设，推进分时段预约游览、流量监测监控、科学引导分流等服务。建设旅游监测设施和大数据平台，推进“互联网+监管”，建立大数据精准监管机制。打造一批智慧旅游城市、旅游景区、度假区、旅游街区，培育一批智慧旅游创新企业和重点项目，开发数字化体验产品，发展沉浸式互动体验、虚拟展示、智慧导览等新型旅游服务，推进以“互联网+”为代表的旅游场景化建设。其中，国家智慧旅游建设工程的重点任务包括：

（1）加快智慧旅游景区建设。科学推进预约、限量、错峰旅游，促进旅游景区实现在线、多渠道、分时段预约，提高管理效能。建设旅游景区监测设施和大数据平台，健全智能调度应用，促进旅游景区资源高峰期合理化配置，实现精确预警和科学导流。普及旅游景区电子地图、线路推荐、语音导览等智慧化服务，提高游览便捷性。支持各地区因地制宜建设特色化智慧旅游景区，运用数字技术充分展示特色文化内涵。“十四五”期间，推动国家4A级以上旅游景区基本实现智慧化转型升级。

（2）完善智慧旅游公共服务。以提升便利度和改善服务体验为导向，引导模式创新，构建开放、共享的智慧旅游公共服务体系。规范智慧旅游公共服务平台建设，支持开发针对老年人等特殊群体的专门应用程序和友好界面。

（3）丰富智慧旅游产品供给。鼓励旅游消费新模式发展，打造沉浸式博物馆、主题公园、旅游演艺等旅游体验新场景。引导开发数字化体验产品，推动文化和旅游资源借助数字技术“活起来”。

（4）拓展智慧旅游场景应用。建立健全智慧旅游标准体系，强化现代信息技术在旅游领域的应用普及，丰富拓展智慧旅游场景应用，推出一批智慧旅游创新案例和项目。

2. 加快新技术应用与技术创新

加快推动大数据、云计算、物联网、区块链及 5G、北斗系统、虚拟现实、增强现实等新技术在旅游领域的应用普及，以科技创新提升旅游业发展水平。积极发展旅游资源保护与开发技术，重点推进旅游资源普查、旅游资源安全防护、文物和文化资源数字化展示、创意产品开发、游客承载量评估、旅游信用评估、智能规划设计与仿真模拟、旅游安全风险防范等技术研发和应用示范。促进旅游装备技术提升，重点推进夜间旅游装备、旅居车及营地、可移动旅居设备、游乐游艺设施设备、冰雪装备、邮轮游艇、低空旅游装备、智能旅游装备、旅游景区客运索道等自主创新及高端制造。

3. 提高创新链综合效能

加强旅游大数据基础理论研究，推动区域性和专题性旅游大数据系统建设，推动建立一批旅游技术重点实验室和技术创新中心，遴选认定一批国家旅游科技示范园区，全面提升旅游科技创新能力，形成上下游共建的创新生态。

（二）优化旅游空间布局

依据相关规划，落实区域重大战略、区域协调发展战略“十四五”规划重点任务、主体功能区战略，整合跨区域资源要素，促进城乡、区域协调发展，构建推动高质量发展的旅游空间布局和支撑体系。

1. 构建旅游空间新格局

综合考虑文脉、地脉、水脉、交通干线和国家重大发展战略，统筹生态安全和旅游业发展，以长城、大运河、长征、黄河国家文化公园和丝绸之路旅游带、长江国际黄金旅游带、沿海黄金旅游带、京哈—京港澳高铁沿线、太行山—武陵山、万里茶道等为依托，构建“点状辐射、带状串联、网状协同”的全国旅游空间新格局。

2. 优化旅游城市和旅游目的地布局

建设一批旅游枢纽城市，逐步完善综合交通服务功能，提升对区域旅游的辐射带动作用。支持桂林等地建设世界级旅游城市，打造一批重点旅游城市、特色旅游地。其中，旅游城市布局的重点任务包括：

（1）建设旅游枢纽城市。集中打造北京、上海、香港、澳门、广州、成都、杭州、深圳、昆明、南京、重庆、天津、武汉、西安、长沙、郑州、乌鲁木齐、贵阳、海口、哈尔滨、长春、沈阳、济南、福州、南宁、石家庄、合肥、南昌、太原、兰州、西宁、银川、呼和浩特、拉萨等旅游枢纽城市。

（2）建设重点旅游城市。加快推进厦门、青岛、大连、宁波、珠海、苏州、无锡、三亚、桂林、延安、遵义、黄山、张家界、喀什、林芝、洛阳、承德、秦皇岛、伊春、大理、丽江、乐山、赣州、宜昌、大同等重点旅游城市建设。

（3）建设特色旅游地。积极支持韶山、井冈山、敦煌、都江堰、曲阜、平遥、崇礼、漠河、满洲里、石河子、延吉、凯里、安吉、武夷山、常熟、婺源、义乌、香格里拉、稻城等特色旅游地建设。

3. 优化城乡旅游休闲空间

推动更多城市将旅游休闲作为城市基本功能，充分考虑游客和当地居民的旅游休闲需要，科学设计布局旅游休闲街区，合理规划建设环城市休闲度假带，推进绿道、骑行道、游憩道、郊野公园等建设，提升游客体验，为城乡居民“微度假”、“微旅游”创造条件。在城市群规划建设中，立足满足同城化、一体化旅游休闲消费需求，科学布局并配套完善旅游休闲功能区域，优先保障区域旅游休闲重大项目，做好交通衔接和服务配套。在城镇规划布局中，围绕推进以人为核心的新型城镇化和美丽乡村建设，提高空间配置效率，优化旅游休闲功能，合理规划建设特色旅游村镇，因地制宜推动乡村旅游差异化、特色化发展，推进多元功能聚合，营造宜居宜业宜游的休闲新空间。

（三）构建科学保护利用体系

坚持文化引领、生态优先，把文化内涵融入旅游业发展全过程。坚持“绿水青山就是金山银山”理念，通过发展旅游业促进人与自然和谐共生，稳步推进国家文化公园、国家公园建设，打造人文资源和自然资源保护利用高地。

1. 保护传承好人文资源

坚持保护优先，在保护中发展、发展中保护，以优秀人文资源为主干，深入挖掘和阐释其中的文化内涵，把历史文化与现代文明融入旅游业发展，提升旅游品位，在依法保护管理、确保文物安全的前提下，推动将更多的文物和文化资源纳入旅游线路、融入旅游景区景点，积极传播中华优秀传统文化、革命文化和社会主义先进文化。

2. 保护利用好自然资源

贯彻落实习近平生态文明思想，坚持生态保护第一，适度发展生态旅游，实现生态保护、绿色发展、民生改善相统一。充分考虑生态承载力、自然修复力，推进生态旅游可持续发展，推出一批生态旅游产品和线路，加强生态保护宣传教育，让游客在感悟大自然神奇魅力的同时，自觉增强生态保护意识，形成绿色消费和健康生活方式。积极运用技术手段做好预约调控、环境监测、流量疏导，将旅游活动对自然环境的影响降到最低。

3. 创新资源保护利用模式

推进国家文化公园建设，生动呈现中华文化的独特创造、价值理念和鲜明特色，树立和突出各民族共享的中华文化符号和中华民族形象，探索新时代文物和文化资源保护传承利用新路径，把国家文化公园建设成为传承中华文明的历史文化走廊、中华民族共同精神家园、提升人民生活品质的文化和旅游体验空间。加快建设长城、大运河、长征、黄河等国家文化公园，整合具有突出意义、重要影响、重大主题的文物和文化资源，重点建设管控保护、主题展示、文旅融合、传统利用四类主体功能区，实施保护传承、研究发掘、环境配套、文旅融合、数字再现五大工程，突出“万里长城”“千年运河”“两万五千里长征”“九曲黄河”整体辨识度。推进优质文化旅游资源一体化开发，科学规划、开发文化旅游产品和商品。推出参观游览联程联运经典线路，开展整体品牌塑造和营销推介。“十四五”时期国家文化公园建设规划如下：

（1）明确重点建设区。近期重点建设长城国家文化公园（河北段、青海段）、大运河国家文化公园（江苏段）、长征国家文化公园（贵州段、江西段、福建段、陕西段、甘肃段）、黄河国家文化公园（青海段、甘肃段、内蒙古段、河南段、山东段），总结形成一批可复制推广的成功经验，为全面推进国家文化公园建设创造良好条件。

（2）明确重点支持方向。充分发挥中央投资关键带动作用，通过“十四五”时期文化保护传承利用工程积极支持国家文化公园建设。遴选博物馆、纪念馆、重要遗址遗迹、特色公园、非物质文化遗产、历史文化名城名镇名村和街区，文化旅游复合廊道等方面符合要求的保护利用项目，编制项目储备，分年度安排中央预算内投资。

（四）完善旅游产品供给体系

立足健全现代旅游业体系，加快旅游业供给侧结构性改革，加大优质旅游产品供给力度，激发各类旅游市场主体活力，推动“旅游 +”和“+ 旅游”，形成多产业融合发展新局面。

1. 丰富优质产品供给

坚持精益求精，把提供优质产品放在首要位置，提高供给能力水平，着力打造更多体现文化内涵、人文精神的旅游精品，提升中国旅游品牌形象。坚持标准化和个性化相统一，优化旅游产品结构、创新旅游产品体系，针对不同群体需求，推出更多定制化旅游产品、旅游线路，开发体验性、互动性强的旅游项目。其中，打造美好生活度假工程的重点任务包括:

（1）建设世界级旅游度假区。围绕京津冀协同发展、粤港澳大湾区建设、长三角一体化发展、成渝地区双城经济圈建设、海南国际旅游消费中心建设以及其他重要的休闲度假目的地，重点培育世界级旅游度假区。

（2）建设国家级旅游度假区。建设滨海、山林、河湖、温泉、冰雪、沙漠草原、古城古镇、主题文化、城市休闲、乡村田园等多种类型的国家级旅游度假区。支持中部、西部、东北地区因地制宜建设突出本地特色的旅游度假区。鼓励东部地区加大投入力度，提供更高品质的休闲度假产品和服务，实施品牌提升计划。

（3）建设国家级旅游休闲城市和街区。挖掘城市文化特色，营造休闲氛围，培育商业体系，打造一批兼顾旅游者和本地居民需求、文化特色鲜明的国家级旅游休闲城市。依托历史文化街区、步行街、商业街、城市商业综合体、文化园区、城市公园等多种类型的城市区域。扩大休闲空间，增加文化设施，加强主客共享，丰富文化活动，完善旅游业态，打造一批国家级旅游休闲街区。

2. 增强市场主体活力

充分发挥各类市场主体投资旅游和创业创新的积极性，推动市场在旅游资源配置中起决定性作用和更好发挥政府作用。做强做优做大骨干旅游企业，稳步推进战略性并购重组和规模化、品牌化、网络化经营，培育一批大型旅游集团和有国际影响力的旅游企业。大力支持中小微旅游企业特色发展、创新发展和专业发展，营造公平竞争环境。支持旅游行业协会等中介组织积极发挥作用，为企业创业创新、交流合作、人才培养等提供平台服务。支持旅行社向“专业化、特色化、创新型”方向发展。着力扶持一批扎根农村、心系农民的乡村旅游企业。支持旅游规划策划、创意设计、研发孵化、管理咨询、营销推广等专业机构和服务企业发展。加强旅游企业品牌建设。

3. 推进“旅游+”和“+旅游”

加强文化和旅游业态融合、产品融合、市场融合、服务融合，促进优势互补、形成发展合力。推进国家文化产业和旅游产业融合发展示范区建设。促进旅游演艺提质升级，支持各级各类文艺表演团体、演出经纪机构、演出场所经营单位参与旅游演艺发展，创新合作模式，提升创作质量，推广一批具有示范意义和积极社会效应的旅游演艺项目。发挥旅游市场优势，推进旅游与科技、教育、交通、体育、工业、农业、林草、卫生健康、中医药等领域相加相融、协同发展，延伸产业链、创造新价值、催生新业态，形成多产业融合发展新局面。

易错考题小试牛刀

1.（单选题）“十四五”时期加快构建的新发展格局是（　）。

A. 以国内大循环为主体、城市与农村相互促进的格局

B. 以国内大循环为主体、国内国际双循环相互促进的格局

C. 以国际大循环为主体、国内国际双循环相互促进的格局

D. 以国际大循环为主体、发达国家与发展中国家相互促进的格局

2.（单选题）“十四五”时期健全现代文化产业体系应坚持把（　）放在首位。

A. 经济效益　B. 社会效益　C. 文化效益　D. 生态效益

3.（多选题）关于我国 2035 年远景目标的表述，正确的选项是（　）。

A. 基本实现社会主义现代化，基本实现新型工业化、信息化、城镇化和农业现代化

B. 建成文化强国、教育强国、人才强国、体育强国、健康中国

C. 生态环境根本好转，美丽中国建设目标基本实现

D. 人均国内生产总值达到中等发达国家水平，中等收入群体显著扩大

E. 人民生活更加美好，实现全体人民共同富裕

4.（多选题）《“十四五”旅游业发展规划》指出，国家智慧旅游建设工程的重点任务包括：（　）。

A. 加快智慧旅游景区建设　B. 完善智慧旅游公共服务

C. 丰富智慧旅游产品供给　D. 拓展智慧旅游场景应用

E. 加快新技术应用与技术创新

5.（多选题）《“十四五”旅游业发展规划》指出，旅游城市布局的重点任务包括：（　）。

A. 建设旅游枢纽城市　B. 建设重点旅游城市

C. 建设特色旅游地　D. 建设世界级旅游度假区

E. 建设国家级旅游度假区

【答案】1.B　2.B　3.ABCD　4.ABCD　5.ABC

第十六章
旅游业发展相关政策

【考试大纲】

- **了解：** 文化和旅游部等十部门《关于深化“互联网 + 旅游”推动旅游业高质量发展的意见》（文旅资源发〔2020〕81 号）、《市场监管总局商务部文化和旅游部关于以标准化促进餐饮节约反对餐饮浪费的意见》（国市监标技发〔2021〕7 号）的主要内容。
- **熟悉：** 《国务院办公厅关于进一步激发文化和旅游消费潜力的意见》（国办发〔2019〕41 号）、《文化和旅游部关于实施旅游服务质量提升计划的指导意见》（文旅市场发〔2019〕12 号）、《文化和旅游部办公厅国家文物局办公室关于落实〈关于切实解决老年人运用智能技术困难的实施方案〉的通知》（办公共发〔2020〕165 号）、《交通运输部办公厅公安部办公厅商务部办公厅文化和旅游部办公厅应急管理部办公厅市场监管总局办公厅关于进一步加强和改进旅游客运安全管理工作的指导意见》（交办运〔2021〕6 号）、《文化和旅游部关于推动非物质文化遗产与旅游深度融合发展的通知》（文旅非遗发〔2023〕21 号）的主要内容。

【历年分值】

年份	判断（题）	单选（题）	多选（题）	分值（分）	分值占比（%）
2018	2	1	0	1.5	3.00
2019	2	1	0	1.5	2.94
2020	1	1	0	1	1.92
2023	1	1	0	1	2.06

第一节　关于进一步激发文化和旅游消费潜力的意见

为贯彻落实《中共中央国务院关于完善促进消费体制机制进一步激发居民消费潜力的若干意见》，提升文化和旅游消费质量水平，增强居民消费意愿，以高质量文化和旅游供给增强人民群众的获得感、幸福感，《国务院办公厅关于进一步激发文化和旅游消费潜力的意见》（国办发〔2019〕41号）于2019年8月23日印发。

一、总体目标

以习近平新时代中国特色社会主义思想为指导，顺应文化和旅游消费提质转型升级新趋势，深化文化和旅游领域供给侧结构性改革，从供需两端发力，不断激发文化和旅游消费潜力。努力使我国文化和旅游消费设施更加完善，消费结构更加合理，消费环境更加优化，文化和旅游产品、服务供给更加丰富。推动全国居民文化和旅游消费规模保持快速增长态势，对经济增长的带动作用持续增强。

二、主要任务

任务	说明
推出消费惠民措施	①继续推动国有景区门票降价。各地可结合实际情况，制定实施景区门票减免、景区淡季免费开放、演出门票打折等政策，举办文化和旅游消费季、消费月，举办数字文旅消费体验等活动。 ②在依法合规的前提下鼓励发行文化和旅游消费联名银行卡并给予特惠商户折扣、消费分期等用户权益。 ③拓展文化和旅游消费信贷业务，以规范发展为前提创新消费信贷抵质押模式，开发不同首付比例、期限和还款方式的信贷产品。
提高消费便捷程度	①推动实施移动支付便民示范工程，提高文化和旅游消费场所银行卡使用便捷度，推广移动互联网新兴支付方式。 ②鼓励把文化消费嵌入各类消费场所，依托社区生活综合服务中心、城乡便民消费服务中心等打造群众身边的文化消费网点。 ③鼓励依法依规对传统演出场所和博物馆进行设施改造提升，合理配套餐饮区、观众休息区、文创产品展示售卖区、书店等，营造更优质的消费环境。 ④引导演出、文化娱乐、景区景点等场所广泛应用互联网售票、二维码验票。 ⑤提升文化和旅游消费场所宽带移动通信网络覆盖水平，在具备条件且用户需求较强的地方，优先部署第五代移动通信（5G）网络。 ⑥优化旅游交通服务，科学规划线路、站点设置，提供智能化出行信息服务。到2022年，实现全国文化和旅游消费场所除现金支付外，都能支持银行卡或移动支付，互联网售票和4G/5G网络覆盖率超过90%，文化和旅游消费便捷程度明显提高。

（续表）

任务	说明
提升入境旅游环境	①整合已有资源，提升入境旅游统一宣介平台（含 app、小程序等移动端）水平。 ②鼓励各地开发一批适应外国游客需求的旅游线路、目的地、旅游演艺及特色商品并在宣介平台上推荐。 ③提升景区景点、餐饮住宿、购物娱乐、机场车站等场所多语种服务水平。 ④鼓励银行业金融机构依法依规在文化和旅游消费集中区域设立分支机构。 ⑤完善入境游客移动支付解决方案，提高游客消费便利性。 ⑥研究出台以北京 2022 年冬奥会、冬残奥会为契机促进入境旅游的政策措施。确保入境旅游环境得到明显改善，入境消费规模保持持续扩大态势。
推进消费试点示范	①总结推广引导城乡居民扩大文化消费试点工作的经验模式，新确定一批国家文化和旅游消费试点城市（简称“试点城市”）。在试点城市基础上，择优确定国家文化和旅游消费示范城市（简称“示范城市”）并动态考核。推动试点城市、示范城市建设国际消费中心城市。 ②鼓励建设集合文创商店、特色书店、小剧场、文化娱乐场所等多种业态的消费集聚地。到 2022 年，建设 30 个示范城市、100 个试点城市，示范城市居民人均文化娱乐支出占消费支出比例超过 6%，旅游收入增速保持两位数以上增长，进一步发挥示范引领作用。
着力丰富产品供给	①鼓励打造中小型、主题性、特色类的文化旅游演艺产品。 ②促进演艺、娱乐、动漫、创意设计、网络文化、工艺美术等行业创新发展，引导文化和旅游场所增加参与式、体验式消费项目，鼓励发展与自驾游、休闲度假相适应的租赁式公寓、汽车租赁等服务。 ③积极拓展文化消费广度和深度，注重利用新技术发掘中华文化宝贵资源，为广大人民群众提供更加丰富多样的广播电视消费产品。 ④规范旅游民宿市场，推动星级旅游民宿品牌化发展。 ⑤提升国家级文化产业示范园区和国家文化产业示范基地的供给能力。 ⑥鼓励文创产品开发与经营，拓宽文创产品展示和销售渠道。 ⑦积极发展休闲农业，大力发展乡村旅游，实施休闲农业和乡村旅游精品工程，培育一批美丽休闲乡村，推出一批休闲农业示范县和乡村旅游重点村。 ⑧推进国家全域旅游示范区建设，着力开发商务会展旅游、海洋海岛旅游、自驾车旅居车旅游、体育旅游、森林旅游、康养旅游等产品。 ⑨支持红色旅游创新、融合发展。打造一批具有文旅特色的高品位休闲街区和度假产品。到 2022 年，培育 30 个以上旅游演艺精品项目，扩大文化和旅游有效供给。
推动旅游景区提质扩容	①支持各地加大对旅游景区的公共服务设施资金投入，保障景区游览安全，推动景区设施设备更新换代、产品创新和项目升级，加大对管理服务人员的培训力度。 ②打造一批高品质旅游景区、重点线路和特色旅游目的地，为人民群众提供更多出游选择。 ③合理调整景区布局，优化游览线路和方式，扩展游览空间。 ④推进“互联网＋旅游”，强化智慧景区建设，实现实时监测、科学引导、智慧服务。 ⑤推广景区门票预约制度，合理确定并严格执行最高日接待游客人数规模。到 2022 年，5A 级国有景区全面实行门票预约制度。
发展假日和夜间经济	①落实带薪休假制度，鼓励单位与职工结合工作安排和个人需要分段灵活安排带薪年休假、错峰休假。 ②把握节假日及高峰期旅游消费集中的规律特征，优化景区与周边高速公路的衔接，督促各地在节假日期间加强高速公路和景区道路交通管理、增加公共交通运力、及时发布景区拥堵预警信息。 ③大力发展夜间文旅经济。鼓励有条件的旅游景区在保证安全、避免扰民的情况下开展夜间游览服务。丰富夜间文化演出市场，优化文化和旅游场所的夜间餐饮、购物、演艺等服务，鼓励建设 24 小时书店。到 2022 年，建设 200 个以上国家级夜间文旅消费集聚区，夜间文旅消费规模持续扩大。

（续表）

任务	说明
促进产业融合发展	①支持邮轮游艇旅游、非物质文化遗产主题旅游等业态发展。 ②促进文化、旅游与现代技术相互融合，发展基于 5G、超高清、增强现实、虚拟现实、人工智能等技术的新一代沉浸式体验型文化和旅游消费内容。 ③丰富网络音乐、网络动漫、网络表演、数字艺术展示等数字内容及可穿戴设备、智能家居等产品，提升文化、旅游产品开发和服务设计的数字化水平。 ④发挥展会拉动文化和旅游消费的作用，支持文化企业和旅游企业通过展会进行产品展示、信息推广。 ⑤引导文化企业和旅游企业创新商业模式和营销方式。到 2022 年，建设 30 个国家文化产业和旅游产业融合发展示范区，产业融合水平进一步提升，新型文化和旅游消费业态不断丰富。
严格市场监管执法	①加大文化和旅游市场监管力度，严厉打击违法违规经营行为，加强对文化和旅游市场的安全管理，强化对文化娱乐和旅游设施的质量安全监管。 ②进一步完善市场主体和从业人员信用记录并逐步纳入全国信用信息共享平台和国家企业信用信息公示系统，对列入文化市场黑名单和旅游市场黑名单的市场主体和从业人员实施联合惩戒。到 2022 年，文化和旅游市场秩序得到进一步规范，产品和服务质量进一步提高，消费者权益得到更好保护。

三、保障措施

措施	说明
强化政策保障	①用好各类资金支持各地文化和旅游基础设施建设，并重点对试点城市、示范城市予以支持。 ②充分发挥财政资金引导作用，鼓励地方开展文化和旅游消费试点示范，增加优质消费供给。 ③支持有条件的地区发展支线航空、通用航空服务。 ④鼓励各地利用老旧厂房开设文化和旅游消费场所，落实土地支持政策，完善用水用电用气等方面的优惠政策。 ⑤探索开展旅游景区经营权、门票收入权质押以及旅游企业建设用地使用权抵押、林权抵押等贷款业务。 ⑥促进交通一卡通互联互通。 ⑦引导保险业金融机构根据文化和旅游行业特点开发种类丰富的保险产品。
加强组织领导	①发挥完善促进消费体制机制部际联席会议作用，加强对促进文化和旅游消费工作的统筹协调和督促落实。 ②文化和旅游部负责对本意见落实情况进行跟踪分析评估，指导各地建立文化和旅游消费数据监测体系，加强大数据技术应用，整合共享数据资源，加强趋势分析研判，为促进文化和旅游消费提供决策依据。 ③各地要根据本意见的要求，将促进文化和旅游消费作为重要工作任务，结合本地区实际，开展文化和旅游消费数据监测分析，不断完善促进文化和旅游消费政策。

第二节　文化和旅游部关于实施旅游服务质量提升计划的指导意见

一、总体要求

（一）指导思想

以习近平新时代中国特色社会主义思想为指导，按照“创新、协调、绿色、开放、共享”的发展理念，着力解决影响广大游客旅游体验的重点问题和主要矛盾，推动旅游业高质量发展。

（二）基本原则

坚持政府、市场主体、行业组织、个人 4 个层面协同推进。

坚持加强和改进市场监管，完善旅游管理政策，支持、引导和规范市场主体健康发展。

坚持落实市场主体责任，增强内生动力，提高旅游服务提供者提升旅游服务质量的自觉性。

坚持发挥行业组织的协调作用和行业标准的引领作用，强化行业自律，提升旅游管理和服务水准。

坚持提升从业人员专业素养和业务能力，调动广大从业人员提升旅游服务质量的积极性和主动性。

（三）发展目标

到 2020 年，促进旅游服务质量提升的政策合力进一步增强，市场秩序进一步规范，旅游的舒适度进一步提升，旅游市场环境和消费环境进一步改善，旅游服务成为中国服务的重要代表，为质量强国建设做出积极贡献。

二、主要任务

通过提升旅游区点、旅行社的服务水平，规范和优化旅游住宿、在线旅游经营服务，提高导游和领队业务能力，建立完善旅游信用体系，不断增强旅游市场秩序治理能力，提升旅游服务质量，推动旅游业高质量发展。

（一）提升旅游区点服务水平

旅游区点是主要的旅游场所，是激发游客出游需求的重要因素。持续提升旅游区点软硬件水平，对提高旅游服务质量具有重要意义。

1. 政府行动

①完善、细化、落实 A 级旅游景区复核和退出机制，坚决清退不符合标准的 A 级旅游景区。

②全面落实景区流量控制制度，加快推广景区门票网上预约制度，依法落实旅游景区最大承载量核定要求，及时发布客流预警信息，引导游客合理安排出行，避免滞留拥堵。

③严格实施旅游度假区和生态旅游示范区标准，加大复核工作力度。

④持续抓好全国红色旅游经典景区建设。

2.市场主体和行业组织行动

①A级旅游景区要完善旅游引导标识，标识应布局合理、科学设置、制作精良。5A级旅游景区应采用至少有中英文的导览标识，中英文对照说明要准确、科学，不能有错字、错译和语病。

②A级旅游景区应提升游客消费便利化程度，景区消费不得拒收现金，5A级旅游景区可协调增设外币兑换点。

③A级旅游景区和具备条件的行业组织应针对景区管理人员、一线服务人员开展管理实务、日常业务、应急处置等培训，提升服务专业性。

（二）优化旅游住宿服务

旅游住宿业是旅游业的重要支柱，也是提高旅游服务质量的关键领域。近年来，旅游住宿业在卫生方面的问题频发，引发社会广泛关注。要全面落实标准化、规范化服务，发展和改善个性化、特色化服务，持续提高服务水平。

1.政府行动

①加快修订星级饭店国家标准，强化星级饭店评定复核工作，建立动态监管机制。联合相关部门对卫生、食品安全、消防安全等重点环节开展抽查，对不达标的星级饭店坚决取消星级。

②以星级饭店为基础，开展旅游住宿业监管试点工作，研究制定管理办法，探索有效监管方式。

③加强对旅游住宿新业态的引导和管理。加强旅游住宿新业态标准的制定和推广，完善乡村旅游服务标准，推动民宿行业标准全面实施，出台《旅游民宿设施与服务规范》国家标准，推动乡村民宿服务质量提档升级。引导和规范城市民宿有序发展。出台支持政策，加快培育一批特色鲜明的文化主题旅游饭店、精品旅游饭店。进一步提高汽车露营地、汽车旅馆等住宿新业态的服务水平。举办旅游住宿业服务技能竞赛活动。

2.市场主体和行业组织行动

①星级饭店应提升游客消费便利化程度，不得拒收现金。高星级饭店可协调增设外币兑换点，能为境外游客提供手机卡入网、购买火车票、租车等方面的便利服务。

②星级饭店要优化对一线服务人员的奖惩措施，进一步增强服务人员的职业责任感。

③民宿业主和从业人员要主动学习相关标准和规范，提升服务技能和管理能力。

④相关行业协会要切实增强凝聚行业共识和加强行业自律的能力，充分发挥在提升旅游住宿业服务质量方面的重要作用。

（三）提升旅行社服务水平

旅行社是整合旅游要素的龙头企业，也是服务质量问题比较集中的领域。要针对旅行社服务不规范、不透明、不诚信等重点问题，不断提高服务水平。

1.政府行动

①完善旅行社退出机制，依法依规清理一批不缴纳旅行社质量保证金、长期未经营业务和违法违规的旅行社。

②全面开展旅行社等级评定及复核行动，进一步提高旅行社管理水平和综合竞争力。

③规范旅行社经营活动，推动服务信息透明化，防范旅行社领域系统性经营风险。

④探索建立优质旅游服务承诺标识和管理制度，建立完善优质旅游服务品牌培育、评价和推广机制。积极参与“中国品牌日”活动。

2.市场主体和行业组织行动

①旅行社要完善内部管理、人员培训制度，不断规范服务流程，对照《旅行社等级的划分与评定》标准，全面提高服务水平。

②各级旅行社协会要加强旅行社行业自律，通过开展旅游线路创意设计大赛、旅行社服务技能大赛等方式，推动旅行社增强新产品研发能力，提升旅游综合服务技能。

（四）规范在线旅游经营服务

在线旅游经营服务是互联网时代新型的旅游经营和服务方式，也是服务质量提升的关键领域，要切实解决在线旅游经营服务出现的新问题，推动在线旅游行业健康可持续发展。

1.政府行动

①制定在线旅游经营服务管理相关规定，规范在线旅游企业经营服务行为。

②建立符合在线旅游经营服务规律的市场检查制度，依法依规实施监督检查。

③会同市场监管、公安、网信、电信主管等部门开展市场监督检查和联合执法，打击违法违规经营行为。

④引导和支持在线旅游企业成立行业组织，发挥其沟通、协调、监督和研究等作用，加强行业自律、倡导诚信经营，提升服务质量。

2.市场主体和行业组织行动

①在线旅游企业应不断完善风险提示、信息披露、资质审核、应急管理等制度，提供良好的在线旅游消费环境。

②在线旅游企业应全面排查境内外自助游产品，发现不合格自助游产品立即下架，对涉及高风险的攀岩、冲浪、浮潜等自助游项目，在宣传销售等环节加强安全风险提示。

③在线旅游企业和行业组织可制定相关服务标准，充分发挥游客网络评价的监督作用，不断提升服务质量。

（五）提高导游和领队业务能力

导游和领队是旅游服务和形象的重要窗口，是传承和弘扬中华优秀文化和社会主义核心价值观的重要力量，是提升旅游服务质量的关键因素。要下大力气解决导游和领队服务意识不强、专业技能不高、职业素养不足、执业保障不够等问题，不断提高其服务能力。

1.政府行动

①完善导游人员资格考试和等级考核制度，提升中高级导游员在导游队伍中的比重，

增强导游的职业自尊和荣誉感。

②实施导游和领队专业素养研培计划。加强国情和执业地区省情、市情、乡情以及旅游区点的历史、人文、地理、气候等应知应会的通识类知识储备，不断提升导游和领队文化底蕴、理解能力、表达能力和外语能力，增强主动传承和弘扬社会主义核心价值观的意识。开展应急培训和演练，增强应急处置、沟通协调和风险防控能力。建立完善校企合作培训机制，充分发挥高校、旅游职业院校、研究机构等师资和设施等优势，建立并巩固一批研培基地，提升研培质量。用五年左右的时间，实现对全国持证导游轮训一遍的目标，有条件的地方可由导游行业组织来承担导游培训任务。

③加快推进导游体制机制改革工作。探索建立体现导游专业技能、职业素养、执业贡献、从业年限等综合因素的职业评价制度，促进导游薪酬和社会保险制度落实，依法保障导游合法劳动权益。

④举办导游大赛，培育一批职业素养好、服务技能强的先进典型。

2.市场主体和行业组织行动

①市场主体和导游行业组织应加强对专职和兼职导游人员的管理，完善导游和领队的培训和管理制度，有条件的企业可制定领队执业相关标准。旅游区点可探索聘请专业技术人员特别是退休专家、教师等从事专业讲解工作。

②导游等行业组织要维护导游和领队的合法权益，加强对先进人物和典型事迹的宣传推广，表彰一批优秀人员，提升职业荣誉感。

（六）增强旅游市场秩序治理能力

平稳有序的旅游市场秩序是现代治理能力的重要体现，是旅游服务质量提升的重要指标。要不断增强发现旅游市场秩序薄弱环节、解决当前突出矛盾和长期积累矛盾的能力，提升治理水平，推动旅游市场秩序持续向好。

1.政府行动

①提升发现问题的能力。加强旅游市场秩序舆情监测，及时发现问题、妥善处置、总结经验，并据此完善相关政策和制度。全面梳理本地区旅游市场秩序问题的特点和规律，对具有本地个性特点的问题，出台有针对性的整治措施。对本地旅游市场秩序问题要有研判和预防措施。

②按照“谁审批、谁监管，谁主管、谁监管”的原则，强化旅游市场综合监管，对具有共性的“黑社”“黑导”“黑车”和“黑店”等违法违规行为，联合市场监管、公安等部门，加大打击力度。保持对“不合理低价游”、强迫或者变相强迫消费、虚假宣传等高频违法行为的高压态势。

③畅通旅游投诉渠道，制定旅游市场“诉转案”工作规范，推进“诉转案”、行政执法与刑事司法相衔接工作，加强有效衔接，实现高效处理。及时公布违法违规典型案例，强化震慑。

④加强执法队伍建设，强化法制宣传教育，完善执法培训体系，提高执法办案质量，提升执法程序规范化水平，不断增强执法人员的执法办案能力。

⑤创新监管方式，提高监管能力。全面推广使用全国旅游监管服务平台，运用大数据实现精准监管和分类监管。支持和鼓励重点旅游地区先行先试，创新现代旅游治理机制。

2.市场主体和行业组织行动

①市场主体须自觉遵守《中华人民共和国旅游法》等相关法律法规，增强依法规范经营意识，注重培育和提升企业形象。

②旅游协会等行业组织应创新活动形式，通过活动、培训、研讨会、行业评奖等多种形式，大力倡导依法规范经营。

（七）建立完善旅游信用体系

信用是市场的基石，信用制度是旅游服务质量提升的重要保障。要适应旅游市场监管的新形势新需要，以建立“黑名单”和“重点关注名单”制度为突破口，加快建立以信用监管为核心的新型旅游监管制度，不断完善旅游信用体系。

1.政府行动

①建立“黑名单”制度。出台旅游市场黑名单管理办法，将具有严重违法失信行为的旅游市场主体和从业人员、人民法院认定的失信被执行人列入全国或地方旅游市场黑名单，实施惩戒。

②建立“重点关注名单”制度。出台旅游市场重点关注名单管理办法，将具有违法失信行为的旅游市场主体、从业人员列入重点关注名单，实施惩戒。

③支持和鼓励社会力量积极参与旅游行业信用建设，推进征信、评信与用信。

2. 市场主体和行业组织行动

①旅游市场主体和从业人员应将诚信作为服务的基本理念和自觉行为，不断提升企业诚信口碑。

②行业组织应完善行规行约，组织开展行业诚信建设、质量评议等活动，促进行业规范诚信经营。

三、保障措施

①加强组织领导。地方各级文化和旅游行政部门要充分认识旅游服务质量提升工作的重要意义，将旅游服务质量提升工作纳入地方各级政府质量提升工作总体部署，建立旅游服务质量提升的领导机制和协调机制，加强与市场监管、公安、网信、电信主管等部门的合作，明确职责分工。要结合本地实际情况，研究制定具体落实方案，可适当扩展相关内容，突出创新和地方特色。要将任务分解和统筹协调结合起来，分阶段、分步骤组织实施，确保旅游服务质量提升工作取得实效。

②加强标准建设。要以标准实施促进质量提升，重点加强旅游新业态和产业融合类旅游服务标准的制定修订工作，对照国际先进标准，修订和完善国内旅游服务标准。加大旅游服务标准的宣传贯彻和培训力度，尤其要对游客宣传旅游标准，使游客了解优质旅游服务应达到的相应水平，增强监督能力，倒逼旅游经营者提升服务质量。要开展旅游标准化试点工作，创新旅游服务标准化管理体制，形成政府、市场主体和行业组织协调配合、共

同推进的工作格局。

③加强政策保障。要围绕旅游服务质量发展目标，加大对旅游服务质量提升的政策扶持力度，要推动政府部门向社会购买优质旅游服务。要将旅游服务质量教育纳入旅游教育培训体系，引导建立高等院校、科研院所、行业协会和旅游企业共同参与的旅游服务质量教育网络。各地可结合实际，对在旅游服务质量提升方面取得突出成绩的单位和个人给予奖励。

④加强效果评估。要加强对旅游服务质量提升计划落实情况的跟踪评估，逐步建立和完善旅游服务质量评价体系，并于 2019 年 11 月底前和 2020 年 11 月底前向文化和旅游部报送本地旅游服务质量提升计划落实情况，提出意见建议。文化和旅游部将对各地落实情况开展第三方评估。

第三节　关于落实切实解决老年人运用智能技术困难实施方案的通知

按照《国务院办公厅印发关于切实解决老年人运用智能技术困难实施方案的通知》（国办发〔2020〕45 号）要求，文化和旅游部、国家文物局为推动解决文化和旅游、文物领域老年人运用智能技术困难问题，保障老年人基本文化权益，现就有关事项通知如下：

一、工作安排

（一）整改工作有关安排。近期，集中力量推动文化场馆和旅游景区做好整改工作，确保各项传统服务兜底保障到位，解决老年人因运用智能技术困难不能进入文化场馆和旅游景区的问题。

①**保留传统预约方式。**需要提前预约的公共图书馆、博物馆、文化馆、美术馆、纪念馆、剧院等文化场馆和旅游景区，应保留人工窗口和电话专线，方便老年人进行现场预约和电话预约。

②**允许他人代为预约。**文化场馆和旅游景区预约系统设计应允许老年人家人、朋友帮助代为预约，老年人可凭当日有效预约码、购票信息等的截图进入文化场馆和旅游景区。

③**保留免预约名额。**文化场馆和旅游景区入口处开辟绿色通道，为未能提前预约的老年人保留一定数量的免预约进入或现场购票名额，售票窗口保留现金购票方式。如遇场所内人流量达到限流峰值，应向老年人耐心做好解释工作，同时做好场所内疏解导流工作，安排老年人稍晚进入。

④**保留传统登记方式。**文化场馆和旅游景区不得因老年人没有智能手机无法调取“健康码”等原因拒绝老年人进入，可在做好疫情防控的前提下，安排老年人凭身份证、老年证等有效证件登记进入，并采取有效措施加强个人信息保护。

⑤提供人工帮扶。文化场馆和旅游景区可在入口处设置扶老助残公益岗，工作人员、志愿者等佩戴醒目标识，帮助老年人等运用智能技术困难人群进行“健康码”、预约码、购票信息等查询操作。在文化场馆和旅游景区内部，安排工作人员或志愿者开展流动服务，为老年人解决运用智能技术困难等问题提供帮扶。

⑥做好信息引导。在老年人进入文化场馆和旅游景区、获取电子讲解、使用自助服务设备等方面，文化场馆和旅游景区应提供必要的信息引导，如使用大号字在醒目位置标注开放时间、绿色通道、操作指南等，无法张贴标识的地方应为老年人提供老花镜或放大镜，适当设置语音引导，方便老年人获取信息。

（二）下一步工作安排。到2021年底前，围绕老年人在文化娱乐方面高频事项和服务场景，引导公共文化机构、文化和旅游类企业提供更多适老化智能产品和服务，推动老年人享受智能化服务更加普遍，传统服务方式更加完善。到2022年底前，推动老年人在文化和旅游、文物领域享受智能化服务水平显著提升、便捷性不断提高，线上线下服务更加高效协同。

①面向老年人组织培训。各级公共文化机构应结合老年大学、志愿服务等工作，针对辖区内老年人运用智能技术高频事项和使用场景设计简单易学的培训课程、使用指南，方便有意愿的老年人尽快掌握基本的智能技术。

②开发适老智能应用。针对老年人在戏曲、广场舞、群众歌咏、书画等方面的普遍文化需求，引导企业开发设计适老化智能应用，为老年人社交娱乐提供便利。

③扩展智能化渠道。指导文化场馆和旅游景区探索通过5G、超高清、虚拟现实、增强现实等技术，帮助老年人便捷享受在线游览和观看演出、展览等智能化服务。

④加强制度规范。在制定文化场馆和旅游景区相关标准和规范时，应考虑老年人在智能技术运用方面的实际情况，做好兜底保障。

二、有关要求

（一）做好传达部署工作。各级文化和旅游行政部门、文物行政部门要及时向下属文化场馆和旅游景区传达中央有关文件精神，做好整改工作部署，存在问题的文化场馆和旅游景区要在2020年12月31日前整改到位。省级文化和旅游行政部门、文物行政部门要组织实施暗访工作，对整改不力、拒绝因运用智能技术困难的老年人进入的文化场馆和旅游景区进行通报，我部将对整改工作进行抽查。

（二）做好引导培训工作。各地、各有关单位要及时组织文化场馆和旅游景区工作人员、志愿者进行培训，统一思想认识，使其尽快掌握帮助老年人解决运用智能技术困难的方法，提升服务水平。

（三）做好宣传推广工作。各地、各有关单位要通过老年人熟悉的电视、报纸、广播等传统媒体，以及在社区居委会张贴通告等方式，对整改工作进行公开报道和宣传，消除老年人因运用智能技术困难不敢进入文化场馆和旅游景区的顾虑，引导全社会关注保障老年人文化权益。

（四）做好总结报送工作。各地、各有关单位在开展整改工作过程中注意总结经验，梳理问题。省级文化和旅游行政部门、文物行政部门及有关直属单位请于 2021 年 1 月 11 日前将整改工作主要做法、取得的经验、存在的问题梳理上报文化和旅游部公共服务司（纸质版加盖公章传真，电子版发送至邮箱）。

第四节　关于进一步加强和改进旅游客运安全管理工作的指导意见

为深入贯彻落实党中央、国务院关于安全生产工作的决策部署和国务院安委会印发的《道路运输安全专项整治三年行动实施方案》，深刻汲取近年来发生的重特大事故教训，有力防范化解旅游客运安全风险，坚决遏制重特大事故发生，保障人民群众生命财产安全，现就进一步加强和改进旅游客运安全管理工作提出如下指导意见。

一、总体要求

以习近平新时代中国特色社会主义思想为指导，深入贯彻党的十九大和十九届二中、三中、四中、五中全会精神，从源头准入、事中事后监管、基层基础等环节补齐短板，严格落实旅游客运相关企业安全生产主体责任和相关管理部门监管责任，加强源头治理、综合治理、精准治理，着力解决基础性、源头性、瓶颈性问题，在做好旅游客运常态化疫情防控的基础上，全面提升旅游客运安全发展水平，推动旅游客运安全生产形势持续向好，有效推动旅游客运高质量发展，不断增强人民群众旅游出行获得感、幸福感、安全感。

二、规范开展市场准入

（一）规范道路客运市场主体登记管理。各地交通运输、市场监管部门要认真落实国务院关于“证照分离”改革要求，做好企业注册登记和经营许可的衔接。各地市场监管部门要推进营业执照经营范围登记规范化，使用市场监管总局《经营范围登记规范表述目录（试行）》办理经营范围登记，对登记从事班车客运、包车客运、旅游客运、汽车客运、通勤客运、长途客运、公路客运、城乡客运等道路客运活动的，登记为“道路旅客运输经营”，并根据目录的更新情况进行相应调整。要切实履行“双告知”职责，对登记为“道路旅客运输经营”的，明确告知申请人应到交通运输主管部门依法办理道路客运经营许可，由申请人书面承诺在取得许可前不擅自从事相关经营活动，并将市场主体信息通过信息化手段推送或共享至同级交通运输主管部门。对于存量从事道路客运活动的市场主体，各地交通运输主管部门要明确信息查询口径，由市场监管部门按照查询口径提供相关市场主体信息。交通运输主管部门排查相关市场主体是否具备道路客运经营许可资质，对不具备许可资质的，要及时会同市场监管等部门通过政府网站等渠道向社会公开信息，提示相关市场主体依法办理道路客运经营许可后，方可开展相关经营活动。

（二）规范旅游客运许可管理。各地交通运输主管部门要会同文化和旅游、公安、市场监管部门根据本地区旅游业发展水平，加强对旅游客运市场供求状况及发展趋势的分析研判，认真执行《中华人民共和国道路运输条例》《道路旅客运输及客运站管理规定》关于在审查客运申请时应当考虑客运市场的供求状况、普遍服务和方便群众等因素的要求，完善包车客运运力投放规则，规范旅游客运企业、包车客运企业（以下统称旅游包车企业）及旅游客运、包车客运车辆（以下统称旅游包车）市场准入，确保准入管理公平、公正、公开，维护公平竞争、优胜劣汰的良好市场秩序。对依法取得道路客运经营许可资质的市场主体，交通运输主管部门要及时将相关许可信息交换至市场监管部门，由市场监管部门通过国家企业信用信息公示系统归集于市场主体名下，并向社会公示。对未取得相应经营许可、擅自从事客运经营（以下统称非法营运）的市场主体，交通运输主管部门要依法查处并责令停止经营，情节严重的，提请市场监管部门依法吊销其营业执照。

（三）规范客车使用性质登记管理。各地交通运输、公安部门要建立客运企业和车辆信息比对核查机制，共享道路客运经营资质、车辆使用性质信息。部级层面要加快推动相关管理系统对接，实现信息共享，为协同监管提供支撑。已实现信息联网等核查机制的，机动车所有人在申请机动车使用性质登记为公路客运、旅游客运时，公安机关要核对交通运输主管部门提供的道路客运经营资质信息和车辆使用性质信息。各地公安机关要梳理登记为公路客运、旅游客运的存量机动车信息，通报同级交通运输主管部门，交通运输主管部门排查是否办理道路运输证，对未办理道路运输证且不符合办理条件的，告知机动车所有人办理车辆使用性质变更。公安机关根据机动车所有人申请，按规定将行驶证使用性质变更为“非营运”。

三、强化事中事后监管

（四）严格旅游包车和团组监管。各地文化和旅游、交通运输部门要分别督促旅行社、旅游包车企业在包租车辆环节，通过查阅有关证照材料、登录互联网道路运输便民政务服务系统和旅游监管服务平台校验等方式，查验旅游包车企业、车辆、驾驶员和旅行社、导游资质资格。各地文化和旅游部门要全面推行旅行社用车“五不租”制度，即不租用未取得相应客运经营许可的经营者车辆、未持有效道路运输证的车辆、未安装卫星定位装置的车辆、未投保承运人责任险的车辆、未签订包车合同的车辆，要推进跨省旅游团组电子行程单制度。交通运输、文化和旅游部门要建立健全衔接机制，推动实现旅游包车客运标志牌（以下简称“包车牌”）和旅游团组行程单信息共享比对，运用“电子围栏”等技术强化旅游包车和旅游团组精准监管。鼓励具备条件的地区通过设立集中办公场所、打通相关信息化系统等方式，为旅行社和旅游包车企业建立合作平台，促进双方高效对接、良性互动、合法经营、规范服务，加快形成“正规社”“正规导”“正规车”市场格局。

（五）强化旅游客运监管执法。各地交通运输、公安、文化和旅游部门要强化节假日、旅游旺季等重点时段，旅游集散中心、旅游景区（点）等重点区域的旅游客运监督管理，加强执法协作和违法行为移送，从严查处各类违法行为。交通运输主管部门要从严查处破坏卫星定位装置以及恶意人为干扰、屏蔽卫星定位装置信号、旅游包车线路两端均不在车籍所在地、未持有效包车牌运行、招揽包车合同外的旅客乘车等违法行为。公安机关要从严查处驾驶员疲劳驾驶、超速、超员、行车中使用手机、不按规定使用安全带等道路交通违法行为，积极探索利用旅游包车动态监控平台记录信息查处疲劳驾驶等违法行为，并加强旅游集散中心巡逻防控，严厉打击涉旅犯罪行为，维护旅游治安秩序。文化和旅游部门要依法查处未经许可经营旅行社业务、出租或者出借旅行社业务经营许可证、未取得导游证从事导游活动、向无相应许可资质的客运企业等不合格供应商订购产品和服务等违法行为。

（六）打击旅游客运非法营运。各地交通运输主管部门要结合日常监督检查和社会举报，对本地无道路运输证的大中型客车、频繁出入本地的外地大中型客车实施重点监管，依法从严查处非法营运。要加强有关客运服务网络平台的监督管理，对接入无合法资质资格的企业、车辆和驾驶员非法经营的，依法严肃查处。对查处的存在非法营运等违法行为外地客运车辆，查处地交通运输主管部门要及时通报车籍地同级管理部门，车籍地有关管理部门要及时依法严肃处理。各省级交通运输主管部门要按照交通运输部相关部署，及时向全国道路运政管理系统上传省际包车客运业务备案信息，交通运输部依托互联网道路运输便民政务服务系统开放省际包车牌信息核验功能，为地方相关部门联合打击旅游客运非法经营提供技术支持。公安机关在执勤执法中发现旅游包车涉嫌非法营运或者破坏卫星定位装置以及恶意人为干扰、屏蔽卫星定位装置信号的，要及时移送交通运输主管部门依法处理。

（七）严格旅游客运车辆全周期管理。各地市场监管、公安、交通运输部门要联合加强对相关检验检测机构的监督指导，督促严格按照国家有关技术标准开展旅游包车检验检测工作。各地交通运输、公安等部门要督促旅游包车企业严格执行客车强制报废标准规定，对达到报废标准的客车，交通运输主管部门要收回道路运输证，公安机关要依法办理注销登记手续，对距报废年限 1 年以内的大客车，按规定不得改变使用性质、转移所有权或者转出登记地所属地市级行政区域。各地商务部门要加强报废机动车回收拆解企业管理，会同公安、市场监管等部门依法查处非法拆解活动。各地市场监管部门要加强市场流通环节的关键零部件质量抽查，对发现的质量问题依法严肃查处。鼓励各地有关部门在当地人民政府统筹领导下，出台老旧客车淘汰更新政策，引导使用年限较长的旅游包车加快淘汰。

（八）严肃安全生产事故调查和隐患治理。各地应急管理、公安、交通运输、文化和旅游等部门要依法严格开展旅游客运有关事故调查，加强旅游客运安全生产事故原因全链条分析，督促旅行社、旅游包车企业等相关市场主体整改隐患、堵塞漏洞，依法严肃查处事故责任企业及其主要负责人、相关责任人，追究相关责任。要深化安全生产事故约谈工作，推动地方政府、相关部门和行业、企业落实各项整改措施。对发生安全生产责任事故或者存在重大安全隐患的旅行社、旅游包车企业，依法实施挂牌督办，督促及时消除安全隐患。依法将不具备安全条件的市场主体清退出旅行社和旅游包车市场。要加强信用监管，依法依规记录市场主体安全生产相关违法失信行为，通过国家企业信用信息公示系统、“信用交通”网站等渠道向社会公开相关行政处罚等信用信息，通过信用分级分类加强重点监管、精准监管，推动失信联合惩戒。

四、强化企业主体责任落实

（九）规范旅行社安全管理。各地文化和旅游部门要督促旅行社建立健全安全管理制度和应急预案，完善岗位安全生产责任、安全事故报告和处理等制度；选择具有合法运营资质、安全记录良好的地接社承接当地旅游服务，要求地接社使用具备相应资质的旅游包车企业和车辆；提前对旅游线路进行安全评估，合理安排时间和行驶路线，遇极端天气或者安全隐患路段，要及时与地接社、旅游包车企业沟通，合理变更旅游行程或者与游客商议解除合同；严格落实《旅行社行前说明服务规范》，把好旅游团队“组团关、行程关、落地关”，在旅游合同、宣传材料、行前说明会、行程途中对游客开展经常性的安全提醒。

（十）规范旅游包车企业安全管理。各地有关部门要依法依职督促旅游包车企业严格落实安全生产主体责任，对照《道路旅客运输企业安全管理规范》《道路运输车辆动态监督管理办法》，健全安全生产责任制，统一车辆技术管理、人员聘用管理、车辆调度、动态监控，规范签订包车合同，严禁旅游包车挂靠经营，坚决防止“以包代管”“挂而不管”；在制定运输计划时严格遵守驾驶员配备、驾驶时间和休息时间等规定，保障驾驶员充足休息；建立健全旅游包车技术状况检查、维护制度，确保车辆关键部件及应急装置、安全设施等技术状况良好，确保安全带配备齐全有效，并落实驾驶员出车前、行车中、收车后车辆技术状况检查要求；加强动态监控人员管理，严格监控车辆行驶状况，及时发现、纠正和处理旅游包车违规行为和不安全驾驶行为；加强旅游包车非运营时段的管理，掌握车辆停放情况，严防从业人员在车辆报停期间私自招揽客运业务违法经营。

（十一）强化游客出行安全告知。各地交通运输主管部门要督促旅游包车企业严格执行客运安全告知制度，在行车前通过驾驶员口头告知或者播放安全告知音像资料等方式，提醒旅客禁止携带违禁物品乘车、行车中按规定使用安全带，以及安全锤、安全出口、灭火器等应急安全设施的安装位置、使用方法等。各地文化和旅游部门要督促旅行社落实安全事项告知责任，在与游客订立旅游合同时，告知旅游活动中的安全注意事项，明确提示并约定严禁携带危害公共安全的违禁物品乘车等内容，并在行前说明会、行程中重申严禁携带违禁物品乘车、按规定使用安全带等注意事项。

（十二）加强从业人员队伍建设。各地交通运输、文化和旅游部门要督促旅游包车企业、客运站经营者、旅行社等加强旅游包车驾驶员、安检人员、导游等关键岗位从业人员聘用管理和教育培训，对违法违规从业、安全隐患突出的从业人员，依法依规开展脱岗培训或者调离关键岗位。要督促相关经营者聚焦典型事故案例、安全生产相关法律法规和操作规程、应急处置、违禁物品识别处置等方面，开展常态化、针对性培训；针对非定线旅游客运特点，强化行驶路线规划、不良天气和复杂路况条件下安全驾驶技能培训，持续提升从业人员安全素质；关注旅游包车驾驶员身心健康状况，发现不适应驾驶工作的，应及时调整工作安排。

五、强化政府和社会共治

（十三）深化部门协同。各地有关部门要提高思想认识，树立“一盘棋”思想，加强部门协同，形成工作合力，建立健全联合会商、联合约谈、执法协作、信息共享、线索移送、行刑衔接等工作机制，加快形成“权责一致、分工负责、同频共振、综合治理”的旅游客运安全管理格局。

（十四）完善保障措施。各地有关部门要结合落实全国安全生产专项整治三年行动，积极推动旅游客运安全管理工作纳入地方政府年度工作重点，强化人力、物力和财力保障，强化督促指导和责任考核，确保各项工作任务完成到位。

（十五）加强宣传引导。各地有关部门要在客运场站、旅游场所、旅行社办公场所，利用广播、电视、新媒体等渠道，加强社会宣传，引导游客提升安全文明出行、防范应对公共安全事件的意识和技能，自觉选择合法旅行社和旅游包车、规范使用安全带、禁止携带违禁物品乘车。充分发挥政务服务热线作用，强化社会监督。要指导道路运输、旅游等相关行业协会加强行业自律，引导市场主体守法诚信经营，坚决抵制侵害旅客、游客合法权益的各类行为。

第五节 关于深化“互联网＋旅游”推动旅游业高质量发展的意见

一、制定背景

为坚定不移建设网络强国、数字中国，持续深化“互联网＋旅游”，推动旅游业高质量发展，更好发挥旅游业在促进经济社会发展、满足人民美好生活需要等方面的重要作用，经国务院同意，文化和旅游部、国家发展改革委、教育部等十部门于 2020 年 11 月 30 日联合印发《关于深化“互联网＋旅游”推动旅游业高质量发展的意见》（文旅资源发〔2020〕81 号）。

二、指导思想

《意见》以习近平新时代中国特色社会主义思想为指导，坚持新发展理念，以“互联网＋”为手段，推动旅游生产方式、服务方式、管理模式创新，丰富旅游产品业态，拓展旅游消费空间，培育适应大众旅游消费新特征的核心竞争力，推动旅游业高质量发展。

三、重点任务

（一）加快建设智慧旅游景区。制定出台智慧旅游景区建设指南和相关要求，明确在线预约预订、分时段预约游览、流量监测监控、科学引导分流、非接触式服务、智能导游导览等建设规范，落实“限量、预约、错峰”要求。国有旅游景区应于2021年底前全部提供在线预约预订服务。引导旅游景区开发数字化体验产品并普及景区电子地图、线路推荐、语音导览等智慧化服务。建设一批世界级旅游景区和度假区，树立智慧旅游景区样板。推进乡村旅游资源和产品数字化建设，打造一批全国智慧旅游示范村镇。支持旅游景区运用数字技术充分展示特色文化内涵，积极打造数字博物馆、数字展览馆等，提升旅游体验。

（二）完善旅游信息基础设施。加快提升国家全域旅游示范区、国家5A级旅游景区、国家级旅游度假区等各类旅游重点区域5G网络覆盖水平。推动停车场、旅游集散与咨询中心、游客服务中心、旅游专用道路及景区内部引导标识系统等数字化与智能化改造升级。推进物联网感知设施建设，加强对旅游资源、设施设备和相关人力资源的实时监测与管理，推动无人化、非接触式基础设施普及与应用。进一步规范各地区旅游大数据中心建设，建立省域统一的数据标准并逐步推广至全国，实现涉旅数据整合和共享，发挥数据综合服务和应用效能。

（三）创新旅游公共服务模式。厘清政府公共服务与市场旅游信息服务边界，鼓励各地区采取政府与市场相结合的旅游公共服务平台运营模式，提升平台服务效能，实现可持续运营与发展。各地区要进一步拓宽旅游公共服务信息采集渠道，有效整合文化和旅游、公安、交通、气象等部门的相关数据信息，综合运用大数据、云计算等技术，在平台上及时发布旅游景区实时游客量、道路出行、气象预警等信息，引导旅游资源优化配置。依法依规推动政府与企业间相关数据资源共享。推进旅游厕所数字化建设，实现信息查询、路线导航、意见反馈等功能。完善入境游客移动支付方案，为其旅游消费提供便利。在为老年人等特殊群体保留线下服务的基础上，支持旅游公共服务平台开发专门应用程序和界面，优化使用体验。

（四）加大线上旅游营销力度。统筹线上线下，强化品牌引领，实施国家旅游宣传推广精品建设工程。通过互联网有效整合线下资源，总结推广全域旅游发展经验模式，推动建设一批世界级旅游城市。开展长城、大运河、长征、黄河等国家文化公园，以及丝绸之路等重要主题旅游线上推广行动，打造一批世界级旅游线路。鼓励旅游景区、旅游饭店、博物馆等与互联网服务平台合作建设网上旗舰店，实现门票在线预订、旅游信息展示、会员管理、优惠券团购、文化和旅游创意产品销售等方面功能。鼓励电商平台拓展“旅游+地理标志产品+互联网+现代物流”功能，扩大线上销售规模。鼓励采用网络直播、网站专题专栏、小程序等线上营销方式，推介全国乡村旅游重点村镇、中国美丽休闲乡村和乡村休闲旅游精品景点线路。结合旅游扶贫，通过人员培训或技术帮扶等多种方式，推动更多贫困地区旅游业商户“触网”，利用网络直播平台开展营销。支持各地区建立旅游营销科学评价机制，提升旅游营销成效。

（五）加强旅游监管服务。通过大数据采集分析加强旅游安全监测，提升旅游领域突发事件预警和应急处置能力。推动北斗系统等导航定位、可穿戴设备、电子围栏、遥感卫星等技术和设备在自助旅游、特种旅游中的运用。完善全国旅游监管服务平台，健全中央—

地方旅游监管服务平台体系，形成旅游市场信息化、智能化监管服务格局。鼓励各地区建设基于大数据的旅游市场经济运行监测体系，实时监测区域旅游消费趋势，建立数据导向的政策调整机制。

（六）提升旅游治理能力。推广旅游电子合同使用，推进旅游电子合同标准制定。推动各地区建立健全线上旅游投诉和处理机制，提高游客投诉快速处理能力，打击欺客宰客行为。用好文化、旅游市场严重失信名单管理制度，对列入严重失信名单的市场主体和从业人员，依法依规实施联合惩戒，构建放心消费环境。创新旅游统计应用，提高旅游统计的时效性、科学性和精准性。

（七）扶持旅游创新创业。鼓励以产品和内容为载体开展业态融合创新，支持建设一批旅游营销创新基地，孵化一批具有较高传播力和影响力的旅游品牌。引导云旅游、云演艺、云娱乐、云直播、云展览等新业态发展，培育“网络体验＋消费”新模式。引导旅游企业、大中专院校、科研机构建立产学研合作机制，积极开展科技创新支撑下的应用研发，通过举办各级各类创新创意大赛等方式，提高创新成果转化率，推广一批优秀应用案例和行业解决方案。开展数字文旅商结合促进行动，促进旅游业线上线下深度融合。在确保房屋安全的前提下，推动“互联网＋旅游民宿”规范发展，研究出台相关政策，推广一批应用示范。

（八）保障旅游数据安全。按照数据安全和个人信息保护相关法律法规要求，落实旅游数据安全管理责任，保障旅游数据收集、传输、存储、共享、使用、销毁等全生命周期安全，防止数据丢失、毁损、泄露和篡改。定期开展安全风险和隐患排查，增强应急处置能力。对存在重大旅游数据信息安全风险隐患的地区，采取通报、约谈等方式推动严肃整改。

四、保障措施

（一）完善政策环境。各地区、各部门要结合新技术、新业态、新模式在旅游领域的应用试点和示范，积极推进体制机制改革，探索有利于创新成果转化的政策环境。加强“互联网＋旅游”领域内容创作、产品研发、模式创新等知识产权保护，健全线上线下维权机制，增强企业创新动力和活力。建立健全智慧旅游标准规范体系，引导规范智慧旅游发展。

（二）加强要素支撑。统筹用好相关资金，结合实际对“互联网＋旅游”关键领域、薄弱环节和重点项目等予以支持。创新投融资方式，支持符合条件的“互联网＋旅游”企业发行债券。经认定的“互联网＋旅游”高新技术企业，按规定享受相应的财税优惠政策。推进“互联网＋旅游”人才队伍建设，加快相关专业升级和数字化改造，创新培养培训模式，完善激励机制。

（三）抓好组织实施。各有关部门要按照职责分工，研究具体政策措施，协同推进任务落实。各地区要研究制定符合本地区实际的落实方案，完善相关配套政策。文化和旅游部要会同有关部门加强跟踪分析和协调指导，重要情况及时报告国务院。

第六节　关于以标准化促进餐饮节约反对餐饮浪费的意见

为认真贯彻落实习近平总书记关于坚决制止餐饮浪费行为的重要指示精神，发挥标准的引领和规范作用，支撑餐饮供应链绿色化、集约化发展，市场监管总局、商务部和文化和旅游部三部门联合印发《关于以标准化促进餐饮节约反对餐饮浪费的意见》(以下简称《意见》)。

《意见》以标准体系建设、重要标准研制与实施、标准化试点、标准实施监督、标准化宣传为主线，重点聚焦餐饮企业、网络配餐、旅游餐饮三大场景，提出标准化促进餐饮节约的八项具体举措，推动餐饮企业、旅游景区等单位建立和实施餐饮节约标准。主要内容如下：

意见	说明
建立健全节约型餐饮标准体系	加快建立覆盖餐饮食材采购、仓储、加工、运输配送、经营服务、餐厨回收等全产业链的节约型餐饮标准体系，重点补齐餐饮供应链和产业链重要基础国家标准。推动商贸、旅游行业主管部门完善本领域餐饮管理和服务行业标准。支持各地结合实际出台促进餐饮节约相关地方标准。鼓励相关社会团体、企业提出创新性举措，制定和实施要求更严、水平更高的团体标准、企业标准。
制定发布餐饮节约相关国家标准	支持促进餐饮节约相关国家标准快速立项。加快修订《餐饮企业质量管理规范》《旅游度假区等级划分》《旅游景区质量等级的划分与评定》等国家标准，在标准中增加反对餐饮浪费相关技术要求。组织制定餐饮供应链管理、外卖餐品信息描述、绿色餐饮经营管理、旅游餐馆设施服务等级划分、网络配餐等一批国家标准，支撑打造集约高效的餐饮供应链，最大程度减少餐饮浪费。
全面提升餐饮企业标准化规范化水平	鼓励餐饮企业在实施相关国家标准、行业标准的基础上，建立健全覆盖食材采购、烹饪制作、餐饮服务、人员管理的企业标准体系，将节约理念贯穿餐饮企业运营、管理和服务的方方面面。健全绿色餐饮标准体系，开展绿色餐饮创建活动，鼓励各类主体参与绿色餐饮评价和监督工作。
积极推动网络餐饮节约标准创新发展	研制外卖餐饮绿色加工和配送标准，推广实施绿色可降解餐饮具标准。鼓励网络餐饮数字化、标准化建设，通过大数据等手段精准分析不同人群的口味和消费习惯，推动餐品信息标准化，方便消费者科学点餐。
大力开展旅游餐饮节约标准推广活动	制定修订旅游行业相关标准，在标准中增加餐饮节约有关内容，优化团餐设计，倡导光盘行动，在全行业宣传“适量点餐”“小份菜碟”等文明消费理念。
支持创建餐饮节约标准化试点	支持餐饮企业及上下游产业相关单位开展标准化试点，将促进餐饮节约作为试点创建的重要内容。及时总结各地标准化试点创建经验，培育打造一批餐饮节约标准化典型案例，支持餐饮节约标准化先进经验在全国复制推广。

（续表）

意见	说明
不断完善餐饮节约标准实施监督体系	畅通标准实施信息反馈渠道，鼓励餐饮企业、旅游景区等通过标准信息公共服务平台向社会公开所实施的餐饮节约标准，接受社会监督。推动相关行业协会、科研机构、电商平台依据标准开展第三方评价，推介节约型餐饮服务组织。
持续营造餐饮节约标准化社会氛围	鼓励各地市场监管、商务、文化和旅游部门通过标准解读、标准培训、现场交流会等多种方式，加大餐饮节约标准化宣传力度，推动当地餐饮企业、旅游景区等有效实施餐饮节约标准，在全社会营造厉行勤俭节约、反对餐饮浪费的浓厚氛围。

第七节　文化和旅游部关于推动非物质文化遗产与旅游深度融合发展的通知

一、制定背景

为深入贯彻落实党的二十大精神和习近平总书记关于非物质文化遗产保护工作的重要指示精神，落实中共中央办公厅、国务院办公厅印发的《关于进一步加强非物质文化遗产保护工作的意见》以及《“十四五”旅游业发展规划》《“十四五”非物质文化遗产保护规划》要求，文化和旅游部 2023 年 2 月 17 日印发《文化和旅游部关于推动非物质文化遗产与旅游深度融合发展的通知》（文旅非遗发〔2023〕21 号）。

二、主要内容

1. 总体要求

非物质文化遗产是中华优秀传统文化的重要组成部分，是旅游的重要资源，丰富了旅游的文化内涵。旅游作为一种新的大众生活方式，为非物质文化遗产提供了更多的实践和应用场景，激发了非物质文化遗产的生机和活力。推动非物质文化遗产与旅游深度融合发展对于扎实做好非物质文化遗产的系统性保护、促进旅游业高质量发展，更好满足人民日益增长的精神文化需求具有重要意义。

要以社会主义核心价值观为引领，坚持以文塑旅、以旅彰文，牢牢把握非物质文化遗产保护传承和旅游发展的规律特点，在有效保护的前提下，推动非物质文化遗产与旅游在更广范围、更深层次、更高水平上融合，让旅游成为弘扬中华优秀传统文化、不断铸牢中华民族共同体意识、促进人的全面发展、服务人民高品质生活的重要载体。

在旅游发展中，要尊重非物质文化遗产的形式和内涵，保护非物质文化遗产的传承环境和空间，保障传承群体的合法权益，为传承群体参与旅游发展提供便利条件，促进非物质文化遗产长久保护和永续利用。

在非物质文化遗产保护传承中，要坚持创造性转化和创新性发展，积极适应当代旅游需求和旅游所带来的生产生活方式的变化，不断提高传承发展利用水平，持续为旅游提供丰富的文化资源。

在非物质文化遗产和旅游深度融合发展中，要弘扬非物质文化遗产所蕴含的人类共同价值观念和思想情感，讲好中华优秀传统文化故事，推动中华文化更好走向世界。

2. 重点任务

（1）加强项目梳理。非物质文化遗产具有深厚的文化内涵、独特的表现形式、鲜明的地域和民族特色，很多非物质文化遗产代表性项目具备与旅游融合发展的良好基础。各地文化和旅游行政部门要对本地区各级非物质文化遗产代表性项目进行梳理，遴选体现中华优秀传统文化核心思想理念、传统美德、人文精神，为当地民众广泛认可、特色鲜明的非物质文化遗产代表性项目，建立非物质文化遗产与旅游融合发展推荐目录并向社会公布，为旅游发展提供优质的非物质文化遗产资源。

（2）突出门类特点。非物质文化遗产涉及不同门类，要找准各门类非物质文化遗产与旅游融合发展的契合处、联结点。深入挖掘民间文学的价值和精神内涵，讲好当地传说故事，让游客了解地方历史文化。鼓励面向游客开展传统表演艺术类非物质文化遗产展演。积极开发传统工艺产品，丰富旅游商品内涵。将传统体育、游艺纳入旅游体验。依托传统医药类非物质文化遗产发展康养旅游。挖掘饮食类非物质文化遗产的丰厚内涵，让游客体验当地民众的生活方式，体会中国人顺应时节、尊重自然、利用自然的思想理念和独特智慧。发挥传统节日、民俗活动参与性强的特点，让游客感受当地民风民俗，提升中华文化认同感。

（3）融入旅游空间。非物质文化遗产的有机融入能进一步丰富旅游景区、度假区、休闲街区、乡村旅游重点村镇、红色旅游经典景区等旅游空间的文化内涵，提升文化底蕴。对在旅游空间范围内传承的非物质文化遗产代表性项目，要加强保护传承，提升展示利用水平。鼓励从当地非物质文化遗产与旅游融合发展推荐目录中选择适合的代表性项目进旅游空间，从其他地区引入非物质文化遗产项目要适合本地文化生态，被当地群众和游客接受认可，避免生搬硬套、简单移植和同质化发展。要为传承人在旅游空间开展传承实践和旅游服务提供便利条件，鼓励传承人参与旅游管理。要将旅游空间作为展示弘扬中华优秀传统文化的重要载体，面向国外游客讲好中国故事，提升中华文化国际传播效能。推动建设一批特色鲜明、氛围浓厚、当地群众和游客认可的非物质文化遗产特色景区。

（4）丰富旅游产品。支持将非物质文化遗产与乡村旅游、红色旅游、冰雪旅游、康养旅游、体育旅游等结合，举办“非遗购物节”“非遗美食节”等活动，发展非物质文化遗产旅游。鼓励将非物质文化遗产或相关元素融入国家文化产业和旅游产业融合发展示范区、夜间文化和旅游消费集聚区、主题公园、旅游饭店，融入机场、高铁站、高速公路服务区、游客服务中心等相关基础设施建设。鼓励将旅游民宿与非物质文化遗产资源有效对接，推出一批体现非物质文化遗产特色的旅游民宿。鼓励旅游演艺创作从非物质文化遗产中汲取灵感和素材，将非物质文化遗产蕴含的核心思想理念、传统美德、人文精神，运用丰富的艺术形式进行当代表达。鼓励旅行社等旅游企业制作相关非物质文化遗产导游词、宣传册、宣传视频等，提升旅游目的地吸引力。

（5）设立体验基地。参与体验非物质文化遗产是游客深度认知、学习非物质文化遗产的有效途径，也能促进非物质文化遗产传承传播。非物质文化遗产馆、传承体验中心（所、点）、非遗工坊、项目保护单位等设施场所要增强互动演示、体验教学等功能，面向游客提供体验、研学等旅游服务，让游客切身感受中华优秀传统文化的独特魅力。鼓励聘请传承人作为专（兼）职讲解员，为游客演示、讲解非物质文化遗产。“十四五”期间，文化和旅游部将遴选特色鲜明、服务成效显著、群众广泛认可的非物质文化遗产设施场所和提供非物质文化遗产体验、研学等服务的旅游相关场所，设立一批国家级非物质文化遗产体验基地。

（6）保护文化生态。文化生态保护区、传统村落、古街、古镇是非物质文化遗产得以孕育生存和传承发展的重要空间。鼓励文化生态保护区和有条件的传统村落、古街、古镇设立非遗工坊、展示厅、传承体验所（点）、代表性传承人工作室等，因地制宜与旅游融合发展，让传承人、村民、居民成为旅游的主要参与者和受益者。创新民族村寨非物质文化遗产展示利用方式，树立和突出各民族共享的中华文化符号和中华民族形象，向游客讲好中华民族共同体、中华文明多元一体的故事。秉持“见人见物见生活”理念，保障当地村民、居民的生活，保护好非物质文化遗产相关的实物和场所，保护文化生态不受破坏。依托传统礼仪、传统节日等发展旅游，应尊重非物质文化遗产相关群体意愿和当地风俗习惯。

（7）培育特色线路。支持在已有旅游线路中有机融入非物质文化遗产展示体验等内容。推出非物质文化遗产特色旅游线路，加强推介宣传，发挥典型带动和示范引领作用。支持旅行社等旅游企业以文化生态保护区、非物质文化遗产体验基地、特色景区、特色村镇、特色街区为点位，与相关传承人开展合作，培育一批满足游客需求、具有鲜明非物质文化遗产特色的旅游线路。支持围绕传统节日、“文化和自然遗产日”等时间节点和非物质文化遗产重点活动，围绕长城、大运河、长征、黄河、长江国家文化公园建设推出非物质文化遗产特色旅游线路。

（8）开展双向培训。双向培训是增进非物质文化遗产保护领域和旅游行业相关群体之间相互了解、促进交流合作的重要渠道。要将旅游相关业务内容纳入非物质文化遗产保护培训范围，帮助传承人、保护工作者了解旅游行业特点、政策法规、运营模式、游客需求等，提高传承传播非物质文化遗产的意识和能力，增进传承人对其持有的非物质文化遗产价值意义的认识。要将非物质文化遗产内容纳入旅游行业培训范围，帮助导游、讲解员、旅游开发者等了解非物质文化遗产法律法规、知识内涵和保护理念，提高在旅游中合理利用和传播非物质文化遗产的意识和能力，引导旅游从业人员和游客欣赏、尊重、认同和传播非物质文化遗产。

3. 组织实施

（1）高度重视，明确职责。各地文化和旅游行政部门要充分认识非物质文化遗产与旅游深度融合发展的重要意义，制定落实工作方案。要加强指导，及时建立本地区非物质文化遗产与旅游融合发展推荐目录。鼓励非物质文化遗产、旅游相关行业协会等社会力量参与，推动形成合力。要明确各方职责，严格落实意识形态工作责任制和安全生产责任，强化监督管理。

（2）鼓励探索，宣传推广。各地文化和旅游行政部门要加强实践探索，选择资源条件好、工作基础扎实的地区开展试点和示范点工作，逐步推动非物质文化遗产与旅游深度融合发展。加强文化和旅游融合理论实践研究，通过论坛、研讨、讲座等方式，总结交流研究成果和实践经验。挖掘非物质文化遗产与旅游融合发展优秀实践案例，推动各类各级媒体宣传推广各地的典型实践和有益经验。文化和旅游部将宣传推介各地工作成果。

（3）及时总结，适时评估。各地文化和旅游行政部门要及时总结本地区非物质文化遗产与旅游融合发展工作取得的成效和不足，对在旅游中不当利用非物质文化遗产造成不良影响的，当地文化和旅游行政部门要向相关责任主体提出整改意见。文化和旅游部将适时组织开展非物质文化遗产与旅游融合发展评估，发布评估报告，为各地非物质文化遗产与旅游融合发展工作提供指导和支持。

易错考题小试牛刀

1.（判断题）《文化和旅游部关于实施旅游服务质量提升计划的指导意见》指出，A级旅游景区要完善旅游引导标识，标识应布局合理、科学设置、制作精良。（　）

2.（单选题）鼓励餐饮企业在实施相关国家标准、行业标准的基础上，将（　）理念贯穿餐饮企业运营、管理和服务的方方面面。

A. 绿色　　B. 节约　　C. 科学　　D. 环保

3.（单选题）《关于落实〈关于切实解决老年人运用智能技术困难的实施方案〉的通知》提出，在文化场馆和旅游景区内部，安排工作人员或志愿者开展（　），为老年人解决运用智能技术困难等问题提供帮扶。

A. 流动服务　　B. 随时服务　　C. 定点服务　　D. 定时服务

4.（单选题）《文化和旅游部关于实施旅游服务质量提升计划的指导意见》指出，用（　）年左右的时间，实现对全国持证导游轮训一遍的目标，有条件的地方可由导游行业组织来承担导游培训任务。

A.3　　B.5　　C.8　　D.10

5.（多选题）《文化和旅游部关于实施旅游服务质量提升计划的指导意见》指出，以习近平新时代中国特色社会主义思想为指导，按照“创新、协调、绿色、开放、共享”的发展理念，着力解决影响广大游客旅游体验的（　），推动旅游业高质量发展。

A. 重点问题　　B. 重点矛盾　　C. 主要问题　　D. 主要矛盾　　E. 关键问题

【答案】1. 对　2.B　3.A　4.B　5.AD

第十七章
时事政治

【考试大纲】

- **熟悉：**2022 年 10 月以来的国内外时事政治。
- **掌握：**习近平总书记关于文化和旅游工作的重要论述。

【历年分值】

年份	判断（题）	单选（题）	多选（题）	分值（分）	分值占比（%）
2018	6	1	0	3.5	5.00
2019	4	0	0	2	3.92
2020	6	1	1	4.5	8.65
2023	3	2	1	3.5	7.22

※ 说明：第十七章时事政治为 2023 年考试大纲要求，2024 年考生本章建议暂不复习，本章内容待 2024 年考试大纲公布后更新。